应用型本科高校系列教材

商业银行经营管理理论与实务

主　编　殷平生
副主编　兰　洋

西安电子科技大学出版社

内 容 简 介

本书结构新颖，案例丰富，按照银行最新业务发展实际安排章节。全书共分为十四章，各章内容既相辅相成又相对独立。第一章商业银行概述从总体上阐述商业银行的性质与功能、组织与结构、经营模式、经营目标与经营原则；第二章至第十四章由商业银行管理的理论与实务组成，分别讨论了商业银行资本管理、负债管理、贷款管理、现金资产管理、证券投资管理、电子银行业务管理、中间业务管理、风险管理、公司治理与合规管理、绩效管理等。书中重点分析了安全性、流动性与盈利性的要求下商业银行经营与管理过程中的管理思路与管理重点。

本书既可作为高等院校金融学类专业学生的教材，也可以作为相关理论研究者和实际工作者的参考用书。

图书在版编目(CIP)数据

商业银行经营管理理论与实务 / 殷平生主编. —西安：西安电子科技大学出版社，2018.12
ISBN 978-7-5606-5095-1

Ⅰ. ①商… Ⅱ. ①殷… Ⅲ. ①商业银行—经营管理 Ⅳ. ①F830.33

中国版本图书馆 CIP 数据核字(2018)第 213420 号

策划编辑 毛红兵
责任编辑 万晶晶
出版发行 西安电子科技大学出版社(西安市太白南路 2 号)
电　　话 (029)88242885 88201467 邮　　编 710071
网　　址 www.xduph.com 电子邮箱 xdupfxb001@163.com
经　　销 新华书店
印刷单位 陕西日报社
版　　次 2018 年 12 月第 1 版 2018 年 12 月第 1 次印刷
开　　本 787 毫米×1092 毫米 1/16 印 张 20.25
字　　数 478 千字
印　　数 1～3000 册
定　　价 48.00 元
ISBN 978 - 7 - 5606 - 5095 - 1 / F
XDUP 5397001-1

序

2015 年 5 月，教育部、国家发展改革委、财政部《关于引导部分地方普通本科高校向应用型转变的指导意见》指出：当前，我国已经建成了世界上最大规模的高等教育体系，为现代化建设作出了巨大贡献。但随着经济发展进入新常态，人才供给与需求关系深刻变化，面对经济结构深刻调整、产业升级加快步伐、社会文化建设不断推进，特别是创新驱动发展战略的实施，高等教育结构性矛盾更加突出，同质化倾向严重，毕业生就业难和就业质量低的问题仍未有效缓解，生产服务一线紧缺的应用型、复合型、创新型人才培养机制尚未完全建立，人才培养结构和质量尚不适应经济结构调整和产业升级的要求。

因此，完善以提高实践能力为引领的人才培养流程，率先应用“卓越计划”的改革成果，建立产教融合、协同育人的人才培养模式，实现专业链与产业链、课程内容与职业标准、教学过程与生产过程对接，建立与产业发展、技术进步相适应的课程体系，与出版社、出版集团合作研发课程教材，建设一批应用型示范课程和教材，已经成了目前发展转型过程中本科高校教育教学改革的当务之急。

长期以来，本科高校虽然区分为学术研究型、教学型、应用型又或者一本、二本、三本等类别，但是在教学安排、材料内容上都遵循统一模式，并无自己的特点，特别是独立学院“寄生”在母体学校内部，其人才培养模式、课程设置、教材选用，甚至教育教学方式都是母体学校的“翻版”，完全没有自己的独立性，导致独立学院的学生几乎千篇一律地承袭着二本或一本的衣钵。不难想象，当教师们拿着同样的教案面对着一本或二本或三本不同层次的学生，在这种情况下又怎么能够培养出不同类型的人才呢？高等学校的同质性问题又该如何破解？

本科高校尤其是地方高校和独立学院创办之初的目的是要扩大高等教育办学资源，运用自己新型的运行机制，开设社会急需的热门专业，培养应用型人才，为扩大高等教育规模、提高高等教育毛入学率添彩增辉。而今，这个目标依然不能动摇，特别是，适应我国新形势下本科院校转型之需要，更应该办出自己的特色和优势，即，既不同于学术研究型、教学型高校，又有别于高职高专类院校的人才培养定位，应用型本科高校应该走自己的特色之路，在人才培养模式、专业设置、教师队伍建设、课程改革等方面有所作为、有所不为。经过贵州省部分地方学院、独立学院院长联席会多次反复讨论研究，我们决定从教材编写着手，探索建立适用于应用型本科院校的教材体系，因此，才有了这套“应用型本科高校系列教材”。

本套教材具有以下特点：

一是协同性。这套教材由地方学院、独立学院院长们牵头，各学院具有副教授职称以上的教师作为主编，企业的专业人士、专业教师共同参编，出版社、图书发行公司参与教材选题的定位。可以说，本套教材真正体现了协同创新的特点。

二是应用性。本套教材编定突破了多年来地方学院、独立学院的教材选用几乎一直同一本或母体学校同专业教材的体系结构完全一致的现象，按照应用型本科高校培养人才模式的要求进行编写，既废除了庞大复杂的概念阐述和晦涩难懂的理论推演，又深入浅出地进行了情境描述和案例剖析，使实际应用贯穿始终。

三是开放性。本套教材以充分调动学生自主学习的兴趣为契机，把生活中、社会上常见的现象、行为、规律和中国传统的文化习惯串联起来，改变了传统教材追求“高、大、全”、面面俱到，或是一副“板着脸训人”的高高在上的编写方式，而采用最真实、最符合新时代青年学生的话语方式去组织文字，以改革开放的心态面对错综复杂的社会和价值观等问题，促进学生进行开放式思考。

四是时代性。这个时代已经是“互联网+”的大数据时代，教材编写适宜短小精悍、活泼生动。因此，本套教材充分体现了“互联网+”的精神，或提出问题，或给出结构，或描述过程，主要目的是让学生通过教材的提示自己去探索社会规律、自然规律、生活经历、历史变迁的活动轨迹，从而提升他们抵抗风险的能力，增强他们适应社会、驾驭机会、迎接挑战的本领。

我们深知，探索、实践、运作一套系列教材的工作是一项旷日持久的浩大工程，且不说本科学院在推进向应用型转变发展过程中日积月累的诸多欠账一时难还，单看当前教育教学面临的种种困难局面，我们都心有余悸。探索科学的道路总是不平坦的，充满着艰辛坎坷，我们无所畏惧，我们勇往直前，我们用心灵和智慧去实现跨越，也只有这样行动起来，才无愧于这个伟大的时代所赋予的历史使命。由于时间仓促，这套系列教材不妥之处在所难免，还期盼同行的专家、学者批评斧正。

“众里寻他千百度，蓦然回首，那人却在，灯火阑珊处。”初衷如此，如果如此，希望如此，是为序言。

应用型本科高校系列教材委员会

2018 年 7 月

前言

商业银行是最早出现的现代金融机构，也是长期以来各国金融机构体系的主体，在国民经济中发挥着极其重要的作用。我国商业银行在金融体系中一直占据着主导地位。“商业银行业务经营与管理”是国内高校金融学专业的一门核心课程。

进入21世纪以来，商业银行面临的竞争不再是传统的同业竞争、国内竞争、服务质量和价格的竞争，而呈现出金融业与非金融业、国内与国外、网络和线下等多元竞争格局。近年来，商业银行的宏微环境更是发生了重大变化，其中有存款保险制度的推出、余额宝等催生的互联网金融、民营银行的成立、第三方支付、去杠杆化、区块链与去中心化、资管新规……不胜枚举。

因此，随着金融市场改革的深入、金融产品创新的加快、金融市场规模的日益扩张、移动支付市场的兴盛、网络金融服务数目的急剧增加，商业银行正面临着前所未有的竞争和挑战。如何应对来自各方的挑战，在激烈的竞争中求得生存和发展，不断创新业务类别、不断创新管理思路，是我国商业银行经营管理过程中急需研究的重要问题。

令人遗憾的是，相对于普通本科教材而言，市场上该课程的应用型本科教材无比匮乏，许多院校不得不沿用传统研究型本科的教材，这严重阻碍了应用型本科院校人才培养目标的实现，偏离了我们的教学目标与初衷。针对现状，本书明确了培养应用型本科人才的定位，在此基础上，充分吸收和借鉴传统的本科教材与高职高专教材建设的优点和经验，力争做到理论上高于高职高专教材，业务能力的培养上强于传统的本科教材。

本书注重前瞻性与现实性相结合。在金融创新的背景下，商业银行不断涌现新产品、新服务、新理念、新规范，因此本书在编写过程中注重动态化，突出前瞻性，树立超前意识；针对未来市场可能出现的金融创新，确立本书内容，尽量减少建设过程中的盲目性，避免人为的滞后性。同时本书主体内容立足于银行市场发展的实际，依据易学、够用、实用的原则，不断调整、充实教材内容，在内容安排上立足时代发展并贴近银行业务发展现实。

本书由多年来一直从事“商业银行经营管理”“金融学”“金融风险管理”等课程教学工作的一线教师，以及具有丰富金融实务工作的“双师型”教师一同参与完成编写。本书既具有理论性和政策性，同时也具有实用性和操作性。全书整体内容具有以下几个优点：第一，案例数据丰富，图文并茂，简单直观，有利于提高学生的学习兴趣；第二，课堂讲授与模拟实操相结合，有利于教师和学生之间的良好交流；第三，自主学习和课堂讨论相结合，有利于培养和提高学生分析问题和解决问题的能力。本书既可以作为高等财经院校师生教学、研究、学习银行业务的参考用书，也可以作为金融机构管理人员及业务人员了解银行业务、提升业务管理和服务水平的业务用书。

本书由殷平生副教授任主编，兰洋任副主编，韩瑾、韩凯、马志强、莫洪兰、皮进修、宣权圣、易要兵、姚旭敏任参编。在本书的编写过程中，我们参阅和借鉴了许多同仁的研究成果，这些成果均列入书后的参考文献中，在此向其作者表示感谢。

不忘初心，方得始终，是为前言。

编　者

2018 年 7 月

目　录

第一章

商业银行概述

商业银行是现代金融体系中历史最为悠久、服务活动范围最为广泛、对社会经济生活影响最为深刻的金融机构。它的经营活动充分反映了现代银行的基本特征。全面认识商业银行应从分析商业银行的产生与形成途径开始。

本章学习目标

(1) 了解商业银行的起源、发展及其经营管理的方法。

(2) 掌握商业银行的基本性质和基本职能、商业银行的业务。

(3) 掌握商业银行经营管理的一般原则。

第一节 商业银行性质与职能

一、商业银行的产生与形成途径

资本主义银行体系是通过两条途径产生的，一是旧的高利贷性质的银行业逐渐适应新的经济条件而转变为资本主义银行，二是按资本主义原则组织起来的股份银行。1694 年在英国政府支持下，由私人创办的英格兰银行是最早出现的股份银行。

在金融中介体系中，能够创造存款货币的金融中介机构，国际货币基金组织(IMF)曾把它们统称为存款货币银行(Deposit Money Banks)；如今在 IMF 和中国人民银行的统计中又称“存款性公司”。西方国家的存款货币银行主要是指传统称为商业银行或存款银行的银行；我国的存款货币银行包括国有商业银行、政策性银行中的中国农业发展银行、其他商业银行、信用合作社及财务公司等金融机构。

(一) 商业银行的产生

最早的现代商业银行产生于英格兰，英文 bank 来源于意大利语 banca 或者 banco，banco 原意是指商业交易所用的长凳和桌子。

bank 原意是指存放钱财的柜子，后来就泛指专门从事货币存、贷和办理汇兑、结算业务的金融机构。汉语中的“银行”是指专门从事货币信用业务的机构。

鸦片战争以后，外国金融机构随之侵入，“银行”就成为英文“bank”的对应中文翻译。

从历史发展顺序来看，银行业最早的发源地是意大利。早在1272年，意大利的佛罗伦萨就已出现一个巴尔迪银行。1310年，佩鲁齐银行成立。1397年，意大利又设立了麦迪西银行，10年后又出现了热那亚乔治银行。当年的这些银行都是为方便经商而设立的私人银行，比较具有近代意义的银行则是1711年设立的威尼斯银行。14～15世纪的欧洲，由于优越的地理环境和社会生产力的较快发展，因此各国、各地之间的商业往来也逐渐频繁。然而，由于当时的封建割据，不同国家和地区之间所使用的货币在名称、成色等方面存在着很大的差异。要实现商品的顺利交换，就必须把各自携带的货币进行兑换，于是就出现了专门的货币兑换商，从事货币兑换业务。

随着商品经济的迅速发展，货币兑换和收付的规模也不断扩大，为了避免长途携带大量金属货币带来的不便和风险，货币兑换商在经营兑换业务的同时开始兼营货币保管业务，后来又发展到办理支付和汇兑。

随着货币兑换和货币保管业务的不断发展，货币兑换商集中了大量货币资金，当这些长期大量积存的货币余额相当稳定，可以用来发放贷款、获取高额利息收入时，货币兑换商便开始了授信业务。

货币兑换商由原来被动接受客户的委托保管货币转而变为积极主动地揽取货币保管业务，并且从降低保管费或不收保管费发展到给委托保管货币的客户一定好处时，保管货币业务便逐步演变成了存款业务。由此，货币兑换商逐渐开始从事信用活动，商业银行的萌芽开始出现。17世纪以后，随着资本主义经济的发展和国际贸易规模的进一步扩大，近代商业银行雏形开始形成。

随着资产阶级工业革命的兴起，工业发展对资金的巨大需求，客观上要求商业银行发挥中介作用。在这种形势下，西方现代银行开始建立。

1694年，英国政府为了同高利贷作斗争，以维护新生的资产阶级发展工商业的需要，决定成立一家股份制银行——英格兰银行，并规定英格兰银行向工商企业发放低利贷款，利率大约为5%～6%。英格兰银行的成立，标志着现代商业银行的诞生。

(二) 商业银行的形成途径

西方国家商业银行产生的社会条件和发展环境虽各不相同，但归纳起来主要有两条途径。

1. 从旧的高利贷银行转变而来

早期的银行是在资本主义生产关系还未建立时成立的，当时贷款的利率非常高，属于高利贷性质。随着资本主义生产关系的建立，高利贷因利息过高影响资本家的利润，制约着资本主义的发展。此时的高利贷银行面临着贷款需求锐减的困境和关闭的威胁，不少高利贷银行顺应时代的变化，降低贷款利率，转变为商业银行。这种转变是早期商业银行形成的主要途径。

2. 按资本主义组织原则

大多数商业银行是以股份形式组建而成的现代商业银行。最早建立资本主义制度的英国，也最早建立了资本主义的股份制银行——英格兰银行。

当时的英格兰银行宣布，以较低的利率向工商企业提供贷款。由于新成立的英格兰银行实力雄厚，因此很快就动摇了高利贷银行在信用领域的地位，英格兰银行也因此成为现代商业银行的典范。英格兰银行的组建模式被推广到欧洲其他国家，商业银行开始在世界范围内得到普及。

现代商业银行在商品经济发展较快的国家和地区迅速发展。但是在不同的国家，商业银行的名称各不相同，如英国称之为存款银行、清算银行；美国称之为国民银行、州银行；日本称之为城市银行、地方银行等。

二、商业银行的性质与职能

(一) 商业银行的性质

商业银行是以追求最大利润为经营目标，以多种金融资产和金融负债为经营对象，为客户提供多功能、综合性服务的企业。

1. 商业银行具有一般工商企业的特征

商业银行与一般工商企业一样，拥有业务经营所需要的自由资本，依法经营，照章纳税，自负盈亏，具有独立的法人资格，拥有独立的财产、名称、组织机构和场所。商业银行的经营目标是追求利润最大化，获取最大利润既是其经营与发展的基本前提，也是其发展的内在动力。

2. 商业银行是一种特殊的企业

商业银行具有一般企业的特征，但又不是一般工商企业，而是一种特殊的企业。因为一般工商企业经营的对象是具有一定使用价值的商品，而商品经营的对象是特殊商品——货币。

商业银行是经营货币资金的金融企业，是一种特殊的企业。这种特殊性表现在以下四个方面：

(1) 商业银行经营的内容特殊。商业银行以金融资产和金融负债为经营对象。

(2) 商业银行与一般工商企业的关系特殊，二者是一种相互依存的关系。

(3) 商业银行对社会的影响特殊。商业银行经营好坏可能影响到整个社会的稳定。

(4) 国家对商业银行的管理特殊。

由于商业银行对社会的影响特殊，因此国家对商业银行管理要比对一般工商企业的管理严格得多，管理范围也要广泛得多。

3. 商业银行是一种特殊的金融企业

与中央银行比较，商业银行面向工商企业、公众、政府以及其他金融机构，从事金融业务的主要目的是盈利。与其他金融机构相比，商业银行提供的金融服务更全面、范围更广。其他金融机构，如政策性银行、保险公司、证券公司、信托公司等都属于特种金融机构，而现代商业银行则是“万能银行”或者“金融百货公司”，业务范围要广泛得多。

(二) 商业银行的职能

1. 信用中介

信用中介职能是指商业银行通过负债业务，将社会上的各种闲散资金集中起来，又通过资产业务，将所集中的资金运用到国民经济各部门中去。商业银行通过充当资金供应者和资金需求者的中介，实现了资金的顺利融通，同时也形成了商业银行利润的重要来源。通过执行信用中介职能，把短期货币资本转化为长期资本，在盈利性原则的支配下，还可以使资本从效益低的部门向效益高的部门转移，从而优化经济结构。

2. 支付中介

支付中介职能是指商业银行利用活期存款账户，为客户办理各种货币结算、货币收付、货币兑换和转移存款等业务活动。在执行支付中介职能时，商业银行是以企业、团体或个人的货币保管者、出纳或支付代理人的资格出现的。商业银行支付中介职能形成了以它为中心、经济流动过程中无始无终的支付链条和债权债务关系。支付中介职能一方面有利于商业银行获得稳定而又廉价的资金来源，另一方面又为客户提供良好的支付服务，节约流通费用，增加生产资本的投入。

3. 信用创造

信用创造职能是指商业银行利用其吸收活期存款的有利条件，通过发放贷款、从事投资业务而衍生出更多的存款，从而扩大货币供应量。

商业银行的信用创造包括两层意思：一是指信用工具的创造，如银行券或存款货币；二是指信用量的创造。

整个信用创造过程是中央银行和商业银行共同创造完成的。商业银行通过创造流通工具和支付手段，可节约现金使用，节约流通费用，同时又满足社会经济发展对流通和支付手段的需要。

4. 信息中介

信息中介职能是指商业银行通过其所具有的规模经济和信息优势，能够有效解决经济金融生活中信息不对称导致的逆向选择和道德风险。由于银企关系的广泛存在和该关系的持续性，使商业银行等金融中介具有作为“代理监督人”的信息优势，同时它还具有专门技术及个人无法比拟的行业经验，因此降低了在贷款合约中存在的道德风险。

5. 金融服务

商业银行联系面广，信息灵通，特别是电子计算机的广泛应用，使商业银行具备了为客户提供更好的金融服务的物质条件。社会化大生产和货币流通专业化程度的提高，又使企业将一些原本属于自己的货币业务转交给商业银行代为办理，如发工资、代理支付费用等。因此，在现代经济生活中，金融服务职能已成为商业银行的重要职能。

知识链接 1-1

银行向公众提供的服务与全能银行的重要功能

1. 历史上银行曾提供的服务

史料表明，银行最早提供的服务是货币兑换，后来便开始贴现商业票据和发放商业贷款、吸收储蓄存款、用保险箱替客户保管贵重物品，购买政府债券、用信用支持政府活动，提供支票账户、办理转账结算，提供信托服务。

2. 20世纪30年代以来银行发展的新业务

20世纪30年代在纽约花旗银行和美洲银行的带领下，银行开展业务创新，开始发放消费者贷款，此后陆续开办金融咨询服务、现金管理服务、设备租赁服务，发放风险资本贷款，出售保单，提供退休计划管理服务、证券经济投资服务、共同基金和年金服务，办理投资银行和商业银行业务。

3. 全能银行的重要功能

现代全能银行的重要功能包括:贷款功能、中介功能、支付功能、担保功能、代理功能、政策功能、投资或计划功能、现金管理功能、储蓄功能、经纪功能、信托功能、保险功能、投资银行业务或承销功能。

(资料来源：罗斯. 商业银行管理[M]. 3版. 北京:经济科学出版社，2003-12. 有改动)

第二节 商业银行的组织结构与经营原则

商业银行的组织结构可分为外部的组织结构和内部的组织结构两个方面，其中，外部的组织结构即商业银行的外部组织形式或外部的组织制度；内部组织结构也就是商业银行的公司治理结构。商业银行要遵循盈利性、安全性和流动性的经营原则。

一、商业银行的组织制度

组织制度是指商业银行外部机构的设置方式。从各国商业银行的组织制度来看，银行的种类、规模大小、业务特点及政府的监管法规等因素决定了商业银行的组织制度。

(一) 分支行制度

分支行制度也称总分行制度，是指在总行之下，在国内外普遍设立分支机构的商业银行组织制度。中国、英国是实施该制度的典型国家。分支行制度按管理方式不同又可进一步划分为总行制和总管理处制。总行制即总行除了领导和管理分支行处以外，本身也对外营业；而在总管理处制下，总行只负责管理和控制分支行处，本身不对外营业，在总行所在地另设分支行或营业部开展业务活动。如我国的五大国有商业银行实行的就是总管理处制。

分支行制度便于银行扩大经营规模，增强银行实力，提供优质金融服务；便于银行分散风险，提高其安全性；便于引进并采用先进的技术设备和管理手段；便于提高银行宏观管理水平。但是，由于分支结构过多、级次复杂，因此也加大了银行内部的控制难度，而且极易形成垄断。

(二) 单元银行制度

单元银行制度又称独家银行制度或单一银行制度，是指银行业务由各自独立的商业银行经营，法律禁止或限制银行设立分支机构的银行组织制度。美国和印度等少数国家的部分银行实行该制度。

在单元银行制度下，法律上只允许在银行总部经营，不允许在同一地区或不同地区设立分支机构，从而不能使同一家银行形成系统和网络，只能一级经营。美国曾长时期实行完全的单一银行制，不许银行跨州经营和分设机构，甚至在州内也不准设分支机构。这种制度安排与美国的政治制度直接相关。美国实行联邦制，设立银行既可向联邦政府注册，成为国民银行，也可向州政府注册，成为州银行。各州有很大的立法权。为了避免银行跨州经营和分设机构可能导致的资金流失和对本州银行生存形成的竞争压力，各州对跨州经营均给予立法禁止和限制。而联邦政府也认为这一举措对避免银行业垄断势力的出现大有好处。随着经济的发展，地区经济联系的加强，以及金融业竞争的加剧，美国在 20 世纪 70 年代后就逐渐开始放松对银行分设机构的限制，1994 年 9 月，美国通过《瑞格-尼尔跨州银行与分支机构有效性法案》(The Riegle-Neal Interstate Banking and Branching Efficiency Act)，允许商业银行跨州建立分支机构。总体上看，美国的单一银行制度正在逐步解体，大多数州已经允许银行符合一些限制条款后设立分支机构。

单元银行制度能够限制银行业的垄断，减缓银行集中的进程；有利于银行与地方政府协调，适合本地区需要，集中全力为本地区服务；自主性强，灵活性大，能够即时改变经营策略；银行管理层次较少，央行控制和管理意图传得快。但是，单元银行制度难以取得规模效益，限制了银行在全国范围内的竞争，不利于银行业的发展；同时，单元银行制度也不利于资金的调剂，资金不能做到最优化配置。单元银行制度的组织结构如图 1-1 所示。

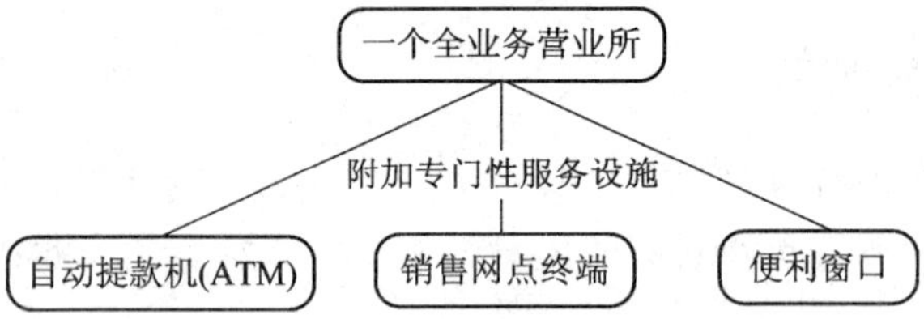

图 1-1　单元银行制度的组织结构

(三) 银行持股公司制度

银行持股公司制度又称集团银行制度或控股公司制度，是指由某法人集团注册成立一家公司，再通过该公司以持股方式控制其他独立银行的银行组织制度。在法律上，这些银行是独立的，它们有自己的董事会并对其股东负责，但其业务与经营政策，由持股公司操纵和控制。持股公司这种商业银行的组织形式在美国最为流行。主要原因是它可以纠正单元银行制下的银行资金实力相对较弱、市场竞争力不强的弊端。一方面它可以绕开单元银行制对商业银行经营范围与业务区域所设置的种种法律限制。另一方面，由于母公司在扣除子公司的经营成本以后应纳税的纯收入会很低，因此发展持股公司也可以减少纳税。

持股公司制的优点是能够有效地扩大资本总量，增强银行实力，提高银行抵御风险的能力，弥补单元银行制的不足；其缺点是容易引起金融权力过度集中，并在一定程度上影响了银行的经营活力。

(四) 连锁银行制度

连锁银行制度又称联合制，是指某个人或某集团通过持股方式控制两家或两家以上独立银行的一种银行组织制度。连锁银行制度曾盛行于美国中西部，是为了弥补单元银行制的缺点而发展起来的。连锁银行制度与银行持股公司制度的作用相同，差别在于其没有持股公司，而且没有银行持股公司普遍。

(五) 跨国联合制度

跨国联合制度又称国际财团制，是指不同国家的大商业银行共同出资组建跨国银行，专门经营境外货币和国际资金存放业务的银行组织制度。跨国联合制度与为某项贷款而由多个银行组成的贷款辛迪加(Loan Syndicate)不同，辛迪加是不具备法人资格的临时组织，而国际财团制下的银行是正式注册的法人。

二、商业银行的治理结构

任何没有制约和监督的权力都是很危险的，不受监督的权力往往导致权力的滥用，公司的权力也不例外。按照决策权、执行权和监督权三权分立的原则，商业银行的内部组织机构一般由决策机构、执行机构和监督机构三个部分组成。

(一) 决策机构

股份制形式的商业银行决策机构由股东大会和董事会及其下设的各种专门委员会构成。商业银行股东大会是最高权力机构，每年定期召开股东大会和股东例会，是股份制形式的商业银行决定宏观性、方向性、整体性及长期性的战略方针政策的场所。普通股股东可依股权大小参与事务，对经营管理和各种重大议案进行表决。商业银行董事会是由股东大会选举产生的日常性质的决策机构，有权处理经授权的一切事务。董事长的选任由董事会决定，是董事会的核心人物，通常由具有广泛人脉资源、通晓业务和管理、具有较强战略眼光的人员担任，一般情况下是由商业银行大股东或较大股东担任或推荐的。董事会的重要职能就是确定经营目标和经营决策，选聘行长、总稽核及其他高级管理人员，设立各种专门委员会等。

(二) 执行机构

商业银行的执行机构由行长(总经理)、副行长(副总经理)、行长领导下的各委员会、各业务职能部门和分支机构构成。行长(总经理)组织业务活动，是银行的行政首脑，对董事会负责。行长必须既通晓各个业务流程，又具有专门的管理经验；既要具有团队精神，又要具有较强执行力，同时还必须具有战略思维，能抓住机会拓展新业务，最终能提高银行盈利水平。商业银行副行长(副总经理)是协助行长(总经理)专门管理某些特定部门的，他们通常是该业务方面的专家，也必须具有和行长相似的素质和经验。各职能部门是银行开展经营活动的依托，是以行长(总经理)为中心的经营管理体系中执行日常业务的机构，如公司业务部、个人金融部、国际结算部、风险管理部等。分支机构是商业银行的基层组织，直接面向客户服务，分支机构的数目由银行规模和业务特点决定。

(三) 监督机构

商业银行的监督机构由监事会和稽核部门所构成。股东大会选举监事组成监事会。监事会是银行的内部监督机构，有很大的权威性。它不仅检查和评估商业银行业务经营和管理状况，而且有权对董事会制定的银行经营目标和经营决策进行检查，有权对董事的活动进行审查。监事会不受董事会的控制，而是直接向股东大会负责，董事、高级管理人员不得兼任监事。稽核部门负责稽核监督银行的日常业务经营、财务会计、行长任期经济责任和内部控制等情况。

三、商业银行的经营原则

商业银行经营的高负债率、高风险性以及受到监管的严格性等特点决定了商业银行的经营必须严格遵循一定的原则，其遵循的原则不能是单一的，只能是几个方面的统一。现在各国商业银行已普遍认同在经营活动中必须遵循盈利性、安全性和流动性的“三性”原则。

(一) 盈利性

盈利性是指商业银行获得利润的能力，它是商业银行经营管理的总目标。商业银行作为一种企业，最终目标是为股东获取尽可能多的回报，实现利润最大化。利润最大化既是商业银行实现充实资本、加强实力、巩固信用、提高竞争能力的基础，也是股东利益所在，是银行开拓进取、积极发展业务、提高服务质量的内在动力。商业银行的所有业务活动，包括向谁提供贷款、投资何种证券、是否开设分支机构、提供什么样的代理咨询等服务，都要服从盈利性这一目标。

(二) 安全性

安全性是指商业银行应努力避免各种不确定因素对它的影响，使银行经营的资产与负债免遭风险损失的可能性。商业银行的安全性包括两个方面：一类是负债的安全，包括资本的安全、存款的安全、各项借入资金的安全；另一类是资产的安全，包括现金资产、贷款资产和证券资产的安全。保持安全性的侧重点在于保持高质量的资产，高质量资产又包含两层意思，即资产本金和利息的同时收回。如果资产本金(如贷款本金)不能及时足额收回，则必然影响到银行的资金流动性、清偿力和信用状况，损失银行资金甚至导致银行破产。同时，因为资产所占用的资金是以负债方式筹措的，商业银行要为此支付一定的利息。如果只收回本金而没有收回利息，那么它的资金就会减少而造成损失。从另外一个角度看，商业银行为了保证其资产的安全性，应尽量减少非盈利性资产(如现金资产)，以免遭受机会成本的损失。

(三) 流动性

流动性是指商业银行能够随时满足客户提现和必要的贷款需求的支付能力，包括资产的流动性和负债的流动性。资产的流动性是指商业银行资产在不发生损失的情况下迅速变现的能力。负债的流动性是指商业银行以合理的成本随时举借新债，以满足资金需求的能力。其中，贷款的流动性具体表现在两个方面：一是商业银行贷款本息能按期足额收回，以随时应付客户的提存；二是商业银行能满足新的、合理的贷款需求。

上述三个原则中，安全性是基础，流动性是条件，盈利性是目的。商业银行在业务经营过程中，要同时兼顾以上三个原则，全面考虑盈利性、安全性、流动性的要求。三个原则有统一的一面，也有存在矛盾的一面。其中，安全性与流动性成正比，但与盈利性成反比。资产期限越短，风险性越小，资产的安全性和流动性也就越高，但利率相应就越低，利息收入也就越少；反之，资产的期限越长，利润也就越高，但风险也越大，安全性和流动性也就越小。盈利性、安全性和流动性三个原则的选择和组合是就银行整体而言的，需要对各种负债和各种类型资产进行综合研究，寻求最佳组合。

我国修订后的《商业银行法》第四条规定，商业银行以安全性、流动性、效益性为经营原则，实行自主经营，自担风险，自负盈亏，自我约束。

第三节 商业银行经营模式与发展趋势

一、商业银行经营模式

1．分业经营与传统的混业经营并存

20 世纪 30 年代大危机之前，各国政府对银行经营活动极少给予限制，许多商业银行都可以综合经营多种业务，属全能型银行、综合型银行，我们称之为混业银行。但是，在大危机中，生产倒退，大量企业破产，股市暴跌，银行成批破产倒闭，酿成历史上最大一次全面性的金融危机。不少西方经济学家归咎于银行的综合性业务经营，尤其是长期贷款和证券业务的经营。据此，许多国家认定商业银行只适于经营短期工商信贷业务，并以立法形式将商业银行类型和投资银行类型的业务范围作了明确划分，以严格其分工。比如，美国在 1933 年通过的《格拉斯-斯蒂格尔法》(*Glass-Steagall Act*)中规定：银行分为投资银行和商业银行；属于投资银行经营的证券投资业务，商业银行不能涉足。其后，美国又在相继颁布的《1934 年证券交易法》《投资公司法》等一系列法案中强化和完善了职能分工型银行(Functional Division Commercial Bank)制度。对于这样的制度，我们称之为分业经营。随后，日本、英国等国家也相继实行了分业经营制度。

不过，德国、奥地利、瑞士以及北欧等国继续实行混业经营，商业银行可以不受任何限制地从事各种期限的存款、贷款以及全面的证券业务。赞成全能模式的理由是：通过全面、多样化业务的开展，可以深入了解客户情况，有利于做好存款、贷款工作；借助于提供各种服务，有利于吸引更多的客户，增强银行竞争地位；可以调剂银行各项业务盈亏，减少乃至避免风险，有助于经营稳定等。

2．美、日等国从强调分业到转变方向

自 20 世纪 70 年代以来，特别是近十多年来，伴随着迅速发展的金融自由化浪潮和金融创新的层出不穷，在执行分业管理的国家中，商业银行经营日趋全能化、综合化。出现这一变化的原因主要在于：在金融业竞争日益激烈的条件下，商业银行面对其他金融机构的挑战，利润率不断降低，迫使它们不得不从事更广泛的业务活动；吸收资金的负债业务，其结构发生变化，可以获得大量长期资金来进行更多的业务活动，特别是长期信贷和投资活动；在这样的背景下，国家金融管理当局也逐步放宽了对商业银行业务

分工的限制等。

全能化的途径主要有三条：

(1) 利用金融创新绕开管制，向客户提供原来所不能经营的业务。

(2) 通过收购、合并或成立附属机构等形式深入投资业务领域。

(3) 通过直接开办其他金融机构实现综合经营。

进入20世纪90年代后，一向坚持分业经营的美国、日本等国纷纷解除禁令，默许乃至鼓励其大中型商业银行向混业经营方向发展。日本于1998年颁布了《金融体系改革一揽子法》，即被称为金融"大爆炸"(Big Bang)的计划，允许各金融机构跨行业经营各种金融业务。1999年10月，美国通过了《金融服务现代化法案》，废除了代表分业经营的《格拉斯-斯蒂格尔法》，允许银行、保险公司及证券业互相渗透并在彼此的市场上进行竞争。这标志着西方国家分业经营制度的最终结束。

现今，发达的市场经济国家的混业经营有两种基本形式：一是在一家银行内同时开展信贷中介、投资、信托、保险诸业务，如以1999年之前的美国为代表的传统模式的商业银行。二是以金融控股公司的形式把分别独立经营某种金融业务的公司链接在一起，如以德国为代表的全能型商业银行。

二、商业银行的发展趋势

商业银行的发展趋势体现在以下几个方面：

(1) 银行业务的全能化：分业经营向混业经营转变，英联邦国家、日本、韩国、美国等国上世纪完成了分业经营向混业经营转变。

(2) 银行资本的集中化：随着经济全球化和金融自由化的发展趋势，金融服务的贸易壁垒逐渐被打破，国际银行业中大量的商业银行通过跨国并购的方式兼并或收购目标国的银行分支机构以快速地进入并渗透目标国的市场。银行并购浪潮席卷全球促进了资源的重新配置。参与其中的银行多数是强强联合，向国际化大银行迈进，越来越多的银行通过跨国并购取得了世界性的垄断地位，使得商业银行的资本集中化。

(3) 银行服务流程的电子化：科学技术的广泛运用再造了银行的业务流程，自动化服务系统被广泛使用。现款支付机、自动柜员机以及售货终端机等硬件设备的运用，信用卡的普及、银行内部业务处理的网络化和银行资金转账系统的自动化再造了传统商业银行的业务流程。

第四节　中国商业银行的改革与发展

一、中国商业银行改革历程

自1978年以来，随着经济体制改革的深入进行，银行体系也不断进行调整和改革。其改革历程大致经过三个阶段。

(一) 由大一统银行体系转变为专业银行体制

从 20 世纪 80 年代初到 1993 年，这一阶段改革的主要内容是打破银行体系政企不分和信用活动过分集中的旧格局，把大一统的银行体系转变为中国人民银行专门行使国家金融管理机关职能，恢复和成立中国农业银行、中国银行、中国工商银行、中国建设银行四大国家专业银行。这种体制的基本特征是专业银行是国家的银行，是国家的独资企业，国家拥有单一产权。专业银行作为国有资本人格化代表，必须执行国家信贷计划或规模控制，必须保证国家重点建设资金需要，重点支持支柱产业，发放政策性贷款任务；在国家需要的时候，还必须对社会的稳定和发展负责。专业银行体制上有两重性：一方面它是对高度集权的单一计划经济体制的否定和改革，并在改革旧体制的同时，孕育新的商业银行体制的要素。正是因为有了专业银行体制，才有后来从 1987 年起相继恢复和建立的几家全国性或区域性商业银行，如中信实业银行、深圳发展银行、招商银行、广东发展银行、福建兴业银行、交通银行等股份制银行，其中交通银行的股本中有超过 1/4 来自工商企业的投资。另一方面，由于专业银行脱胎于大一统的计划金融体制的母体，又不可避免地带有旧体制的痕迹，内部约束机制不健全、经营效率低下仍是其致命的弱点。因此，这种体制是中国计划经济体制转向社会主义市场经济体制的一种过渡性体制。

(二) 从 1994 年到 2003 年将专业银行转变为国有商业银行

针对专业银行体制的弊端，从 1993 年起，中共十四届三中全会明确提出，国有专业银行要逐步向国有商业银行转变。1994 年国务院开始实施这一改革方案。其主要内容是赋予中央银行即中国人民银行独立执行货币政策的职能，中央银行对商业银行监管主要运用货币政策手段实施间接调控；分离专业银行政策性业务，成立国家开发银行、国家进出口银行、国家农业发展银行三家政策性银行；现有国家银行按照现代商业银行经营机制运行，其经营管理具有一定的独立性。

同时，为了让国有银行摆脱历史包袱，轻装上阵实现中国国有银行的真正商业化经营，1998 年国家用 2700 亿元特别国债来充实四大银行的资本金，又先后成立了信达、华融、长城和东方四家资产管理公司，剥离了四家国有银行的 1.4 万亿元不良资产。

这次改革在完善国有银行的经营管理上做了大量工作，国有银行经营的外部环境大为改善。然而，改革并没有达到预期效果，2000 年中国四家国有独资商业银行不良贷款剥离了 1.4 万亿后，余额为 1.35 万亿，但截止到 2004 年初按四级分类为 1.7 万亿，增加了 3500 亿元。按五级分类则高达 2 万亿元，增加了 6000 多亿元。

这表明，这次改革的成效并不明显。原因在于这次改革并没有触及国有银行体制的核心，没有改变不明晰的国有银行产权。国有商业银行国有独资产权模式虽名为独资，但实际上所有权由谁代表并没有解决。这种产权制度安排使得一方面国有银行的所有者缺位或所有权虚置，另一方面国家在国有银行资产上的各种权利得不到切实有效的保护。产权关系不清晰，资本非人格化以及所有权与经营权难以分离，导致中国国有银行激励机制不强、约束机制不硬、责权利不明、经营效率低下等，并因此产生了诸多负面效应，如资产质量低下、信贷约束软化、金融资源误配、金融效率不高、金融秩序稳定性差、金融体系不稳健，以及各种寻租、设租活动等。

(三) 2003 年年底开始国家控股的国有商业银行股份制改革

2003 年年底开始的国家控股的国有商业银行股份制改革，目的是从根本上改善国有商业银行的经营状况，实现国有商业银行从传统体制向现代企业制度的历史性转变。2003 年 10 月，十六届三中全会明确指出，“选择有条件的国有商业银行实行股份制改造，加快处置不良资产，充实资本金，创造条件上市”。2004 年 1 月 6 日，国务院决定，选择中国银行、中国建设银行进行股份制改革试点，并动用 450 亿美元外汇储备，通过新组建的“中央汇金投资有限责任公司”注册上述两家银行。“中央汇金投资有限责任公司”的股东单位为财政部、中国人民银行和国家外汇管理局，将公司作为中国银行和中国建设银行的两大股东，行使出资人的权利，获得投资回报和分红收益。

二、国有商业银行股份制改革

2004 年以来，国有商业银行股份制改革进展迅速。中国银行股份有限公司、中国建设银行股份有限公司和中国工商银行股份有限公司先后成立，并在香港和上海两地先后成功上市。

(一) 国有商业银行股份制改革的步骤与模式

中国国有商业银行的股份制改革都采取了以下三个步骤：

(1) 改组为股份有限公司，股东为中央汇金投资有限责任公司股东单位和财政部等，实际上只有国家一个股东。

(2) 引进战略投资者，主要是海外战略投资者，实现股权多元化，完善法人治理结构。

(3) 实现公开上市，筹集资金，成为公众银行和符合现代企业制度真正要求的商业银行。

(二) 国有商业银行的上市模式

国有商业银行的上市模式有以下三种：

(1) 整体上市。整体上市指国有商业银行以其整体资产进行重组，改制为股份制商业银行后整体上市。

(2) 分拆上市。分拆上市指拿出经营状况比较好的一家或几家分行，经过资产重组后独立注册成股份有限公司制的子银行上市。

(3) 联合上市。联合上市是指合并重组几家国有商业银行的有关分支行，新建一家由各国有商业银行总行联合控股的股份制商业银行上市。

(三) 国有商业银行股份制改革的目标

国有商业银行股份制改革有以下目标：

(1) 国有商业银行公开发行上市有助于提高我国银行的银行资本充足率，提高我国银行核心竞争力。

(2) 通过股份制改革上市实现产权明晰，完善法人治理结构，建立现代银行制度。

(3) 有助于健全银行风险管理体系，降低金融风险。

(4) 国有商业银行股份制改革需要保持国家对金融的绝对控制，这是保障国家经济主权的基础。外资不能控股。

三、中国存款保险制度建设

存款保险制度是指国家通过法律法规明确规定，各商业银行缴纳保费，一旦某商业银行面临危机或破产，就由保险机构为存款人支付一定限度的赔偿，从而使存款人利益得到一定程度的保障。

(一) 存款保险制度的内容

存款保险制度的主要内容包括：

(1) 存款保险机构：大多数国家存款保险机构属于公有。

(2) 存款保险基金即保费的筹集：政府注入股本建立基金，并对风险不同的银行按不同的保险费率征收保费。

(3) 承保限额：承保限额不宜太高，在美国，保险赔偿的最高限额为每种账户每人 10 万美元。

(4) 问题银行的处置：根据问题严重程度不同采取不同的处置方法：① 资金援助；② 兼并转移；③ 清盘赔偿。

(二) 存款保险制度的作用

(1) 保护存款人。增强了存款人的信心，增加了存款量，进而提高了经济增长水平。

(2) 监管银行。存款保险公司为了减少救助和补偿的负担，必定从自身利益的角度关心银行的运营和风险状况，监管有主动性和自觉性。

(3) 稳定金融体系。银行经营更加谨慎，银行受存款人的挤兑可能性下降。

(三) 存款保险制度带来的问题

1. 道德风险

不管银行倒闭是由于流动性问题还是由于经营不善导致清偿力不足的结果，存款保险机构都需对其进行援助。这就减轻了市场约束，使存款人、银行和监管机构都产生了道德风险问题。

2. 逆向选择

如果存款保险制度是自愿加入的，那么实力较弱的中小银行与具有较大冒险倾向的银行会选择加入，而大银行或稳健经营的银行，则不愿加入。

而在强制保险制度中，低风险的投保银行趋向增大资本风险，如高息揽储和盲目发贷等恶性竞争，从而造成整个行业的风险状况恶化，带来了爆发金融危机的隐患。

本 章 小 节

商业银行是指以获取利润为经营目标，以多种金融资产和金融负债为主要经营对象，为客户提供多样化、综合性服务，具有多功能的金融企业。

商业银行的产生经历了两种途径：旧式的高利贷性质的银行的转变和股份制原则的直接组建。

从性质上看，商业银行是企业、特殊企业、特殊的金融企业；商业银行具有信用中介、支付中介、信用创造、金融服务和经济调节等多项职能，其中，信用中介是商业银行最基本、最能反映其经营活动特征的职能。

从外部组织制度上看，商业银行主要有分支行制度、单元银行制度、持股公司制度、连锁银行制度和跨国联合制度五种基本形式；从内部看，商业银行的内部组织机构一般由决策机构、执行机构和监督机构三个部分组成。

商业银行在经营活动中必须遵循盈利性、安全性和流动性的“三性”原则，我国商业银行以安全性、流动性、盈利性为经营原则，实行自主经营，自担风险，自负盈亏，自我约束。

重要概念

商业银行	负债业务	流动性原则
支付中介	资产业务	盈利性原则
信用中介	自有资本	安全性原则
混业经营	道德风险	存款保险制度
分业经营		

思考与练习

1．商业银行是如何形成、演变到现代商业银行的？请简明描述全过程。

2．西方商业银行从分业到混业经营的过渡过程将使商业银行获得哪些机遇？风险又有哪些？

3．商业银行经营的业务内容有哪些？这些业务的构成、作用是什么样的？商业银行对这些业务进行管理的基本原则分别有哪些？

4．你认为商业银行在网络银行的冲击下，在不久的将来会消亡吗？如果你认为会消亡，可以举一到两个例子说明你看到的端倪吗？

5．新中国建立后银行业的改革经历了哪些阶段？我们熟悉的四大行出现在哪一个阶段？在这个阶段中它们的经营遵循了商业银行经营的“三性”原则了吗？在改革的过程中我国的商业银行是怎样一步步地成长为股份制商业银行的？

6．存款保险制度是怎么来的？我国的存款保险制度的内容有哪些？

第二章

商业银行资本管理理论与实务

商业银行资本是银行从事经营活动必须注入的资金，是金融管理部门实施控制的工具。银行未来面临的风险越大，资产增长越快，则银行所需的资本量就越多。我国对设立商业银行的最低资本要求是：设立全国性商业银行的注册资本最低限额为10亿元人民币。设立城市商业银行的注册资本最低限额为1亿元人民币，设立农村商业银行的注册资本最低限额为五千万元人民币。注册资本应当是实缴资本。金融管理部门通过规定和调节各种业务的资本比率，就可对其业务活动实施控制。商业银行资本是银行开业经营的条件，与其他行业一样，银行要取得营业许可，必须具有一定金额的最低注册资本，具备一定的物质条件和基本设施，如营业场所、各种商务和办公用品等。

银行资本是保证商业银行可持续经营，防止和控制风险的重要资产保证。对商业银行来说，银行资本一方面代表着商业银行的运营实力，其资产越充分，就可以认为该银行的风险抵抗能力更强；另一方面其代表着商业银行能够承担的最大风险程度。这也是巴塞尔协议利用银行资本衡量银行风险抵抗能力的原因。

本章学习目标

(1) 了解商业银行资本的界定。
(2) 了解历史上出现的几种资本充足性测量方法，并简单评价。
(3) 掌握《巴塞尔协议Ⅰ》四个方面的内容。
(4) 掌握《巴塞尔协议Ⅱ》三大支柱具体内容。
(5) 掌握《巴塞尔协议Ⅲ》的主要内容。
(6) 了解我国商业银行监管资本的相关规定。
(7) 掌握提高商业银行资本充足率的途径。

第一节　商业银行资本的界定与功能

一、商业银行资本的含义

资本是指个人或企业所拥有的可以使其在经济社会中主观支配并以此获得回报的所有

资源。西方经济学将资本定义为生产要素(劳动、土地、资本、企业家才能)的一部分，可以表现为实物形态(厂房、器械设备、动力燃料、原材料等)，也可以直接表现为货币形态。商业银行资本即资本金，它包括产权资本和债务资本两个方面。产权资本是指商业银行自身拥有的，或者是能永久支配使用的资金来源，即商业银行资产总额和负债总额的差额。《巴塞尔协议》中把大部分产权资本视为核心资本，表明了产权资本在银行资本体系中的重要性。债务资本也称非产权成本，它是指在一定条件下可长期使用的借入资本，如何转换债券，《巴塞尔协议》中把全部非产权资本视为附属资本，表明债务资本的地位是从属的和补充性质的。具体到银行资本而言，也是一个较为复杂，且不断发展的概念。商业银行使用资本这个概念时，通常有三个方面的含义：一是财务会计意义上的，即账面资本；二是外部监管意义上的，即监管资本；三是内部管理意义上的，即经济资本。银行资本各种不同的相关概念阐述如下。

(一) 注册资本与实收资本

注册资本是商业银行设立时，在银行章程中注明的向政府主管机关登记注册的资金。注册资本是公开声明的财产总额，可以使公众了解银行以后可能达到的经营规模。注册资本必须等于或大于法定的最低资本额度。各国中央银行对本国商业银行的开立都有最低的法定要求，低于该额度是不能营业的。银行在开业时实际募集到的资本金成为实收资本，也就是投资人已实际认购的股份全部或部分缴纳给募集资金的银行资金。由于各种不同的原因，实收资本不一定等同于注册资本。如果发行的股份都已收到全部金额，那么实收资本总额就等于发行资本。另外商业银行在经营管理过程中会通过各种方式来使银行的实收资本不断增长，从而使银行的经营规模不断扩大。

(二) 会计资本

会计资本是从普通会计原则出发来衡量资本的，按照银行账面价值来计算的银行资本量称为会计资本，会计上通用的恒等式为资本等于总资产减去总负债，代表了股东们对银行的要求权，也称之为股东权益或净资产，它实质上是由实收资本、资本公积、盈余公积等组成。

银行资本的账面价值(股东权益 NW) = 银行总资产的账面价值(A) − 银行总负债的账面价值(L) = 股权资本 + 溢价(资本盈余) + 未分配利润(留成盈余) + 贷款损失准备金。

会计资本在实际业务中为银行会计审计人员所广泛应用，但由于会计采用的权责发生制会出现银行资产负债的账面价值与实际价值不同的情况，有时甚至会出现较大偏差，因而有一定的局限性。

(三) 监管资本

监管资本是一国金融监管当局为了降低银行风险维持金融稳定制定的，银行必须按照监管当局对资本的定义和计算要求所持有的资本。监管部门在考察银行资本时主要是从防范风险方面出发的，商业银行的监管资本是针对商业银行的资金运用而言的。确定监管资本的标准是资本的用途，尤其是吸收银行未来损失的作用，因此监管资本还包括一些在会计意义上不能算做资本的附属债务，在资产负债表中的资产方，以“—”号来表示，比如长期次级债务，混合资本债券等。为规范商业银行资本金的双重性质，通常把产权资本称为一级资本或核心资本，把债务资本称为二级资本或附属资本。从数量上看，在其他条件不变的情况下，监管当局总是希望银行持有更多的资本，以提高银行吸收损失的能力，尽可能减少银行破产倒闭的风险，由于监管资本对应着银行资产负债表上的具体项目，从而也是一种实际存在的资本。

(四) 经济资本

经济资本这一概念最早起源于 1978 年美国信孚银行创造的风险调整后的资本收益率模型，经济资本严格意义上是指用于承担业务风险或购买外来收益的股东投资总额，应该是风险资本与商誉之和，但通常将其直接定义为风险资本。经济资本是由商业银行的管理层内部评估产生的，配置给资产或某项业务用于减缓风险冲击的资本。其计算公式为

经济资本 = 信用风险的非预期损失 + 市场风险的非预期损失 + 操作风险的非预期损失

经济资本是一个统计学的概念。它是描述在一定的置信度水平上(如 99%)，一定时间内(如一年)，为了弥补银行的非预计损失所需要的资本。它是根据银行资产的风险程度的大小计算出来的。计算经济资本的前提是必须要对银行的风险进行模型化、量化。这样还能计算出各个业务部门或各个业务产品所需要的资本，其实现在比较普遍使用的计算市场风险的模型(VaR)所计算出来的资本就是经济资本的概念。经济资本的一个重要特点就是它是指所“需要的”资本，“应该有”多少资本，而不是银行实实在在已经拥有的资本。经济资本的作用是帮助银行达到股东价值增值和计算经风险调整绩效的目的。在经济资本管理目标下，银行为保证风险管理过程的有效性和各种模型工具得到合理使用，需建立相应的风险管理组织、业务流程等制度平台。经济资本计算所依靠的内部评级包括客户评级和授信条件评级两个方面，据此可以提供客户违约概率(PD)、违约损失率(LGD)、预期损失率(EL)、非预期损失率(UL)、违约敞口(EAD)等关键指标，并将其应用到授信审批、贷款定价、限额管理、风险预警等基础信贷管理中，发挥决策支持作用，而且也是制定信贷决策、审批授权制度、计提准备金、分配经济效益的企业管制、内部控制和外部监督配合，确保企业经理人的经营策略受到股东价值增值的导向约束，并且在短期规模增长和风险成本之间主动寻求平衡，而不是被动地接受风险现状。

二、商业银行资本的功能

(一) 营业功能

银行最原始的资金来源是资本金。通俗地讲，资本金就是银行经营货币业务的“本钱”。在存款流入之前，资本为银行注册、组建和经营提供了所需资金。一家新银行需要启动资金购买土地、盖新楼或租场地、装备设施，甚至聘请职员。资本为银行的增长和新业务、新计划及新设施的发展提供资金。当银行成长时，它需要额外的资本，用来支持其增长并且承担提供新业务和建新设施的风险。大部分银行最终的规模超过了创始时的水平，资本的注入使银行在更多的地区开展业务，建立新的分支机构来满足扩大了的市场和为客户提供便利的服务。资本作为规范银行增长的因素，有助于保证银行实施长期可持续的增长。管理当局和金融市场要求银行资本的增长大致和贷款及其风险资产的增长一致。因此，随着银行风险的增加，银行资本吸纳损失的能力也会增加，银行的贷款和存款规模如果扩大

得太快，市场和管理机构会发出信号，要求它或者放慢速度，或者增加资本。根据规定，发放给一个借款人的贷款限额不得超过银行资本的10%，因此资本增长不够快的银行会发觉自己在争夺大客户的竞争中失去了市场份额。商业银行存款的期限是较为灵活的，而资产的期限却存在刚性，因此商业银行的资产负债的期限错配决定了其存在较大的流动性风险，资本金中的附属资本主要组成部分是长期债务，可以有效地缓解银行资金来源与资金运用的期限错配。较高的资本也是银行在日常经营中树立公众信心和市场信誉的必要前提。

(二) 保护功能

作为“本钱”的资本金除了在创办时可以购置房地产、设备及支付增设分支机构的费用外，当银行资产遭受损失而存款人提款时，银行将动用部分或全部资本金来保护存款人利益。在信息不对称的情况下，由于商业银行的存款人难以对商业银行对企业的投资行为实施的监督进行观察，因此，在商业银行和存款人之间便有了产生道德风险的可能性，这将影响到商业银行与存款人之间的关系，从而影响商业银行吸收存款的数量。为了有效地减少商业银行与存款人之间产生的道德风险，商业银行在对企业贷款时，最好的办法就是投入一定比例的自有资本，存款人会根据商业银行投入的自有资本的比例来判断商业银行在进行贷款项目质量的好坏，当商业银行资本充足时，商业银行对企业的投资行为进行监督的可信度就会高，在商业银行与存款人之间产生道德风险的可能性就会小，资本消除了债权人(包括存款人)对银行财务能力的疑虑。

商业银行作为信用中介，其资金来源主要是存款负债，其中储蓄存款约占全部负债的60%；另一方面，作为资金运用的资产业务将资金投向各种盈利性资产，不可避免地存在各种风险，一旦风险转化为现实损失，它将面临着弥补损失和满足存款人流动性要求的义务。当银行遭受损失时，首先使用银行的收益进行弥补，如果不够，就要动用资本金进行抵补，若损失巨大导致银行破产倒闭，则清算后的剩余资金应按清算顺序进行偿还，为了应对可能发生的损失，银行应拥有充足的资本作为保障。

银行必须有足够的资本，才能使借款人相信银行在经济衰退时也能满足其信贷需求，银行要求一定数量的股本，是为了给存款保险公司和未参加保险的存户提供一个垫头，在无损于清偿能力的情况下，银行可以由于资产损失而失去相当于股本的资金数量，这样，存户将得到保护，受损失的只是股东。

(三) 管理功能

所有国家都对申请设立银行的资本金数额有明确规定，我国规定设立分支机构的全国性银行最低实收资本为10亿元。商业银行资本结构的特殊性决定了政府对商业银行资本充足率的监管要求，资本在商业银行经营管理中具有核心作用，是银行一切活动的基础，在各种风险防范措施都失效时，资本构成商业银行最后的风险防线，因此商业银行通过各种方式保持一定的资本。当管理层注意到银行的问题并恢复银行的盈利性之前，资本通过吸纳财务和经营损失，减少了银行破产的风险，银行的资本应保持能经受坏账损失的风险。监管当局在确定资本的质量时，主要考虑的是它能否吸收损失；在确定资本的数量时，主要考虑的是可能出现的损失的大小，资本水平高的银行就有能力进行高风险高收益的业务，获得比资本金水平低的银行高的收益。

第二节　商业银行资本充足率及其国际标准

一、商业银行资本充足率

(一) 商业银行资本充足性与资本充足率

商业银行资本充足性包含两方面的含义：其一，银行资本能够抵御其涉险资产的风险，即当这些涉险资产的风险变为现实时，银行资本足以弥补由此产生的损失；其二，对于银行资本的要求应当适度，如果过高会影响金融机构的业务开展及其资产的扩张，如果过低会给银行带来经营风险甚至倒闭。商业银行资本充足至少要达到两个要求：一是量的要求，即总量要达标；二是质的要求，即结构要合理。具体介绍如下。

1．资本数量充足

资本数量充足是指商业银行资本数量必须超过金融管理当局所规定的能够保障正常营业并足以维持充分信誉的最低限度。它包含了资本适度的含义，即保持过多的资本是没有必要的。首先，资本量过高导致高资本成本，权益资本成本不能避税，资本的综合成本提高会导致吸收存款的成本上升，银行的盈利性下降；其次，过高资本量反映银行可能失去了较多的投资机会。

2．资本结构合理

资本结构的合理是指各种资本在资本总额中占有合理的比重，以尽可能降低商业银行的经营资本与经营风险，增强经营管理与进一步筹资的灵活性。《巴塞尔协议》要求核心资本在总资本中要达到 50%以上。规模不同的商业银行及资本结构应该有所区别：小商业银行为吸引投资者及增强其经营灵活性，应力求以普通股筹措资本；而大商业银行则可相对扩大资本性债券，以降低资本的使用成本。当贷款需求不足而存款供给相对充分时，应以增加附属资本为主；反之，则应采取增加核心资本的方法。

(二) 资本充足率的衡量

由于各个历史阶段商业银行所面对的经营环境和金融风险理念的差别，它们在对待资本充足率方面的测量方法也不尽相同，经历了由简至繁、由低级向高级的进化过程。基于风险的资本充足性标准包括四个因素：(1) 一个对资本构成的普适定义；(2) 一个对银行表内业务和表外业务的风险权重的确定标准；(3) 对核心资本、总资本与总的风险调整资产的最低比例的界定；(4) 对资本充足性标准实施的阶段性规定。从历史的角度来看，西方商业银行对于资本充足性的衡量经历了以下几个阶段。

1．资本与存款比率衡量阶段

早在 20 世纪初，人们就使用资本与存款比率度量商业银行资本充足情况，该指标起源于以存贷业务为商业银行主要业务的时期，当时商业银行破产倒闭大多有挤兑风险引发，即不能满足储户取款需要引发的流动性风险导致银行破产风险的产生，人们认为这种风险的产生是因为商业银行资本不足以应付提取存款的需要。然而该方法对银行的风险缺乏深入分析，简单根据存款规模确定银行应该持有的资本水平，忽视了银行的潜在损失与风险性贷款的密切关系，银行的风险主要来自于贷款和投资等资产项目，而不是存款，即使银行的资本量符合这一比率，也仍然存在意外损失的风险，由于银行破产的最直接因素是存款人“挤兑”，因此规定资本与存款的比例应达到10%以上，实际上这是表象，造成银行流动性缺乏的真正原因是贷款或投资不当。

2. 资本与总资产比率衡量阶段

资本与总资产比率法考虑了资金的运用情况，计算简便，能够在一定程度上反映银行资本抵御资产损失的能力，却没有反映商业银行的资产组合策略与风险结构，因为两个资产相同的银行，由于资产组合选择不同，风险差别可能很大。该种观点克服了没有考虑资金运用的缺陷，但没有考虑资产风险差异，实际上一些资产如国债是零风险的。银行为了应付资本充足率的管制，只需通过金融创新将报表内业务移到表外，便可轻松缩小分母。

3. 资本与风险资产比率衡量阶段

由于银行的资产结构发生了变化，因此银行监管的重点相应转向银行资本与风险资产的比率，并规定这一比率不得低于20%，该方法已经初具现代资本充足率指标的雏形，将现金与政府债券的持有视为无风险资产，排除在分母之外，同时考虑了风险资产，但此法缺乏考虑风险资产的进一步细分，不同风险资产的风险程度肯定存在差异，假若没有对风险资产进行进一步细分，银行完全可以在不改变分母总量的前提下投资于更高风险的组合。

4. 纽约公式衡量阶段

纽约公式也称分类比率法，是20世纪50年代初由美国联邦储备银行设计的，按资产风险高低分为六类，并各自规定了资产要求比率，最后利用加权平均法将上述资产额分别乘以各自的风险权数，即可求得银行的最低资本量。纽约公式的六类资产包括库存现金等无风险资产；政府债券、优质商业票据等风险较小的资产；普通风险资产；风险较高的资产；可疑贷款等有问题的资产；亏损资产和固定资产。纽约公式部分开创了分类风险资产的先河，但有两个缺陷：一是没有对资本依据重要性进行分类，二是忽略了表外资产。

二、《巴塞尔协议Ⅰ》

(一)《巴塞尔协议Ⅰ》推出的背景

20世纪70年代之前，国际银行间的监管主要依靠双边协调。1974年，德国赫斯坦特银行、美国富兰克林银行等国际银行相继倒闭，极大震惊了国际金融界。人们开始意识到，银行国际化、金融工具的创新及银行表外业务的发展，已经使各国对商业银行的监管弱化，而商业银行本身所承担的风险却大大增加，严重威胁着国际金融体系与各国经济的顺利运行与健康发展。

在此背景下，1974年底由十国集团中央银行行长倡议建立一个由中央银行和银行监管当局为成员的委员会，主要任务是讨论有关银行监管的问题。成员国家包括比利时、加拿大、法国、德国、意大利、日本、卢森堡、荷兰、瑞典、瑞士、英国和美国。该委员会的办公地点设在国际清算银行的总部所在地瑞士的巴塞尔，因此被称为巴塞尔委员会。巴塞尔委员会的宗旨在于加强银行监管的国际合作，共同防范和控制银行风险，保证国际银行业的安全和发展。

1988年7月，巴塞尔委员会通过了《关于统一银行的资本计量和资本标准的国际协定》，即《巴塞尔协议Ⅰ》，又称《巴塞尔资本协议》，该协议规定银行必须根据自己的实际信用风险水平持有一定数量的资本。《巴塞尔协议Ⅰ》是衡量单家银行乃至整个银行体系稳健性最重要的指标，为各国银行监管当局提供了统一的资本监管框架，使全球资本监管总体上趋于一致。

(二)《巴塞尔协议Ⅰ》的主要内容

1. 资本的构成

《巴塞尔协议Ⅰ》将银行资本分为两大类，一类是核心资本，又称一级资本；另一类是附属资本，又称二级资本。

(1) 核心资本。核心资本又称一级资本，按照《巴塞尔协议Ⅰ》对资本充足性的建议，核心资本具有如下特点：资本的价值相对比较稳定，必须是可以永久用以吸收损失的；必须是不对所得强加契约上的费用的；必须是所有没有赎回要求权的；核心资本的成分对大多数国家在法律和会计制度上具有共同的性质；作为市场判断资本充足性的基础，对各国银行来说是唯一相同的成分，与银行盈利差别和竞争能力关系极大，是判断资本充足率的基础。

商业银行的核心资本由股本和公开储备两部分组成：① 股本。包括普通股和永久非累积优先股。② 公开储备。公开储备是指通过保留盈余或其他领域的方式在资产负债表上明确反映的储备，如股票发行溢价、未分配利润和公积金等。

(2) 附属资本。附属资本又称二级资本，它是商业银行资本金的另一个组成部分。根据巴塞尔委员会的提议，附属资本可以包括以下五项内容：① 未公开储备。未公开储备又称隐蔽储备。虽然各国法律和会计制度不同，但巴塞尔委员会提出的未公开储备的标准是只包括虽未公开但已反映在损益账上并为银行的监管机构所接受的储备。② 重估储备。一些国家按照本国的监管会计条例允许对某些资产进行重估，以便反映它们的市值或其相对于历史成本更接近其市值，即如果这些资产是审慎作价的，并充分反映价格波动和强制销售的可能性，那么，这种储备可以列入附属资本中。这类资本一般包括对计入资产负债表上的银行自身房产的正式重估和来自于有隐蔽价值的资本的名义增值。③ 普通准备金。普通准备金是为防备未来可能出现的一切亏损而设立的。因为它可被用于弥补未来的不可确定的任何损失，符合资本的基本特征，所以被包括在附属资本中。但不包括那些为已确认的损失或者为某项资产价值明显下降而设立的准备金。④ 混合资本工具。混合资本工具是指带有一定股本性质又有一定债务性质的一些资本工具。由于这些金融工具与股本极为相似，特别是它们能够在不能清偿的情况下承担损失、维持经营，因此可以列为附属资本。如英国的永久性债务工具、美国的强制性可转换债务工具等。⑤ 长期附属债务。长期附属债务是资本债券与信用债券的统称。之所以可被当作资本，是因为它可部分替代资本的职能：可以同样为固定资产筹集资金；只有在存款人盈利与资产的要求权得到充分满足之后，债权人才能取得利息和本金；银行一旦破产损失，损失先由附属债务冲销，再由保险公司或存款人承担。一般情况下，只有期限在5年以上的附属债务工具可以包括在附属资本之中，但其比例最高也只能相当于核心资本的50%。

为了计算准确，《巴塞尔协议Ⅰ》对资本中模糊的成分应予以扣除作了规定，包括：① 商誉；② 从总资本中扣除对从事银行业务和金融活动的附属机构的投资。

2．风险权数系统

风险权数系统包括表内风险权数和表外信用转换系数两部分。

(1) 表内资产风险权数的规定。根据资本与风险资产对称的规律，《巴塞尔协议Ⅰ》将银行的表内资产(资产负债表内资产)进行分类，其风险权数分为0、20%、50%、100%四类。资产负债表内风险权数如表2-1所示。

表2-1　资产负债表表内风险权数表　%

表内资产项目	风险权数
1. 现金 2. 以本币定值对中央政府或央行的债权 3. 对经合组织(OECD)国家的中央政府或央行的债权 4. 用现金或OECD国家债券作担保，或由OECD国家的中央政府提供担保的债权	0
1. 对多边发展银行的债权以及由其提供担保，或以这些银行发行的债券作抵押品的债权 2. 对OECD国家内注册银行的债权及由其提供担保的贷款 3. 对OECD组织内的外国公共部门实体的贷款 4. 对 OECD 以外国家注册的银行余期一年以内的债权和由其提供担保的余期一年以内的贷款 5. 对非本国的OECD国家的公共部门机构(不包括中央政府)的债权及由其提供担保的贷款 6. 托收中的现金	20
完全以居住为用途的房产作抵押的房产	50
1. 对私人机构的债权 2. 对OECD以外国家法人银行余期一年以内的债权 3. 对OECD以外国家的中央政府的债权(以本币定值除外) 4. 对公共部门所属的商业公司的债权 5. 行址、厂房、设备和其他固定资产 6. 不动产和其他投资 7. 对其他银行发行的资本工具从资本中扣除的除外 8. 其他所有资产	100

(2) 表外项目的信用转换系数的规定。

《巴塞尔协议Ⅰ》把银行的表外项目分成五大类，并对前四类表外业务分别给定了信用转换系数，第五类则因其与外汇和利率有关而须做特别处理。各国可根据其市场业务的做法，在有限的范围内将特定的表外业务划入下面所列的业务之内。资产负债表表外信用转换系数如表2-2所示。

表 2-2　资产负债表表外信用转换系数　%

表外资产项目	信用转换系数
初始期限 1 年以内，或在任何时候可无条件取消的承诺	0
有自行偿付能力的与贸易有关的或有项目	20
1. 某些与交易相关的或有项目 2. 票据发行融通和循环包销便利 3. 其他初始期限在 1 年以上的承诺	50
1. 直接信用替代工具 2. 销售和回购协议以及有追索权的资产销售 3. 远期资产购买、超远期存款和部分缴付款项的股票和代表承诺一定损失的证券	100

值得注意的是，表 2-2 中未包含与外汇和利率有关的或有项目，因商业银行在这类交易中，可能发生的损失只是替代成本，而非交易合同面值的信用风险，所以要采用现时风险暴露法和初始风险暴露法来处理。信用转换系数是表外业务转化为表内资产的前提条件，也是正确计算商业银行风险加权资产的重要依据。

表外风险资产的计算公式为

表外风险资产 = Σ 表外资产 × 信用转换系数 × 表内相对性质资产的风险权数

3. 标准化比率

《巴塞尔协议Ⅰ》规定了衡量国际银行业资本充足率的指标，即资本与加权风险资产的比率，要求达到 8%，其中核心资本部分至少为 4%。《巴塞尔协议Ⅰ》要求在 1992 年底前各成员国的国际银行都应达到这一标准。

核心资本充足率 = (核心资本 ÷ 风险资产总额) × 100%≥4%

资本充足率 = (总资本 ÷ 风险资产总额) × 100%≥8%

(风险资产总额 = 表内风险资产 + 表外风险资产)

(总资本 = 核心资本 + 附属资本)

知识链接 2-1

假设一家银行的总资本为3000万元，表2-3给出该银行资产负债表表内和表外业务情况。

表 2-3　某银行资产负债表　万元　%

资产负债表表内项目	金额	权数
现金	2500	0
政府债券	10 000	0
对 OECD 成员国银行的债权	2500	20
住房抵押贷款	2500	50
对私人企业的贷款	32 500	50
总资产	50 000	
资产负债表表内项目		
为 OECD 成员国银行的一般负债发行提供担保开出备用信用证	5000	20
对私人企业的长期贷款承诺	10 000	100
表外项目总额	15 000	

根据表 2-3，请回答下列问题:

(1) 银行的风险加权资产是多少？(表外项目备用信用证和长期贷款承诺的信用转换系数分别为 100%和 50%)

(2) 判断该银行的资本充足率是否符合《巴塞尔协议 I》的要求？

答:

(1) 表内项目风险加权资产 = Σ 资产 × 风险权数

$$= 2500 \times 0 + 10\,000 \times 0 + 2500 \times 20\% + 2500 \times 50\% + 32\,500 \times 50\%$$

$$= 18\,000 \text{（万元）}$$

表外项目风险加权资产 = Σ 资产 × 风险权数 × 信用转换系数

$$= 5000 \times 20\% \times 100\% + 10000 \times 100\% \times 50\%$$

$$= 6000 \text{（万元）}$$

(2) $\text{资本充足率} = \dfrac{\text{资本}}{\text{加权风险资产}} = \dfrac{3000}{24\,000} = 12.5\%$

因为该银行资本充足率为 12.5%，大于 8%，所以符合《巴塞尔协议 I》的规定。

4. 过渡期和实施安排

从《巴塞尔协议 I》提出到 1992 年底大约有 4 年半时间，委员会建议采取一个中期目标，即在 1990 年底之前，签约各国初具规模的银行都应按统一标准计算资本与风险资产的比率，将该比例至少提高到 7.25%；在 1992 年底前各成员国的国际银行都应达到这一标准。

(三) 对《巴塞尔协议 I》的评价

从历史的、辩证的思维来看，《巴塞尔协议 I》既有积极的一面，也有不足之处，分别阐述如下。

1. 积极方面

(1) 《巴塞尔协议 I》反映出制定者监管思想的根本转变。首先是监管视角从银行体外转向银行体内，此前的协议都注重如何为银行的稳定经营创造良好的国内、国际环境，强调政府的督促作用以及政府间的分工协作，对银行本身尤其是对银行防范风险屏障的资本没有作出任何有实际意义和可行标准的要求。而《巴塞尔协议 I》则直指主要矛盾和矛盾的主要方面，从资本标准及资产风险两个方面对银行提出明确要求，从而解脱了监管当局劳而无获或收获甚微的尴尬。

(2) 《巴塞尔协议 I》将监管重心从母国与东道国监管责权的分配转移到对银行资本充足性的监控。《巴塞尔协议 I》规定银行必须同时满足总资本和核心资本两个比例要求，总资本和核心资本都必须按明确给定的标准计量和补充。这既是对以往经验教训的深刻总结，也表明报告真正抓住了事物的本质。

(3) 《巴塞尔协议 I》注重资本金监管机制的建设。资本金监管的生命力在于它突破了单纯追求资本金数量规模的限制，建立了资本与风险两位一体的资本充足率监管机制。这表明报告的制定者真正认识到资本是防范风险、弥补风险损失的防线，因而必须将其与风险的载体(资产)有机相连，体现出动态监管思想。

(4) 《巴塞尔协议 I》针对以往银行通常与金融创新方式扩大表外业务以逃避资本监

管的现象认识到监管表外资产的必要，因而首次将表外资产纳入监管，由于当时表外业务的种类规模及其破坏力有限，报告只能简单地将期限总类各异的表外资产套用表内资产的风险权数来确定其风险权重并相应提出了资本充足性的要求。

(5) 过渡期及各国当局自由度的安排表明，报告真正认识到国际银行体系健全和稳定的重要，各国银行的监管标准必须统一。而这种安排则充分考虑到了银行的国别差异，以防止国际银行间的不公平竞争。

2. 不足之处

(1) 对待国家风险问题持双重标准。《巴塞尔协议Ⅰ》只是重新确定了 OECD 成员国的资产风险权重，但对非 OECD 成员国的风险权重歧视仍未解除，致使信任分析评判中的信用标准扭曲为国别标准，对 OECD 成员国的不良资产放松警惕，而对非 OECD 成员国的优质资产造成桎梏，从而减少银行的潜在收益，相应扩大银行的经营风险。此外，这一规定仍然因循静态管理理念，未能用动态的观点看待成员国和非成员国的信用变化。

(2) 《巴塞尔协议Ⅰ》对风险权重的灵活度有问题，风险权重的级次过于简单且不合理，仅有 0、20%、50%及 100%四个档次，没有充分考虑同类资产的信用差别，也就难以准确反映银行面临的真实风险。

(3) 《巴塞尔协议Ⅰ》对金融形势的变化发展不适应。随着金融新业务的推出和银行组织形式的更新，《巴塞尔协议Ⅰ》涵盖范围和监管效果都难以让人满意。最典型的是银行资产证券化和银行持有债券、金融控股公司的广泛建立以及银行全能化等，由此不仅引发逃避或绕开资本金管束的问题，而且引发了信用风险以外的市场风险。

(4) 《巴塞尔协议Ⅰ》的全面风险管理存在问题。《巴塞尔协议Ⅰ》已经在 1997 年形成了全面风险管理的理念和基本框架，但并未对其内容作详细的阐释，更未提出切实、可行的方法，协议着重强调信用风险，对市场风险规定过于笼统，对交易风险、利率风险、汇率风险、流动性风险、法律风险和国家风险等阐释缺乏可操作性，或根本没有提及。事实上，由于表外业务尤其是金融衍生业务的快速增长，市场风险、操作风险等已逐渐成为与信用风险等量齐观的风险，至于这三类风险的计量应建立哪些模型、模型中应选择哪些参数，以及相应的资本金要求又如何设计的问题，几乎都没有涉及。

三、《巴塞尔协议Ⅱ》

(一) 《巴塞尔协议Ⅱ》推出的背景

1997 年 7 月全面爆发的亚洲金融危机引发了巴塞尔委员会对金融风险的全面而深入的思考。从巴林银行、大和银行的倒闭到东南亚的金融危机，人们看到，金融业存在的问题不仅仅是信用风险单一风险的问题，而是由信用风险、市场风险外加操作风险互相交织、共同作用造成的。在这种情况下，巴塞尔委员会于 1997 年 9 月推出《有效银行监管的核心原则》，表明巴塞尔委员会已经确立了全面风险管理的理念。该文件共提出涉及银行监管七个方面的 25 条核心原则。尽管这个文件主要解决监管原则问题，未能提出更具操作性的监管办法和完整的计量模型，但它为此后巴塞尔协议的完善提供了一个具有实际性意义的监管框架，为新协议的全面深化留下了宽广的空间。

为更准确地反映当前各银行实际承受的风险水平，实现保障银行稳健、安全运营的目标，以强化资本约束、增强风险敏感性、强调风险管理的全面性、兼顾不同发展水平为原则，巴塞尔委员会于2004年6月正式发表了《巴塞尔新资本协议》，又称《巴塞尔协议Ⅱ》，即《统一资本计量和资本标准的国际协议：修订框架》，并决定于2006年年底在10国集团开始实施。

(二)《巴塞尔协议Ⅱ》主要内容

《巴塞尔协议Ⅱ》对于统一银行业的资本及其计量标准做出了卓有成效的努力，在信用风险和市场风险的基础上，新增了对操作风险的基本要求；在最低资本要求的基础上，提出了监管部门监督检查和市场约束的新规定，形成了资本监管的“三大支柱”。

1. 第一大支柱：最低资本要求

最低资本要求是新资本协议的重点。该部分涉及与信用风险、市场风险以及操作风险有关的最低总资本要求的计算问题。最低资本要求由三个基本要素构成：受规章限制的资本的定义、风险加权资产以及资本对风险加权资产的最小比率。其中有关资本的定义和8%的最低资本比率，没有发生变化。但对风险加权资产的计算问题，新协议在原来只考虑信用风险的基础上，进一步考虑了市场风险和操作风险。市场风险一般是指由于经营产品价格波动而形成的风险，银行的市场风险是由于利率、汇率变化而造成银行损失的可能性。操作风险是由于银行人员主客观原因可能给银行带来的损失。这两种风险的计量涉及一定的数理知识。总的风险加权资产等于由信用风险计算出来的风险加权资产，再加上根据市场风险和操作风险计算出来的风险加权资产，具体计算公式如下：

$$资本充足率=\frac{资本}{信用风险资产+12.5倍的市场风险资本+12.5倍的操作风险资本}\geqslant 8\%$$

$$核心资本充足率=\frac{核心资本}{信用风险资产+12.5倍的市场风险资本+12.5倍的操作风险资本}\geqslant 4\%$$

在新规则下，做出重大改变的地方是对于银行风险资产的定义，为了更加准确地反映银行的风险状况，新规则对于银行风险采用了更为全面和敏感的估算方法。在新协议中银行风险的范围包括定义修改后的信用风险、定义不变的市场风险以及新增加的操作风险。除了风险资产类型方面的不同之外，新协议在风险资产计算方法的选择上也作了重点修改，采用“因人而异”的做法，根据银行的不同情况提供了多种计算规则。

2. 第二大支柱：监管部门的监督

监管部门的监督检查是为了确保各银行建立起合理有效的内部评估程序、用于判断其面临的风险状况，并以此为基础对其资本是否充足做出评估。监管当局要对银行的风险管理和化解状况、不同风险间相互关系的处理情况、所处市场的性质、收益的有效性和可靠性等因素进行监督检查，以全面判断该银行的资本是否充足。在实施监管的过程中，应当遵循如下四项原则：其一，银行应当具备与其风险相适应的评估总量资本的一整套程序，以及维持资本水平的战略。其二，监管当局应当检查和评价银行内部资本充足率的评估情况及其战略，以及银行监测和确保满足监管资本比率的能力；若对最终结果不满意，则监管当局应采取适当的监管措施。其三，监管当局应希望银行的资本高于最低资本监管标准比率，并应有能力要求银行持有高于最低标准的资本。其四，监管当局应争取及早干预，从而避免银行的资本低于抵御风险所需的最低水平；如果得不到保护或恢复，则需迅速采取补救措施。

新协议的监管理念认为，银行不应当仅仅满足于达到简单的最低资本充足率的要求，而应当根据自己的具体情况进一步建立更能够符合自己特殊需要的风险管理程序。由于监管者对于银行全行业具有宏观的了解，知道各家银行使用的风险管理技术，所以它们能够帮助各家银行提高内部风险管理的水平和效率。在此支柱下监管者与银行应当进行持续的对话和交流，从而能够进行有效的监督并在必要时采取措施。银行管理部门应具备一套内部资本评估程序以及与本行特定的风险状况和控制环境相一致的资本目标，监管当局要负责针对各银行的风险进行监督检查，评估其资本是否充足，其中包括银行是否妥善处理了不同风险之间的关系。在监督检查过程中，监管当局应参照其对不同银行最佳做法的了解以及确定监管资本各类方法所满足的最低标准。

3. 第三大支柱：市场约束

市场约束旨在通过市场力量来约束银行，其运作机制主要是依靠利益相关者(包括银行股东、存款人、债权人等)的利益驱动，出于对自身利益的关注，会在不同程度上和不同方面关心其利益所在银行的经营状况，特别是风险状况，为了维护自身利益免受损失，在必要时采取措施来约束银行。由于利益相关者关注银行的主要途径是银行所披露的信息，因此，《巴塞尔新资本协议》特别强调提高银行的信息披露水平，加大透明度，要求银行披露资本充足率、资本构成、风险敞口及风险管理策略、盈利能力、管理水平及过程等。

综合起来看，三大支柱相辅相成，互为补充，有助于提高金融体系的安全性和稳健性。

(三) 对《巴塞尔协议Ⅱ》的评价

《巴塞尔协议Ⅱ》对国际银行监管和许多银行的经营方式产生极为重要的影响。

(1) 以三大支柱(最低资本要求、监管部门的监督检查和市场约束)为主要特点的新协议代表了资本监管的发展趋势和方向。实践证明，单靠最低资本要求无法保证单个银行乃至整个银行体系的稳定性，将三大支柱有机结合在一起，并以监管规定的形式固定下来，要求监管部门认真实施，这无疑是对成功监管经验的肯定，也是资本监管领域的一项重大突破。与《巴塞尔协议Ⅰ》所不同的是，从一开始巴塞尔委员会希望新协议的使用范围不仅局限于十国集团国家，尽管其侧重面仍是国家的“国际活跃银行”(Internationally Active Banks)。

(2) 与《巴塞尔协议Ⅰ》相比，新资本协议的内容更广、更复杂。这是因为新协议力求把最低资本要求与银行面临的主要风险紧密地结合在一起，力求反映银行风险管理、监管实践的最新变化，并尽量为发展水平不同的银行业和银行监管体系提供多项选择办法。应该说，银行监管制度的复杂程度，完全是由银行体系本身的复杂程度所决定的。《巴塞尔协议Ⅱ》提出了两种处理信用风险的办法，对风险的处理更有针对性。

(3) 根据《巴塞尔协议Ⅱ》银行系统资本要求的计算将与银行资产的风险密切相关，其影响的衡量必定十分复杂。单个银行所得到的结果依赖于它们的风险概况和资产组合，不同地区的不同银行会有很大差别。为考察《巴塞尔协议Ⅱ》对银行资本要求的冲击，巴塞尔委员会着手开展数次所谓定量影响测算的问卷调查，请这些机构就实施新协议可能给本地区和本机构带来的影响做定量测算，来自不同国家的众多银行提供了数据，用于估计新协议对它们当时的资产组合所要求的最低资本。

四、《巴塞尔协议Ⅲ》

(一)《巴塞尔协议Ⅲ》推出的背景

《巴塞尔协议Ⅱ》正式实施的第一年，美国次贷危机爆发，并逐步发展成全球的金融危机，危机极大地冲击了银行体系，并带来了整个世界经济的衰退。在这场危机中，有着158年历史的投行雷曼兄弟轰然倒塌。但从2008年雷曼中期报告来看，根据《巴塞尔协议Ⅱ》的监管指标，雷曼应该是安全的：截至2008年中，其一级资本充足率为11%；截至2008年第三季度末，“流动性池”中仍有420亿美元流动储备，现金资本在剔除长期资金需求后尚存150亿美元。这充分暴露出《巴塞尔协议Ⅱ》的缺陷和落后。

在这种情况下，全球金融管理当局意识到：如果要建立充满活力的银行系统来应对各种重大的危机，抵御金融动荡，必须要对监管的标准和方法进行改革。2009年，在G20峰会的推动下，国际社会制定了一揽子金融改革计划，其中便包括《巴塞尔协议Ⅲ》。2010年11月，二十国集团首尔峰会批准了巴塞尔委员会起草的《第三版巴塞尔协议》(《巴塞尔协议Ⅲ》)，确立了银行业资本和流动性监管的新标准，要求各成员国从2013年开始实施，2019年前全面达标。

(二)《巴塞尔协议Ⅲ》的主要内容

1．最低普通股要求

根据巴塞尔委员会此次会议达成的协议，最低普通股要求，即弥补资产损失的最低资本要求，将由现行的2%严格调整到4.5%。这一调整将分阶段实施到2015年1月1日结束。同一时期，一级资本(包括普通股和其他建立在更严格标准上的合格金融工具)也要求由4%调整到6%。

表2-4 资本划分框架

资本要求和超额资本 %

	普通股权益(扣减后)	一级资本	总资本
最低标准	4.5	6.0	8.0
资本留存超额资本	2.5	—	—
最低标准加资本留存超额资本	7.0	8.5	10.5
反周期超额资本	0～2.5	—	—

2．建立资本留存超额资本

在最低监管要求之上的资本留存超额资本应达到2.5%，以满足扣除资本扣减项后的普通股要求。留存超额资本的目的是确保银行维持缓冲资金以弥补在金融和经济压力时期的损失。当银行在经济金融处于压力时期，资本充足率越接近监管最低要求，越要限制收益分配。这一框架将强化良好的银行监管目标并且解决共同行动的问题，从而阻止银行即使是在面对资本恶化的情况下仍然自主发放奖金和分配高额红利的(非理性的)分配行为。

3．建立反周期超额资本

反周期超额资本比例范围在0～2.5%的普通股是否全部用来弥补损失的资本，将根据经济环境建立。反周期超额资本的建立是为了达到保护银行部门承受过度信贷增长的更广的宏观审慎目标。对任何国家来说，这种缓冲机制仅在信贷过度增长导致系统性风险累积的情况下才产生作用。反周期的缓冲一旦生效，将被作为资本留存超额资本的扩展加以推行。

4．运行期限规定

上述这些资本比例要求是通过在风险防范措施之上建立非风险杠杆比率来实现的。央行行长和监管机构负责人同意对平行运行区间3%的最低一级资本充足率进行测试。基于平行运行期测试结果，任何最终的调整都将在2017年上半年被执行，并通过适当的方法和计算代入2018年1月起的最低资本要求中。

5．其他要求

对金融系统至关重要的银行应具备超过所提标准的弥补资产损失的能力，并继续就金融稳定委员会和巴塞尔委员会工作小组出台的意见进行进一步讨论。巴塞尔委员会和金融稳定委员会正在研发一种对这类银行非常好的包括资本附加费、核心资金和担保金在内的综合的方法。另外，加强制度决议的工作还将继续。巴塞尔委员会最近也发表了一份咨询文件，建议确保监管资本在非正常环境下的损失弥补能力。央行行长和监管机构负责人赞同加强非普通一级资本和二级资本工具的损失弥补能力。

6．过渡时期安排

各国央行行长和监管当局负责人还就执行新的资本标准作出了过渡性的安排。这将有助于确保银行通过合理的收益留存和提高资本金以满足更好资本金管理要求的同时，仍能通过信贷投放支持经济的发展。

过渡时期的安排包括：

(1) 2013年达到的最低资本要求。从2013年1月1日开始，将在巴塞尔委员会各成员国国内执行新的资本监管要求，各成员国必须在执行之前将关于资本新的要求以法律法规的形式予以明确。自2013年1月1日起，银行应符合新的相对于风险加权资产(RWAs)的最低资本要求：3.5%，普通股/风险加权资产；4.5%，一级资本/风险加权资产；8.0%，总资本/风险加权资产。

(2) 普通股和一级资本过渡期要求。最低普通股和一级资本要求在2013年1月至2015年1月逐步实施。到2013年1月1日，最低普通股要求由2%提高到3.5%，一级资本由4%提高到4.5%。到2014年1月1日，银行已达到普通股4%和一级资本5.5%的最低要求。到2015年1月1日，银行已达到普通股4.5%和一级资本6%的最低要求。总资本一直要求保持8%的水平，因此不需要分阶段实施。8%的总资本要求和一级资本要求之间的区别在于二级资本和更高形式的资本。

此外《巴塞尔协议III》还对扣减项比例、资本留存超额资本、资本中需要取消的项目及监督检测区做了过渡期安排。

(三) 对《巴塞尔协议III》的评价

虽然目前《巴塞尔协议III》还只是对各种资本的最低限额作出规定，但考虑到今后各项措施的相继出台，对世界银行业乃至整个经济的影响是深远的，现在可以预测到的包括以下几点：

1.《巴塞尔协议Ⅲ》使商业银行在资本的质和量两方面空前严格

巴塞尔委员会明确了一级资本的构成，即一级资本是由普通股和留存收益构成的，并明确一级资本必须要保证银行的正确持续经营，对其他一级资本工具提出要求，即其要能够吸收一定损失，并强调了某些特征，如次级性等，在简化二级资本结构的同时取消三级资本。过去危机带来的一个重要教训是在高速创新、高度衍生化、高度资产证券化基础上的高杠杆化。一旦危机发生，公众就会迅速丧失信心，整个银行体系就处于危险中。所以，在提高资本质量的同时，必须进一步提高资本的水平，从而增强公众的信心，维护银行体系安全。

2.《巴塞尔协议Ⅲ》将会对银行经营风险全方面覆盖

不仅要强调对个体金融风险的监管和覆盖，同时要进一步强调对系统性风险、经济周期风险的监管，强调对系统性风险的监管和抵御能力。《巴塞尔协议Ⅲ》不仅提出了资本的监管要求，而且提出了流动性的监管要求；不仅强调个体的微观风险，同时进一步强调宏观的系统性风险；不仅强调对于风险静态的资本覆盖，更强调了资本的反周期作用。《巴塞尔协议Ⅲ》核心在于两点：一是对银行资本质量要求高了；二是对流动性风险要求高了；同时，对危机期暴露出来的一些监管体制的缺陷，做了非常重要的改进，比如说压力测试。《巴塞尔协议Ⅲ》要求把流动性风险提高到与信用风险同等重要的高度。

3.《巴塞尔协议Ⅲ》会使银行经营理念发生变化

银行将从原来追求规模为目标，开始转向追求资本的回报和价值；从账面的利润开始转向核算经济的利润和资本的回报，强调银行产品的盈利能力；从控制风险转变到主动管理风险；从只是看利差转向多种盈利；从被动定价转向主动定价，计算风险和银行价格；从部门的分割转向业务流程；从规模导向转到价值导向。《巴塞尔协议Ⅲ》将引导银行实现从资本消耗型向资本节约型新转变，根据不同的业务结构和风险水平提出不同的资本要求，鼓励银行优化业务结构，加强金融创新和金融服务，最大限度地降低资本消耗，实现风险调整后资本收益的最大化。银行将注重加快发展零售业务、中间业务和中小企业业务，致力于资产结构、负债结构、客户结构与收入结构的优化，中小企业和个人成为银行金融服务和战略转型的重点，提供更好的服务和更全的金融产品也成了银行的重要竞争手段 。

4.《巴塞尔协议Ⅲ》将会提高商业银行资本对风险的敏感度

《巴塞尔协议Ⅲ》对资本充足率要求的大幅提升进一步提高了资本对于风险的吸收损失的能力。建立资本留存缓冲，目的在于确保银行业在衰退的金融和经济时期吸收可能发生的损失，在一定程度上降低资本监管的顺周期性，降低银行的破产几率。《巴塞尔协议Ⅲ》正式提出，要进一步提高资本的质量，特别是提高核心资本的质量水平，进而提高资本对银行股东风险损失的吸收能力，从而保护纳税人和存款人。

5.《巴塞尔协议Ⅲ》会促使监管机构对商业银行监管内容、方式、手段更趋多样化

《巴塞尔协议Ⅲ》要求加强对系统性金融机构的监管，以防范系统性风险，并防范道德风险。强调继续坚持行之有效的资本监管良好实践，强调和完善国内银行资本监管制度

(包括数量标准、质量标准、时间表、监管手段等)，提升资本监管有效性，维护银行体系长期稳定运行。全球金融监管理念逐渐从自由化和市场化转向加强监管，特别是政府所主导的监管。

6.《巴塞尔协议III》将使市场主体的协同性加强

不仅要强化商业银行自身的资本约束，还要进一步强化监管当局对资本监管的约束，以及市场对资本的约束。同时发挥监管当局、市场和商业银行三方面对于整个风险的识别、判断和约束能力，进而形成维护银行体系稳定运行的合力。《巴塞尔协议III》要求建立系统性重要银行额外资本。系统性重要银行通常被认为具有“大而不倒”的道德风险，因此该类银行应该有更大的损失吸收能力并要满足更高的资本充足率标准，以稳定金融系统并降低系统性风险。《巴塞尔协议III》大幅度提高了对银行一级资本充足率的要求，可能会带来银行信贷市场的缩小。如何使得全球银行既能达到要求，保持银行业稳健运行，又尽量减少对经济的负面影响，需要各国监管层、商业银行及其客户和全社会的共同努力。

第三节　我国商业银行的监管资本

2012 年 6 月 7 日，《商业银行资本管理办法(试行)》(以下简称《资本办法》)经中国政府银监会主席会议通过并公布，自 2013 年 1 月 1 日起实施。

《资本办法》坚持国际标准与中国国情相结合、《巴塞尔协议II》和《巴塞尔协议III》统筹推进，宏观审慎监管和微观审慎监管有机统一的总体思路。《资本办法》全面引入了《巴塞尔协议III》确立的资本质量标准及资本监管最新要求，涵盖了最低资本要求、储备资本要求和逆周期资本要求、系统重要性银行附加资本要求等多层次监管要求，促进银行资本充分覆盖银行面临的系统性风险和个体风险。

一、资本构成

我国商业银行总资本包括核心一级资本、其他一级资本和二级资本。其中，核心一级资本包括实收资本或普通股、资本公积、盈余公积、一般风险准备、未分配利润、少数股东资本可计入部分。其他一级资本包括其他一级资本工具及其溢价、少数股东资本可计入部分。二级资本包括二级资本工具及其溢价、超额贷款损失准备和少数股东资本可计入部分。

二、资本扣除项

(1) 计算资本充足率时，商业银行应当从核心一级资本中全额扣除以下项目：

① 商誉。

② 其他无形资产(土地使用权除外)。

③ 由经营亏损引起的净递延税资产。

④ 贷款损失准备缺口。

⑤ 资产证券化销售利得。

⑥ 确定受益类的养老金资产净额。

⑦ 直接或间接持有本银行的股票。

⑧ 对于资产负债表中未按公允价值计量的项目进行套期形成的现金流储备，若为正值，则应予以扣除；若为负值，则应予以加回。

⑨ 商业银行自身信用风险变化导致其负债公允价值变化带来的未实现损益。

(2) 商业银行之间通过协议相互持有的各级资本工具，或银监会认定为虚增资本的各级资本投资，应从相应监管资本中对应扣除。商业银行直接或间接持有本银行发行的其他一级资本工具和二级资本工具，应从相应的监管资本中对应扣除。对应扣除是指从商业银行自身相应层级资本中扣除。商业银行某一级资本净额小于应扣除数额的，缺口部分应从更高一级的资本金额中扣除。

(3) 商业银行对未并表金融机构的小额少数资本投资，合计超出本银行核心一级资本净额10%的部分，应从各级监管资本中对应扣除。

(4) 商业银行对未并表金融机构的大额少数资本投资中，核心一级资本投资合计超出本行一级资本净额10%的部分应从本银行核心一级资本扣除；其他一级资本投资和二级资本投资应从相应层级资本中全额扣除。

(5) 除由经营亏损引起的净递延税资产外，其他依赖于本银行未来盈利的净递延税资产，超出本行核心一级资本净额10%的部分从核心一级资本中扣除。

(6) 未在商业银行核心一级资本中扣除的对金融机构的大额少数资本投资和相应的净递延税资产，合计金额不得超过本行核心一级资本净额的15%。

(7) 商业银行发行的资本工具有确定到期日的，该二级资本工具在距到期日前最后五年，可计入二级资本的金额，应当按100%、80%、60%、40%、20%的比例逐年减计。

三、最低资本要求

商业银行各级资本充足率不得低于如下最低要求：核心一级资本充足率不得低于5%；一级资本充足率不得低于6%；资本充足率不得低于8%。

四、储备资本和逆周期资本要求

商业银行应当在最低资本要求的基础上计提储备资本。储备资本要求为风险加权资产的2.5%，由核心一级资本来满足。

特定情况下，商业银行应当在最低资本要求和储备资本要求之上计提逆周期资本。逆周期资本要求为风险加权资产的0～2.5%，由核心一级资本来满足。

五、附加资本要求

在满足最低资本要求、储备资本和逆周期资本要求外，系统重要性银行还应当计提附加资本，国内系统重要性银行附加资本要求为风险加权资产的1%，由核心一级资本满足。如果国内银行被认定为系统重要性银行，所使用的附加资本要求不得低于巴塞尔委员会的统一规定。

六、第二支柱资本要求

银监会有权在第二支柱框架下提出更审慎的资本要求，确保资本充分覆盖风险，包括：根据风险判断，针对部分资产组合提出的特定资本要求；根据监督检查结果，针对单家银行提出的特定资本要求。

七、杠杆率监管要求

商业银行并表和未并表的杠杆率均不得低于4%。系统重要性银行于2013年底前达到最低杠杆率要求，非系统重要性银行于2016年底前达到最低杠杆率要求。

八、资本充足率的计算

我国商业银行应当按照以下公式计算资本充足率：

$$资本充足率=\frac{总资本-对应资本扣除项}{风险加权资产}\times 100\%$$

$$一级资本充足率=\frac{一级资本-对应资本扣除项}{风险加权资产}\times 100\%$$

$$核心一级资本充足率=\frac{核心一级资本-对应资本扣除项}{风险加权资产}\times 100\%$$

其中，商业银行风险加权资产包括信用风险加权资产、市场风险加权资产和操作风险加权资产。

第四节　商业银行资本的筹集

一、商业银行资本的来源

(一) 商业银行内源性融资

1. 银行资产持续增长模型

美国经济学家戴维·贝勒的银行资产持续增长模型揭示了银行资产持续增长与银行资产收益率、红利支付率和资本充足率之间的关系。

(1) 银行资产持续增长率的定义：由内源资本所支持的银行资产的年增长率称为银行资产持续增长率。

(2) 银行资产持续增长率的计算公式为

$$SG_1=\frac{TA_1-TA_0}{TA_0}=\frac{\Delta TA}{TA_0}$$

其中，SG_1为银行资产增长率；TA 为银行总资产；ΔTA 为银行资产增加额。

(3) 由于资本的限制，决定了银行资产的增长率等于银行资本的增长率，因此戴维·贝勒时期商业银行对于资本充足率的衡量是资本与总资产的比率。其计算公式为

$$SG_1 = \frac{\Delta TA}{TA_0} = \frac{\Delta EC}{EC_0}$$

其中，EC 为银行总股本，ΔEC 为银行股本增加额。

(4) 当新增加的资本来源于未分配利润时，上式可改为

$$SG_1 = \frac{ROA(1-DR)}{\frac{EC_1}{TA_1} - ROA(1-DR)}$$

其中，ROA 为资产收益率；DR 为银行税后收入中的红利部分；(1−DR)为留存盈余比。

银行若完全利用内源资本来融资，就要仔细权衡银行资产增长率、资产收益率、股票派息率和资本充足率监管要求之间的平衡。一般来说内源融资是银行补充资本、提高资本充足率的第一选择。其优点在于不依赖外部条件，避免了金融工具的发行成本，不会稀释现有股东的控制权。缺点是会缴纳公司所得税，减少银行的所得利润留存，影响银行的市值。

2．商业银行资本的内部筹集

商业银行资本内部筹集一般采取增加各种准备金和收益留存的方法。

(1) 增加各种准备金。准备金通常有资本准备金、贷款损失准备金和投资损失准备金。以上几项准备金都是商业银行为了应付意外事件按照一定的比例从税前利润中提取出来的。它保留在银行账户上作为银行资本的补充，在一定程度上起着与股本资本相同的作用，作为附属资本的重要来源，准备金具备免税和低成本的双重好处，是西方国家商业银行乐于采取的补充措施。由于准备金多是为防备未来出现的亏损而设立，因此稳定性较差，金融监管当局对此一般会有所限制。

(2) 收益留存。收益留存即从商业银行内部进行资本积累，包括剩余股利政策和固定股利支付率政策的改变。

(3) 对商业银行资本内部筹集的评价。其优点在于：第一，不必依靠公开市场筹集资金，可免去发行成本，因而总成本较低；第二，不会使股东控制权削弱，避免了股东所有权的稀释和所持有股票的每股收益的稀释。其缺点在于其筹集资本的数量在很大程度上受到商业银行本身的限制：第一，政府当局对银行适度资本金规模的限制；第二，商业银行所能获得的净利润规模的限制；第三，商业银行股利分配政策的限制。

(二) 商业银行外源性融资

银行资本的外部筹集有发行普通股、发行优先股、发行资本票据和债券等方法。

1．发行普通股

(1) 发行普通股的优点。与其他筹资方式相比，普通股筹措资本具有如下优点：第一，发行普通股筹措资本具有永久性，无到期日，不需归还的优点。这对保证商业银行对资本的最低需要、维持商业银行长期稳定发展极为有益。第二，发行普通股筹资没有固定的股

利负担，股利的支付与否和支付多少，视商业银行有无盈利和经营需要而定，经营波动给商业银行带来的财务负担相对较小。由于普通股筹资没有固定的到期还本付息的压力，所以筹资风险较小。第三，发行普通股是商业银行最基本的资金来源，它反映了商业银行的实力，可作为其他方式筹资的基础，尤其可为债权人提供保障，增强商业银行的举债能力。第四，由于普通股的预期收益较高并可一定程度地抵消通货膨胀的影响(通常在通货膨胀期间，不动产升值时普通股也随之升值)，因此普通股筹资容易吸收资金。

(2) 发行普通股的缺点。第一，普通股的资本成本较高。从投资者的角度讲，投资于普通股风险较高，相应地要求有较高的投资报酬率。对于筹资商业银行来讲，普通股股利从税后利润中支付，不像债券利息那样作为费用从税前支付，因而不具抵税作用。另外，普通股的发行费用一般也高于其他证券。第二，以普通股筹资会增加新股东，这可能会分散商业银行的控制权。此外，新股东分享商业银行未发行新股前积累的盈余，会降低普通股的每股净收益，从而可能引发商业银行股价的下跌。

2．发行优先股

(1) 发行优先股的优点。第一，财务负担轻。由于优先股股票股利不是商业银行必须偿付的一项法定债务，如果公司财务状况恶化时，那么这种股利可以不付，因而减轻了商业银行的财务负担。第二，财务上灵活机动。由于优先股股票没有规定最终到期日，它实质上是一种永续性借款。优先股股票的收回由商业银行决定，商业银行可在有利条件下收回优先股票，具有较大的灵活性。第三，财务风险小。由于从债权人的角度看，优先股属于商业银行股本，从而巩固了商业银行的财务状况，提高了商业银行的举债能力，因此，财务风险小。第四，不减少普通股股票收益和控制权。与普通股股票相比，优先股股票每股收益是固定的，只要商业银行净资产收益率高于优先股股票成本率，普通股股票每股收益就会上升；另外，优先股股票无表决权，因此，不影响普通股股东对企业的控制权。

(2) 发行优先股的缺点。第一，资金成本高。由于优先股股票股利不能抵减所得税，因此其成本高于债务成本。这是优先股股票筹资的最大不利因素。第二，股利支付的固定性。虽然商业银行可以不按规定支付股利，但这会影响商业银行形象，进而对普通股股票市价产生不利影响，损害到普通股股东的权益。当然，如在企业财务状况恶化时，那么这是不可避免的；但是，如企业盈利很大，想更多的留用利润来扩大经营时，由于股利支付的固定性，便成为一项财务负担，因此影响了商业银行的扩大再生产。

3．发行资本票据和债券

资本票据是作为企业发行短期债务来源的定息工具，是商业银行发行的用于弥补短期资金不足的固定收益投资工具。由于有银行信用作为依据，因而评级等级较高，在金融市场可进行转让买卖。债券是政府、金融机构、工商企业等直接向社会借债筹措资金时，向投资者发行，承诺按一定利率支付利息并按约定条件偿还本金的债权债务凭证。债券的本质是债的证明书。债券购买者与发行者之间是一种债权债务关系，债券发行人即债务人，投资者(债券持有人)即债权人。由于债券的利息通常是事先确定的，因此债券是固定利息证券(定息证券)的一种。在金融市场发达的国家和地区，债券可以上市流通。金融债券是由银行和非银行金融机构发行的债券。在我国，目前金融债券主要由国家开发银行、进出口银行等政策性银行发行。金融机构一般有雄厚的资金实力，信用度较高，因此金融债券往往有良好的信誉。

(1) 债券筹资的优点。第一，资本成本低。债券的利息可以税前列支，具有抵税作用；另外债券投资人比股票投资人的投资风险低，因此其要求的报酬率也较低。故商业银行债券的资本成本要低。第二，具有财务杠杆作用。债券的利息是固定的费用，债券持有人除获取利息外，不能参与商业银行净利润的分配，因而具有财务杠杆作用，在息税前利润增加的情况下会使股东的收益以更快的速度增加。第三，所筹集资金属于长期资金。发行债券所筹集的资金一般属于长期资金，可供商业银行在 1 年以上的时间内使用，这为商业银行安排长期贷款项目提供了有力的资金支持。

(2) 债券筹资的缺点。第一，财务风险大。债券有固定的到期日和固定的利息支出，当商业银行资金周转出现困难时，易使商业银行陷入财务困境。第二，限制性条款多，资金使用缺乏灵活性。因为债权人没有参与商业银行管理的权利，为了保障债权人债权的安全，通常会在债券合同中包括各种限制性条款。这些限制性条款会影响商业银行资金使用的灵活性。

二、提高商业银行资本充足率的策略

根据商业银行资本的来源方式，商业银行要提高资本充足率，主要有两个途径，一是增加资本；二是降低风险加权总资产。前者称为“分子对策”，后者称为“分母对策”。当然银行也可以“双管齐下”，同时采取两种对策。

(一) 分子对策

商业银行提高资本充足率的分子对策，包括增加核心资本和附属资本。

核心资本的来源包括发行普通股、提高留存利润等方式。留存利润是银行增加核心资本的重要方式，相对于发行股票来说，其成本要低得多。但一方面，这依赖于银行具有较高的利润率；另一方面，提高留存利润增加核心资本，是一个长期不断、逐渐积累的过程，不可能在短期内起到立竿见影的效果。

如果一家银行核心资本离监管当局的要求相差很远，就必须采用发行普通股或非累积优先股的形式来筹集资本。虽然这种方式对银行来说成本很高，但由于一方面监管当局的要求对银行来说是强制性的，为了达到这一要求，银行就必须暂时不考虑成本；另一方面，这种方式还会使银行降低负债率、提高信誉、增强借款能力，从而降低借款成本，并且通过发行股票期间的宣传，能够有效地提高银行的知名度，树立银行良好的形象，有利于银行的进一步发展。同时，由于附属资本在总资本构成中所占比例不能超过 50%，如果银行拥有多余的附属资本，那么，增加一个单位的核心资本，就等于增加两个单位的总资本。因此通过发行股票提高资本充足率的效果将会更加明显。从一定程度上来说，银行上市是监管当局严格实施资本监管的结果之一。

商业银行增加附属资本的方法，主要是发行可转换债券、混合资本债券和长期次级债券。

(二) 分母对策

商业银行提高资本充足率的分母对策，主要是降低风险加权总资产以及市场风险和操作风险的资本要求。

在降低风险加权总资产方面，虽然缩小资产总规模能起到立竿见影的效果，但由于这种做法会影响到商业银行的盈利能力，同时，银行股东或社会公众也往往将银行资产的增长速度作为判断银行发展状况的重要指标之一，资产总规模的缩减可能使股东或社会公众怀疑银行出现了严重的问题，甚至已经陷入财务困境。因此，除非因资金来源的急剧下降而被迫采用这种方法以外，银行一般不会主动采用这种方法。降低风险加权总资产的方法，主要是减少风险权重较高的资产，增加风险权重较低的资产，其具体方法包括贷款出售或贷款证券化，即将已经发放的贷款卖出去；收回贷款，用以购买高质量的债券(如国债)；尽量少发放高风险的贷款等。

在降低市场风险和操作风险的资本要求方面，可以尽可能建立更好的风险管理系统，在达到监管当局要求的情况下，采用《巴塞尔新资本协议》所规定的内部模型或高级计量法来分别计量市场风险和操作风险，以求对其进行更为准确的计量，从而降低资本要求；也可以在业务选择方面，尽可能减少银行需要承担高风险的业务，比如，减少交易账户业务就能够降低市场风险资本要求。

(三) 综合措施

商业银行提高资本充足率往往可以“双管齐下”，同时采取分子对策和分母对策，其中非常重要的一个综合性方法是银行并购。在两家或多家银行并购以后，新银行将拥有比以前单家银行大得多的资本，与此同时，可以合并以前多家银行重复的部分和机构，降低成本，增加利润，从而增加资本；可以对所有资产进行重组，化解业已存在的不良资产，降低风险加权总资产；可以利用合并后的新形象发行新股票，增加银行的核心资本。实际上，监管当局的资本要求是全球银行业并购浪潮一浪高过一浪的重要原因之一。

知识链接 2-2

商业资本管理实务

——以中国银行为例

中国银行根据中长期资本规划确定年度资本充足率管理目标及资本预算分解方案，并以资本限额的方式将预算指标分解至境内外机构和业务条线，并纳入绩效考核体系，定期监测和考评。不断优化资本内生动力机制，以激励各机构提高资本使用效率，提升集团资本内生积累能力。资本预算对经营管理起到了良好效果，一方面各级机构资本约束意识有所增强，资本使用效率稳步提高，另一方面对集团资本充足率指标的管控能力显著提高。

2017 年，中国银行扩大内生机制实施范围，强化对业务条线的资本管理，加大考核力度，提高各条线及各级机构资本约束意识和价值贡献水平。各项举措取得较好成效，集团资本充足率基本保持在较好水平。

一、资本充足率

中国银行集团根据《资本管理办法》、《商业银行资本充足率管理办法》及相关规定分别计算的资本充足率情况如表 2-5 所示。

表 2-5　资本充足率计算情况　　百万元人民币(百分比除外)

项　目	中国银行集团		中国银行	
	2017年12月31日	2016年12月31日	2017年12月31日	2016年12月31日
根据《资本管理办法》计量				
核心一级资本净额	1,356,088	1,280,841	1,180,299	1,106,112
一级资本净额	1,461,090	1,384,364	1,280,013	1,205,826
资本净额	1,725,330	1,609,537	1,526,537	1,414,052
核心一级资本充足率	11.15%	11.37%	10.85%	10.98%
一级资本充足率	12.02%	12.28%	11.77%	11.96%
资本充足率	14.19%	14.28%	14.04%	14.03%
根据《商业银行资本充足率管理办法》计量				
核心资本充足率	11.69%	11.77%	11.39%	11.65%
资本充足率	14.56%	14.67%	14.36%	14.50%

二、资本构成

中国银行集团根据《资本管理办法》及相关规定计量的并表资本构成情况如表 2-6 所示。

表 2-6　并表资本构成情况　　百万元人民币

项　目	2017年12月31日	2016年12月31日
核心一级资本	1,377,408	1,297,421
实收资本	294,388	294,388
资本公积	140,176	139,443
盈余公积	140,692	125,109
一般风险准备	207,693	193,338
未分配利润	606,765	526,804
少数股东资本可计入部分	26,280	30,051
其他	(38,586)	(11,712)
核心一级资本扣除项	21,320	16,580
商誉	138	96
其他无形资产(土地使用权除外)	11,259	6,498
直接或间接拥有的本银行股票	102	53
未按公允价值计量的项目进行套期形成的现金流储备应予以扣除的正值或予以加回的负值	(4)	(20)
对有控制权但不并表的金融机构核心一级资本投资	9,825	9,953
其他一级资本	105,002	103,523

续表

项　　目	2017年12月31日	2016年12月31日
其他一级资本工具及其溢价	99,714	99,714
少数股东资本可计入部分	5,288	3,809
二级资本	264,652	225,173
二级资本工具及其溢价可计入金额	191,596	149,406
超额贷款损失准备	63,672	64,572
少数股东资本可计入部分	9,384	11,195
二级资本监管扣除项目	412	—
对未并表金融机构大额少数资本投资中的二级资本	412	—
核心一级资本净额	1,356,088	1,280,841
一级资本净额	1,461,090	1,384,364
资本净额	1,725,330	1,609,537

三、门槛扣除限额与超额贷款损失准备

截至2017年12月31日，中国银行集团相关资本投资及净递延税资产余额均未超过门槛扣除限额，无需从资本中进行扣除。相关门槛扣除限额情况如表2-7所示。

表2-7　相关门槛扣除限额情况

百万元人民币

项　　目	2017年12月31日	2016年12月31日
对未并表金融机构小额少数资本投资	77,949	80,951
其中：核心一级资本投资	4,912	4,848
其他一级资本投资	3,449	2,522
二级资本投资	69,588	73,581
限额(核心一级资本净额10%)	135,609	128,084
若未达到上限，与上限的差额	57,660	47,133
对未并表金融机构大额少数核心一级资本投资	4,878	4,484
限额(核心一级资本净额10%)	135,609	128,084
若未达到上限，与上限的差额	130,731	123,600
其他依赖于银行未来盈利的净递延税资产	45,591	33,673
限额(核心一级资本净额10%)	135,609	128,084
若未达到上限，与上限的差额	90,018	94,411
对未并表金融机构大额少数核心一级资本投资和其他依赖于银行未来盈利的净递延税资产未扣除部分	50,469	38,157
限额(核心一级资本净额15%)	203,413	192,126
若未达到上限，与上限的差额	152,944	153,969

截至2017年12月31日，中国银行集团计入二级资本的贷款超额准备金为636.72亿元，符合银监会并行期相关监管要求，即低于150%拨备覆盖率的超额贷款损失准备未超过信用风险加权资产的0.6%全部计入二级资本；高于150%拨备覆盖率的超额贷款损失准备全部计入二级资本。相关超额贷款损失准备的限额情况如表2-8所示。

表2-8 相关超额贷款损失准备的限额情况

百万元人民币

项　　目	2017年12月31日	2016年12月31日
内部评级法覆盖部分		
内部评级法下超额贷款损失准备	61,039	68,236
内部评级法下不考虑并行期调整可计入二级资本的超额贷款损失准备的限额	42,474	39,512
并行期内超额贷款损失准备可计入二级资本的部分	46,277	56,211
内部评级法未覆盖部分		
权重法下超额贷款损失准备	17,395	8,361
权重法下可计入二级资本的超额贷款损失准备的限额	51,257	47,020
超额贷款损失准备可计入二级资本的部分	17,395	8,361

由表2-8可看出，报告期间中国银行(集团)不存在资本缺口，且不存在集团内资本转移限制的情况。

(资料来源：上海证券交易所——中国银行对外公告整理)

本章小结

银行资本包括财务会计意义上的账面资本，监管意义上的监管资本，内部管理意义上的经济资本等含义；商业银行资本的功能主要有营业功能、保护功能和管理功能。

商业银行资本充足至少要达到两个要求：总量要达标和结构要合理。西方商业银行对于资本充足率衡量经历了资本与存款比率、资本与总资产比率、资本与风险资产比率、纽约公式等阶段。

银行国际化、金融工具的创新及银行表外业务的发展等背景，促使银行监管的国际合作，而产生《巴塞尔系列协议》。从《巴塞尔协议Ⅰ》到《巴塞尔协议Ⅱ》，直到目前的《巴塞尔协议Ⅲ》，全球银行业资本监管要求变得更为严格、科学和富有效率，这对于提高全球银行资本的总体水平和质量，维护金融业的稳定和防范系统性风险的发生具有重要作用。

我国目前全面引入了《巴塞尔协议Ⅲ》确立的资本质量标准及资本监管最新要求，涵盖了最低资本要求、储备资本要求和逆周期资本要求、系统重要性银行附加资本要求等多层次监管要求，促进银行资本充分覆盖银行面临的系统性风险和个体风险。

商业银行资本的来源包括内源性融资和外源性融资。内源性融资一般采取增加各种准备金和收益留存的方法；外源性融资有发行股票普通股、发行优先股、发行资本票据和债券等方法。

商业银行提高资本充足率主要有两个途径，一是“分子对策”，二是“分母对策”，也可以同时采取两个对策。

重要概念

监管资本	经济资本	核心资本	附属资本
公开储备	混合资本工具	长期附属债务	市场约束
资本留存超额资本	反周期超额资本	内源性融资	外源性融资

思考与练习

1．简述商业银行资本的功能。

2．简述《巴塞尔协议Ⅰ》的主要内容。

3．简述《巴塞尔协议Ⅱ》的三大支柱。

4．简述《巴塞尔协议Ⅲ》的主要内容。

5．谈谈你对《巴塞尔协议Ⅲ》的提高资本比率及建立资本留存超额资本和反周期超额资本的看法。

6．简述商业银行资本来源的两种方式。

7．联系我国商业银行资本金现状，请你谈谈提高商业银行资本充足率的解决之道。

8．某商业银行资产规模为50亿元，资本额为4亿元，其中2亿元为留存盈余，正好达到8%的最低资本充足率要求。该银行计划再下一年度提高资产增长率，而且使资本充足率保持8%不变，分析以下四种不同方案，按要求回答其中的问题。

方案(1)：如果资产增长率为8%，分红率为40%，则该银行资产收益率要达到多少才能满足要求？

方案(2)：如果资产增长率为12%，分红率保持40%不变，则该银行资产收益率要达到多少才能满足要求？

方案(3)：如果资产增长率为12%，资产收益率保持方案(1)的数字不变，则如何调整分红率达到要求？

方案(4)：如果资产增长率为12%，资产收益率和分红率保持方案(1)的数字不变，则需要增加多少外援资本才能达到要求？

9．结合金融危机，从资本角度谈一谈如何构建更加稳定的全球银行体系。

第三章 商业银行负债管理

负债管理是商业银行为了在可接受的风险限额内实现既定经营目标，而对其资产负债组合所进行的计划、协调和控制的过程，以及前瞻性地选择业务策略的过程。在宏观经济增速放缓、监管规范不断加强、利率市场化程度加深、金融脱媒和互联网、大数据等技术浪潮的多重冲击下，商业银行传统经营方式受到诸多挑战，负债业务竞争加剧，流动性、利率风险加大。为此，商业银行须建立统筹表内外的全面资产负债管理体系，以应对商业银行经营转型的需要。

商业银行的收益主要来自存款与贷款之间的利差，而利差是银行资产负债结构的综合结果，风险则表现为利差的大小和变化，因此商业银行要对持有的资产(贷款)和负债(存款)的类型、数量、总量及组合进行测算、计划、控制和调整，以实现风险的最小化和利润的最大化。

商业银行负债管理的基本内容，是指商业银行根据金融情况的变化，将银行的资产和负债在期限、结构、方式、数量和利率上进行不断的调整，以降低经营风险和增加获利机会，实现银行安全性、流动性和效益性的经营管理目标。

本章学习目标

(1) 掌握商业银行负债业务的含义、作用和构成。
(2) 掌握传统三大存款业务。
(3) 了解西方存款业务的创新。
(4) 掌握我国主要的存款业务种类。
(5) 了解存款保险制度。
(6) 掌握影响存款的主要因素，了解存款的稳定性、存款的成本管理和存款的营销。
(7) 掌握同业拆借、再贷款、再贴现、证券回购协议等短期借入负债的内涵。
(8) 了解金融债券的一般知识。
(9) 了解借款的经营管理要点。

第一节　商业银行负债的构成

一、商业银行负债的含义及特点

负债是指过去的交易、事项形成的现时业务，预期会导致经济利益流出企业。商业银行负债是商业银行在经营活动中尚未偿还的经济义务。

商业银行负债，具有如下特点：第一，它必须是现实的、优先存在的经济义务，过去发生的、已经了结的经济义务或将来可能发生的经济业务都不包括在内；第二，它的数量是必须能够用货币来确定的，一切不能用货币计量的经济业务都不能称之为银行负债；第三，商业银行负债只能在偿付以后才能消失，以债抵债只是原有负债的延期，不能构成新的负债。

二、商业银行负债的作用

(一) 负债业务是商业银行资金的主要来源

根据《巴塞尔协议》的国际标准，商业银行的负债提供了商业银行92%的资金来源；商业银行负债规模和负债结构决定了商业银行经营的规模和方向；同时商业银行的负债性质也决定了商业银行经营的特征。从银行的职能角度看，商业银行最基本的职能就是信用中介和支付中介。商业银行只有作为“借者的集中”，才有可能作为“贷者的集中”，即必须首先使自己成为全社会最大的债务人，才能成为全社会最大的债权人。同时，商业银行负债的结构，包括期限、利率、投向等则决定资产的运用方向和结构特征。只有商业银行的负债业务发展了，营运资金的规模才能扩大。

(二) 负债业务是商业银行生存发展的基础

流动性是商业银行经营管理者必须要坚持的原则，而银行负债是解决银行流动性的重要手段。负债业务能够保持银行对到期债务的及时清偿能力，也为资产的增长提供后续资金。可见，负债业务是商业银行生存发展的基础，是商业银行维持资产增长的重要途径，对商业银行经营活动至关重要。

(三) 负债业务是商业银行同社会各界联系的主要渠道

商业银行作为国民经济的综合部门和资金运动的枢纽，成为社会资金活动的集散地。社会上所有经济单位的闲散资金和货币收支，都离不开商业银行的负债业务。一方面，银行为社会各界提供金融投资的场所、金融投资的工具，如各种存款和金融债券；另一方面，由于客户的资金流向经营领域，其货币收支随时会反映到银行的账面上，银行可以对其资金规模、资金流向以及经营活动了如指掌。银行在为客户提供各种信息咨询、担保等金融服务的同时，也可以为宏观金融决策部门和银行自身的营销策略反馈必要的市场信息。所以，负债业务是商业银行同社会各界进行联系、提供服务、反馈信息和有效监管的重要渠道。

(四) 负债业务成为推动社会经济发展的重要经济力量

随着我国经济的改革和发展，居民个人收入不断上升，居民储蓄存款不断增长，并由此使居民个人的资产负债管理的重要性凸显出来，导致个人货币金融资产需求多样化。而商业银行则通过负债业务创新，提供新型的多样化的金融工具，把社会闲置资金聚集起来，一方面满足居民的资产需求，另一方面有力地推动社会经济的发展。

三、商业银行负债的构成

(1) 就范围来讲，商业银行负债业务有广义和狭义之分。

狭义的负债是指商业银行对他人的债务或欠款。商业银行以借贷方式向他人筹措资金，虽然可以在其经营范围内自由支配，但此时商业银行只是获得了资金的使用权，而没有所有权，这就决定了商业银行负有偿还义务，从而构成了其负债行为。广义负债除了包括商业银行对他人的债务之外，还包括商业银行的自有资本等，也就是说，所有形成商业银行资金来源的业务都是其负债业务。通常所说的负债是狭义上的负债。

(2) 从取得资金的方式来讲，商业银行负债业务有被动负债、主动负债和其他负债。

吸收存款属于商业银行被动负债，因为客户是否将货币资金存入银行、存入多少、信用关系是否因此发生，很大程度上取决于存款人的决策，商业银行在这种负债业务中处于相对被动地位；商业银行主动向市场借款，如何发行金融债券、发行大额可转让定期存单、向中央银行借款、向同业借款等，商业银行在这些负债业务中处于主动地位，因此被称为主动负债；其他负债业务是指商业银行在办理业务中，或是没有固定的债权，或是没有规范化的信用关系的负债形式，如占有联行结算资金等。

(3) 根据期限的不同，商业银行负债业务可分为短期负债、中期负债、长期负债。

短期负债是指期限在一年以内(包含一年)的负债；中期负债是指期限在一年以上(不包含一年)、五年(包含五年)以下的负债；长期负债是期限在五年以上(不包含五年)的负债。

四、商业银行负债管理的基本原则

(一) 依法筹资原则

商业银行在筹资过程中，不论采取何种方式或渠道，都必须严格遵守国家的相关法律法规，不得进行违法筹资和违规筹资活动。依法筹资原则有三重含义：一是商业银行的筹资范围和渠道都必须符合有关法律，如《商业银行法》的规定，不得超范围筹集资金；二是商业银行筹资必须严格遵守国家的利率政策，不得违反利率政策筹集资金；三是不能利用不正当竞争的手段筹集资金。

(二) 成本控制原则

商业银行在筹资活动中，要通过各种方法、手段来力求降低筹资成本，为取得合理的利差创造条件，努力提高盈利水平。盈利性是商业银行追求的最终经营目标，而商业银行盈利水平的高低取决于收入与成本的配比关系，其中筹资成本又是经营成本的重要内容。所以，在其他条件相同的情况下，筹资成本的高低是直接影响商业银行盈利水平的关键因素。

(三) 规模适度原则

商业银行在筹资活动中要根据业务发展需要，特别是资产规模扩张的要求，避免因过度负债引起支付困难。由于商业银行具有高负债、高风险的特点，因此客观上要求商业银行只有严格遵守各项风险监管指标的规定，才能提高经营信誉，保证经营的安全性，避免经营亏损甚至破产。规模适度是商业银行在筹资方面稳健经营的具体表现。

(四) 结构合理原则

商业银行在筹资活动中，要通过保持合理的筹资结构，降低筹资成本和风险，提高负债的相对稳定性，维持商业银行资金流动性的需要。商业银行负债结构并没有绝对的标准，一般可以通过两个方面来进行把握：一是负债筹资的综合平均成本，负债的综合平均成本低，负债结构就合理，反之就不合理；二是保持稳定的筹资来源，实行多样化的筹资方式和筹资渠道，避免单一的筹资方式和筹资渠道，减少筹资来源不稳定性因素。

第二节 商业银行存款业务管理

存款是存款人基于对银行的信任而将资金存入银行，并可以随时或按约定时间支取款项的一种信用行为。存款是银行对存款人的负债，是银行最主要的资金来源，同时也是商业银行利润及规模扩张的最终决定因素。作为商业银行重要的资金来源之一，存款规模总是被现代商业银行的管理者认定为衡量社会市场份额、评判银行业绩的重要标志。

一、传统的存款种类

不同国家的商业银行存款种类的划分也不尽相同，以美国等发达国家的商业银行为例，其传统的存款种类有活期存款、定期存款和储蓄存款三种。

(一) 活期存款

活期存款是指可以由客户随时存取而不需要事先通知银行的一种存款。活期存款是客户出于交易目的而办理的存款，利用该存款账户，客户可以支取现金，也可以使用支票，但通常是使用支票进行转账，又称支票存款。

活期存款具有货币支付手段和流通手段职能，还具有较强的派生能力，从而成为商业银行的一项重要资金来源，也是商业银行扩大信用、联系客户的重要渠道。但由于该类存款存取频繁，手续复杂，所以成本较高，因此西方国家商业银行一般都不支付利息，有时甚至还要收取一定的手续费。

(二) 定期存款

定期存款是指由客户与银行双方在存款时事先约定期限、利率，到期时才能支取本息的存款。

办理定期存款时，银行一般签发给客户载明存款金额、利率和期限的定期存单，定期存单为记名方式，不能转让，只能在签发银行兑现，但可以作为质押品从银行取得贷款。定期存款的期限较长而且存期固定，所以该类型存款对银行来说是比较稳定的资金来源，所承担的流动性风险较低，对商业银行的长期放款和投资具有重要意义。

(三) 储蓄存款

储蓄存款是客户为积蓄货币和获取利息而办理的一种存款，客户仅限于个人和非营利机构。

储蓄存款通常由银行给存款人开立一张存折，以此作为存取凭证，存折不能流通转让。储蓄存款不能签发支票，支用时只能提取现金。西方国家一般只允许商业银行的储蓄部门和专门的储蓄机构经营储蓄存款业务，且管理比较严格。

二、存款业务的创新

随着金融业的发展、投资工具的可选择性增加，单一的传统存款经营模式使得商业银行的存款量呈下降趋势，同时来自其他金融机构和商业银行内部的竞争出现加剧的趋势，迫使商业银行创造出新的存款经营工具来满足自身经济需求。美国商业银行在存款业务创新方面尤为突出，其主要的创新品种有：

(一) 可转让支付命令账户

可转让支付命令账户(Negotiable Order of Withdrawal Account，NOW)也称为付息的活期存款，对个人和非营利机构开立的、既可用于转账结算，又可支付利息，年利率略低于储蓄存款，存户可随时开出支付命令书，或直接提现，或直接向第三者支付，其存款余额可取得利息收入。通过这种账户，商业银行既可以为客户提供支付上的便利，又支付利息，从而吸引客户，扩大存款。可转让支付命令账户是参加存款保险的。近年来 NOW 得到很大推广，并又有创新，如超级可转让支付命令账户(Super Now)，是美国商业银行于 1983 年开办的一种利率较高的存款账户业务。它与普通 NOW 账户的区别在于：第一，可以无限制地开发支付命令；第二，普通 NOW 账户的利率更高，但须保持一定的最低余额，一般要求存款最低余额必须超过 2500 美元。

(二) 自动转账服务账户

自动转账服务账户(Automatic Transfer Service Accounts，ATS)是一种可以在储蓄存款账户和支票存款账户资金按照约定自动转化的存款账户，开办于 1987 年，是在电话转账服务账户的基础上发展起来的。与电话转账服务账户的不同之处在于存款在账户间的转换不需存款人电话通知而银行按约定自动办理。存户可以同时在银行开立两个账户：有息的储蓄账户和无息的活期支票存款账户。活期支票存款账户的余额要始终保持 1 美元。银行收到存户所开出的支票需要付款时，可随时将支付款项从储蓄账户上转到活期存款账户上，自动转账，即时支付支票上的款项。开立自动转账服务账户，存户要支付一定的服务费。在开立此账户之前，存户一般先把款项存入储蓄账户，由此取得利息收入，而当需要开支票时，存户用电话通知开户行，将所需款项转到活期支票账户。

(三) 货币市场存款账户

货币市场存款账户(Money Market Deposit Account，MMDA)性质介于储蓄存款与活期存款之间，货币市场存款账户的出现与货币市场基金有关。在《Q 条例》对商业银行支付存款利息的限制未取消之前，货币市场基金从银行手里夺走了不少存款。1982 年 12 月 16 日美国存款机构管制委员会正式批准商业银行开立这种可支付较高利率，并可以浮动，还可使用支票的账户。这一账户的存款者可定期收到一份结算单，记载所得利息、存款余额、提款或转账支付的数额等。货币市场存款账户的特点是：(1) 客户开户时的取存金额为 2500 美元，但以后不受此限额的约束；(2) 日常平均余额如低于 2500 美元，则按 NOW 账户的较低利息利率计息；(3) 存款利率没有上限的约束，银行每周调整一次利率；(4) 没有最短存款期的限制，但客户提款必须提前七天通知银行；(5) 账户使用货币市场存款账户进行收付转账，每月不得超过 6 次，其中以支票付款的不得超过 3 次；(6) 存户的对象不限。由于货币市场存款账户可以支付较高的利息，且能够有条件地使用支票，因此颇受人们欢迎。

(四) 协定账户

协定账户(Agreement Account)是一种可以在活期存款账户、可转让支付命令账户和货币市场存款账户三者之间自动转账的新型活期存款账户。银行与客户达成一种协议，即重复授权银行可将款项存在活期存款账户、可转让支付命令账户和货币市场存款账户中的任何一个账户上。对前两个账户都规定一个最低余额，超过最低余额的款项由银行自动转入同一存户的货币市场存款账户上，以便取得较高的利息。如果低于最低余额，则也可由银行将同一存户在货币市场存款账户上的一部分款项，转入活期存款账户或可转让支付命令账户，以补足最低余额，满足支付需要。

(五) 大额可转让定期存单

大额可转让定期存单(Large-denomination Negotiable Certificate of Deposit，CD)指银行发行的合约相对标准化、具有可转让性质的定期存款凭证，凭证上载有发行的金额及利率，还有偿还日期和方法。从本质上看，CD 仍然是银行的定期存款。与传统的定期存款也有不同：(1) 定期存款是记名的，是不能转让的，不能在金融市场上流通，而 CD 是不记名的，可以在金融市场上转让。(2) 定期存款的金额是不固定的，有大有小，有整有零，CD 的金额则是固定的，而且是大额整数。(3) 定期存款虽然有固定期限，但在没到期之前可以提前支取，不过损失了应得的较高利息；CD 则只能到期支取，不能提前支取。(4) 定期存款的期限多为长期的；CD 的期限多为短期的，由 14 天到 1 年不等，超过 1 年的比较少。(5) 定期存款的利率大多是固定的；CD 的利率有固定的也有浮动的，即使是固定的利率，在次级市场上转让时，还是要按当时市场利率计算。

对于商业银行而言，CD 是一种新的有效的筹资工具，它具有主动性和灵活性，能够吸取数额庞大、期限稳定的资金；同时，它也是一种金融创新，极大地改变了商业银行的经营管理思想，对于投资者而言，CD 为其闲散资金的利用提供了极好的选择。

(六) 个人退休金账户

个人退休金账户(Individual Retirement Account，IRA)是美国商业银行于 1974 年为没有参加“职工退休计划”的个人创设的一种新型的储蓄存款账户。按照规定，只要工资收入者每年在银行存入 2000 美元，那么其存款利率可以不受《Q 条例》的限制，且可暂时享受免税优惠，直到存户退休以后，再按其支取的金额计算所得税。然而，由于退休后存户的收入减少，故这笔存款仍可按较低的利率纳税。个人退休金账户存款因存期较长，其利率也略高于一般储蓄存款。

IRA 账户是一种个人自愿投资性退休账户。所谓“自愿”是指是否购买 IRA 完全是居民个人的决策；所谓“退休账户”，是指这部分资金主要用于投资人退休后的养老用途，即正常情况下，这笔资金只有在投资人退休之后能够使用；所谓“投资性”，是指居民购买IRA实质上是一种长期的基金投资，即IRA投资没有保底性收益，这点与养老保险有本质区别。相对于养老保险而言，IRA风险较大，但获利机会也更多。

知识链接 3-1

个人退休金账户的取款规定与惩罚

开办个人退休金账户(IRA)的目的是让公民自己储备退休养老金，因而享受了美国联邦政府双重的税务优惠。既然是享受着双重的税务优惠的退休金，就肯定要受到某些限制。对于客户而言，最需要记住以下几点：

(1) 只有当客户年满59岁半以后，才可以从个人退休金账户中取钱。

(2) 客户可以自由安排取款的方式，既可以依次提取全部存款，也可以定期或者不定期取款，并在取钱之时，开始作为普通地收入纳税。

(3) 若客户年满 59 岁半后并不急于用钱，也可以继续保持 IRA，但是，一旦年满 70 岁半之后，就必须开始取款，否则，要被惩罚性地扣留50%。

(4) 在身体正常的情况下，如果客户在59岁半之前取款，则所取款的数目将要被扣掉10%，如果客户不幸或者去世，可以在59岁半之前取款，则无任何惩罚。

(七) 现金管理账户

现金管理账户(Cash Management Account，CMA)是1977年由美国美林证券公司推出的一种综合多种金融服务于一体的金融产品，它集支票账户、信用卡账户、证券交易账户于一体，通过货币市场共同基金(Money Market Mutual Fund，MMMF)进行运作。它的基本原理是客户在银行开立一个现金管理账户，银行自动把它转入 MMMF 内，并代客户进行基金投资，如果客户想买股票，则也可从该账户内支付。如果支付的数额超过账户余额，则银行可以自动透支，并以其账户的股票或其他证券作抵押。这样，客户享受到了商业银行提供的各种方便和流动性，又收到了投资银行提供的高收益，同时又将风险锁定在一定位置。

(八) 指数定期存单

指数定期存单(Index CD)是指将存款客户的存款利息收益与某种指数的变动相挂钩的一种定期存单形式。

为了帮助那些没有时间或没有经验的存款客户也能够赢得股市行情看涨时的收益，1987年3月，大通曼哈顿银行开办了一种将存款收益与标准普尔500指数挂钩的定期存单，从而首创指数存定期存单，此后指数定期存单这种形式被其他一些银行所仿效。到了1989年1月以后，在美国所有参加联邦存款保险的商业银行均已获取了发行这种定期存单的权利，并且商业银行也对与存款收益相联系的指数类型进行了广泛的拓展，开辟出许多指数定期存单的新颖品种。到目前为止，在西方国家商业银行的具体实践中与存款利息挂钩的指数范围非常广泛，主要包括商品价格指数、股票价格指数、黄金价格指数等，甚至包括汇率、生活费用等的变动，也可能与一场比赛的胜负相联系。

指数定期存单为众多资金有限的中小投资者借鉴创造了参与期货甚至期权交易等衍生金融产品的机会，为投资者在取得较为客观的收益的同时能避免投资风险提供了途径。

(九) 投资账户

20 世纪 90 年代初，面对日益严重的“金融脱媒”危机以及社会公众金融投资意识的不断增强，美国的部分商业银行开始向客户提供具有投资性质的高收益储蓄工具——投资账户(Investment Account)来为客户提供投资服务，以此防止或减少存款资金的流失。

投资账户就是商业银行与证券公司、保险公司等合作，通过银行计算机网络和销售渠道，向自己的存款客户等交叉销售股票、债券、年金保险、共同基金等金融产品，并向自己的存款客户提供咨询及投资组合等建议，帮助客户实现保值增值。投资账户的最重要优势在于它使银行有机会与客户保持现有关系，便于向银行提供其他服务并取得额外费用收入。从负面看，投资账户几乎不能向银行提供新的贷款资金，因为客户将存款用于购买股票、债券、共同基金股份及其他可交易证券。

三、我国商业银行的存款种类

我国商业银行的存款包括人民币存款和外币存款两大类。其中人民币存款又分为个人存款、单位存款和同业存款。这里我们只介绍人民币存款种类。

(一) 个人存款

个人存款又叫储蓄存款，是指居民个人将闲置不用的货币资金存入银行，并可以随时或按约定时间支取款项的一种信用行为，是银行对存款人的负债。我国《商业银行法》规定，办理储蓄业务遵循“存款自愿、取款自由、存款有息、为存款人保密”的原则。

1. 活期存款

活期存款是指不规定存款期限，客户可以随时存取的存款。客户凭存折或银行卡及预留密码可在银行营业时间内通过银行柜面或通过银行自助设备随时存取现金。活期存款通常 1 元起存，部分银行的客户可凭存折或银行卡在全国各网点通存通兑。

2. 定期存款

定期存款是个人事先约定偿还期的存款，其利率视期限长短而定。定期存款主要有整存整取、零存整取、整存零取和存本取息四种。其中整存整取最为常见，是定期存款的典型代表。

3. 定活两便储蓄存款

定活两便储蓄存款是指存款时不确定存期，一次存入本金随时可以支取，利率随存期长短而变动的介于活期和定期之间的一种储蓄存款。我国目前规定，存期在一年以内的，整个存期按支取日整存整取定期储蓄同档次利率打六折计息；存期在一年以上的，无论存期多长，整个存期一律按支取日整存整取定期储蓄一年期存款利率打六折计息。

定活两便储蓄存款存取灵活，流动性较好，既有定期之利，又有活期之便。

4. 个人通知存款

个人通知存款是一种不约定存期，支取时需提前通知银行，约定支取日期和金额方能支取的存款。个人通知存款不论实际存期多长，按存款人提前通知的期限长短划分为一天通知存款和七天通知存款两个品种。一天通知存款必须提前一天通知约定支取存款，七天通知存款则必须提前七天通知约定支取存款。

5. 教育储蓄存款

教育储蓄存款是指为了鼓励城乡居民以储蓄存款方式，为其子女接受非义务教育(指九年义务教育之外的全日制高中、大中专、大学本科、硕士和博士研究生)积蓄资金，促进教育事业发展而开办的储蓄存款。教育储蓄存款的开户对象为在校小学四年级(含四年级)以上学生，参加教育储蓄的储户，如申请助学贷款，在同等条件下，金融机构应优先解决。

(二) 单位存款

单位存款又叫对公存款，是机关、团体、部队、企业、事业单位和其他组织以及个体工商户将货币资金存入银行，并可以随时或按约定时间支取款项的一种信用行为。

按存款的支取方式不同，单位存款一般分为单位活期存款、单位定期存款、单位通知存款、单位协定存款等。

1. 单位活期存款

单位活期存款是指单位类客户在商业银行开立结算账户，办理不规定存期、可随时转账或存取的存款类型。

单位活期存款账户又称为单位结算账户，包括基本存款账户、一般存款账户、专用存款账户和临时存款账户。

(1) 基本存款账户。基本存款账户简称基本户，是指存款人因办理日常转账结算和现金收付需要开立的银行结算账户。基本存款账户是存款人的主办账户，存款人日常经营活动的资金收付及其工资、奖金和现金的支取，应通过该账户办理。企业、事业单位等可以自主选择一家商业银行的营业场所开立一个办理日常转账结算和现金收付的基本账户，同一存款客户只能在商业银行开立一个基本存款账户。

(2) 一般存款账户。一般存款账户简称一般户，是指存款人因借款或其他结算需要，在基本存款账户开户银行以外的银行营业机构开立的银行结算账户。一般存款账户可以办理现金缴存，但不得办理现金支取。

(3) 专用存款账户。专用存款账户是指存款人对其特定用途的资金进行专项管理和使用而开立的银行结算账户，如住房基金、社会保障基金、更新改造资金等。

(4) 临时存款账户。临时存款账户是指存款人因临时需要并在规定期限内使用而开立的银行结算账户，如设立临时机构、异地临时经营活动、注册验资。该种账户的有效期最长不得超过两年。

2. 单位定期存款

单位定期存款是指单位内客户在商业银行办理的约定期限、整笔存入、到期一次性支取本息的存款类型。

3. 单位通知存款

客户在存入款项时不约定存期，支取时需提前通知商业银行，并约定支取存款日期和金额方能支取的存款类型。不论实际存期多长，按存款人提前通知的期限长短，可再分为一天通知存款和七天通知存款两个品种。

4．单位协定存款

单位协定存款是一种单位内客户通过与商业银行签订合同的形式约定合同期限，确定结算账户需要保留的基本存款额度，对基本存款额度内的存款按结算日或支取日活期存款利率计息，超过基本存款额度的部分按结息日或支取日人民银行公布的高于活期存款利率、低于六个月定期存款利率的协定存款利率给付利息的一种存款。

5．保证金存款

保证金存款是商业银行为保证客户对外出具具有结算功能的信用工具，或提供资金融通后按约履行相关义务，而与其约定将一定数量的资金存入特定账户所形成的存款类别。在客户违约后，商业银行有权直接扣划该账户中的存款，以最大限度减少银行损失。

(三) 同业存款

同业存款，也称同业存放，是指因支付清算和业务合作等的需要，由其他金融机构存放商业银行的款项。同业存放属于商业银行的负债业务，与此相对应的概念是存放同业，即存放在其他商业银行的款项，属于商业银行的资产业务。

知识链接 3-2

中国银行推出个人智能通知存款

近日，中国银行推出个人智能通知存款产品。客户只需与中国银行签订协议后，该客户指定的人民币活期存款账户余额达到中国银行规定的个人人民币通知存款起存金额要求时，中国银行为客户提供自动转存通知存款业务，并根据存款余额变动周期给予客户相应的一天或七天通知存款利息。

办理个人智能通知存款后，如果客户活期账户上的资金连续七天不发生变化，则该客户按照七天通知存款利率计息，获得的利息收益是活期存款收益的近 3 倍。

(资料来源：中国金融网，2013-02-26)

四、影响存款规模的主要因素

影响商业银行存款变动的因素很多，大体上分为宏观和微观两类因素，前者影响整个社会的存款总量，而后者则对单个银行产生影响。

(一) 影响存款水平的宏观因素

1．一国经济发展水平

从长期来看，一个国家经济发展水平对社会存款总量有决定性影响。一国经济发展程度可用国内生产总值来衡量，国内生产总值的增长一般也就意味着居民可支配收入的增加，居民增加的收入有三个主要的去向：消费、储蓄和投资。一般来说消费的增长速度会低于收入的增长速度，这就意味着储蓄和投资增长会更快些，而居民储蓄增长绝大部分会体现在银行存款总量的增加。

2. 中央银行的货币政策

中央银行的货币政策在短期内会对社会上的存款总量产生非常重要的影响。中央银行作为一个调节社会上货币供给量的机构，会经常性地对货币总量供应进行调控，中央银行执行扩张性还是紧缩性货币政策，直接影响商业银行存款总量的大小，制约商业银行的存款派生能力。

3. 金融市场的相互竞争

金融市场主要由两大市场构成：以依靠商业银行为主的间接融资市场和以依靠证券机构为主的直接融资市场，这两大市场争夺社会上的闲散资金。以股票、债券等证券为主的市场有一定的主动性，当人们预期证券资产价格会上升时，就会将存款取出转移到证券市场，这时银行的存款总量会减少；当人们预期证券资产价格会下降时，就会卖出证券将钱存回银行，这时银行的存款总量会增加。

4. 社会保障制度

一般来说，社会保障制度与商业银行存款是反方向变动的。社会保障程度越高，人们会预计将来支出下降，居民收入大部分会即期消费掉，这就会体现在银行存款量减少；社会保障程度越低，人们对未来的不确定性增加，就会增加货币持有量以备不时之需，这就会体现在银行存款总量增加。

除以上因素外，金融监管机构的行为、物价水平、历史文化传统及居民偏好等也会对存款总量产生影响。

(二) 影响存款水平的微观因素

1. 银行的经营管理水平

银行的经营管理水平越高，就越能为客户提供更方便快捷、个性化更强的金融服务，并以高效优质的服务带动银行存款的增长，反之亦然。

2. 银行的资产规模、信誉

商业银行的实力和竞争力表现在两方面：资产规模体现出银行的硬实力，而信誉则是银行软实力的重要体现。银行的资产规模越大，抵御风险的能力越强，存款人就会觉得更安全，所以一般客户会选择规模较大的银行去存款，同时银行作为一个信用机构，信誉是它生存的根本，信誉和形象优劣直接影响客户的心理和预期选择。

3. 服务项目和服务质量

商业银行是一个为客户服务的机构，服务项目的广泛程度、是否针对客户的消费偏好一定程度上会影响到客户的选择，服务的快捷方便程度和服务环境的优劣会对客户产生心理影响。银行应努力采取多种措施来解决客户的各种需求，如营业厅内可多开一些营业窗口，用叫号机来解决排队难问题，网点要设在交通便利处，ATM 尽量采用有存取两用功能的，优化电脑和网络系统等。

4．存款的种类与方式

银行应根据不同客户的金融需求针对市场准确定位，开发出一些适销对路的存款品种，在存款的盈利性和方便性方面多下工夫，设计出新型的存款品种并依市场变化不断改进，从量和质两方面来满足银行资产的需求。

综合以上影响存款的因素，宏观因素属于不可控因素，只能通过预测来采取防范措施。对于个体商业银行来说，微观因素属于可控或部分可控因素，银行可以采取一定措施使之朝对自己有利的方向发展。

五、存款的经营策略

商业银行经营存款主要包括三个方面的内容：一是提高存款质量，存款质量很大程度上取决于存款的稳定性和可利用程度；二是对于存款成本的精细化管理，尽量降低所吸收存款的成本；三是加强存款营销，满足商业银行对资金的正常需求。

（一）商业银行存款的稳定率和活期存款可用资金率

1．存款稳定率

存款稳定率是一定时期银行各项存款中相对稳定的部分与存款总额的比率。该指标反映了银行存款的稳定程度，是掌握新增贷款的数额和期限长短的主要依据。存款稳定率的计算公式为

$$存款稳定率=\frac{定期储蓄存款+定期存款+活期存款\times活期存款沉淀率}{存款总额}\times100\%$$

上面公式中，活期存款沉淀率的计算公式为

$$活期存款沉淀率=\frac{活期存款最低余额}{活期存款平均余额}\times100\%$$

2．活期存款可用资金率

因为定期存款期限固定，商业银行存款的利用率上没有多大疑问，商业银行存款的利用率高低主要体现在活期存款上面，这里牵涉到一个概念，就是活期存款可用资金率。所谓活期存款可用资金率是指商业银行在某特定时间对存入的活期存款除去随时可能的支持款项外能够利用的百分比。该指标反映了银行对活期存款的可利用率，是银行长期管理活期存款的主要依据。

活期存款可用资金率的计算公式为

活期存款可用资金率＝活期存款基数÷计算期天数÷活期存款存入总额×100%

上面公式中活期存款积数的计算公式为

$$活期存款积数=\sum(活期存款\times余额占用天数)$$

知识链接 3-3

某公司 4 月活期结算户存款情况如表 3-1。

表 3-1　某公司 4 月活期结算户存款情况　　万元

时间(日)	存入	支取	存款余额	天数	积数
上月结转			100		
1 日	220				
13 日		240			
25 日	200				
29 日	150				
30 日		120			

根据表 3-1，计算活期存款可用资金率。

(1) 完成表格，如表 3-2 所示。

表 3-2　完成的表格　　万元

时间(日)	存入	支取	存款余额	天数	积数
上月结转					
1 日	220		320	12	3840
13 日		240	80	12	960
25 日	200		280	4	1120
29 日	150		430	1	430
30 日		120	310	1	310

(2) 活期存款积数=$\sum$(活期存款×余额占用天数)

$$=3840+960+1120+430+310=6660(\text{万元})$$

$$\text{活期存款存入总额}=220+200+150=570(\text{万元})$$

$$\text{活期存款可用资金率}=\text{活期存款积数}\div\text{计算期天数}\div\text{活期存款存入总额}\times 100\%$$

$$=6660\div 30\div 570\times 100\%=38.95\%$$

计算结果 38.95%表明该公司每存入 100 元活期存款，商业银行可抽取 38.95 元用做贷款或其他，而其余的 61.05 元则作预防公司提取存款之用。

(二) 商业银行存款成本管理

一般来说，商业银行应当在平均成本最低的基础上获得最为稳定的负债。从整体而言，短期负债的比重越大，整体稳定性就越差，成本也越低；而定期存款、金融债券的比重越大，整体稳定性越高，成本也越高。加强存款成本管理、最大限度地降低存款成本，是防范存款风险的重要一环。存款成本主要由利息支出和费用支出两部分构成，因此，加强存款成本管理主要是加强利息和各项费用的管理。

1. 利息支出管理

利息支出是存款成本最主要的构成部分，影响利息成本的主要因素是存款利息率的高低和存款的结构。从各国的存款利率来看，主要有三种类型：严格的管制利率，即商业银行必须严格执行中央银行或其他金融管理部门制定的各项存款利率；浮动利率，即在不突破金融管理当局制定的存款利率最高限的条件下，商业银行的存款利率可以自行浮动；自由利率，即商业银行可以自行制定存款利率，利率的高低由市场因素决定。在第一种情况下，商业银行由于必须严格执行中央银行制定的利率水平，因此其在利息支出管理中的机动性和灵活性较差。在后两种情况下，特别是在自由利率的情况下，商业银行的存款利息支出管理则具有较大的余地。此时，在存款利率确定和利息支出管理上，商业银行除了要考虑是否有利于吸引客户和是否有利于进行存款竞争，更要考虑自身的利息成本负担。那种不顾利息成本高低，一味通过提高或变相提高存款利率来进行存款竞争的做法是不可取的。存款结构对存款的利息成本也具有重要影响。一般来说，定期存款利率高于活期存款利率，定期存款中，长期存款利率又高于短期存款利率。因此，若仅从降低存款利息成本的角度出发，商业银行无疑应提高低利率存款在存款总额中的比重，即多增加活期存款。当然，活期存款的比重也不能过大，否则对提高存款的稳定性，减少存款的流动性风险会产生极为不利的影响。

2. 各项费用管理

各项费用是指银行花费在吸收存款上的除利息以外的一切开支。银行的存款费用多种多样，其中有的有实际受益者(如为存户提供的转账结算、代收代付以及电子计算机自动化服务等所需的开支，实际上就代表着银行对存户支付的利息之外的报酬)，有的则没有实际受益者(如广告、宣传、外勤费用等)。为了降低存款成本，商业银行必须加强存款费用管理，最大限度地节约费用支出。一般来说，在存款业务中，每笔存款的金额越大，存款的费用率相应就越低，这种规模效应要求银行应将发展、巩固存款大户作为存款经营的重点。另外，存款种类对存款费用也有不同的影响，活期存款存取频繁，银行支付的服务和成本费用比定期存款要多，因此，银行对不同种类的存款在管理上要有所区别。

(三) 商业银行存款的营销

1. 研究客户金融需求，确定存款目标市场

市场是由客户主体的需求、商家为满足这种需求的购买能力以及购买意愿三因素组成。从这三因素的市场地位考察，买方将成为市场的决定因素。所以，银行存款要占有一定的市场份额，就必须树立以客户为中心，适应市场需求变化的全新观念。要精确细分市场，研究不同类型客户的存款动机，找准适合客户自身的客户群，并量身定做出满足他们需求的产品。在存贷款方面，应讲求资金成本结构和资金使用效率。费用管理与拓展市场挂钩，建立一个以人为本高效运作的银行结构体系。这种体系的建立对存款促销，产品开发，发挥整体营销功能将起到积极的促进作用，将从实际上为满足客户需求创造条件。

2. 正确定位，找准存款营销的关键点

对公存款因其成本低、数额大，在银行拓展业务空间的过程中成为竞相争夺的焦点。如何在同业竞争中抢占市场先机，就要求商业银行积极转变对公存款业务营销经营战略，充分发挥网络、网点、产品和服务的优势，深化与客户的合作，进而赢得客户的信任与支持。要深化与客户的合作，实现客户发展与银行发展的共赢。银行在同业存款市场的竞争中，要采取科学而稳健的措施，避开竞争的焦点，与客户强强联合，实现优势互补，达到协作共赢的营销目标，面对客户的多元化金融服务需求，要积极主动与金融同业及当地政

府联系，成功代理相关项目贷款资金的管理，并利用代理金融同业业务的优势，成功营销其他相关的优良客户，由此实现服务措施的多元化供给。以优质产品赢得客户，是增强服务磁场的必要保障。银行要充分利用现有产品资源，把客户营销与客户理财相结合，把品牌营销与整合产品资源相结合，积极加强金融新产品的营销，把营销重点企业、行业龙头企业与现金管理平台、企业年金、企业财务顾问、网上银行、国际结算等一系列金融产品相结合，进行联动营销。同时，要针对民营企业的需求进行一系列本土化的创新，融入可循环使用自助贷款功能、账户透支、票据买入、单位定期存款自助质押贷款、活期超额转定期或通知存款、单位定期存款自助质押贷款功能。积极利用现金管理平台拓展行政机关存款大户。

3. 切入高效营销方法，注重存款市场再培育

人员促销是最古老、最普遍、最直接的营销手段，有其显著的特点，即可以与客户保持最直接的联系，通过谈话、示范、表演等方式了解客户的需求、欲望和动机，有针对性地调整工作方法，解答客户的问题，消除客户的疑惑，诱导客户的购买欲望，促成客户的购买行动，通过人员促销，可以激发客户的信任，促进了解，建立互信，巩固已有的营销成果。总之，组织人员促销，既不受时空限制，又可以及时收集市场信息，对营销过程中存在的工作差距进行调整，借以提高服务质量和促销效果。大众传播可以直接指向目标市场上的客户，通过信息传递，引导客户识别存款，并进行沟通，促进客户对发出信息的商业银行产生深刻印象，达到唤起存款客户作出倾向性选择的目的。大众传播的媒体很多，如声像图文、电子信息、实物造型、户外标识等，广泛用于刺激客户的感官注意，把存款的方式、种类、利率及期限、网点分布、联络方式等信息传播给客户，通过介绍使客户产生需求和欲望，指导客户完成存款过程。对传播的对象要有所研究，根据促销产品的特点，针对客户群中绝大多数人的需求和兴趣，做到有的放矢，其效果才有保证。

4. 加强经验总结与磋商，市场反馈与特色服务并重

由于金融机构推销的产品种类大致相同，且产品价格从属于中央银行的宏观调控，没有太大的弹性，因而在这种环境下，优质服务将是银行营销获得成功的重要选择。优质服务是金融产品营销的最好载体。通过服务，把金融产品附加值加以提升，强化服务主体对客体的形象感受，起到潜移默化的作用。诚然，在服务上满足不同存款需求的客户并不容易，但不能因此而弱化服务。特别是服务主体的思想意识、服务环境、服务措施、便利服务、创新服务等全面完善，是一种无形的营销。要把给客户提供全方位金融服务作为根本保障。针对客户对金融产品及服务的特殊需求，结合企业的不同特征，为企业量身定做个性化的综合金融服务方案。通过优质服务才能赢得客户的信任与支持，多元化的产品更应成为银行向客户提供特色服务的综合能力体现。因此，要拓展本外币贷款、银行承兑汇票、国际结算等综合业务办理的效率，实现更多的优良企业与银行的进一步业务合作。

六、存款保险制度

(一) 存款保险制度概述

存款保险制度是指由符合条件的各类存款性金融机构作为投保人，按一定存款比例，向特定保险机构(存款保险公司)缴纳保险费，建立存款保险准备金。当成员机构发生经营危机或面临破产倒闭时，由存款保险机构按规定的标准及时向存款人予以赔付并依法参与或组织清算。存款保险制度的核心在于通过建立市场化的风险补偿机制，合理分摊因金融机构倒闭而产生的财务损失。

国际上通行的理论是把存款保险分为隐性(Implicit)存款保险和显性(Explicit)存款保险两种。目前存款保险制度是指后一种形式，即指国家以法律的形式对存款保险的要素、机构设置以及有问题机构的处置等作出明确规定。存款保险制度有利于保护存款人的利益、提升社会公众对银行业体系的信心，避免挤兑并维护整个金融体系的稳定。存款保险制度的消极影响在于它可能诱发道德风险。从已经实行该制度的国家来看，主要有三种组织形式：由政府出面建立、由政府与银行界共同建立、在政府支持下由银行同业联合建立。美国在 20 世纪 30 年代最早建立了存款保险制度，此后不少国家纷纷引入这一制度。尤其是在 20 世纪 80 年代至 90 年代，世界许多国家在出现较严重的银行危机或金融危机以后，存款保险制度进入快速发展阶段。

我国由于历史和现实的原因，目前还没有存款保险制度，但这个问题已提上了议事日程。2013 年 6 月 7 日，中国人民银行发布《中国金融稳定报告 2013》，报告表示，当前建立存款保险制度的各方面条件已经具备，内部已达成共识，可择机出台并组织实施。我国管理层对于存款保险制度的基本框架共识包括：明确规定存款保险限额；实行限额赔付原则；强制存款保险，防止出现逆向选择；执行与各机构风险相联系的差别费率，促进金融机构公平竞争；存款保险机构由政府管理并具有履行职能所需要的职权，其职能暂时设计为赔付和受托清算；投保机构按期缴纳保费累积基金。将设立非公司内专门机构，管理存款保险基金。其资金主要来源于投保金融机构缴纳的存款保险费，以及投保金融机构清算财产中的受偿所得。对于强制存款保险、差别费率等问题则规定，包括国有商业银行、股份制商业银行、外资法人银行等一切在境内注册的存款金融机构都必须参加存款保险计划；而差别费率，则根据投保金融机构的资产规模及资本充足率实行简单分类，但最终将根据单个银行风险评级类来实行差别费率。

(二) 存款保险制度作用

1. 保护存款人的利益，提高社会公众对银行体系的信心

如果建立了存款保险制度，当实行该制度的银行资金周转不灵或破产倒闭而不能支付存款人的存款时，则按照保险合同条款，投保银行可从存款保险机构那里获取赔偿或取得资金援助，或被接收、兼并，存款人的存款损失就会降到极可能小的程度，有效保护了存款人的利益。存款保险制度虽然是一种事后补救措施，但它的作用却在事前也有体现，当公众知道银行已实行了该制度，即使银行真的出现问题时也会得到相应的赔偿，这从心理上给了他们以安全感，从而可有效降低那种极富传染性的恐慌感，进而减少了对银行体系的挤兑。

2. 可以有效提高金融体系的稳定性，维持正常的金融秩序

由于存款保险机构负有对有问题银行承担保证支付的责任，因此它必然会对投保银行的日常经营活动进行一定的监督、管理，从中发现隐患所在，及时提出建议和警告，以确

保各银行都会稳健经营，这实际上增加了一道金融安全网。近年来，我国金融改革骤然提速，金融机构“只生不死”暂成历史，管理层在各种场合多次表示，让困难重重的金融机构破产，可以确保国家金融体系的稳定，为保障金融机构能够顺利实施市场化破产，应当研究建立存款保险等金融风险补偿法律制度。

3. 促进银行业适度竞争，为公众提供质优价廉的服务

大银行由于其规模和实力往往在存款吸收方面处于优势，而中小银行则处于劣势地位，这就容易形成大银行垄断经营的局面。而垄断是不利于消费者利益的，社会公众获得的利益就会小于完全竞争状态下的利益。存款保险制度是保护中小银行，促进公平竞争的有效方法之一。它可使存款者形成一种共识：将存款无论存入大银行还是小银行，该制度对其保护程度都是相同的。由于有了存款保险，存户就不必考察银行的信用风险，存户就只选择利率高的，因此有利于新兴的中小银行。

4. 存款保险制度也有一定的负面作用

存款险制度能够保护存款人利益，提升银行信用，抑制挤兑，减少银行的连锁破产，但如果制度设计不好，客观上也可能引发投保银行的道德风险。银行有更高的从事高风险项目投资的倾向，而存款保险的实施使存款人对银行经营行为的监督产生“搭便车”的现象，银行股东往往容易出现赌博心理而拿存款人的钱去冒险。这会诱导商业银行倾向于持有更少的资本，选择更高的风险投资，这意味着商业银行失败的概率增大，当然如果制度设计得好且监督严格，则这些负面作用可以避免。

知识链接 3-4

美国金融机构处置机制

美国联邦存款保险公司(FDIC)拥有运用存款保险基金处置问题和倒闭银行的广泛权力，可以通过“收购与承接”、“过桥银行”、“公开银行救助”等多种手段，对被处置银行的资产、债务进行多种组合处置，并严控处置成本，实现最佳的处置效果。2008 年国际金融危机期间，FDIC 将存款保险限额从 10 万美元临时性上调至 25 万美元，对受保银行非生息交易账户 25 万美元以上的存款给予全额担保，对受保银行及其他金融机构在银行间市场发行的高级无担保债券给予担保，出台《关于收购破产银行的有关规定》，鼓励私人资本参与银行业问题资产处置。在危机中，美国共倒闭了 400 多家银行，由于 FDIC 的及时有效处置，没有引发公众信心恐慌，银行体系总体保持稳定。

2010 年 7 月，美国通过《多德-弗兰克华尔街改革和消费者保护法》，大幅拓展了 FDIC 的功能，FDIC 与美联储共同构成美国系统性风险防范和处置机制。一是将 FDIC 的处置职能扩大到具有系统重要性的非银行金融机构。二是要求系统重要性金融机构(SIFI)定期向 FDIC 和美联储提交事情清盘计划(即“生前遗嘱”)，如计划不符合要求，则美联储和 FDIC 可联合决定使用更严格的监管要求，并限制其业务增长。三是由财政部、美联储和 FDIC 三方决定对 SIFI 启动有序清算程序，FDIC 根据授权，对陷入困境的 SIFI 进行接管和清算，视情况设立一至数家“过桥机构”对其业务、资产和负债进行承接。四是明确损失分担机制，公共资金可用于 SIFI 处置的临时垫付。如公共资金发生损失，则首先明确股东、无担

保债权人将承担损失，然后可考虑对资产大于或等于 500 亿美元的银行收费。五是加强跨境政策合作，明确要求 FDIC 与境外处置当局加强跨境金融机构处置协调。

2012 年 12 月，为落实金融稳定理事会(FEB)《金融机构有效处置的核心要素》，FDIC 与英格兰银行联合发布《全球系统重要性金融机构处置策略》，提出了从集团顶层进行控制的处置策略，要求股东和债权人而不是纳税人承担损失，策划高级管理层，并追究其责任。处置行动在集团层面由母国当局执行，尽可能维持金融集团在本国以及境外附属机构业务经营的连续性。

(资料来源：《中国金融稳定报告 2013》)

第三节　商业银行借款管理

虽然存款构成银行主要的资金来源，但仍有存款无法满足贷款和投资增长需求的可能，银行需要寻求存款以外的其他资金来源，即需要借入资金来满足银行的资金需要。银行的借款负债按照期限长短分为短期借款和长期借款两大类。

一、短期借款

短期借款是指期限在一年以内的借款，主要包括同业借款和向中央银行借款等。

(一) 同业借款

同业借款是指商业银行之间或商业银行与其他金融机构之间发生的短期资金融通活动。主要包括同业拆借、证券回购、转贴现、转抵押。

1. 同业拆借

同业拆借是商业银行及其金融机构之间的短期资金融通。同业拆借包括两种基本形式：一是同业拆进(拆入)；二是同业拆出。其中，同业拆借是银行负债的重要形式。同业拆借的资金主要用于弥补短期资金的不足、票据清算的差额以及解决临时性的资金短缺需要。同业拆借具有期限短、金额大、风险低、手续简便等特点，从而能够反映金融市场上的资金供求状况。因此，同业拆借市场上的利率是货币市场最重要的基准利率之一。

2. 证券回购

证券回购是指在出售证券的同时，与证券的购买商达成协议，规定在一定期限后按预定的价格购回所卖证券，从而获取即时可用资金的一种交易行为。证券回购名义上是两次证券买卖活动，实际上是一次以证券为质押的资金借贷行为。

3. 转贴现

转贴现是指商业银行在资金临时不足时，将已经贴现但仍未到期的票据，交给其他商业银行或贴现机构办理贴现，以取得资金融通。向金融机构转让票据权利的持票人为转贴现行为的贴出人，接受持票人转让票据权利的金融机构为转贴现行为的贴入。

4. 转抵押

转抵押是指商业银行在面临短期资金周转困难之时，向银行同业申请的抵押贷款。作为抵押的资产，大部分是客户的抵押资产(包括动产和不动产)，也可以是银行自身持有的股票、债券、票据等有价证券。转抵押涉及的手续与关系较为复杂，各国金融法规对其约束较大，银行须有限制地、合理地运用。

(二) 向中央银行借款

中央银行是商业银行的“最后贷款人”，当商业银行出现头寸不足时，可以向中央银行申请借款，具体形式有再贷款和再贴现两种。

1. 再贷款

再贷款是指商业银行向中央银行的直接借款，以解决其季节性或临时性的资金需求，具有临时融通、短期周转的性质，不能用于商业银行扩大资产规模。

2. 再贴现

再贴现是中央银行对商业银行等金融机构持有的未到期已贴现商业票据予以贴现的行为。再贴现的票据只限于那些确有商品作为交易对象的短期商业票据。所投放的资金只能弥补临时性或季节性的流动性不足，而不能用于发放长期贷款或作投资使用。它是商业银行从中央银行获取资金融通的最主要途径，也是中央银行影响商业银行的放款规模进而控制社会信用规模的政策措施。

二、长期借款

长期借款是指期限在一年以上的借款，一般采用发行金融债券的形式。按不同标准，金融债券可以划分为很多种类。最常见的分类有以下几种：

(1) 根据利息的支付方式，金融债券可分为附息金融债券和贴现金融债券。

如果金融债券上附有多期息票，发现人定期支付利息，则称为附息金融债券；如果金融债券是以低于面值的价格贴现发行，到期按面值还本付息，利息为发行价与面值的差额，则称为贴现金融债券。

(2) 根据筹集资金的用途，金融债券可分为一般性金融债券与资本性金融债券。

一般性金融债券是商业银行基于其长期贷款或投资的目的而发行的债券。银行发行的债券多数是一般性金融债券。资本性金融债券是为弥补银行资本不足而发行的，介于存款负债和股票资本之间的一种债务，《巴塞尔协议》将其归为附属资本。资本性金融债券对银行收益的资产分配要求权优先于普通股和优先股、次于银行存款和其他负债。

(3) 根据发行的地域，金融债券可分为国内金融债券和国际金融债券。

国内金融债券的发行地域是商业银行本身所处的国家，如果商业银行长期借款的地点不在国内，借款的币种是外币，这时商业银行通常以发行国际金融债券来满足。所谓的国际金融债券是指在国际金融市场上发行的以外币为面值的债券，按交易主体和币种的不同，可分为外国金融债券和欧洲金融债券以及平行金融债券。

① 外国金融债券。外国金融债券是商业银行在外国证券市场上发行的以该国货币为面值的债券。外国金融债券是一种传统的国际金融债券。外国金融债券按其面值货币的不同可分为美元债券、日元债券、欧元债券，这种债券只占一国市场上发行并受该国证券法规制约。例如，扬基债券是非美国主体在美国市场上发行的债券，武士债券是非日本主体在

日本市场上发行的债券，同样，还有英国的猛犬债券、西班牙的斗牛士债券、荷兰的伦勃朗债券，都是非本国主体在该国发行的债券。

② 欧洲金融债券。欧洲金融债券是商业银行在其境外市场上发行的以第三国的货币为面值的国际金融债券。其特点是债券发行人、债券发行市场、债券面值三者分别属于不同的国家，具体地说，债券发行人在一个国家，债券在另一国的金融市场上发行，债券面值所使用的货币又是第三国的。欧洲金融债券可以可自由兑换货币为面值，且其发行受到的限制较少。

③ 平行金融债券。平行金融债券指商业银行为筹措一笔资金，在几个国家同时发行金融债券，债券分别以各投资国的货币标价，各债券的借款条件和利率基本相同。实际上这是一家银行同时在不同国家发行的几笔外国金融债券。

此外，金融债券也可以像企业债券一样，根据发行方划分，可以分为公募债券和私募债券；根据期限的长短划分为短期债券、中期债券和长期债券；根据是否记名划分为记名债券和不记名债券；根据担保情况划分为信用债券和担保债券；根据可否提前赎回划分为可提前赎回债券和不可提前赎回债券；根据债券票面利率是否变动划分为固定利率债券、浮动利率债券和累积利率债券；根据发行人是否给予投资者选择权划分为附有选择权的债券和不附有选择权的债券等。

知识链接 3-5

首只小微企业贷款金融债券发行

兴业银行2011年第一期小企业贷款专项金融债于12月26日至12月28日成功发行。这是银行间债券市场首只专项用于小微企业贷款的金融债，也是商业银行金融债券重新开闸后首只发行的债券。

本期债券主承销商为工商银行和农业银行，计划发行规模200亿元，分固息、浮息两个品种，发行人有不超过100亿元的超额增发权。经簿记建档，最终发行人行使超额增发权，发行量确定为300亿元，全部为5年期固定利率，票面利率确定为4.2%。

本期债券募集资金拓宽了兴业银行融资渠道，所募集的中长期资金可百分之百用于支持小企业贷款发放(包括个人经营性贷款)，有效地解决了该行小企业贷款资金来源不足问题，为该行提升对小企业的服务水平、满足小企业融资需求提供了空间。

(资料来源：《京华时报》，2011-12-31)

三、商业银行借款的经营管理

(一) 商业银行借款的管理要点

1．借款的时机选择

商业银行应根据宏观经济金融形势变化和一定时期资产结构及其变化趋势来确定是否借款及借款量，商业银行必须要科学地预测流动性需要量和存款量之间的资金缺口，在预测资金的需求上选择恰当的时机。短期资金的借贷应关注短期利率变化、股指变化及国债指数变化等；长期资金的借贷则要更多的考虑经济金融和产业政策的未来趋势。

2．借款的规模控制

银行要保证借入资金能够合理使用，避免资金闲置，同时也要考虑借入资金的成本。银行借款量需以自身的清偿能力为度，避免为填补资产超负荷扩张形成的营运资金缺口而过量借款。如果利用借款所承担的成本与风险过高，则不应考虑继续利用借款渠道，而应通过调整资产结构的办法来保持流动性，或者通过进一步挖掘存款潜力扩大资金来源。由于借款不是一个稳定的筹资渠道，因此小银行通常对借款持谨慎态度，更多地采用保守型的资产转换策略，即依靠二级准备维持流动性。大银行由于能够在金融市场上凭借其实力和信誉以较低价格大规模筹集资金，故常采用主动借入资金的进取型策略。一般规模的中型银行普遍的选择是在两种策略间综合平衡，确定适度借款规模。

3．借款的结构确定

银行在选择借款方式时需要综合考虑多种因素：

(1) 各种借款来源的相对成本。利息成本是借款的主要成本，但非利息成本也不容忽视。银行需要测算各种借款方式的实际成本，寻找便宜的资金来源。

(2) 借款的风险因素。其一是流动性风险，银行要有计划地将借款到期时间和金融分散化，以减少流动性需要过于集中的压力；其二是利率风险，银行管理人员必须有丰富的市场经验与知识，反应灵敏，能够对市场利率的走势进行准确分析和判断，并作出恰当反应；其三是信贷可得性风险，经验显示，可转让存单、商业票据和欧洲美元市场对借款人的信用品质变化十分敏感，当银行风险过大时，价格就会急剧抬升，贷款甚至可能遭到拒绝。

(3) 所需资金的期限长短。同业拆借、证券回购适合应付紧急的临时性资金需要，可转让存单、金融债券的发行成本虽然较高，但可以满足银行更长时期的资金需求。

(4) 法规限制。银行向中央银行贴现窗口借款的利率可能较低，但这些借款却被附加了许多限制性规定；同业借款所受制约相对宽松，但监管当局也可能施加某种管制。如我国银行监管当局除了实行严格的利率管制外，还对同业拆借、CD、商业票据、金融债券制定了相关法规。

(5) 借款规模与银行信用等级。货币市场的子市场多数具有批发性质，交易单位多以百万计，而且要求发行债务工具的银行具有较高信用级别。小银行资金需求规模不大且资信等级相对较低，一般只能通过同业拆借、再贴现等渠道借取资金，难以进入国际金融市场。在借款决策中，银行要综合考虑，全面分析，选择最佳方案。

(二) 商业银行短期借款的管理

(1) 商业银行要能积极主动把握借款的期限和金额，将不同到期日和不同金额的各笔借款有机结合，分散流动性过于集中的风险，减少流动性需求过于集中的压力。

(2) 要正确统计借款到期的时间和金额，要严格监控短期头寸变化和风险敞口暴露是否异常，要做到事先筹借资金，防止挤兑风波出现。

(3) 借款作为主动性负债，是存款的必要补充，要尽量将借款的时间和金额与存款的变化规模相协调，要争取利用存款，合理提高存款增长率，减少对借款的依赖。

(4) 要通过多头拆借的办法将借款对象和期限分散化，形成一个相对连贯的资金供给渠道，力求形成一部分可供长期使用的借款余额，以便增加资金使用的效益性。这比单纯的控制短期借款的成本要好得多。

(三) 商业银行发行金融债券的管理

1. 要严格遵守金融管理当局的管理规定

金融债券的发行机构、发行数量、运用范围，都要按照法律的要求来实行。债券在发行前还要评级机构的信用评估，以评价债券发行人的偿债能力。例如，我国商业银行所发行的金融债券，均是在全国银行间债券市场上发行和交易的，必须符合《全国银行间债券市场金融债券发行管理办法》中规定的条件：具有良好的公司治理机制；核心资本充足率不低于 4%；最近三年连续盈利；贷款损失准备计提充足；风险监管指标符合监管机构的有关规定；最近三年没有重大违法、违规行为；中国人民银行要求的其他条件等。

2. 做好债券发行和资金使用的衔接工作及项目盈利性分析

债券发行数量与项目用款量应基本相等，不能发生闲置的现象；同时要搞好项目的可行性研究，进行收益成本比较，力求使项目效益高于债券成本。

3. 注重利率和汇率的变化

发行金融债券的银行必须将利率与汇率因素结合起来考虑。国际国内宏观经济环境变化、国家经济政策变动等因素会引起市场利率水平的变化，金融债券的期限大多较长，可能跨越一个以上的利率变动周期，从而会面临利率风险。预期利率上升，应发行固定利率金融债券，反之相反；在利率有下降趋势情况下，如果发行的是固定利率金融债券，则应考虑缩短期限，或加列提前偿还条款。发行国际金融债券原则上应采用汇率下浮趋势的“软币”来作为票面货币。当然还要考虑资金的用途和市场反应来综合选择币种。

4. 发行时机的把握

商业银行要密切注意资金供求关系的变化，选择利率和汇率相对合适的时间发行。由于国内债券发行对象以个人投资为主，应选择居民无大额消费的第一季度末或 6 月初；国际债券一般所需资金量较大，所以要在该国经济发展较强劲、资金较宽裕的时间发行。

5. 研究投资者心理

金融债券能否顺利销售关键在于投资者心理，要认真分析投资者的金融需求，创造出适销对路的债券品种，辅之以有效的营销手段，加大市场的开拓力度，使金融债券具有广泛的市场购买力，这样才能确保债券顺利发行。

知识链接 3-6

招商银行成功发行 100 亿元金融债券

经中国人民银行和中国银行业监督管理委员会核准，2005 年 10 月 13 日，招商银行(600036)在银行间债券市场成功发行了总额为 100 亿元的金融债券。这是招商银行首次在银行间市场发行普通金融债券，该期债券分3年期和5年期两个品种，发行额各50亿元，均为固定利率附息债券。

本期债券发行受到了市场的热烈追捧，两个期限品种平均认购倍数均超过2.5倍。其中，3年期金融债券中标利率为2.13%，低于8月底浦东发展银行发行的同类金融债券(浦发70亿元3年期金融债券，利率2.59%)，比3年期存款利率低1.11个百分点，甚至比1年期存款利率低0.12个百分点；5年期金融债券中标利率为2.56%，比5年期存款的利率低1.04个百分点，中标利率之低远超市场预期。

年初以来，国内银行间市场资金十分充裕，债券价格持续上涨，尽管8月经历了小幅盘整，但9月以来在基本面、政策面、资金面、节假日因素等综合作用下再度大幅上扬，中短期债券品种供给短缺，需求旺盛，收益率曲线中端下移幅度较大。招商银行准确把握市场时机，本期金融债券发行利率创下今年以来同类债券的新低。

本期债券的成功发行同时表明，发行人良好的资质获得了市场投资机构的充分认可。本次债券发行是招商银行积极顺应市场融资结构变化趋势，主动拓宽融资渠道，努力构建长期稳定的市场化融资机制的一次成功尝试，对于招商银行降低资金成本，提高经营绩效、管理市场风险、优化资产负债结构都有着正面影响和积极意义。

(资料来源：中新网，2005-10-14)

本章小结

商业银行负债业务是商业银行以债务人的身份筹措资金，借以形成资金来源的业务。商业银行的负债主要由存款负债、非存款性负债两部分组成。

商业银行负债业务要遵循依法筹资、成本控制、量力而行、结构合理的原则，并在期限、结构、品种、服务及品牌等方面加强管理。

存款是银行对所有存款人的一种负债，存款客户将得到扣除所得税后的利息。活期、定期和储蓄存款被称作传统三大存款业务，西方在此基础上创新出了可转让支付命令、自动转账服务账户、货币市场存款账户、大额可转让定期存单等系列工具，这些工具都是同业竞争，金融监管及市场需求的产物。

我国商业银行的存款包括人民币存款和外币存款两大类。其中人民币存款又分为个人存款、单位存款和同业存款。

影响存款的因素有宏观和微观两方面，存款越稳定，利用率就越高。利息和费用构成存款成本的主要来源，存款影响要在需求、定位、培育、反馈等方面下工夫。

存款保险制度的核心在于通过建立市场化的风险补偿机制，合理分摊因金融机构倒闭而产生的财务损失，我国管理层对于存款保险制度建立的基本框架已形成了基本共识。

除存款业务外，商业银行还需要借入资金来满足银行的资金需要。银行的借款负债按照期限长短分为短期借款和长期借款两大类。

商业银行借款的管理要把握借款的时机选择、借款的规模控制和借款的结构确定。

重要概念

国际存款	定期存款	储蓄存款	可转让支付命令
自动转账服务账户	货币市场	存款账户	大额可转让定期存单
指数定期存单	教育储蓄存款	单位存款	单位协定存款
同业存款	存款稳定率	活期存款可用资金率	
存款保险制度	同业拆借	转贴现	证券回购
再贴现	再贷款	资本性金融债券	外国金融债券
欧洲金融债券	平行金融债券		

思考与练习

1．简述商业银行负债业务的构成与作用。

2．简述商业银行负债管理的基本原则。

3．简要说明商业银行传统三大存款业务。

4．西方商业银行存款业务创新的动力何在？试简单介绍一下西方存款业务创新种类。

5．我国商业银行人民币存款种类有哪些？

6．对于商业银行来说存款越多越好吗？你是怎么认为的，并说出理由。

7．针对个人存款和单位存款不同特点，你认为商业银行在营销上有什么不同？

8．简述影响存款规模的主要因素。

9．简述存款保险制度的作用。

10．结合中国经济金融体制和金融发展现状，谈一谈我国有无必要建立存款保险制度。如果有必要建立，那么该如何构建适合我国国情的存款保险制度？

11．商业银行的短期借款应如何进行经营管理？

12．商业银行的金融债券应如何进行管理？

第四章 商业银行贷款管理理论与实务(上)

贷款是商业银行最基本、最重要的资产业务，是商业银行实现利润最大化目标的主要手段。同时，贷款也是一项风险性较大的资产业务，贷款业务的成败关系到商业银行自身的发展，也对整个社会经济产生重要影响。因此，商业银行必须加强贷款管理，通过制定正确的行之有效的贷款政策，科学、合理地确定、调整贷款价格、贷款规模和贷款结构，加强信用分析，严格贷款审核，提高贷款质量，控制贷款风险，有效监督贷款使用，按时收回贷款本息。本章主要内容包括贷款的基本要素和种类、基本流程，贷款风险分类的含义、标准、目的与原则，以及贷款风险分类的程序，另外，还介绍了贷款定价的原则、贷款价格的构成、影响贷款定价的因素，贷款定价的方法等内容。

本章学习目标

(1) 掌握贷款的基本要素和种类。

(2) 了解贷款的基本流程。

(3) 掌握贷款风险分类的含义、标准、目的与原则，了解贷款风险分类的程序。

(4) 掌握贷款定价的原则、贷款价格的构成、影响贷款定价的因素，了解贷款定价的方法。

第一节 商业银行贷款业务的构成

贷款是商业银行作为贷款人按照一定的贷款原则和政策，以还本付息为条件，将一定数量的货币资金提供给借款人使用的一种借贷行为。

一、贷款的基本要素

作为一种借贷行为，一笔贷款由贷款对象、贷款用途、贷款额度、贷款价格、贷款期限、担保方式、还款方式等基本要素构成。

(一) 贷款对象

贷款对象是商业银行贷款发放的具体对象，也就是商业银行发放贷款所选择的那些经济主体。其实质是选择贷款投向，确定贷款范围和结构。对于个人贷款，其贷款对象仅限于自然人，而且必须是具有完全民事行为能力的中华人民共和国公民或符合国家有关规定的境外自然人。对于公司贷款，贷款对象为法人或其他组织，其中企业法人必须已向工商行政管理部门登记并连续办理了年检手续，事业法人必须依照《事业单位登记管理暂行条例》的规定已经向事业单位登记管理机关办理了登记或备案。

(二) 贷款用途

商业银行发放贷款应明确资金的用途或使用方向，贷款人有义务按照约定的用途使用贷款，不能用于非法目的。贷款合同载明的借款用途不得违反国家限制经营特许经营以及法律、行政法规明令禁止经营的规定。明确贷款用途，对借款人而言，可以维护自己使用资金的权利；对贷款人而言，可以监督资金的流向，确保资金回笼，控制风险。

(三) 贷款额度

贷款额度是指贷款银行向借款人提供的以货币计量的贷款数额。除了人民银行、银监会或国家其他有关部门有明确规定外，贷款额度可以根据借款人资信等级、担保能力等具体情况而确定。

(四) 贷款价格

贷款价格有狭义和广义之分，狭义的贷款价格只包括贷款利率，即一定时期客户向贷款人支付的贷款利息与贷款本金之间的比率。贷款利率是贷款价格的主体，但并不是唯一的组成部分，从广义上讲，贷款价格不仅包括贷款利率，还包括贷款承诺费、补偿余额和隐含价格等能够给银行带来利益的其他项目。

(五) 贷款期限

贷款期限是指贷款银行将贷款发放给借款人到收回贷款期间的时间，是贷款人对贷款的实际占有时间。合理确定贷款期限，有利于满足借款人生产经营的合理需要，促进经济发展；促使借款企业加强经营管理，减少资金占用，保证借款人既能足额偿还贷款本息，又不影响正常生活水平。贷款期限应根据借款人的生产经营特点、生产建设周期、还本付息的能力和贷款人的资金供给能力，由借贷双方共同商议后确定，并在借款合同中载明。

(六) 担保方式

担保是指借款人无力或未按照约定按时还本付息或支付有关费用时贷款的第二还款来源，是审查贷款项目最主要的因素之一。当贷款到期，借款人第一还款来源无法满足还款需求时，贷款银行可以依法行使担保权以清偿债务。按照我国《担保法》的有关规定，担保方式包括保证、抵押、质押、定金和留置等五种方式，目前，我国商业银行的贷款业务主要采取保证、抵押和质押这三种担保方式，贷款银行可根据借款人的具体情况，采用其中的一种或同时采用几种贷款担保方式。

(七) 还款方式

商业银行的贷款产品有不同的还款方式可供借款人选择，如到期一次还本付息法、等额本息还款法、等额本金还款法、等比累进还款法、等额累进还款法及组合还款法等多种方法。客户可以根据自己的情况，与银行协商，在合同中约定一种还款方式。

知识链接 4-1

等额本息还款法和等额本金还款法

任何一种还款方式的原理都是以本金生息，不存在客户或银行谁占了便宜谁吃了亏。还款方式的选择完全鉴于客户自身的经济与收入状况，有的客户比较在意利息的总和，有的则更重视资金的占用，但这两种还款方式在具体的本金、利息的还款构成上是有区别的，因此也适合不同收入结构的人群。

1. 等额本息还款法

还款期内每期还款额度相同，即月供相等的还款法。其计算公式为

$$每月还款额=\frac{贷款本金\times月利率\times(1+月利率)^{还款月数}}{(1+月利率)^{还款月数}-1}$$

等额本息还款法中借款人每月按相等的金额偿还贷款本息，其中每月贷款利息按月初剩余贷款本金计算并逐月结清。由于每月的还款额相等，因此，在贷款初期每月的还款中，剔除按月结清的利息后，所还的贷款本金就较少；而在贷款后期因贷款本金不断减少、每月的还款额中贷款利息也不断减少，每月所还的贷款本金就较多。这种还款方式，实际占用银行贷款的数量更多、占用的时间更长，同时它还便于借款人合理安排每月的生活和进行理财(如以租养房等)。

2. 等额本金还款法

借款人每月按相等的金额偿还贷款本金，每月贷款利息按月初剩余贷款本金计算并逐月结清，两者合计即为每月的还款额。其计算公式为

$$每月还款额=\frac{贷款本金}{还款月数}+(贷款本金-已归还本金累计额)\times月利率$$

等额本金还款法中，每月所还本金固定，而每月贷款利息随着本金余额的减少，而逐月递减。因此，该还款法在贷款初期月还款额大，此后逐月递减。这种还款方式，适合于工作正处于高峰阶段的人，或者是即将退休的人。如对于中老年人来说，随着退休临近，收入可能减少，在收入高峰期多还款，就能减少今后的还款压力。

二、贷款的种类

商业银行的贷款按照不同的划分标准，可以分为多种类型。

(一) 按贷款期限划分

按贷款期限可划分为以下几种：

(1) 短期贷款。短期贷款是指贷款期限，在一年以内(含一年)的贷款。

(2) 中期贷款。中期贷款是指贷款期限，在一年以上(不含一年)五年以下(含五年的贷款)。

(3) 长期贷款。长期贷款是指贷款期限在五年以上(不含五年)的贷款。

(4) 透支。透支主要包括存款账户透支和信用卡透支，它是指存款人或信用卡人因急需资金而在银行授予的限额内支用超过一定存款数量的货币活动。透支没有具体的提款时间和还款时间，但通常有一个最长还款期限。

(二) 按贷款保障方式划分

按贷款保障方式可划分为以下几种：

(1) 信用贷款。信用贷款是指凭借款人信誉发放的贷款。其最大特点是不需要保证和抵押，仅凭借款人的信用就可以取得贷款。信用贷款风险较大，发放时应从严掌握。一般仅向实力雄厚、信誉卓著的借款人发放，且期限较短。

(2) 担保贷款。担保贷款是指由借款人或第三方依法提供担保而发放的贷款。担保贷款包括保证贷款、抵押贷款和质押贷款。

保证贷款是指以第三人承诺在借款人不能偿还贷款时，按约定承担一般保证责任或者连带保证责任而发放的贷款。

抵押贷款是指以借款人或第三人的财产作为抵押发放的贷款。如果借款人不能按期归还贷款本息，银行将行使抵押权，处理抵押物以收回贷款。

质押贷款是以借款人或第三人的动产或权利作为质押物发放的贷款。

担保贷款保障性强，有利于银行强化贷款条件。减少贷款的风险损失，是商业银行最主要的贷款方式。但担保贷款手续较为复杂，由于寻保、核保以及对抵押物(或质押物)的评估、保险和保管的需要，因此无论对于借款人还是贷款人，贷款的成本都比较高。

(3) 票据贴现。票据贴现指银行以购买借款人未到期商业票据的方式发放的贷款，即票据收款人在票据到期以前将票据权利转让给银行，并贴付一定利息从银行取得现款的一种短期融资方式。票据贴现实质上是银行以票据为担保而对持票人发放的一种贷款。由于票据贴现实行的是预扣利息，因此票据到期后，银行可向票据载明的付款人或承兑人收回票款。在票据真实、合法，且有信誉良好的承兑人的前提下，票据贴现的安全性、流动性都可以得到较好的保障。

(三) 按客户类型划分

按客户类型可划分为以下几种：

(1) 个人贷款。个人贷款是指以自然人为借款人的贷款。个人贷款主要包括个人住房贷款、个人消费贷款、个人经营贷款和个人信用卡透支四大类。绝大多数个人贷款主要用于消费，极少部分个人贷款用于生产经营。

(2) 公司贷款。公司贷款，又称企业贷款或对公贷款。公司贷款是以企事业单位为对象发放的贷款，主要包括流动资金贷款、固定资产贷款、房地产贷款、银团贷款、国际贸易融资、国内贸易融资、票据贴现等。

(四) 按贷款偿还方式划分

按贷款偿还方式可划分为以下几种：

(1) 一次性偿还贷款。一次性偿还贷款是指借款人在贷款到期日一次性还清本金的贷款。对于一次性偿还贷款，本金需要一次性还清，但其利息可以分期支付，也可以在归还本金时一次性付清。一般来说，短期贷款通常采取一次性偿还贷款的偿还方式。

(2) 分期偿还贷款。分期偿还贷款是指借款人在与银行约定的贷款期限内，分期偿还贷款本金和利息的贷款。商业银行的中长期贷款大都采用这种方式。至于贷款期内分期偿还的次数、每次偿还的本金数额、利息的支付等都由借贷双方谈判决定，并在借款合同中予以明确。

(五) 按贷款利率划分

按贷款利率可划分为以下几种：

(1) 固定利率贷款。固定利率贷款是指在贷款期限内，不论银行利率如何变动，借款人都将按照合同签订的固定利率支付利息，不会因为利率变化而改变还款数额。

(2) 浮动利率贷款。浮动利率贷款是指贷款利率在贷款期限内随市场利率或官方利率波动按约定时间和方法自动进行调整的贷款。

(3) 混合利率贷款。混合利率贷款是指在贷款开始的一段时间内(利率固定期)利率保持固定不变，利率固定期结束后利率执行方式转换为浮动利率的贷款。

知识链接 4-2

住房混合利润贷款亮相山东

近年来，个人住房贷款在银行贷款市场上相对受宠，个贷市场已经成为各家银行必争之地。在此背景下，农行山东省分行为加强此类业务竞争力，近期在全省推出了新型个人住房固定利率贷款产品。

据该行有关负责人介绍，为更好适应和满足市民房贷需求，农行推出新型个人住房固定利率贷款，实行低利率定价策略，提供“固定加浮动”混合利率组合，供市民自由选择，贷款时限增大；给予市民利率调整选择权，这样市民在固定利率贷款期间，如果人民银行降息了，那么农行固定利率也会相应下降，当下降幅度达到一个百分点以上时，市民就可以申请执行“利率调整选择权”，要求将原来的固定利率调低相应的幅度，这样就可以最大限度减少贷款者损失。

据悉，农行的固定利率个人住房贷款产品，按贷款期限分为 3 年期、5 年期和 10 年期三个档次，对应的利率区间分别为 5.75％至 6.55％、5.85％至 6.65％、6.15％至 6.95％。业务范围包含一手住房贷款和二手住房贷款，暂不包含商业用房贷款。与现行个人住房浮动利率贷款最优惠利率水平相比，农行的对应期限固定利率贷款仅略高 0.3 至 0.4 个百分点，在现行宏观经济具有一定加息预期的背景下，对借款人而言提供了一个较实惠的选择。

据了解，农行这样定价主要是考虑到固定利率房贷自去年初在我国正式面世以来，市场规模还较小，消费者对固定利率仍然较陌生，实行相对较低的定价策略既有利于提高固定利率房贷的吸引力，也有利于提高农行自身的业务竞争力。

农行新推出的固定利率房贷产品还有两个重要的特色：一个是增加了固定＋浮动的混合利率方式，另一个是增加了利率调整选择权条款。

固定＋浮动的混合利率方式是指在贷款开始的前 5 年或前 10 年内利率固定，这一期间称为利率固定期，利率固定期结束后利率转换为浮动利率。由于利率风险管理问题，目前各银行推出的固定利率房贷产品最长期限为 10 年期，而多数客户住房贷款的期限在 20 年以上，这部分客户却难以选用固定利率房贷。混合利率方式能够满足这部分客户的需求。贷款期限在10年以上的客户，完全可以根据自身的需要在贷款前5年或前10年采用固定利率，此后贷款转为浮动利率，享受到固定利率规避利率上升风险的好处。

选择权条款使得固定利率房贷不仅能够帮助借款人规避利率上升的风险，在利率走低时也能帮助借款人减少损失。随着市场利率下调，当农行固定利率房贷产品相应期限利率下限下调1个百分点(含)以上时，无不良信用的借款人在支付一定的选择权费用后，就可以申请执行选择权，将贷款利率调低相应百分点。

(资料来源：《金融时报》，2007-01-08)

(六) 按贷款风险程度划分

国际通行的贷款质量分类方法是以贷款风险程度为依据的。中国银行业监督管理委员会在比较各国在信贷资产分类方面不同做法的基础上，结合我国国情，制定了《贷款风险分类指导原则》，规定了我国银行贷款风险分类方法，按照统一标准将贷款资产划分为正常、关注、次级、可疑和损失五个类别。

第二节 商业银行贷款的基本流程

不同种类的贷款，其贷款对象、条件、额度、用途、期限、利率及方式等方面存在诸多差异，但从总体上考察，贷款有其内在的、本质的、共同的基本业务流程，一般来说，一笔贷款的基本流程可以分为以下九个主要环节。

一、贷款申请

贷款申请是贷款流程的首要环节，是开发客户、拓展市场、提高客户满意度和忠诚度的重要途径。同时，有助于发现新的业务机会，挖掘潜在客户需求，培育新的利润增长点。借款人需用贷款资金时，应按照贷款人要求的方式和内容提出贷款申请，并恪守诚实守信原则，承诺所提供材料的真实、完整、有效。贷款申请基本内容通常包括借款人名称、企业性质、经营范围，申请贷款的种类、期限、金额、方式、用途，用款计划、还本付息计划等，并根据贷款人要求提供其他相关资料。

二、受理与调查

贷款申请是否受理，主要基于考虑银行收益是否覆盖风险来对客户进行初步判断，并作为风险控制的第一道关口。贷款规则要求贷款银行应落实具体的责任部门和岗位，履行尽职调查并形成书面报告。尽职调查主要是为后续的风险评价提供翔实、可靠的资料。银行在接到借款人的贷款申请后，应由分管客户关系管理的信贷员采用有效方式收集借款人的信息，对其资质、信用状况、财务状况、经营情况等进行调查分析，评定资信等级，评估项目效益和还本付息能力；同时也应对担保人的资信、财务状况进行分析，如果涉及抵押物、质押物的，还必须分析其权属状况、市场价值、变现能力等，并就具体信贷条件进行初步洽谈。信贷员根据调查内容撰写书面报告，提出调查结论和信贷意见。

三、风险评估

商业银行应从提高风险识别能力的角度，建立一支从事贷款风险评价的专业化队伍，并明确尽职调查和风险评价人员的职责分工，做出合理的制度安排，体现制衡原则。银行信贷人员将调查结论和初步贷款意见提交银行审批部门，由审批部门对贷前调查报告及贷款资料进行全面低风险评价，设置定量或定性的指标和标准，对于借款人情况、还款来源、担保情况等进行审查，全面评价风险因素。风险评价隶属于贷款决策过程，是贷款全流程管理中的关键环节之一。

四、贷款审批

《中华人民共和国商业银行法》第三十五条规定："商业银行贷款，应当实行审贷分离、分级审批的制度。"因此，商业银行要按照"审贷分离、分级审批"的原则对信贷资金的投向、金额、期限、利率等贷款内容和条件进行最终决策，逐级签署审批意见。"审贷分离"要求贷款审批部门必须独立于贷款的经营部门，达到"另一只眼看风险"的效果；"分级审批"不是要求对同一笔贷款业务设置多个审批层级，而是要求商业银行建立贷款审批授权制度，明确不同层级的审批权限。贷款审批应依据国家有关信贷政策，从银行利益出发审查贷款业务的技术、经济和商业可行性，分析申报材料的主要风险点及其风险的规避和防范措施，依据该笔信贷业务预计给银行带来的效益和风险决定是否批准贷款。

五、签订合同

合同是记载当事人权利和义务的重要法律凭证，所有贷款应当由贷款人与借款人签订详尽的借款合同。借款合同应当约定借款种类，借款用途、金额、利率，借款期限，还款方式，借贷双方的权利、义务、违约责任和双方认为需要签订的其他事项。保证贷款应当有保证人与贷款人签订保证合同，或保证人在借款合同上载明与贷款人协商一致的保证条款，加盖保证人的法人公章，并由保证人的法定代表人或其授权代理人签署姓名。抵押贷款、质押贷款应当由抵押人、出质人与贷款人签订抵押合同、质押合同，需要办理登记的，应依法办理登记。

六、贷款发放

贷款发放强调贷放分离、实贷实放。贷款人应设立独立的责任部门或岗位，负责贷款发放审核。贷款人在发放贷款前应确认借款人满足合同约定的提款条件，并按照合同约定的方式对贷款资金的支付实施管理与控制，监督贷款资金按约定用途使用。

七、贷款支付

贷款人应设立独立的责任部门或岗位，负责贷款支付审核和支付操作。采用贷款人受托支付的，贷款人应审核交易资料是否符合合同约定条件。在审核通过后，将贷款资金通过借款人账户支付给借款人交易对象。采用借款人支付方式的，贷款人应要求借款人定期汇总报告贷款资金支付情况，并通过账户分析，凭证查验，现场调查等方式核查贷款支付是否符合约定用途。

八、贷后管理

贷后管理是银行在贷款发放后对合同执行情况及借款人经营管理情况进行检查或监控的信贷管理行为。其主要内容包括监督借款人的贷款使用情况、跟踪掌握企业财务状况及其清偿能力、检查贷款抵押品和担保权益的完整性等三个方面。其主要目的是督促借款人按合同约定用途合理使用贷款，及时发现并采取有效措施纠正、处理有问题贷款，并对贷款调查、审查与审批工作进行信息反馈，及时调整与借款人合作的策略与内容。

九、回收处理

贷款回收和处置直接关系到商业银行预期收益的实现和信贷资金的安全，贷款到期按合同约定足额归还本息，是借款人履行借款合同、维护信用关系当事人各方权益的基本要求。银行应提前提示借款人到期还本付息；对贷款需要展期的，贷款人应谨慎评估展期的合理性和可行性，科学确定展期期限，加强展期后管理，对于确因借款人暂时经营困难不能按期还款的，贷款人可与借款人协商贷款重组；对于不良贷款，贷款人要按照有关规定和方式，予以核销或保全处置。

第三节　商业银行贷款的风险分类

贷款风险分类是根据风险程度对贷款质量做出评价的贷款分类方法，这种方法建立在动态监测的基础上，通过对借款人现金流量、财务实力、抵押品价值等因素的连续监测和分析，判断贷款的实际损失程度，对银行的信贷管理水平和信贷人员的数字有较高的要求。有利于银行及时发现贷款发放后出现的问题，能更准确地识别贷款的内在风险，有效地跟踪贷款质量，便于银行及时采取措施，从而提高信贷资产质量。

一、贷款风险分类的含义和标准

所谓贷款风险分类，是指银行按照信贷资产风险程度的不同，将信贷资产划分为不同档次的过程，其实质是判断债务人及时足额偿还贷款本息的可能性。

为促进商业银行完善信贷管理，科学评估信贷资产质量，中国银监会在比较研究各国信贷资产风险分类做法的基础上，结合我国国情，于 2007 年制定并发布了《贷款风险分类指引》。该指引规定，我国商业银行应至少将贷款划分为正常、关注、次级、可疑和损失五类，其中后三类合称为不良贷款。各类别贷款的核心定义、基本特征及判断标准见表 4-1。

表 4-1　各类别贷款的核心定义、基本特征及判断标准

贷款类别	核心定义	基本特征	判断标准
正常	借款人能够履行合同，没有足够理由怀疑贷款本息不能按时足额偿还	一切正常	借款人能够用正常经营收入偿还贷款本息，无论从借款人本身还是从外部环境看，都不会影响贷款按时足额偿还，基本没有风险或风险极低
关注	尽管借款人目前有能力偿还贷款本息，但存在一些可能对偿还产生不利影响的因素	潜在缺陷	借款人能够用正常经营收入偿还贷款本息，但是存在潜在的缺陷，可能影响贷款的偿还，分类时要抓住“潜在缺陷”这一基本特征 如果一笔贷款仅仅是贷款信息或信贷档案存在缺陷，并且这种缺陷对于还款不构成实质性影响，则此笔贷款不应划入关注类。同时，也不能将有特定风险的某一类贷款片面的划为关注类
次级	借款人的还款能力出现明显问题，完全依靠其正常营业收入无法足额偿还贷款本息，即使执行担保，也可能会造成一定损失	缺陷明显，可能损失	次级类贷款的划分，要抓住“缺陷明显、可能损失”这一基本特征，且正常经营收入明显不足以还清贷款本息，借款人当前资产净值、还款能力或抵押物、质押物不能充分保证贷款的偿还，贷款存在明显缺陷，如果不纠正，则贷款人可能承担一定的损失。次级类贷款是不良贷款的分界线，划分时要格外谨慎。借款人必须靠正常营业收入之外的其他来源偿还贷款本息，有可能造成一定损失的，至少应划分为次级类。任何一类贷款都有损失的可能性，只是程度不同而已，次级类贷款总体上存在损失的可能，但并不是所有被划为次级类的贷款都注定要损失
可疑	借款人无法足额偿还贷款本息，即使执行担保，也肯定要造成较大损失	肯定损失	可疑类贷款除了具备次级贷款表现的全部缺陷，还有更明显的严重问题。比如，按照借款人目前的经营情况和资产净值，贷款的按约清偿是非常值得怀疑或是不可能的，即使落实第二还款来源，贷款本息仍然无法足额偿还，虽然损失的可能性极大，但因为存在一些可能会有利于贷款归还的不确定因素，要等到情况更确定时才能把贷款归为次级类或损失类。这种不确定因素可能是拟定中的收购、兼并、破产清理、资本注入、抵押品留置、再融资、重组等
损失	在采取所有可能的措施或一切必要的法律程序后，本息仍然无法收回，或只能收回极少部分	损失严重	损失类贷款无论采取什么措施或履行什么程序，都注定要全部损失或收回价值微乎其微，已经没有意义，将其作为银行信贷资产在账面上保留 需要注意的是，贷款划分为损失类，只是账面处理，是贷款人内部对其真实价值的确认，并不代表放弃债权，贷款人应继续催收

以上是典型的贷款五级分类法，是银行业风险管理的一个初级阶段。2007 年银监会发布《贷款风险分类指引》规定，商业银行贷款五级分类是贷款风险分类的最低要求，各商业银行可根据自身实际制定贷款风险分类制度，细化分类方法，但不得低于五级分类的标准和要求，并与五级分类方法具有明确的对应和转换关系。目前，已有多家银行在贷款五级分类的基础上实行了贷款风险多级分类，如农行采取十二级分类，将正常类细分为 4 级，关注类细分为 3 级，次级类、可疑类分别细分为 2 级，损失类不细分，仍为 1 级。中行采取十三级分类，将正常类、关注类分别细分为 4 级，次级类、可疑类细分为 2 级，损失类不细分，仍为 1 级。

二、贷款风险分类的目的与原则

进行贷款风险分类目的在于：一是揭示贷款的实际价值和风险程度，真实、全面、动态地反映贷款的质量；二是及时发现贷款发放、管理、监控、催收以及不良贷款管理中存在的问题，加强信贷管理；三是为判断贷款损失准备金是否充足提供依据。

贷款分类应遵循以下原则：

(1) 真实性原则。分类应真实客观地反映贷款的风险状况。

(2) 及时性原则。应及时、动态地根据借款人经营管理等状况的变化调整分类结果。

(3) 重要性原则。对影响贷款分类的诸多因素，要根据《贷款风险分类指引》第五条的核心定义确定关键因素进行评估和分类。

(4) 审慎性原则。对难以准确判断借款人还款能力的贷款，应适度下调其分类等级。

三、贷款风险分类的程序

银行的贷款风险分类通常要经过四个步骤，即基本信贷分析、还款能力分析、还款可能性分析和确定分类结果。

(一) 基本信贷分析

在贷款分类过程中，银行首先要了解贷款的基本信息，其内容包括贷款目的、还款来源、资产转换周期及还款记录等。

(1) 贷款目的分析。贷款目的即贷款用途，贷款目的分析主要判断贷款是如何使用的，与约定的用途是否有出入。贷款一旦被挪用，用途发生了改变，还款周期及贷款偿还可能性都会受到影响，贷款风险的不确定性就会加大。比如说，借款人申请的是一笔短期的流动资金贷款，但通过了解发现贷款被用作一块地皮的先期付款，短期贷款变成长期贷款使用，贷款被挤占挪用，这样就会使还款周期加长，贷款及时足额偿还的可能性受到很大影响。

(2) 还款来源分析。还款来源是判断贷款偿还可能性的最明显标志，主要分析贷款合同上约定的最初还款来源及目前的还款来源。

银行关心的是贷款所支持的交易是否能够产生相应的收益，并在银行和借款人之间进行分配，在权衡可行性之后，银行通过合同发放贷款并与借款人就还款的来源进行约定，贷款协议既能满足借款人对资金的需求，又能安排好合适的偿还计划。

一般情况下，借款人的还款来源有现金流量、资产转换、资产销售、抵押品的清偿、重新筹资及担保人偿还等，但通过正常经营所获得的资金(现金流量)是偿还债务最有保障的来源。依靠担保抵押或重新筹资，由于不确定因素较多和成本较高，风险也就较大。因此在分类中，应判断借款人最初约定的还款来源的合理性及其风险程度。

由于贷款支持的交易产生收益需要一个时间过程，而在这一过程中存在很多变数，一般变数越多，贷款面临的风险就越大，因此，银行需要进一步分析目前的还款来源，进而分析最后用于偿还贷款的还款来源的风险。

银行可以通过财务报表来分析借款人资金来源和运用情况，从而确定偿还来源渠道。也可以通过观测贷款是否具有以下三个预警信号来判断还款来源是否存在风险，即贷款用途与借款人原定计划不同；与合同上还款来源不一致的偿付来源；与借款人主营业务无关的贷款目的或偿还来源。

(3) 资产转换周期分析。资产转换周期就是银行信贷资金由金融资本转化为实物资本，再由实物资本转化为金融资本的全过程。也就是说，一个资产转换周期，是企业在正常经营情况下，从银行取得贷款，购买生产资料，生产并出售产品获得销售收入，最终偿还贷款所需要的时间。

企业资产转换周期的长短是银行确定贷款期限的最主要的依据。一般来说，借款人资产周转周期长，其贷款期限就相应的要长一些，而资产转换周期短，其贷款期限则可相应短一些。实际上，有些贷款的逾期，并不是借款人的还款能力发生了重大的不利变化和问题，而是由于贷款合同约定的期限比借款人的实际资产转换周期短，即由于贷款期限不合理而造成的。此外，资产转换周期的内容也为考察贷款目的和还款来源提供了非常有用的信息。

资产转换周期分析的重点是企业产品销售及存货情况，应收账款的变化情况，借款人资产结构的突出变化，贷款项目的工程进度情况等。通过分析，考察贷款期限的安排、还款来源的确定是否与资产转换周期相匹配。

(4) 还款记录分析。还款记录分析的目的是根据贷款偿还记录情况，判断借款人过去和现在以及未来的还款意愿和还款行为。

借款人的还款记录是记载其归还贷款的行为说明，它包括两方面的内容：一是从贷款档案中直接反映借款人偿还该行贷款的能力，同时也是判断借款人还款意愿的重要依据；二是从信贷监测网络(电子档案)中反映借款人偿还其他银行及所有债务的能力。借助还款记录，贷款银行可以总结出借款人整个偿付能力和偿还贷款的意愿。即使借款人目前能够偿还该银行的贷款，但是如不能偿还其他银行的贷款，那么就说明借款人的偿还能力已经出现了问题，最终也会影响该行贷款的偿还。借款人还款记录分析，从某种程度上反映了借款人的道德水准、资本实力、经营水平、担保能力和信用水平等。

通过还款记录，银行可以了解到贷款是在正常还本付息，还是发生过严重拖欠或被部分注销，贷款是否经历过重组，本息逾期的时间，是否已挂账停息，以及应收未收利息累积额。这些信息能够帮银行从一开始就很容易地判断这笔贷款的基本状况和分类的基本信息。如借款人存在不良的还款记录，则要进一步分析其原因：看是由于国家政策调整等因素造成的，还是由于借款人经营不善，挤占挪用贷款造成的。

(二) 还款能力分析

还款能力是指借款人运用借入资金获取利润并偿还贷款的能力，而获取利润的大小，又取决于借款人的生产经营管理水平，因此，分析评估借款人的偿债能力，一是分析借款人的生产成本、产品质量、销售收入以及生产竞争能力，这些可以通过借款人经营的财务状况和指标来分析；二是分析借款人经营管理经验和能力，特别是分析借款人主要决策者的决策能力、组织能力、用人能力、协调能力和创造能力。前者属于财务因素分析，后者为非财务因素分析。在分析时，我们主要分析借款人的偿债能力指标，主要通过对短期偿债能力和长期偿债能力的分析，考察借款人过去和现在的收入水平、资产状况及其构成、所有者权益状况及其构成、盈利能力、财务趋势与盈利趋势等。

上面所说的分析内容与方法，在本书第五章中有详细介绍，这里要强调的一点是：贷款五级分类最核心的内容是贷款偿还的可能性，而决定贷款是否能偿还，借款人的还款能力是主要因素，因此，银行关心的是借款人的经营状况，现在以及未来的偿债能力，而评估借款人偿还能力的一个重要的方式就是对借款人进行财务分析，特别是对现金流量的分析。

(三) 还款可能性分析

一般情况下，还款可能性分析包括还款能力分析、担保状况分析及影响还款可能性的非常物因素分析，这里只介绍担保状况分析及影响还款可能性的非财务因素分析两个方面。

1. 担保状况分析

担保状况分析是指银行对由借款人或第三人提供的债权保障措施进行分析，主要从法律上的有效性、价值上的充足性、担保存续期间的安全性和执行上的可变现性进行评估，判断担保作为第二还款来源对借款人还款能力的影响。

担保是银行防止遭受损失的保障措施，但担保并不能确保银行一定不遭受损失。需要强调的是：

(1) 担保不能取代借款人的信用状况。借款人的正常收入永远是贷款的第一还款来源，即主要还款来源；贷款的担保(即信用支持)是贷款的第二还款来源，即次要还款来源。对借款人及时足额归还贷款本息的可能性的判断，首先要分析其第一还款来源，然后再根据具体情况的需要，分析其第二还款来源。只有当借款人财务状况恶化，违反借款合同或无法偿还贷款本息时，银行才可以通过执行担保来收回全部或部分贷款的本息。

(2) 担保并不一定能确保贷款得以足额偿还。担保只能降低贷款风险而不能彻底消除贷款风险。当借款人无法偿还贷款时，担保人能否实现，要根据具体情况进行分析。如果是保证担保，那么一是要看担保方的担保能力，二是要看担保方承担担保责任的意愿。如果这两方面存在问题，就不能确保担保的实现。如果是抵押和质押担保，则要看抵押物、质押物是否易于出售，价格是否稳定。如果抵押物、质押物价值下降不足以偿还贷款本息，或变现能力低无法偿还贷款本息，或银行处理抵押物、质押物支出的费用大于收回的贷款本息或只能抵偿部分贷款本息，则银行的贷款都无法足额、及时收回。因此，确立贷款担保关系后，不仅要对借款人的经营、财务状况及道德因素进行检查、分析和关注，同时要对保证人的经营、财务状况及道德因素进行检查、分析和关注，对抵押物和质押物的市场状况进行关注。

担保状况分析的具体内容可参见本书第六章第一节。

2．非财务因素分析

对借款人的财务状况和现金流量进行分析，具有资料来源直接、客观明了、可量化、分析简明迅速等优点。但是，有一些因素能够影响借款人未来的现金流量和财务状况，进而影响借款人的还款能力，无法用数据或财务指标来计量，这时就需要对借款人的非财务因素进行分析，评价其对现金流量等财务指标影响的方向和程度，借此对借款人的还款能力做出更加全面、客观的预测和动态的评估，进一步判断贷款偿还的可能性。

影响贷款偿还的非财务因素在内容和形式上是复杂多样的，一般可以从借款人的行业风险、经营风险、管理风险、自然及社会因素和银行信贷管理等几个方面入手分析非财物因素对贷款偿还的影响程度；也可以从借款人行业的成本结构、成长期、产品的经济周期性和替代性、行业的盈利性、经济技术环境的影响、对其他行业的依赖程度以及有关法律政策等几个方面对该行业的影响程度来分析借款人所处行业的基本状况和发展趋势，由此判断借款人的基本风险；也可以从借款人的经营规模、发展阶段、产品单一或多样、经营策略、市场份额等方面分析判断借款人的总体特征，分析其产品情况和市场份额以及在采购、生产、销售等环节的风险因素，来判断借款人的自身经营风险；还可以从借款人的组织形式、企业文化特征、管理层素质和对风险的控制能力、经营管理作风等方面来考虑借款人的管理风险，并且关注借款人遇到的一些经济纠纷及法律诉讼对贷款偿还的影响程度。

非财务因素分析的详细内容可参见本书第五章第二节。

(四) 确定分类结果

通过以上对各类因素的分析，银行可以掌握大量的信息，并且对贷款偿还能力与偿还可能性有了一定的分析与判断，在此基础上，按照贷款风险分类的核心定义，比照各类别贷款的特征，银行就可以对贷款得出最终的分类结果。各类贷款的主要特征见表 4-2。

表 4-2　五类贷款的主要特征

贷款类别	主　要　特　征
正常	借款人有能力履行承诺，并且对贷款的本金和利息进行全额偿还，没有有问题的贷款
关注	净现金流量减少； 借款人销售收入、经营利润在下降，或净值开始减少，或出现流动性不足的征兆； 借款人的一些关键财务指标低于行业平均水平或有较大下降； 借款人经营管理有较严重问题，借款人未按规定用途使用贷款； 借款人的还款意愿差，不与银行积极合作； 贷款的抵押品、质押品价值下降； 银行对抵押品失去控制； 银行对贷款缺乏有效的监督等
次级	借款人支付出现困难，并且难以按市场条件获得新的资金； 借款人不能偿还对其他债权人的债务； 借款人内部管理问题未解决，妨碍债务的及时足额清偿； 借款人采取隐瞒事实等不正当手段套取贷款等

续表

贷款类别	主　要　特　征
可疑	借款人处于停产、半停产状态； 固定资产贷款项目处于停产状态； 借款人已资不抵债； 银行已诉诸法律来收回贷款； 贷款经过了重组仍然逾期，或仍然不能正常归还本息，还款状况没有得到明显改善等
损失	借款人无力偿还，抵押品价值低于贷款额； 抵押品价值不确定； 借款人已彻底停止经营活动； 固定资产贷款项目停止时间很长，复工无望等

注：表中对各类贷款的特征只是做了提示性的归纳，在实际贷款的发放过程中，影响某些贷款偿还的特征可能远比此处列举的复杂。

贷款风险分类是实践性很强的工作，分类结果的质量在很大程度上依赖于检查人员的信贷管理经验及分析判断能力。分析结果也不一定是完全准确无误的，因为其中难免有主观判断的因素。不同的检查人员的分析结果可能并不一致，这属于正常现象，但不应该差异太大。

第四节　商业银行的贷款定价

贷款定价是指如何确定贷款的利率、确定补偿余额以及对某些贷款收取手续费。贷款如何合理定价是长期困扰银行的难题。定价过高，会驱使客户从事高风险的经济活动以应付过于沉重的债务负担，或是抑制客户的借款需求，使之转向其他银行或通过公开市场直接筹资；定价过低，银行无法实现盈利目标，甚至不能补偿银行付出的成本和承担的风险。因此，贷款的合理定价对银行的经营与管理具有重要意义。

一、贷款定价原则

(一) 保证贷款安全性原则

银行的贷款业务是一项风险性业务，保证贷款的安全是银行贷款经营管理过程的核心内容。安全性的实现要求商业银行在贷款经营中应努力避免各种不确定因素对它的影响，使贷款资产处于归流、增值、无损失状态，要经得起重大风险和损失。所以，银行在贷款定价决策中必须考虑风险问题，包括信用风险、市场风险、操作风险等，进而确定贷款价格。信用等级高的客户违约风险低，贷款利率就低，反之亦然。此原则应引起我国商业银行的重视。我国商业银行在发放贷款时，由于缺乏有效的信用评级方法和信用评估系统，对贷款的安全监管不足，因而造成了商业银行存在大量不良贷款，严重影响了我国商业银行的盈利能力。因此，我国商业银行在贷款定价时要特别注意考察贷款的风险，保障资金的安全。

(二) 利润最大化原则

商业银行是经营货币信用业务的特殊企业。作为企业，实现利润最大化始终是其追求的基本目标。信贷业务是商业银行传统的主要业务，存贷利差是商业银行利润的主要来源。因此，银行在进行贷款定价时，首先必须确保贷款收益足以弥补资金成本和各项费用，在此基础上，尽可能实现利润最大化。

(三) 扩大市场份额原则

扩大市场份额原则要求商业银行在金融业竞争日益激烈的情况下，要通过制定合理的贷款价格在信贷市场上不断扩大其市场份额。影响一家银行市场份额的因素非常复杂，但贷款价格始终是影响市场份额的一个重要因素。如果一家银行贷款价格过高，就会使一部分客户难以承受，最终失去这部分客户，缩小银行的市场份额。因此，商业银行在贷款定价时，必须充分考虑同业、同类贷款的价格水平，不能为了追求利润，盲目实行高价政策。但是商业银行在贷款定价时也不能为了扩大市场份额盲目降低贷款价格，不计成本的价格战会使商业银行效益降低，甚至亏损。

(四) 维护银行形象原则

作为经营信用业务的企业，良好的社会形象是商业银行生存与发展的重要基础。商业银行要树立良好的社会形象，就必须守法、诚信、稳健经营，要通过自己的业务活动，维护社会的整体利益，不能唯利是图。因此，在贷款定价中，商业银行应严格遵循国家有关法律、法规，不能利用贷款价格搞恶性竞争，破坏金融秩序的稳定，损害社会整体利益。

二、贷款价格的构成

一般来讲，贷款价格的构成包括贷款利率、贷款承诺费、补偿余额和隐含价格。

(一) 贷款利率

贷款利率是一定时期内，客户向贷款人支付的贷款利息与贷款本金之比例。它是贷款价格的主体，也是贷款价格的主要内容。银行贷款利率一般有一个基准水平，它取决于中央银行的货币政策和相关的法令规章、资金供求状况和同业竞争状况。根据贷款使用情况，在具体确定一笔贷款的利率时，可以使用低于一般利率的优惠利率和高于一般利率的惩罚利率。贷款利率的确定应以收取的利息足以弥补支出并取得合理利润为幅度。银行贷款所支付的费用包括资金成本、提供贷款的费用以及今后可能发生的损失等。合理的利润幅度，是指应由贷款收益提供的，与其他银行或企业相当的利润水平。

(二) 贷款承诺费

贷款承诺费是指银行对已承诺贷给客户而客户又没有使用的那部分资金收取的费用。也就是说，银行已经与客户签订了贷款意向协议，并为此做好了资金准备，但客户实际并没有从银行贷出这笔资金，承诺费就是对这笔已作出承诺但没有贷出的款项所收取的费用。承诺费作为客户未取得贷款而支付的费用，构成了贷款价格的一个部分。

（三）补偿余额

补偿余额是指应银行要求，借款人在银行保持一定数量的活期存款和低利率定期存款。它通常作为银行同意贷款的一个条件写进贷款协议中。要求补偿余额的理由是，客户不仅是资金的使用者，还是资金的提供者，而且只有作为资金的提供者，才能作为资金的使用者。存款是银行业务的基础，是贷款的必要条件，银行发放贷款应该成为现在和将来获得存款的手段。从另一方面讲，也是银行变相提高贷款利率的一种方式，因此，它成为贷款价格的一个组成部分。

（四）隐含价格

隐含价格是指贷款定价中的一些非货币性内容。银行在决定给客户贷款后，为了保障客户能偿还贷款，常常在贷款协议中加上一些附加性条款。附加条款可以是禁止性的，即规定融资限额及各种禁止事项；也可以是义务性的，即规定借款人必须遵守的特别条款。附加条款不直接给银行带来收益，但是可以防止借款人因经营状况的重大变化给银行利益造成损失，因此，它可以视为贷款价格。

三、影响贷款定价的因素

影响商业银行贷款定价的因素很多，商业银行每发放一笔贷款都要兼顾银行和客户的双方利益，综合考察各方面的因素，确定一个合理的贷款价格。

（一）基准利率及贷款政策

中央银行基准利率的变化直接影响商业银行的融资成本，从而使商业银行贷款定价发生变动。同时国家的经济政策对贷款流向具有强烈的指导意义，凡是政策扶持的经济领域，其贷款价格相对优惠。一些国家对利率进行管制，也会影响贷款定价。如规定贷款利率上限，则商业银行贷款利率只能在上限以下浮动，上限便成为贷款的最高限价。

（二）市场供求及同行竞争

资金也是一种商品，其价格的确定自然受制于市场的供求状况。当资金供给大于需求时，贷款价格下降，反之，当资金供不应求时，贷款价格自然就会提高。同时，由于贷款市场并不为任何一家银行所垄断，而且贷款资金具有“同质”性，客户可以选择不同的商业银行“买入”资金。因此，任何一家商业银行都不能随心所欲地调整信贷资金价格，其贷款报价必须充分考虑信贷市场的竞争状况及竞争对手的定价策略，将贷款价格与市场一般利率水平的差距保持在一定的范围之内。

（三）资金成本、业务费用及目标收益率

贷款是银行资金的运用，它以负债为资金来源，负债成本低，贷款价格就低；反之，负债成本高，贷款价格就高。银行的资金成本可分为平均成本和边际成本。平均成本是指组织每一单位的资金所支付的利息和费用额，它主要用来衡量银行过去的经营状况。边际成本是指银行每增加一个单位的可用于投资、贷款的资金所需花费的利息和费用额。由于每项资金来源有不同的边际成本，因此其边际成本随着市场利率、管理费用及法定准备金

率的变化而变化。各项独立的资金来源的边际成本加权计算在一起，就可以得出新增资金的全部加权边际成本。在银行资金来源的结构、各种资金来源的利率及费用成本都不变的前提下，可以根据资金的平均成本定价；但在资金来源的结构不稳定或市场利率经常变化的条件下，以边际成本作为新贷款的定价基础是较为实用的。

银行向客户提供贷款，需要在贷款过程中做大量的工作，如进行信用调查与审查，对于担保品进行鉴定与评估，对贷款所需材料与文件进行整理、归档与保管。所有这些工作，都需要花费一定的费用，这些费用构成了影响贷款定价的一个因素。

各家银行都有自己的盈利目标，并都对资金的运用规定了目标利润率。贷款定价合适与否，一个重要的衡量标准，就是看能否在确保贷款安全性的前提下，贷款收益率达到或超过目标利润率，它直接影响到银行总体盈利状况。当然，贷款的目标收益率本身应当制定得合理，过高的目标收益率会使银行贷款价格失去竞争力。

(四) 贷款期限、条件及方式

贷款期限与贷款风险呈正相关关系，贷款期限短，流动性强，风险小，贷款利率就低，反之相反。贷款条件是对贷款对象提出的具体要求，如果贷款限定条件多，则银行信贷风险小，就可以索取相对较低的利润利率。此外，不同的贷款方式下，贷款的保障程度不同，贷款价格也自然存在差异。一般来讲，担保贷款风险低，贷款利率就低；信用贷款风险高，利润也就高。

(五) 借款人信用等级及给银行带来的综合利润

对于同一类贷款，借款人信用等级高，贷款风险就小，从而定价越低，反之相反。此外，银行在对特定客户贷款定价之前，应全面考虑该客户与银行的业务关系，全面考察客户给银行带来的综合利润，而不能仅仅就贷款论价格。如果客户与本行有多项业务往来，则银行可以将这些业务看做是一个资产组合，组合的目标是实现组合利润最大化，可以通过高附加值产品的高收益来弥补贷款产品的低收益，这样不但实现了银行的利润目标，而且让客户感觉得到了很大的让渡价值，从而提高对银行的满意度。

知识链接 4-3

中国人民银行决定进一步推进利率市场化改革

经国务院批准，中国人民银行决定，自 2013 年 7 月 20 日起全面放开金融机构贷款利率管制。

(1) 取消金融机构贷款利率 0.7 倍的下限，由金融机构根据商业原则自主确定贷款利率水平。

(2) 取消票据贴现利率管制，改变贴现利率再贴现利率基础上加点确定的方式，由金融机构自主确定。

(3) 对农村信用社贷款利率不再设立上限。

(4) 为继续严格执行差别化的住房信贷政策促进房地产市场健康发展，个人住房贷款利率浮动区间暂不作调整。

全面放开贷款利率管制后，金融机构与客户协商定价的空间将进一步扩大，有利于促进金融机构采取差异化的定价策略，降低企业融资成本；有利于金融机构不断提高自主定价能力，转变经营模式，提升服务水平，加大对企业、居民的金融支持力度；有利于优化金融资源配置，更好地发挥金融支持实体经济的作用，更有力地支持经济结构调整和转型升级。

(资料来源:中国人民银行官网)

四、贷款定价的方法

在国际商业银行贷款定价的实践中，由于各银行的发展历史、经营策略和其所处市场竞争环境的不同，因此主要形成了三种不同的定价方法，即成本加成定价法、基准利率加点定价法、客户盈利分析定价法。由于定价导向的不同，定价公式也存在较大区别，各有侧重点。因此，在制订合理的贷款定价机制时，应首先根据银行自身经营特征、发展战略和细分市场的特征，确定合适的定价方法。

(一) 成本加成定价法

成本加成定价法以贷款成本为基础进行定价，属于成本导向型。这种方法是以借入资金的成本加上一定利差来决定贷款利率。该方法认为，一笔贷款的利率应该包括以下四个部分：

(1) 资金成本。资金成本即银行为筹集贷款资金所发生的成本，如存款利息支出、债券利息支出等。

(2) 贷款费用。贷款费用又称非资金性的盈利成本，是与贷款业务紧密相联系的费用，如对借款人进行信用调查、信用分析所发生的费用，抵押物鉴别、估价、维护费用，贷款资料整理、保管费用，贷款本金和利息的回收费用等。

(3) 风险补偿费。由于贷款的对象、期限、方式等各不相同，所以每笔贷款的风险程度各不相同，贷款价格中必须考虑风险补偿费。

(4) 目标收益。只为银行股东提供一定的资本收益率所必需的每一笔贷款项目的预期利润水平。

根据以上分析，成本加成定价法下的贷款利率可表示为

$$\text{贷款利率} = \text{资金成本} + \text{贷款费用} + \text{风险补偿费} + \text{目标收益}$$

成本加成定价方法属于“内向型”定价方法，它是从银行自身的角度出发来实现的贷款定价方法，主要考虑银行自身的成本、费用和承担的风险。银行的资金成本、贷款费用越高，贷款利率就越高。采用这种定价方法有利于商业银行补偿成本，确保股东所要求的资本收益率得到实现。

成本加成定价法的不足之处在于它忽略了影响贷款价格的外部因素，此种方法会考虑客户的需求、同业的竞争、当前资金市场上的一般利率水平等因素，因而可能会导致客户流失和贷款市场的萎缩。

成本加成定价法需要银行有一个精心设计的成本计算系统，能够精确地归集和分配成本。该方法能够准确地将其经营成本分摊到日常经营的各项业务上，例如，将信贷人员的工资或某些贷款专用器具的折旧费用分配给多笔贷款；将信用调查费、抵押物评估费等按

每笔贷款进行归集，需要银行的电脑系统能够满足“分产品核算”和“分客户核算”的要求。因此，该方法对银行成本管理提出了较高要求。

(二) 基准利率加点定价法

基准利率加点定价法是银行选择合适的基准利率，在此之上加一定价差或乘上一个加成系数的贷款定价方法。这里的基准利率可以是国库券利率、大额可转让存单利率、银行同业拆借利率、商业票据利率等货币市场利率，也可以是优惠贷款利率，即银行对优质客户发放短期流动资金贷款的最低利率。由于这些金融工具或借贷合约的共同特征是违约风险低，因此它们的利率往往被称为无风险利率，是金融市场常用的定价参照系，故也被称为基准利率。对于所选定的客户银行往往允许客户选择相应期限的基准利率作为定价的基础，附加的贷款风险溢价水平应客户的风险等级不同而有所差异。

根据基准利率加点定价法的基本原理，银行对特定客户发放贷款的利率公式一般为

贷款利率 = 基准利率 + 借款者的违约风险溢价 + 长期贷款的期限风险溢价

上式中后两部分是在基准利率基础上的加价。违约风险溢价的设定可使用多种风险调整方法，通常是根据贷款的风险等级确定风险溢价。不过，对于高风险客户，银行并非采取加收较高风险溢价的简单做法，因为这样做只会使贷款的违约风险上升。因此，面对较高风险的客户，银行大多遵从信贷配给思想，对此类借款申请予以回绝，以规避风险。如果贷款期限较长，则银行还需加上期限风险溢价。

基准利率加点定价法是一种“外向型”的定价方法，它以市场一般价格水平为基础来确定贷款的价格，属于市场导向型方法。它既考虑了市场风险又兼顾了贷款本身的违约风险，从而具有较高的合理性，制定的价格更贴近市场，更具有竞争性。

采用基准利率加点定价法进行贷款定价，除了要考虑贷款本身的风险外，还要考虑市场风险，这就加大了风险管理的难度。

(三) 客户盈利分析定价法

客户盈利分析定价法综合了银行与客户业务往来的所有成本和收益的资料，以确定对该客户提供贷款的定价。因此，此方法又称为银行整体关系为基础的贷款定价方法。这种方法将贷款定价纳入到客户与银行的整体业务关系中加以统一考虑，将贷款收益和相关的存款收益、中间业务收益等一并作为总收益，将贷款的资金成本、经营成本、风险成本、税收成本等作为总成本，再结合经济资本的最低回报率，一并确定存贷款利率。

从经济学角度看，银行与某一客户进行业务往来，必须能够保证有利可图或至少不亏本。客户盈利分析定价法可表示为

来源于某客户的总收入≥为该客户提供服务的成本 + 银行目标利润

来源于客户的总收入包括：

(1) 贷款利息收入。此处贷款应包括对客户所有的授信资产，如进出口押汇、打包贷款、票据贴现、一般贷款等。

(2) 客户存款账户的投资收入。客户将款项存入银行，银行缴纳存款准备金后，余额除可用于贷款外，还可用于投资，从而产生一定的收益。

(3) 结算手续费收入。银行为客户办理国内结算和国际结算所取得的手续费收入。

(4) 其他服务费收入。银行为客户提供其他服务，如代发工资、代理买卖外汇、保管箱业务、开具信用证、担保、贷款承诺等所取得的收入。

为客户提供服务发生的总成本主要包括：

(1) 资金成本。资金成本指银行为客户提供贷款所需资金的成本。

(2) 贷款费用。贷款费用指信用调查费、项目评估费、抵押物的维护费用、贷款回收费用、贷款档案费、法律文书费、信贷人员薪金等。

(3) 客户违约成本。根据客户的风险等级和平均违约率来确定。

(4) 客户存款的利息支出。银行对客户活期存款账户及定期存款账户支付的利息。

(5) 账户管理成本。它包括客户活期存款账户、定期存款账户的管理费用和操作费用，如提现、转存、存现、账户维持等发生的费用。

目标利润是指银行资本从每笔贷款中应获得的最低收益。目标利润要根据银行既定的股东的目标收益率即资本的目标收益率、贷款额和贷款中资本金的比例来确定。计算公式为

$$目标利润=\frac{资产额}{总资产}\times 资本的目标收益率\times 贷款额$$

采用客户盈利分析定价法，最终确定的贷款利率为

$$贷款利率=\frac{(总成本+目标利润-除贷款利息外的总收入)}{贷款额}$$

知识链接 4-4

假定某企业向银行申请期限为 1 年、限额为 700 万元的循环使用贷款。银行预计在整个贷款期内，如表 4-3 所示。客户实际使用的平均贷款额大约为贷款限额的 75%；账户管理成本约 6.8 万元；贷款费用及客户违约成本为实际贷款额的 1.3%；贷款的 7% 由银行资本金来支持，其余的 93% 由银行负债来支持；加权平均资金成本为 10%。银行资本的税前目标收益率为 18%，银行要求客户按贷款限额的 4% 和实际使用贷款额的 4% 保持补偿余额，贷款承诺费为 0.125%，结算手续费约为 1.5 万元，预计存款利率为 6%，法定存款准备金率为 10%，存款投资收益率预计可达 8%。银行该笔贷款的利率(X)最低为多少？

表 4-3 客户盈利分析定价法计算案例 万元

收支项目名称	金 额
总收入	5.24675 + 700 × 75% × X
贷款利息收入	700 × 75% × X
存款投资收入	(700 × 75% × 4% + 700 × 4%) × 90% × 8% = 3.582
结算及其他服务费收入	700 × 25% × 0.125% + 1.5 = 1.71875
总成本	69.065
资金成本	700 × 75% × 10% = 52.5
贷款费用及客户违约成本	700 × 75% × 1.3% = 6.825
补偿余额利息支出	(700 × 75% × 4% + 700 × 4%) × 6% = 2.94
账户管理成本	6.8
目标利润	7% × 18% × 700 × 75% = 6.615
贷款利率 X	(69.065 + 6.615 − 5.24675) / 525 = 13.41%

根据案例可知，客户实际使用的贷款为 $700\times5\%=525$(万元)，银行要求客户保持的补偿余额为 $(700+525)\times4\%=49$(万元)，贷款利息收入为 $525\times X$，存款的投资收入为 $49\times90\%\times8\%=3.528$(万元)，结算手续费收入为 1.5 万元，贷款承诺费收入为 $525\times0.125\%=0.6525$(万元)，资金成本为 $525\times10\%=52.5$(万元)，贷款费用及客户违约成本为 $525\times1.3\%=6.825$(万元)，补偿余额利息支出 $(700+525)\times4\%\times6\%=2.94$(万元)，账户管理成本为 6.8 万元，目标利润为 $7\%\times18\%\times525=6615$(万元)。要达到既定的目标收益率，总收入应该大于或等于总成本与目标利润之和，由此可知 $(5.24675+525\times X)\geqslant(69.065+6.615)$，贷款利率 X 则为 13.41%。

客户盈利分析定价法是一种客户导向型定价方法，它根据银行与客户的全部往来业务制定合适的贷款价格。采用这种方法，可能会得出富有竞争力的贷款价格。它体现了银行以客户为中心的经营理念，实现了差别化定价的个性化经营模式。通过这种差别定价，能吸引和保留那些真正为银行带来合理利润的客户。

客户盈利分析定价法对银行的成本核算提出了更高的要求，该方法要求银行不仅能采用分产品核算的方式，还要做到分客户核算，以便能更准确地测算银行为客户提供服务的总成本，但这会加大银行成本核算的难度。

本章小结

作为一种借贷行为，一笔贷款由贷款对象、贷款用途、贷款额度、贷款价格、贷款期限、担保方式、还款方式等基本要素构成商业银行的贷款，从不同的角度，按照不同的划分标准，可以分为多种类型。如按贷款期限划分，有短期贷款、中期贷款、长期贷款和透支；按贷款保障方式划分，有信用贷款、担保贷款和票据贴现；按客户类型划分，有个人贷款和公司贷款等。

从总体上考察，贷款有其内在的、本质的、共同的基本业务流程，一般来说，一笔贷款的基本流程可以分为贷款申请、受理与调查风险评价、贷款审批、签订合同、贷款发放、贷款支付、贷后管理、回收与处置九个主要环节。

按照信贷资产风险程度的不同，可将信贷资产划分为不同档次，贷款五级分类是贷款风险分类的最低要求，银行的贷款风险分类通常要经过四个步骤，即基本信贷分析、还款能力分析、还款可能性分析和确定分类结果。

合理定价对银行的经营与管理具有重要意义，银行的定价必须遵循保证贷款安全性、利润最大化等基本原则。一笔贷款的价格由贷款利率、贷款承诺费、补偿余额和隐含价格等几部分构成。

影响商业银行贷款定价的因素很多，商业银行每发放一笔贷款都要兼顾银行和客户的双方利益，综合考察各方面的因素，确定一个合理的贷款价格。具体的定价方法主要有三种，即成本加成定价法、基准利率加点定价法、客户盈利分析定价法。

重要概念

贷款价格　　票据贴现　　公司贷款
混合利率　　贷款　　贷款风险分类
资产转换周期　　补偿余额　　成本加成定价法
基准利率加点定价法　　客户盈利分析定价法

思考与练习

1．简述贷款的基本要素的构成。

2．简述商业银行贷款的基本流程。

3．简述贷款风险分类的目的与原则。

4．简述贷款风险分类的程序。

5．简述贷款定价的基本原则。

7．简述贷款定价的主要方法。

8．假设某企业向银行申请一份期限为1年、限额为700万元的循环使用贷款，申请者和银行无其他往来关系，银行预计在贷款期限内，该客户的实际平均贷款额将是所申请的贷款限额的75%，账户存款服务成本为6.8万元，贷款的管理费和风险费为实际贷款额的1.3%，贷款的7%由银行资本金支持，其余的93%则由银行负债来支持。加权边际资金成本为10%，银行资本的税前目标收益率为18%。银行要求借款者按可投资金额存入贷款限额的4%和实际贷款额的4%保持补偿余额，预计存款的利率为6%，贷款承诺费为贷款限额的0.125%；结算及其他服务收入约为1.5万元，法定存款准备金率为0%，存款投资收益率预计可达8%。求银行该笔贷款的利率最低为多少？

第五章

商业银行贷款管理理论与实务(中)

对借款企业进行信用分析是为了确定企业未来的还款能力。影响企业未来还款能力的因素主要包括企业的财务状况、现金流量、信用支持以及非财务因素等。企业的财务状况、现金流量形成企业的第一还款来源，信用支持构成企业的第二还款来源，非财务因素虽不构成企业直接还款来源，但会影响企业的还款能力。

本章学习目标

(1) 了解客户财务分析的内容和方法；
(2) 了解财务综合分析方法，非财务因素分析的作用；
(3) 了解客户信用评级的内涵、影响因素；掌握客户信用评级的方法。

第一节　客户财务分析

财务分析是以客户财务报表为主要依据，运用一定的分析方法，对客户的财务过程和结果进行研究和评价，以分析客户财务状况、盈利能力、资金使用效率和偿债能力，并由此预测客户的发展变化趋势，从而为贷款决策提供依据。

一、财务报表分析

(一) 资产负债表分析

资产负债表是反映借款人在某一特定日期财务状况的财务报表。资产负债表是根据“资产=负债+所有者权益”的会计原理编制的。

(1) 资产是借款人拥有或可控制的、能以货币计量的经济资源。在资产负债表中，资产按其流动性分为流动资产和非流动资产。

① 流动资产。流动资产是指一年内或在一个营业周期内变现或者耗用的资产。它包括货币资金、交易性金融资产、应收票据、应收账款、预付账款、存货、待摊费用等项目。

② 非流动资产。借款人在一年内不能变成现金的那部分资产称做非流动资产，包括长期投资、固定资产、无形及递延资产和其他长期资产等。

(2) 负债是指借款人承担的、能以货币计量的需以资产或劳务偿付的债务。负债可分为流动负债和长期负债。

① 流动负债。流动负债是借款人在生产经营过程中应付给他人的资金，是借款人承担的应在一年或在一个营业周期内偿还的债务，包括短期借款、应付票据、应付账款、预收账款、应付工资、应交税费、应付利润、其他应付款和预提费用等。

② 长期负债。长期负债包括长期借款、应付长期债券、长期应付款等。长期负债指借款人为增添设备、购置房地产等扩大经营规模的活动通过举债或发行债券而筹集的资金。

(3) 所有者权益也叫净资产，代表投资者对净资产的所有权，是借款人全部资产减去全部负债的净额。它由两部分组成：一部分是投资者投入的资本金；另一部分是在生产经营过程中形成的资本公积金、盈余公积金和未分配利润。

通过对资产负债表的总额分析、重点项目分析和结构分析，可以帮助我们评价借款的经营实力，剔除资产负债表的水分，判断其财务风险状况。

(二) 利润表分析

利润表是反映借款人一定时期内经营成果的报表。利润表是根据“利润 = 收入 − 费用”会计原理编制的。利润表反映企业的经营成果。通过对利润表的分析，可以评价企业的经营业绩，发现企业经营管理中的问题，为经营决策提供依据，同时揭示利润的变化趋势，预测企业未来的获利能力，帮助投资者和债权人做出正确的投资与贷款决策。

对利润表的分析一般从三个方面进行：一是对利润总额和利润构成的分析，借以评价借款企业获利能力及其经营风险；二是对利润表的重点项目分析，如营业收入、营业成本、投资收益的分析。一般要结合现金流分析，以评价借款企业的经营质量；三是对利润表的结构分析，即以产品营业收入为100%，计算营业成本、期间费用、毛利润等指标各占营业收入的百分比，计算出各指标所占百分比的增减变动，分析其对借款人净利润的影响。

二、财务比率分析

(一) 盈利能力分析

盈利能力简单地说就是获取利润的能力。对于银行来说，借款人的盈利能力在某种程度上比偿债能力更重要，因为借款人正常经营并产生利润是偿还债务的前提条件。盈利能力越强，客户还本付息的可能性越大，贷款的风险越小。

反映借款人盈利能力的比率主要有毛利润率、营业利润率、税前利润率和净利润率、成本费用利润率，这些统称为盈利比率。

1．毛利润率(销售利润率)

毛利润率是指销售利润和产品销售收入净额的比率。其计算公式为

$$毛利润率 = \frac{销售利润}{销售收入净额} \times 100\%$$

$$毛利润 = 销售收入净额 - 销售成本 - 销售费用 - 销售税金及附加$$

利润率反映每元销售收入净额中所实现的销售利润额，用来评价借款人产品销售收入净额的盈利能力。该指标越高，表明单位净销售收入中销售成本所占的比重越低，销售利

润越高。对借款人连续几年的销售利润率加以比较分析，可以判断和掌握其销售活动盈利能力的发展趋势。

2．营业利润率

营业利润率是指借款人的营业利润与产品销售收入净额的比率。其计算公式为

$$营业利润率=\frac{营业利润}{销售收入净额}\times 100\%$$

$$营业利润=毛利润-管理费用-财务费用-资产减值损失$$
$$\pm 公允价值变动收益+投资收益$$

营业利润率反映每元销售收入净额所取得的营业利润。该比率越高，说明借款人盈利水平越高。如果将借款人连续几年的营业利润率加以比较分析，就可以对其盈利能力的变动趋势作出评价。

3．税前利润率和净利润率

税前利润率是客户利润总额和销售收入净额的比率。净利润率是指经营所得的净利润占销售收入净额的百分比，其计算公式为

$$税前利润率=\frac{利润总额}{销售收入净额}\times 100\%$$

$$利润总额=营业利润+营业外收入-营业外支出$$

$$净利润率=\frac{净利润}{销售收入净额}\times 100\%$$

$$净利润=利润总额-所得税$$

税前利润率和净利润率反映每元销售收入净额所取得的税前利润和净利润。这两个比率越大，说明每元销售收入净额所取得的税前利润和净利润越多。由于这两个比率直接关系到客户未来偿还债务的能力和水平，因此，相比于前两个比率，银行应更重视这两个比率。

4．成本费用利润率

成本费用利润率是借款人利润总额与当期成本费用的比率。其计算公式为

$$成本费用利润率=\frac{利润总额}{成本费用总额}\times 100\%$$

$$成本费用总额=销售成本+销售费用+管理费用+财务费用$$

该比率反映每元成本费用支出所能带来的利润总额。它越大，说明同样的成本费用能取得更多利润，或取得同样利润只需花费较少的成本费用。

银行在分析借款人盈利能力时，应将上述各个指标结合起来，并运用损益表中各个项目的结构分析，综合评价客户盈利能力的高低和变动情况，引起变动的原因及其对借款人将来的盈利能力可能造成的影响。

（二）偿债能力分析

偿债能力是指客户偿还到期债务的能力，包括长期偿债能力分析和短期偿债能力分析。

1．长期偿债能力分析

长期偿债能力是指客户偿还长期债务的能力，它表明客户对债务的承受能力和偿还债务的保障能力。长期偿债能力的强弱是反映客户财务状况稳定与安全程度的重要标志。

分析借款人偿还长期债务的能力的重要指标是杠杆比率，包括资产负债率、负债与所有者权益比率、负债与有形净资产比率、利息保障倍数等。主要是通过比较资产、负债和所有者权益的关系来评价客户负债经营的能力。

(1) 资产负债率。资产负债率又称负债比率，是客户负债总额与资产总额的比率。其计算公式为

$$资产负债率=\frac{负债总额}{资产总额}\times 100\%$$

负债比率说明客户总资产中债权人提供资金所占的比重，以及客户资产对债权人权益的保障程度。对银行来讲，借款人负债比率越低越好。因为负债比率越低，说明客户投资者提供的无须还本付息的资金越多，客户的债务负担越轻，债权的保障程度就高，风险也就越小；反之，负债比率越高，说明负债在总资产中的比重越大，则表明借款人债务负担越重。这样债权人的保障程度就低，债权人的权益就存在风险。

(2) 负债与所有者权益比率。负债与所有者权益比率指负债总额与所有者权益总额的比例关系，用于表示所有者权益对债权人权益的保障程度。其计算公式为

$$负债与所有者权益比率=\frac{负债总额}{所有者权益总额}\times 100\%$$

该比率越低，表明客户的长期偿债能力越强，债权人权益保障程度越高。但该比率也不必过低，因为当所有者权益比重过大时，尽管客户偿还长期债务的能力很强，但客户不能充分发挥所有者权益的财务杠杆作用。

(3) 负债与有形净资产比率。负债与有形净资产比率是指负债与有形净资产的比例关系，用于表示有形净资产对债权人权益的保障程度，其计算公式为

$$负债与有形净资产比率=\frac{负债总额}{有形净资产}\times 100\%$$

$$有形净资产=所有者权益-无形资产-递延资产$$

该公式审慎地考虑了企业清算时的情况，更能合理地衡量借款人清算时对债权人权益的保障程度，特别是在无形资产及递延资产数额较大时更是如此，因为这些资产的价值存在极大的不确定性。从长期偿债能力来讲，该比率越低，表明借款人长期偿债能力越强。

(4) 利息保障倍数。利息保障倍数是指借款人息税前利润与利息费用的比率，用于衡量客户偿付负债利息能力。其计算公式为

$$利息保障倍数=\frac{利润总额}{利息费用}$$

该比率越高，说明借款人支付利息费用的能力越强。但利息保障倍数究竟多高为宜，要根据客户历史经验并结合行业特点来判断。根据稳健原则，应以倍数较低的年度为评价依据，但无论如何，利息保障倍数不能低于 1，因为一旦低于 1，意味着借款人连利息偿还都保障不了，更别说还本了。

2．短期偿债能力分析

短期偿债能力是指客户以流动资产偿还短期债务即流动负债的能力，它反映客户偿付日常到期债务的能力。影响短期偿债能力的因素很多，但流动资产与流动负债的关系以及资产的变现速度是其最主要的方面。

反映客户短期偿债能力的比率主要有：流动比率、速动比率和现金比率。这些统称为偿债能力比率。

(1) 流动比率。流动比率是流动资产与流动负债的比率。它表明借款人每元流动负债有多少流动资产作为偿还的保证。其计算公式为

$$流动比率=\frac{流动资产}{流动负债}$$

一般情况下，流动比率越高，反映借款人短期偿债能越强，债权人的权益越有保证。从理论上讲，只要流动比率高于1，客户便具有偿还短期债务的能力。但由于有些流动资产是不能及时足额变现的，因此按照稳健原则，对此比率的要求会高一些，一般认为在2左右比较适宜。实际中应视客户的行业性质及具体情况而定，不可一概而论。

(2) 速动比率。速动比率是借款人速动资产与流动负债的比率。其计算公式为

$$速动比率=\frac{速动资产}{流动负债}$$

速动资产是指易于立即变现、具有即时支付能力的流动资产。流动资产中存货的变现能力较慢，它通常要经过成品的销售和账款的收回两个过程才能变为现金，有些存货还可能不适销，根本无法变现；至于预付账款和待摊费用等，它们本质上属于费用，同时又具有资产的性质，因此，只能减少借款人未来的现金付出，并不能转变为现金。所以，应将这些项目扣除。速动资产计算公式为

$$速动资产=流动资产-存货-预付账款-待摊费用$$

根据经验，一般认为速动比率为1较为合适。如果速动比率低，则说明借款人的短期偿债能力存在问题；速动比率过高，则又说明借款人拥有过多的速动资产，可能失去一些有利的投资或获利机会。但这个标准并不是绝对的。在实际工作中，应根据借款人的行业性质及其他因素进行综合评价。

(3) 现金比率。现金比率是客户现金类资产与流动负债的比率。它是衡量借款人短期偿债能力的一项参考指标。其计算公式为

$$现金比率=\frac{现金类资产}{流动负债}$$

现金比率越高，表明客户直接支付能力越强。但一般情况下，客户不可能也无必要保留过多的现金类资产，因为这样会丧失许多获利机会和投资机会。在分析客户短期偿债能力时，可将流动比率、速动比率和现金比率三个指标结合起来观察。如果能将营运资金指标结合起来进行全面分析，则一般能够得到评价借款人短期偿债能力的更佳效果，因为营运资金是借款人偿债资金保证的绝对量，而流动比率、速动比率和现金比率是相对数。

(4) 营运资金。营运资金是指流动资产与流动负债的差额，其计算公式为

$$营运资金=流动资产-流动负债$$

由上述公式可见，营运资金可以为正值，也可以为负值。正值时说明该借款人是用长期资金(所有者权益、流动负债)支持着部分流动资产，负值时说明该借款人是用流动负债支持部分长期资产。

营运资金越多越好，因为这样可以对借款人短期和长期资产的支持越大。但是应该注意的是，营运资金多少只有在与销售额、总资产或其他变量相结合时才更有意义。

三、营运能力分析

营运能力是指通过借款人资产周转速度的有关指标反映出来的资产利用效率，它表明客户管理人员经营、管理和运用资产的能力。客户偿还债务和盈利能力的大小，在很大程度上取决于管理人员对资产的有效运用程度。资产利用效率高，则各项资产周转速度就快，资产变现的速度就快，这样借款人就会有现金用来偿付流动负债，因而其短期偿债能力就强。

营运能力分析常用的比率主要有：总资产周转率、固定资产周转率、应收账款周转率、存货周转率、流动资产周转率等五个指标。

1. 总资产周转率

总资产周转率是指营业收入与平均资产总额的比率。其计算公式为

$$总资产周转率=\frac{营业收入}{平均资产总额}$$

$$平均资产总额=\frac{期初资产总额+期末资产总额}{2}$$

$$总资产周转天数=\frac{360天}{总资产周转率}$$

总资产周转率可以用来分析客户全部资产的使用效率。该比率越高，说明客户利用其全部资产进行经营的效率越好，客户的盈利能力越强。

2. 固定资产周转率

固定资产周转率是指营业收入与平均固定资产总额的比率，它是反映客户固定资产使用效率的指标。其计算公式为

$$固定资产周转率=\frac{营业收入}{平均固定资产总额}$$

$$平均固定资产总额=\frac{期初固定资产总额+期末固定资产总额}{2}$$

$$固定资产周转天数=\frac{360天}{固定资产周转率}$$

固定资产周转率高，表明客户固定资产利用较充分，同时也表明客户固定资产投资得当，固定资产结构合理，能够发挥效率。

3. 应收账款周转率

应收账款周转率是反映应收账款周转速度的指标。它是一定时期内销售收入与应收账款平均余额的比率，表明一定时期内应收账款周转的次数。其计算公式为

$$应收账款周转率=\frac{销售收入}{应收账款平均余额}$$

$$应收账款平均余额=\frac{期初应收账款余额+期末应收账款余额}{2}$$

一般而言，一定时期内应收账款周转次数越多，说明企业收回赊销账款的能力越强，应收账款的变现能力和流动性越强，管理工作的效率越高。

除上述用应收账款的周转次数来反映应收账款的周转情况外，还可以通过计算应收账款回收期，即应收账款账龄来反映应收账款的周转情况。应收账款回收期表示企业应收账款周转一次平均所需的天数。其计算公式为

$$应收账款周转天数=\frac{360}{应收账款周转率}=\frac{360\times 应收账款平均余额}{销售收入净额}$$

应收账款回收期越短，说明客户应收账款的变现速度越快，流动性越好。

4. 存货周转率

存货周转率是一定时期内借款人销售成本与平均存货余额的比率。它是反映客户销售能力和存货周转速度的一个指标，也是衡量客户生产经营环节中存货营运效率的一个综合性指标。其计算公式为

$$存货周转率=\frac{销售成本}{平均存货余额}$$

$$平均存货余额=\frac{期初存货余额+期末存货余额}{2}$$

存货周转速度不仅反映了流动资产变现能力的好坏、经营效率的高低，同时也说明客户的营运能力和盈利能力。存货周转率越高，说明客户存货从资金投入到销售收回的时间越短。在营业利润率相同的情况下，存货周转率高，获取的利润就越多；相反，存货周转率低，反映客户的存货可能过多或不适应生产、销售需要。

存货周转率也可用存货持有天数表示，其计算公式为

$$存货持有天数=\frac{360}{存货周转率}$$

一般而言，存货持有天数增多，或是说明客户存货采购过量，或是呆滞积压存货比重较大，或是存货采购价格上涨；而存货持有天数减少，则说明客户可能耗用量或销量增加。但是过快的、不正常的存货周转率，也可能说明客户没有足够的存货可供耗用或销售，或是采购次数过于频繁、批量太小等。

5. 流动资产周转率

流动资产周转率是客户营业收入与平均流动资产总额的比率，其计算公式为

$$流动资产周转率=\frac{营业收入}{平均流动资产总额}$$

$$平均流动资产总额=\frac{期初流动资产总额+期末流动资产总额}{2}$$

流动资产周转率是反映客户流动资产利润效率的指标，流动资产周转率越高，说明客户流动资产创造的收入多，实现的价值高，企业的盈利能力强。

四、现金流量分析

(一) 现金及现金流量的概念

1. 现金及现金等价物的概念

现金流量中的现金包括两部分：现金，包括库存现金、活期存款和其他货币性资金；短期证券投资，称为现金等价物。这里的现金等价物指3个月内的债券投资。

2. 现金流量的概念

流量是相对于存量的一个概念。存量是某一时点的数据，如会计中的余额；流量是一定期间内所发生的数据，如会计中的发生额。

现金流量包括现金流入量、现金流出量和现金净流量；现金净流量为现金流入量和现金流出量之差。

(二) 现金流量的重要性

作为贷款银行，对客户进行财务分析的最重要目的在于了解客户的还款能力。一般来说，盈利客户比亏损客户偿还银行贷款的可能性大。但是，一家盈利客户可能因为不能偿还到期贷款而面临清算，而一家亏损客户却因能偿还到期贷款继续维持经营。其道理在于利润是偿还贷款的来源，但并不能直接用来偿还贷款，偿还贷款使用的是现金。如果账面有利润，但实际并没有得到现金，那么就没有还款来源；相反，虽然账面亏损，但实际上得到了现金，那么就有还款来源。所以，贷款银行最关心的应该是借款人的现金流量。

(三) 企业现金流量的内容与分析

现金从何而来，又到哪里去了？企业不同种类资产之间相互转换构成循环，构成了其现金流量的内容。如果一家客户要持续经营，那么该客户既要保持正常的经营循环，又要保持有效的资本循环。也就是说，在从事业务经营的同时，还要进行固定资产投资。在循环的不同阶段中，客户现金流量的特征不同，往往会出现现金流入滞后于现金流出，或者现金流入小于现金流出。此时，客户需要对外融资。由此得出如下计算公式：

$$\begin{aligned}企业现金净流量&=经营活动的现金净流量+投资活动的现金净流量\\&\quad+融资活动的现金净流量\end{aligned}$$

1. 经营活动的现金净流量及分析

经营活动的现金净流量及分析见表5-1。

表 5-1 经营活动与现金流入、现金流出对应关系表

经营活动	现金流入	现金流出
购销	销售商品、提供劳务收到的现金	购买商品、接受劳务支付的现金
租赁	租赁收到的租金	经营租赁支付的租金
工资		支付给职工以及为职工支付的现金
增值税	收到的增值税销项税额和退回的增值税款	支付的增值税
所得税		支付的所得税
其他税	收到的除增值税以外的其他税费返还	支付的除增值税、所得税以外的其他税费
其他	收到的其他与经营活动有关的现金	支付的其他与经营活动有关的现金

如果经营活动产生的现金流量小于零，则一般意味着经营过程的现金流转存在问题，经营中入不敷出；如果经营活动产生的现金流量等于零，则意味着经营过程中的现金收支平衡，从短期看可以维持，但从长期看则不可维持；如果经营活动产生的现金流量大于零但不足以补偿当期的非现付成本，则与现金流量等于零的情形只有量的差别，但没有质的差别；如果经营活动产生的现金流量大于零并恰能补偿当期的非现付成本，则说明企业能在现金流转上维持简单再生产；如果经营活动产生的现金流量大于零并在补偿当期的非现付成本后还有剩余，这意味着经营活动产生的现金流量将会对企业投资发展作出贡献。

2. 投资活动的现金净流量分析

投资活动的现金净流量分析见表 5-2。

表 5-2 投资活动与现金流入、现金流出对应关系表

投资活动	现金流入	现金流出
固定资产及在建工程	处置固定资产、无形资产和其他长期资产收到的现金净额	购建固定资产、无形资产和其他长期资产支付的现金
权益性投资	分得股利或利润收到的现金，收回投资收到的现金	收益性投资支付的现金
债券投资	取得债利息收入收到的现金，收回投资收到的现金	债权性投资支付的现金
其他	收到的其他与投资活动有关的现金	支付的其他与投资活动有关的现金

如果投资活动产生的现金流量小于零，则意味着投资活动本身的现金流转入不敷出，这通常是正常现象，但须关注投资支出的合理性和投资收益的实现状况；如果投资活动产生的现金流量大于或等于零，则这通常是非正常现象，但须关注长期资产处置或变现、投资收益实现，以及投资支出过少的可能原因。

3. 筹资活动的现金净流量及分析

筹资活动的现金净流量及分析见表 5-3。

表 5-3　筹资活动与现金流入、现金流出对应关系表

筹资活动	现金流入	现金流出
募集股金	吸收权益性投资收到的现金	减少注册资本支付的现金
		分配股利或利润支付的现金
		筹资费用(含发行股票、债券引起的费用)支付的现金
发行债券	发行债券收到的现金	偿付利息(含债券和借款利息)支付的现金
筹资	借款收到的现金	偿还债务(含借款和债券本金)支付的现金
其他	收到的其他与筹资活动有关的融资租赁支付的现金	支付的其他与筹资活动有关的现金

如果筹资活动产生的现金流量大于零，则须关注：筹资与投资及经营规划是否协调？如果筹资活动产生的现金流量小于零，则须关注：企业是否面临偿债压力而又缺乏新的筹资能力？企业是否无新的投资发展机会？

一般来说，一个正常经营的企业，经营活动产生的现金流量应该大于零，投资活动产生的现金流量应该小于零，筹资活动产生的现金流量有时大于零有时小于零，结合现金流量分析、评价借款人的贷款偿还能力时，通常要考虑几个问题：借款人能否还款？如能，则资金来源渠道是什么？若不能，则存在哪些问题？

第二节　客户非财务因素分析

非财务因素，是指企业财务因素变动以外的因素。非财务因素可能导致银行贷款的风险，虽然不能直接通过财务指标加以量化，但是它对企业乃至对银行贷款都至关重要。商业银行的贷前调查、贷时审查以及贷后检查都必须从关注企业财务因素逐步延伸到关注企业的非财务因素。

非财务因素包括对借款人行业风险因素分析，经营风险因素分析，管理风险因素分析，自然、社会因素分析以及借款人还款意愿分析等内容。

一、行业风险因素分析

行业是由具有共同特征的企业群体所组成。由于同一行业内的企业成员在生产经营上存在着相同性或相似性，其产品或服务具有很强的替代性，因而行业内的企业成员彼此间处于一种更为紧密联系的状态之中。行业的兴衰与国民经济发展的特定阶段有较强的相关性，在同一时期，一些行业的增长与经济同步增长，一些行业增长可能领先经济增长，还有一些行业可能随着经济的增长而衰落甚至消失。行业的兴衰决定了行业内部企业生存的条件和发展状况，进而影响到与行业相关的银行信贷资金的安全。通过行业风险因素分析，帮助银行辨别最近和未来可能提供信贷进入机会的成长行业，并根据行业的生命运行周期，适时把握退出时机，以确保信贷资产质量。

行业风险因素分析主要包括以下几个方面：

(一) 从行业结构着手分析

从市场竞争角度分析，行业的结构可以分为完全竞争性行业、不完全竞争性行业、寡头垄断行业和完全垄断性行业。由于行业的结构不同，因此行业内企业的生存发展条件也不相同，企业的经营风险、盈利水平存在较大的差异。其中，对于寡头垄断行业，少数企业在市场中占有较大的份额，它们对市场中该类产品的生产、交易和价格有较大的控制权，并能获得较稳定的超额利润；对于完全垄断性行业，由于市场被独家企业控制，产品没有或缺少替代性，因此生产者能根据市场的供求情况确定产品的产量和价格，并可获得稳定的超额利润。

行业结构分析就是要求商业银行认识这些行业差异性。单从信贷资金的“三性”原则或银行立场出发，贷款资金介入寡头垄断行业和完全垄断行业应是较理想的选择，也就是信贷资源的最佳配置行业。

(二) 从行业的生命周期着手分析

社会中行业的兴衰呈现出此起彼伏的特点，每一行业的发展，通常经历由萌芽到成长到兴旺再到衰退的演变过程。这个过程就是行业生命周期发展过程，它一般可分为初创阶段、成长阶段、成熟阶段和衰退阶段四个发展阶段。

在行业初创阶段，一方面，由于行业能否最终形成尚难以预测，因此行业的开拓者投资风险极高；另一方面，即使今后行业形成，但初创阶段的企业能否生存下来还是难以判断的。因此，对初创阶段的行业银行信贷进入存在着高风险、低收益甚至血本无归的可能，一般来说，商业银行的信贷资金进入应相当谨慎。

在行业的发展阶段，行业竞争激烈，但行业的平均利润率水平较高，介入发展阶段行业的银行信贷资金具有高风险、高收益的特征，商业银行的信贷资金可以试探进入。

在行业的成熟阶段，由于市场竞争势均力敌，企业经营风险有所降低，行业平均利润率水平较为稳定。商业银行的信贷金介入这些行业，具有低风险、低收益，但收益相对稳定的特征。这对经营追求稳定的商业银行来说，应该是较好的选择，因此，可以选择一些大的企业或企业集团大举进入。

在行业的衰退阶段，由于市场前景式微，行业平均利润率下降，一时难以转入其他行业的企业之间竞争异常激烈，其生存发展十分艰难。对正在步入衰退期的行业，一般具有低收益、高风险的特征。商业银行在对这类企业的信贷把握上，应在全系统限制新增信贷资金的进入，研究存量贷款的尽早退出策略，规避可能出现的信贷风险。

(三) 从行业与经济周期关联度分析着手

在国民经济中，行业的兴衰通常与国民经济总体运动的周期变动有明显的关联性。根据行业发展与经济周期变化的关联程度，我们可以把行业分为成长型行业、保持型行业和周期性行业。

其中，成长型行业受经济周期的影响程度小，其预期盈利增长率明显高于其他行业的平均利润水平，不论经济是否进入衰退时期，成长型行业都能保持相当的发展速度，处于成长型行业中的企业适合信贷投放；保持型行业的业绩受经济周期变化的影响小，无论在什么时候，一般保持匀速发展的态势，处于该行业中的企业也适宜于信贷投放；而周期性行业的业绩随经济周期的变化而呈现出周期性变动，有的可能与经济周期正相关变动，有的与经济周期呈反方向变动。如果与经济周期呈正相关变动，那么在经济衰退时期不宜对处于其中的企业发放贷款，而如果与经济周期呈负相关变动，那么即使在经济衰退时期也不影响银行的信贷投放。

此外，在行业周期性分析中，要注意时间性，行业的周期可能超前、同步或滞后于经济周期。如果行业周期超前于经济周期，则行业的生产、销售等经营活动可能先经济的繁荣而繁荣，先经济的萧条而萧条；如果行业周期同步于经济周期，则行业的生产、销售等经营活动直接反映经济的周期性；滞后经济周期的行业，其经营活动则总是慢于经济周期一步。对行业的周期性特征，需要通过对借款人的调查分析及从公开刊物上了解的信息作出判断。

(四) 从产业政策、法规因素着手分析

政府的行业政策在很大程度上决定了某行业是否能获得资金支持和政策优惠，进而决定了该行业系统性风险的大小及其变化趋势。银行信贷工作人员在信贷经营管理工作中要根据行业主管部门的发展规划，对行业技术结构、产品种类、地区分布和运营体制等方面的变动趋势进行全面分析。例如，属于国家重点保护的行业，在保护期内风险相对较小，适宜于信贷投放；属于国家积极支持发展的行业，在相当时期内发展将比较迅速，风险较小，适宜于信贷投放；属于国家限制发展或调整的行业或产品，往往发展空间不大，风险较高，不宜信贷投放；国家明令禁止发展的产品，风险极高，一般不予信贷投放。

同样，国家的法律法规完备与否、新法规的出台也将对行业产生不可估量的影响，进而影响银行信贷资金的安全。法制不完整的行业，因缺乏有力的制度保证，企业间纠纷较多，易受到冲击，系统性风险往往较高，信贷资产的安全性易受到威胁。法律法规确定着目标行业的制度、模式和运行了空间，因此法律法规的发展变化，可能改变行业的发展模式，也可能改变行业内资金循环方式，形成或减少风险因素。如《野生动物保护法》的出台，使以野生动物的器官为原料的制药业受到严重的影响；《可再生能源法》、《循环经济促进法》、《环境保护法》、《节约能源法》以及正在起草审议的《能源法》对污染严重的造纸厂、化肥厂等一些在生产制造过程中产生有害废物的行业产生重要影响；税收政策、存贷款利率政策的变化和调整，可能减轻许多企业的利息负担，增强其还款能力。

(五) 从行业的技术进步因素着手分析

技术进步一般体现为产品生产方法或生产组织形式的进步，生产成果品质的进步和新的生产领域得到开拓。在科学技术发展日新月异的今天，新技术向实用技术的转化过程被大大缩短，技术进步对行业的生存和发展会产生极其深刻的影响，有时甚至是决定性的影响。因此，银行在把握信贷投向时，要考虑技术进步因素的影响，对于技术更新快、产品升级换代频繁的行业应谨慎对待。

(六) 从社会习惯因素着手分析

社会习惯对行业发展的影响主要是由消费习惯、消费方式、消费心理的改变引起的。例如，国民经济的快速发展、居民生活水平稳步提高、新的社会消费观念和消费习惯形成，

刺激了人们许多潜在的消费需求，促进了相关行业的发展。

(七) 从行业的依赖性和产品的替代性因素着手分析

在分析借款人所在行业的风险时，不仅要分析借款人本身所在的行业，还必须分析其所依赖的行业。借款人所在行业对其他一个或两个行业的依赖性越大，贷款的潜在的风险就越大，行业的供应链或客户群越多元化，则贷款的风险越小。以汽车制造业为例，如果这一行业呈现出萧条的迹象，那么钢铁、玻璃和轮胎等行业的生产和销售就有下降的可能。

此外，还要分析产品的可替代性。如果一个行业的产品性能独特并自然垄断，例如城市供水、供电行业，那么不存在替代产品，也就不存在行业产品被替代的风险；而如果一个行业的产品有许多替代品，而且转换成本较低，则该行业产品被替代的可能性就很大，相应的行业风险也就比较大。

(八) 从行业的成本结构因素着手分析

企业的成本由固定成本和变动成本组成，不同的行业，其成本结构有不同的特征。如果企业的固定成本占比比变动成本高，则说明企业具有较高的经营杠杆，其生产量越大，盈利性越高，相反，低经营杠杆的企业在产量时，处于较有利的地位，因为它可以很容易地压缩其变动成本。成本结构的分析说明，高经营杠杆的行业比低经营杠杆的行业有更高的风险，如航空业、咨询业、软件业。

二、经营风险因素分析

通过对借款人行业风险的分析，我们已经能够对借款人所在的行业整体的共性风险有一定的认识，但行业中的每个企业又有其独特的自身特点，在信贷分析时，应对每个借款人的经营风险作具体的分析。

(一) 借款人总体特征分析

借款人总体特征分析可以从企业的规模、产品多样化程度、经营策略三个方面入手。

1．企业的规模

一般情况下，一个企业的规模越大，市场份额就越大，其经营也就越稳定，风险越小；反之，企业的规模越小，市场份额越小，很容易被对手挤出市场，风险也就越大。当然，规模是一个相对数，必须与同行业的其他企业比较才有意义。

2．产品多样化程度

如果企业产品单一，客户单一，而且产品用途少，那么该企业风险就大。另外，如果企业有多种产品，但已经有个别产品不能为企业带来利润，那么这也蕴涵一定的风险。

3．经营策略

经营策略是在企业经营管理活动中，为实现其经营目标而采取的行动及其行动方针、方案和竞争方式。考察分析一个企业，必须弄清企业的经营目标是什么、是否合理、为完成目标所采取的策略是否可行、业务完成目标的可能性有多大、管理人员是否能够应付其中的风险等问题。

(二) 借款人产品与市场分析

1. 产品分析

产品分析主要是分析产品在社会生活中的重要性和产品的独特之处。若产品是需求稳定的常用品且质量好，则风险就低；反之则高。

2. 市场分析

市场分析主要围绕市场竞争的激烈程度、企业对市场价格和需求的控制能力、客户的分散程度以及销售方法等。若产品质量不好、价格便宜、供货快、竞争对手少，则风险就小。

(三) 借款人采购环节分析

借款人采购环节分析可从原料价格风险、购货渠道风险和购买量风险三个方面入手。

1. 原料价格风险

借款人如果能影响供应商的价格，就能够很好地控制生产成本，按计划完成生产、经营周期，获取利润，承担较低风险，否则可能会因价格过高而不能维持生产经营的连续性。

2. 购货渠道风险

如果借款人购货渠道单一，且经常发生变化，则其他生产所需的原料供给不能得到保证，生产不能如期完成，那么对银行来说，贷款可能不能及时收回。

3. 购买量风险

借款人原材料的购买量要根据存货管理计划、生产规模来确定。供应不足会影响生产，过量的供应也会带来过高的成本。

(四) 借款人生产环节分析

借款人生产环节分析重点在于分析生产的连续性、生产技术更新的敏感性以及产品质量的管理。生产的连续进行是企业有效控制生产成本、顺利实现产品销售并赢得客户信赖的重要保证。严格的生产管理、完善的安全生产保障措施、配套的环保措施以及融洽的劳资关系等是企业生产连续性的重要保证。先进的生产技术是企业提高生产效率和产品性能、满足客户需求以及提高竞争力的关键。企业生产技术的先进性可以从企业生产技术更新的速度、在同行业中的水平以及技术更新是否符合行业发展方向等方面来评估。最后，产品质量管理也是企业生存发展的基础。企业是否建立了适合企业特点的质量管理标准和质量管理体系，是评估企业产品质量管理水平的重要标准。

(五) 借款人销售环节分析

销售环节是企业实现销售收入、获取经营利润以及完成其资产转换循环的关键环节，是及时、足额偿还贷款的保障。销售环节应重点分析其产品的销售范围、促销能力、销售的灵活性、销售款的回笼等。从销售环节看，应分析借款人是否存在销售环节过多、客户群是否过分集中、产品售后服务能否跟上等情况。促销能力应分析借款人是否能有效地控制其销售网络、在质量和服务上与同类产品是否存在较大的差距等。销售的灵活性应分析借款人能否根据市场的变化及同类厂家竞争策略的改变作出迅速、合理的反应。

三、管理风险因素分析

一般来说，对借款人管理风险的分析，主要从借款人的组织形式、管理层素质和稳定性、经营思想和企业文化等几个方面进行。

(一) 组织形式

借款人组织形式的改变对借款人还款能力的变化有十分显著的影响。企业因增资扩股、股权拆分(转让)、兼并、联营、并购、重组等导致的组织形式变化，可能对借款人的管理架构产生影响，从而对借款人的现金流量、盈利能力等产生有利或不利的影响。如有些企业通过改制盘活了资产，使老企业扭亏为盈，焕发生机；也有的企业借兼并、破产、重组等改制之际，逃废银行债务。在分析时，要注意分析借款人的股权和组织形式变化对还款能力的影响，对涉嫌利用企业兼并、租赁、转让、承包、分立等形式恶意逃废银行债务的贷款应予以充分关注。

(二) 管理层的素质和稳定性

市场经济条件下企业的竞争主要是人力资源的竞争，管理层的素质是制约许多企业发展的关键性因素。对借款人管理层的素质分析应着重于管理人员的学历、年龄结构、专业经验、管理风格、行业管理经验及熟悉程度等。如果高级管理人员只掌握狭窄的技能、没有处理行业风险的经验或缺少控制经营风险的能力，则管理层将难以很好地应对市场和环境的变化，影响企业的未来发展。同时，管理层的稳定性也是一个十分重要的问题。企业主要管理人员的离任、死亡、更换等均会对其持续、正常的经营管理产生影响。

(三) 经营思想和企业文化

正确的经营思想和健康的企业文化是企业可持续发展的内在源泉。如果企业的董事会或管理层过分地以利润为中心，并且为了短期目标而不顾企业的长期发展，利润分配政策短期化，过度地分配股利，就会影响企业稳定、持续的还款能力。企业的经营稳健性也对贷款风险具有实质性影响，过于冒险的经营会使银行贷款面临较高的风险。企业文化是企业经营管理思想的一种体现，如果一个现代企业突出以人为本的企业文化，强调企业的价值观和凝聚力，强调企业的创新能力和核心竞争力，强调对员工的培训和培养，那么，它必定是一个可持续发展的企业。

(四) 其他因素

借款人的内控制度是否健全、财务管理能力的强弱、员工素质的高低、有无法律纠纷以及关联企业的经营管理状况好坏等均会对借款人的经营管理产生影响。

四、自然、社会因素分析

战争、自然灾害和人口等各种自然和社会因素，均可能给借款人带来意外的风险，从而对借款人的还款能力产生不同程度的影响，如火灾、死亡、拆迁等意外事件。

五、借款人还款意愿分析

在实际工作中，有很多借款人不是无力还款，而是无还款意愿或还款意愿差，有钱不还。因此，银行必须认真分析借款人的还款意愿，这是影响还款的非常重要的非财务因素。

借款人的还款意愿，可从借款人的还款记录，借款人的对外资信，借款人管理层的品格等方面反映出来。借款人的还款记录应在银行的信贷档案中有详细记载，看借款人在历史上有无拖欠银行贷款或与银行不配合等事项；借款人的对外资信可以根据借款人在经营中有无偷税漏税，有无采用虚假的报表、隐瞒事实等不正当手段骗取银行贷款，有无在销售过程中采用欺骗手段骗取客户的信任等来评估；银行信贷人员还可以通过实地调查了解借款企业领导层的品格状况等。

非财务因素对借款人的资信影响具有方向性、时间性和程度差异。商业银行信贷人员在进行非财务因素分析时应有重点地分析一些关键性因素，即分析那些影响方向明显、影响程度大的非财务因素。这就要求信贷人员要拥有丰富的知识和经验，根据自己所掌握的信息进行高水平的判断，准确测定非财务因素对借款人资信状况的影响程度。

此外，不管会计信息是否完整、真实，非财务因素分析都只能是建立在财务分析的基础上。忽视非财务因素对贷款偿还的影响是不恰当的，但过分强调非财务因素分析的作用也不正确。

第三节　个人贷款信用分析

个人贷款信用分析是根据借款人的基本信息和信用历史资料，利用特定方法得到不同等级的信用分数。贷款人据此分析客户按时还款的可能性，从而实现更加科学的产品定价，对“好”的客户采取更加优惠的利率政策，而对高风险客户采取高利率甚至拒绝其贷款申请的政策。

一、分析目的和分析内容

从信用分析的目的来看，个人信用分析与企业信用分析是完全相同的。主要有两个目的：一是分析借款人的还款意愿：二是分析借款人的还款能力。

从分析内容来看，企业信用分析的6C原则(品德，Character；才能，Capacity；资本，Capital；事业连续性，Continuity；担保品，Collateral；经营环境，Condition)，也同样适用于个人信用分析。如图5-1所示。所不同的是由于个人贷款金额小、客户数量大，除住房、汽车等部分抵押贷款外，大多数是信用贷款，还款来源依赖于个人收入，而个人收入从长期看是较为稳定的，因此，个人信用分析更侧重于借款人的品德，即个人消费贷款能否按期偿还更多依赖于借款人的还款意愿。

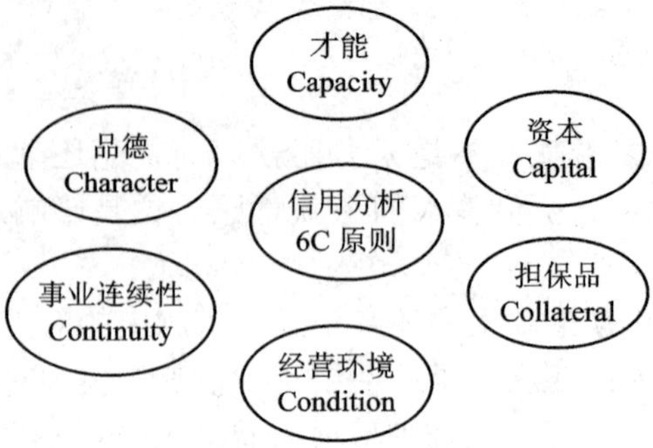

图 5-1　信用分析 6C 原则

二、分析方法

国外商业银行个人信用分析主要采用两种方式：一是判断式信用分析方法；二是经验式信用分析方法。

(一) 判断式信用分析方法

判断式信用分析方法，是通过对贷款申请人财务状况进行分析，也就是对贷款申请人的资产负债的分析，来判断贷款申请人的信用状况。个人财务报表是银行用来评价个人财务状况、确定个人信用高低的最有效的工具。除此之外，银行还可以从个人纳税申报表中了解贷款申请人的收入与支出。具体分析主要有以下内容：

(1) 资产分析。由于贷款申请人的资产种类较多，银行受人、财、物的限制，既不可能，也没必要对个人财务报表上所有资产都进行评估，应该按照如下四个原则来确定所需分析、评估的资产范围：一是抵押原则，即贷款申请人的资产是否可以作为银行的抵押品，许多贷款申请人财产不能够充当合格的抵押品，应将其排除在外；二是变现原则，贷款申请人是否有计划将资产变现来偿还贷款；三是重要性原则，贷款申请人从资产获得的收入是否是其重要的收入来源；四是比重原则，某项资产占贷款申请人总资产的比重是否超过了 10%，如果超过了，则银行应将其视为重要资产面进行分析。

在进行贷款申请人资产分析时，须注意三方面的问题：价值和稳定性——作为贷款抵押品或担保品的资产价值在贷款期间可能发生多大变化？流动性——资产是否有现成的市场，变现是否较容易？所有权和控制权——贷款申请人是否拥有并控制着这些资产？贷款申请人对资产所有权是否真实？

(2) 收入分析。对于经常性收入资料(包括工资和其他经常性收入)，银行必须依赖贷款申请人提供，但贷款申请人常常夸大其收入水平。银行进行收入分析的关键在于确定贷款申请人的所有收入来源，并通过纳税申请表、雇主咨询、资产所有权证等手段，核实收入金额的准确性及稳定性。

(3) 负债分析。在分析贷款申请人的负债项目时，银行要特别注意审查以下几点：一是贷款申请人是否列出其所有负债；二是哪些负债有资产价值作担保；三是借款申请人是否存在或有负债，如对外担保等；四是是否存在未决诉讼。五是负债中有无拖欠。

(4) 综合分析。将从贷款申请人的财务报表中获得的每项信息有机地组织起来，从而确定潜在的抵押品或还款来源、确定流动性负债、确定所有者权益、确定贷款申请人的速动比率和所有者权益比率，并作为最终发放贷款的依据。

综合分析首先通过调整后的资产负债表按资产流动性强弱排序，确定最容易变现的流动性资产或第二还款来源的资产，以及其他可变现资产。其次通过对负债表调整，确定客户短期债务和下一年的债务，评估贷款申请人的现金流量。最后，计算出贷款申请人的速动比率和所有者权益与资产比率。

判断式信用分析的效果取决于贷款员估计借款人偿还债务能力和意愿的经验和洞察力。这种评估类似于工商业贷款信用评估，消费贷款贷款员必须了解借款人的特点、贷款用途、第一还款来源和第二还款来源。判断式信用分析有两个明显的不足是受信用分析人的主观意愿影响较大；二是烦琐、费时。

(二) 经验式信用分析方法

经验式信用分析方法也称为消费信用的评分体系，即建立信用评价模型，赋予影响贷款申请人信用的各项因素以具体的分值，就是对贷款申请人各方面的情况进行量化，然后将这些分值的总和与预先规定的“接受—拒绝”临界分值进行比较。如果贷款申请人总分低于临界分值，则拒绝贷款申请。这是一种非常客观的信用分析方法，可以消除对贷款申请人的标准掌握的主观随意性。

1914 年，David Durand 对借款人贷款建立了他自已的评分标准，被许多资信调查人员奉为经典。 David Durand 评分体系考虑以下 9 个因素，并据以对贷款申请人信用状况进行评分。

(1) 年龄，一般年龄越大，评分越高，但有上限。20 岁以后每年给 0.01 分，最高分为 0.3 分。

(2) 性别，一般认为女性风险比较小，得分较高，给 0.4 分，男性给 0 分。

(3) 居住的稳定性，每年都居住在现住所的，给 0.42 分，最高分为 0.42 分。

(4) 职业，好职业给 0.55 分，坏职业给 0 分，其他给 0.16 分。

(5) 就业的产业，在公共行业、政府部门和银行给 0.21 分。

(6) 就业的稳定性，每年都工作在现在的部门给 0.59 分。

(7) 在银行有账户，给 0.45 分。

(8) 有不动产，给 0.35 分。

(9) 有生命保险，给 0.19 分。

9 项总计为 2.12 分。David Durand 将临界分值定为 1.25 分。该评分系统为许多商业银行分析借款人信用提供了新思路，也为银行进行消费贷款决策提供了一种量化分析的新思路。众多商业银行纷纷效仿这种信用分析方法对贷款申请人进行信用分析。

信用评分的哲学基础是实用主义和经验主义，其目的是预测风险，而不是解释风险，基本理论是通过观察过去借款的大量人群能够识别影响贷款质量的财务、经济基础和动机等因素，也有助于在将来把优劣贷款区别开来。当然，其中含有可能接受的很小的错误风险。如果经济基础或其他因素发生剧烈变化，则这一假定可能就是错的，所以，好的信用评分系统要经常重新测试和修改。

信用评分的发展经历了三个阶段：第一阶段，是以客户分类为核心的信用分析阶段。

通过描述性统计学方法，如均值、方差、概率分布和探索性统计方法，利用聚类分析、因子分析和相关分析等对客户的未来表现进行初步评估和分类。这一方法在20世纪60年代是主流，这是由当时所具有的数据条件、分析技术和计算技术条件决定的。第二阶段，是以预测模型为核心的信用评分阶段。这是信用分析技术的重大突破，它通过内部信息和外部信息进行深度挖掘，提炼出大量的反映借款人行为特征和信用能力的衍生变量，并运用先进的数理统计技术把各种信息变量进行综合，从而系统地对客户未来某方面的信用表现做出预测。这类模型在20世纪80年代推广应用。第三阶段，是以决策模型为核心的信用评分阶段。比预测模型更进一步，把决策的影响数量化，未来信用表现不仅是消费自身特征的函数，而且是决策的函数，决策模型分析技术在20世纪90年代中后期开始应用于个人贷款管理中。

信用评分系统是一种非常客观的评价方法，可以消除对贷款申请人的标准掌握的主观随意性。但是，信用评分体系需运用复杂的统计工具，其信息收集和定期调整的成本昂贵。更重要的是信用评分系统缺点在于：一是统计数据采用历史值，可能完全不适用推测目前值；二是统计数据仅包括获得贷款的贷款申请人，不包括被拒绝的贷款申请人，因此被拒绝的贷款申请人信用记录无法产生。

本章小结

财务分析就是以财务报表和其他资料为依据和起点，采用专门方法，系统分析和评价企业的财务状况、经营成果和现金流量状况的过程。财务分析是评价财务状况及经管业绩的重要依据，是实现理财目标的重要手段，也是实施正确授资决策的重要步骤。

财务分析方法多种多样，但常用的有以下三种方法：比率分析法、因素分析法和趋势分析法。

财务分析的内容主要包括以下四个方面：偿债能力分析、营运能力分析、盈利能力分析和现金流量分析。企业偿债能力分析包括短期偿债能力分析和长期偿债能力分析。企业短期偿债能力的衡量指标主要有流动比率、途动比率和现金比率。长期偿债能力是指企业偿还长期负债的能力，其分析指标主要有三项：资产负债率、产权比率和利息保障倍数。企业营运能力分析主要包括：流动资产周转情况分析、固定资产周转率分析和总资产周转率分析三个方面。企业盈利能力的一般分析指主要有销售利润率、成本利润率、资产利润率、净资产收益率和资本保值增值率。

财务综合分析就是将企业营运能力、偿债能力和盈利能力等方面的分析纳入一个有机的分析系统之中，全面地对企业财务状况、经营状况进行解剖和分析，从而对企业经济效益作出较为准确的评价与判断。财务综合分析的方法主要有两种：杜邦财务分析体系法和沃尔比重评分法。

非财务因素分析是指对企业财务因素变动以外的因素所进行的分析，它能够起到全面、动态地判断借款人的还款能力，评估货款偿还的可能性，促进银行的信贷管理工作的作用。非财务因素分析包括借款人经营风险因素分析，借款人管理风险因素分析，借款人行业风险因素分析，自然、社会因素分析以及借款人还款意愿分析等内容。

重要概念

财务分析	偿债能力	经营风险	流动资产
营运能力	管理风险	流动负债	现金流
信用评级	所有者权益	非财务因素	6C 原则
盈利能力	行业风险		

思考与练习

1．试述财务分析的主要内容和方法。
2．试述非财务因素分析的作用及主要作用。
3．试述客户信用评级的方法以及阐述评级与授信的关系。

第六章

商业银行贷款管理理论与实务(下)

商业银行有与生俱来的风险，这些风险是在资产负债业务的经营过程中产生的。贷款是商业银行主要的资产业务，建立一套科学的贷款分类方法，是识别贷款风险、加强贷款风险管理、促进银行稳健经营不可缺少的重要条件。

为保证金融业的安全，中央银行必须对商业银行实行有效监管，其中包括对贷款质量、政策、程序、管理和控制等方面的管理。从宏观上看，贷款质量与结构是衡量一家银行管理水平的重要指标，也是其他考核指标计算的基础、对贷款的科学分类，有利于中央银行的金融监管。

本章学习目标

(1) 掌握担保贷款的含义及其三种主要形式。

(2) 掌握质押贷款的含义、质押贷款与抵押贷款的区别，了解质物的选择范围等内容。

(3) 了解其他贷款的基本内容，如项目贷款、银团贷款、并购贷款等。

第一节　担保贷款管理

担保贷款是指由借款人或第三方依法提供担保而发放的贷款。要求借款人提供担保，是保障银行债权实现的一项重要法律措施，当借款人财务状况恶化、违反借款合同或无法偿还贷款本息时，银行可以通过执行担保来收回全部或部分贷款本息，从而提高了偿还贷款的可能性，降低银行贷款的损失风险。

根据担保方式的不同，担保贷款可分为保证贷款、抵押贷款和质押贷款三种。

一、保证贷款

所谓保证是指保证人和债权人约定，当债务人不履行其债务时，保证人按照约定履行债务或者承担责任的担保方式。保证贷款是担保人以其自有的资金和合法资产保证借款人按期归还贷款本息的一种贷款形式。

(一) 保证人的资格条件

(1) 无民事行为能力和限制民事行为能力的自然人，不可以作为担保人。

(2) 公司未经同意不得为债务提供保证。

(3) 国家机关不得为保证人。

(4) 学校、幼儿园、医院等以公益为目的的事业单位、社会团体不得为保证人。

(5) 企业法人的分支机构、职能部门不得为保证人。

为顺利取得银行贷款，企业应该选择那些实力雄厚、信誉好的法人或公民作为贷款保证人。若银行等金融机构能作为企业的保证人，则效果更为理想，借款企业取得银行贷款更为容易。

(二) 保证方式与保证责任

保证责任的承担方式有两种：一种是一般保证，即当事人在保证合同中约定，债务人不能履行债务时，则保证人承担保证责任；一种是连带责任保证，即当事人在保证合同中约定保证人与债务人对债务承担连带责任。

这两种方式的不同在于：一般保证的保证人在主合同纠纷未经审判或者仲裁，并就债务人财产依法强制执行仍不能履行债务前，对债权人可以拒绝承担保证责任；而连带责任保证的债务人在主合同规定的债务履行期届满没有履行债务的，债权人可以要求债务人履行债务，也可以要求保证人在其保证范围内承担保证责任。一般保证债务具有补充性，保证人具有先诉抗辩权；连带保证债务不具有补充性，而具有赔偿性，保证人亦无先诉抗辩权。即使主债务人有履行能力，债权人要求主债务人履行之前，便要求保证人履行，保证人也不得拒绝履行保证义务。因此，保证人的保证责任也因保证方式的不同而不同。

(三) 保证期间

保证期间，是指当事人约定的或者法律规定的，保证人承担保证责任的期限。保证人与债权人约定保证期间，按照约定执行。保证人和债权人未约定保证期间的，法律规定保证期间为 6 个月。保证期间均自主债务履行期届满之日起计算。一般保证的债权人在保证期间内未对债务人提起诉讼或者申请仲裁的，保证人免除保证责任; 连带责任保证的债权人在保证期间内没要求保证人承担保证责任的，保证人免除保证责任。

二、抵押贷款

所谓抵押，是指抵押人和债权人以书面形式订立约定，不转移抵押财产的占有，将该财产作为债权的担保。抵押贷款是指以借款人或第三方财产作为抵押发放的贷款。如果借款人不能按期归还贷款本息，则银行将行使抵押权，处理抵押物以收回贷款。在抵押贷款中，借款人或者第三方为抵押人，贷款银行为抵押权人，提供担保的财产为抵押物。

(一) 抵押物的选择原则

抵押物的选择直接关系到信贷质量的好坏，关系到银行的生存与发展。因此银行在选择贷款抵押物时一定要慎重。在选择抵押物时必须坚持以下四个原则：

(1) 合法性原则。合法性原则指贷款抵押物必须是法律允许设定抵押权的财产。因为只有法律允许设定抵押权的财产，才能最终履行抵押责任，保证贷款安全。

(2) 易售性原则。易售性原则指抵押物的市场需求相对稳定，一旦处分抵押物时能够迅速出手，且无须太多的处分费用。

(3) 稳定性原则。稳定性原则指抵押物的价格和性能相对稳定，市场风险小，同时也易于保管，不易变质。

(4) 易测性原则。易测性原则指抵押物的品质和价值易于测定。

(二) 抵押物的选择范围

1. 可作为抵押标的财产

根据《物权法》第 180 条的规定，下列财产可以抵押：

(1) 抵押人所有的房屋和其他地上定着物；

(2) 抵押人所有的机器、交通运输工具和其他设备；

(3) 抵押人依法有权处分的国有土地的使用权、房屋和其他地上定着物；

(4) 抵押人依法有权处分的国有的机器、交通运输工具和其他设备；

(5) 抵押人依法承包并经发包方同意抵押的荒山沟、荒丘、荒滩等荒地的土地使用权；

(6) 依法可以抵押的其他财产。

2. 不可充当抵押物的财产

《物权法》不仅规定了可作为抵押标的的财产，同时在第 184 条中规定了以下不可充当抵押物的财产：

(1) 土地所有权；

(2) 耕地、宅基地、自留地、自留山等集体所有的土地使用权，但法律规定可以抵押的除外；

(3) 学校、幼儿园、医院等以公益为目的的事业单位、社会团体的教育设施、医疗卫生设施和其他社会公益设施；

(4) 所有权、使用权不明或者有争议的财产；

(5) 依法被查封、扣押、监管的财产；

(6) 属于淘汰落后生产能力、工艺的生产设备；

(7) 在信用期内将丧失使用价值的财产；

(8) 法律法规规定不得抵押的其他财产。

(三) 抵押率的确定

在抵押物的估价中，确定抵押率也非常关键。贷款人员应根据抵押物的评估现值，分析其变现能力，充分考虑抵押物价值的变动趋势，科学地确定抵押率。确定抵押率的依据主要有以下两点内容：一是抵押物的适用性、变现能力。选择的抵押物适用性要强，由适用性判断其变现能力。对变现能力较差的，抵押率应适当降低。二是抵押物价值的变动趋势。

(四) 抵押期间

广义的抵押期间是指抵押权存续期间，抵押权存续期间是指抵押权成立之日起至抵押权消灭之日止之间的期限。对于需要登记的抵押物，如房产和土地等，抵押权从登记之日起成立；对于不需要登记的抵押物，如生产设备等，抵押权自抵押合同生效之日起成立。

狭义的抵押期间是指抵押权人行使抵押权的有效期限，超过此期限，抵押权人即不能行使抵押权。

三、质押贷款

质押是债务人或第三人向债权人移转某项财产的占有权，并由后者掌握该项财产，以作为前者履行某种支付金钱或履约责任的担保。当这种责任履行完毕时，质押的财产必须予以归还。债务人不履行责任时，债权人有权依法将质物折价或者拍卖，并对所得价款优先受偿。质押贷款是指按照法律规定的质押方式，以借款人或第三人的动产或权利作为质押物而发放的贷款。中国担保法规定，质押分为动产质押和权利质押两种。可作为质押的权利有：汇票、支票、本票、债券、存款单、仓单、提单；依法可以转让的股份、股票；依法可以转让的商标专用权、专利权、著作权中的财产权；依法可以质押的其他权利。

(一) 抵押贷款和质押贷款的区别

抵押贷款和质押贷款的区别如下：

(1) 标的物的范围不同。质权的标的物为动产和财产权利，动产质押形式的质权为典型质权。我国法律未规定不动产质权。抵押权的标的物可以是动产和不动产，以不动产最为常见。

(2) 标的物的占有权是否发生转移不同。抵押权的设立不转移抵押标的物的占有，而质权的设立必须转移质押标的物的占有。这是抵押与抵押最本质的区别。

(3) 对标的物的保管义务不同。抵押权的设立不交付抵押物的占有，因而抵押权人没有保管标的物的义务，而在质押的场合，质权人对质物则负有妥善保管的义务。

(4) 能否重复设置担保不同。在抵押担保中，抵押物价值大于所担保债权的余额部分，可以再次抵押，即抵押人可以同时或者先后就同一项财产向两个以上的债权人进行抵押。也就是说，法律允许抵押权重复设置。而在质押担保中，由于质押合同是从质物移交给质权人占有之日起生效，因此在实际中不可能存在同一质物上重复设置质权的现象。

(5) 受偿顺序不同。在质权设立的情况下，一物只能设立一个质押权，因而没有受偿的顺序问题。而一物可设数个抵押权，当数个抵押权并存时，有受偿的先后顺序之分。

(6) 对标的物孳息的收取权不同。在抵押期间，不论抵押物所生的是天然孳息还是法定孳息，均由抵押人收取，抵押权人无权收取。只有在债务履行期间届满，债务人不履行债务致使抵押物被法院依法扣押的情况下，自扣押之日起，抵押权人才有权收取孳息。在质押期间，质权人依法有权收取质物所生的天然孳息和法定孳息。

(二) 质押财产的选择范围

1. 商业银行可接受的质物

(1) 出质人所有的、依法有权处分的机器、交通运输工具和其他动产；

(2) 汇票、支票、本票、债券、存款单、仓单、提单；

(3) 依法可以转让的股份、股票；

(4) 依法可以转让的商标专用权，专利权、著作权中的财产权；

(5) 依法可以质押的其他权利，这项规定，是为了今后逐步扩大权利质押的范围而设定的。

2．商业银行不可接受的质物

(1) 所有权、使用权不明或有争议的财产；

(2) 法律法规禁止流通的财产或者不可转让的财产；

(3) 国家机关的财产；

(4) 依法被查封、扣押、监管的财产；

(5) 珠宝、首饰、字画、文物等难以确定价值的财产；

(6) 租用的财产；

(7) 其他依法不得质押的其他财产。

(三) 质押价值的确定

质押价值应按如下原则确定：

(1) 对于有明确市场价格的质押品，如国债、上市公司流通股票、存款单、银行承兑汇票等，其公允价值即为该质押品的市场价格。

(2) 对于没有明确市场价格的质押品，如上市公司法人股权等，则应当在以下价格中选择较低者为质押品的公允价值：① 公司最近一期经审计的财务报告或税务机关认可的财务报告中所写明的质押品的净资产价格；② 以公司最近的财务报告为基础，测算公司未来现金流入量的现值，所估算的质押品的价值；③ 如果公司正处于重组、并购等股权变动过程中，则可以交易双方最新的谈判价格作为确定质押品公允价值的参考。

(四) 质押率的确定

信贷人员应根据质押财产的价值和质押财产价值的变动因素，科学地确定质押率。

确定质押率的依据主要有：

(1) 质物的适用性、变现能力。对变现能力较差的质押财产应适当降低质押率。

(2) 质物、质押权利价值的变动趋势。一般可从质物的实体性贬值、功能性贬值及质押权利的经济性贬值或增值三方面进行分析。

(五) 质押的效力

质押的效力主要涉及以下两个方面的内容：

(1) 债权人有权依照法律规定以该质押财产折价或者以拍卖、变卖该财产的价款优先受偿。

(2) 质押担保的范围。质押担保的范围包括主债权及利息、违约金、损害赔偿金、质物保管费用和实现质权的费用。当事人另有约定的，按照约定执行。

第二节　项目贷款管理

项目贷款是指贷款人向特定的工程项目提供贷款协议融资，对于该项目所产生的现金流量享有偿债请求权，并以该项目资产作为附属担保的融资类型。它是一种以项目的未来收益和资产作为偿还贷款的资金来源和安全保障的融资方式。

项目融资始于20世纪30年代美国油田开发项目，后来逐渐扩大范围，广泛应用于石油、天然气、煤炭、铜、铝等矿产资源的开发，如世界最大的，年产80万吨铜的智利埃斯康迪达铜矿，就是通过项目融资实现开发的。项目融资作为国际大型矿业开发项目的一种重要的融资方式，是以项目本身良好的经营状况和项目建成、投入使用后的现金流量作为还款保证来融资的。它不需要以投资者的信用或有形资产作为担保，也不需要政府部门的还款承诺，贷款的发放对象是专门为项目融资和经营而成立的项目公司。

一、项目贷款的类型

项目贷款包括两方面内容。

(1) 无追索权的项目融资。无追索权的项目融资也称为纯粹的项目融资，在这种融资方式下，贷款的还本付息完全依靠项目的经营效益。同时，贷款银行为保障自身的利益必须从该项目拥有的资产取得物权担保。如果该项目由于种种原因未能建成或经营失败，其资产或受益不足以清偿全部的贷款时，则贷款银行无权向该项目的主办人追索。

(2) 有追索权的项目融资。除了以贷款项目的经营收益作为还款来源和取得物权担保外，贷款银行还要求有项目实体以外的第三方提供担保。贷款行有权向第三方担保人追索。但担保人承担债务的责任，以他们各自提供的担保金额为限，所以称为有限追索权的项目融资。

二、项目贷款的主要特点

与传统的公司贷款相比较，项目贷款有其自身的特点，主要表现在以下几个方面：

1. 以项目本身的经济强度为贷款的信用基础

项目贷款以项目为导向，主要依赖于项目自身的现金流量和资产实力来安排贷款，而不是依赖于项目的投资者或发起人自身的信用。贷款的数量、贷款成本的高低以及贷款结构的设计都与项目的预期现金流量和资产价值直接联系在一起。贷款银行在项款中主要关注项目在贷款期间能够产生多少现金流量用于还本和支付利息。

2. 无追索权或有限追索权

项目的发起人或股本投资人只对项目的借款承担有限的担保责任，商业银行等债权人只能对项目公司的股东或发起人追索有限的责任。有限追索主要体现在时间、金额和对象等三个方面，商业银行等贷款人可以在贷款的某个特定阶段、某个规定的范围内以事先约定的金额对项目借款人实施追索，但均不能追索到项目借款人除该项目资产、现金流量以及所承担的义务之外的任何形式的资产。

3. 使发起人实现表外融资

项目发起人通过组建独立的法律主体——项目公司，然后以项目公司的名义融资，由于项目公司具有独立的法律人格地位且项目发起人在项目公司中的股份不超过一定的比例，因此，项目贷款所产生的巨大数额的负债不会反映在项目发起人的资产负债表中。这种表外融资安排，给项目发起人创造了较为宽松的财务环境，有利于其调整资金结构。

4．信用结构多样化

在项目贷款中，用于支持贷款的信用结构安排非常灵活，且种类形态呈多样化特征，这些信用支持可在不同项目建设环节中予以采用，以保障贷款银行的利益。如在市场方面，利用购买某种产品协议，使用产品合同作为融资的信用支持；在工程建设方面，利用设备零部件供应合同、原材料供应合同、承包合同的支持提高项目的信用水平等。

5．借贷资金量大，融资占比高，贷款利率高

项目贷款一般用于大型、重点项目建设，借贷的资金量往往较大，许多项目往往需要几千万元、上亿元，甚至更多。而且，项目贷款主要考虑项目未来能否产生足够的现金流量偿还贷款以及项目自身风险等因素，对投资者投入的权益资本金数量没有太多要求，因此银行贷款在借款人的总体资金来源中占比较高。此外，由于项目贷款风险高，贷款结构、担保体系复杂，参与方较多，因此前期需要做大量协议签署、风险分担、咨询顾问的工作，需要产生各种融资顾问费、成本费、承诺费、律师费等，最终导致项目贷款同其他融资方式相比融资成本较高。

6．风险重点突出

项目贷款的风险重点要在于项目本身，而非发起人。传统的借贷关系中，贷款人承担的贷款无法收回的风险主要来自借款人自身，而不是借款人的投资项目，因此贷款人往往不对借款人的投资项目和资金具体运用进行实质性的考察监控。而在项目贷款中，贷款人虽然也关心作为项目公司发起人的信用情况，但更注重对项目自身的实质性考察和评估。贷款人的风险更主要的是来自项目本身，而非项目的发起人。

三、项目贷款的参与者

由于项目融资的结构复杂，因此参与融资的利益主体也较传统的融资方式要多。概括起来主要包括以下几种：项目公司、项目投资者、银行等金融机构、项目产品购买者、项目承包工程公司、材料供应商、融资顾问、项目管理公司等。

项目公司是直接参与项目建设和管理，并承担债务责任的法律实体，也是组织和协调整个项目开发建设的核心。项目投资者拥有项目公司的全部或部分股权，除提供部分股本资金外，还需要以直接或间接担保的形式为项目公司提供一定的信用支持。金融机构(包括银行、租赁公司、出口信贷机构等)是项目融资资金来源的主要提供者，可以是一两家银行，也可以是由十几家银行组成的银团。

项目融资过程中的许多工作需要具有专门技能的人来完成，而大多数的项目投资者不具备这方面的经验和资源，需要聘请专业融资顾问。融资顾问在项目融资中发挥重要的作用，在一定程度上影响到项目融资的成败。融资顾问通常由投资银行、财务公司或商业银行融资部门来担任。

项目产品的购买者在项目融资中发挥着重要的作用。项目的产品销售一般是通过事先与购买者签订的长期销售协议来实现。而这种长期销售协议形成的未来稳定现金流构成银行融资的信用基础。特别是资源性项目的开发受到国际市场需求变化影响，价格波动较大，能否签订一个稳定的、符合贷款银行要求的产品长期销售协议往往成为项目融资成功实施

的关键。如澳大利亚的阿施顿矿业公司开发的阿盖尔钻石项目，欲采用项目融资的方式筹集资金。由于参与融资的银行认为钻石的市场价格和销售存在风险，因此融资工作迟迟难以完成，但是当该公司与伦敦信誉良好的钻石销售商签订了长期包销协议之后，阿施顿矿业公司很快就获得银行的贷款。

四、项目贷款的主要风险

项目贷款主要有以下风险：

(1) 政策性风险。政策性风险主要表现在国家根据国民经济发展需要，为加强宏观调控、进行产业结构调整而制定的通过鼓励、限制或禁止某些产业、产品和技术发展，合理配置、利用资源，优化经济结构的经济政策，即产业政策方面的变化所带来的风险。

(2) 行业性风险。行业性风险主要表现为在某些行业因市场发展变化快，行业发展生命期短，或者某些行业的发展本身已处于衰落期，再或者是行业本身处于高风险领域等而可能造成的收益不确定性。

(3) 区域性风险。区域性风险主要是指因地理、人文、经济、气候等环境的不同而产生的风险和因地方政府行政行为而产生的风险。

(4) 操作性风险。操作性风险主要表现为项目贷款运作过程中企业或银行人为地违反相关政策法规和规定而产生的风险。

(5) 盲目性风险。盲目性风险主要表现为企业盲目跟风上项目、银行盲目跟风对某一行业或企业过度集中放贷款所产生的风险。

(6) 偶然性风险。偶然性风险主要是指洪涝、地震、风暴等偶然的突发性自然灾害和战争所带来的风险。

五、项目贷款的风险管理

1. 项目贷款风险预警

贷款风险预警是指在贷款操作和监管过程中，根据事前设置的风险控制指标变化所发出的警示性信号，分析预报贷款风险的发生和变化情况，提示贷款行要及时采取风险防范和控制措施。贷款风险预警包括微观预警和宏观预警。微观预警是根据各种风险预警信号，及时判断单个借款人或单笔贷款的风险程度和风险性质。宏观预警是在微观预警的基础上，通过对贷款风险分类监测，依据贷款组合风险分析，综合评价贷款质量状况，判断全行或地区或行业的贷款风险程度。

2. 项目贷款风险控制

风险控制是指风险管理者采取各种措施和方法，消灭或减少风险事件发生的各种可能性，或者减少风险事件发生时造成的损失，对各种专项贷款，要按照项目管理程序，对贷款项目进行立项、评估、审批、实施、验收、评价的管理过程，以确保贷款项目的成功。严格执行贷款操作规程，实行贷款审贷分离和贷款审批授权制度，按照贷款“三查”程序规范操作，签订借款合同，确保要素完整、合法有效，规避操作风险。

3．项目贷款风险监督

金融监管部门严格要求贷款风险的监管：对于项目贷款质量分类，由信贷和会计部门按有关规定适时认定，并按照贷款质量五级分类监测要求进行归并统计；实行贷款质量分种类、分地区动态监测；围绕贷款风险五级分类，设置若干贷款质量评价指标，监测贷款质量静态分布和动态变化情况、贷款质量的量比及其变动情况、贷款质量布局和地区、行业、种类等结构情况，评价贷款质量稳定性和不良贷款风险程度。

第三节 银团贷款管理

银团贷款亦称“辛迪加贷款”，是由获准经营贷款业务的一家或数家银行牵头，多家银行与非银行金融机构参加而组成的银行集团采用同一贷款协议，按商定的期限和条件向同一借款人提供融资的贷款方式。产品服务对象为有巨额资金需求的大中型企业、企业集团和国家重点建设项目。当借款者寻求的资金数额太大，以至于任何一个单一的银行都无法承受该借款者的信用风险时就产生了对银行团体的需求。银团贷款市场的使用者是在银行贷款市场寻求大额融资的借款者。

一、银团贷款的产生与发展

银团贷款的历史可追溯到20世纪60年代。1968年，以银行家信托公司与雷曼兄弟银行为代理行，共计12家银行参加组成的银团对奥地利发放了金额为1亿美元的首笔国际银团贷款，从此，银团贷款作为一种中长期融资方式正式登上了国际金融舞台，并且由于其可以满足借款人和银行双方的多种需求面受到了普遍欢迎，并由此得到了迅速发展。

从国际银团贷款的发展看，大致经历了三个大的发展阶段：

第一阶段，以支持基础设施为主的项目融资阶段(20世纪60至80年代中期)。早期的银团贷款是以发展中国家和欧洲国家的公路、电力、石化和通信等基础设施建设为代表的项目融资为主。1968年银团贷款创立，当年银团贷款总额为20亿美元；1973年银团贷款迎来了第一个高峰，达到195亿美元；1981年银团贷款达1376亿美元，占国际资本市场长期贷款融资额的74%。从1982年到1986年，由于拉美国家债务危机、石油输出国银行存款大量减少以及西方工业国家国内经济复苏对资金需求量增加等原因，国际银团贷款锐减，1985年下降到189亿美元，以基础设施为代表的项目融资银团贷款进入缓慢发展时期。

第二阶段，以并购杠杆交易推动银团贷款业务进入第二个发展高潮(20世纪80年代中期至90年代末)。20世纪80年代初期，由于一系列杠杆融资活动的出现，因此美国国内的银团贷款市场异常火爆。1989年随着科尔伯格·克拉维斯·罗伯茨公司(Kohlberg Kravis Roberts，KKR)筹组的金额为250亿美元的RJR纳比斯克公司(RJR Nabisco)融资交易的完成，这类活动达到了顶峰。20世纪90年代中期，美国在杠杆融资领域快速增长，特别是并购融资成了90年代末期市场的主流。由于高倍杠杆融资的复苏及高收益债券市场的重新开放，美国的并购融资活动特别活跃。1999年，沃达丰和美国电报电话公司都发起了创纪录的并购交易，其融资额分别为300亿欧元和300亿美元。

第三阶段，以资产证券化和贷款交易二级市场为主的金融创新促进银团贷款市场与资本市场的融合(20世纪90年代末至今)。20世纪90年代末，银行业的一个重大变化就是银行希望更灵活地管理自己的贷款投资组合。这种对资金流动性的需求导致了银团贷款二级交易市场的快速发展，美国、欧洲和亚洲分别成立了正式的机构银团及贷款转让协会(Loan Syndications and Trading Association，LSTA)、贷款市场协会(Loan Market Association，LMA)和亚太贷款市场协会(Asia Pacific Loan Market Association，APLMA)，以提供操作程序和格式规范的贷款文本。贷款协议中都规定了可转让条款，其目的是要借款人同意贷款的转让从而使贷款银行获得更大的自由度。同时机构投资者将银团作为一种资产买进并持有，增加了银团贷款二级市场的贷款交易。美国银团的二级市场交易量从1991年的80亿美元，一路攀升到2007年的3420亿美元，年均增速17%。机构投资者相继引进资产证券化、风险评级和随行就市定价等技术，使银团贷款向透明度高、流动性强和标准化方向发展。

相比之下，我国银团贷款业务起步较晚，尚处于基建项目融资为主的初级阶段。中国的第一笔银团贷款是中国银行1986年为大亚湾核电站项目筹组的131.4亿法郎及4.29亿英镑的外汇银团贷款；1986年湖南江麓机械厂申请的438万元贷款，是由中国农业银行、中国工商银行及12家信用社提供的首笔人民币银团贷款。随着我国加入世界贸易组织和金融市场化步伐的加快，一大批重点项目，如三峡工程、南水北调、上海东方明珠电视塔、南浦大桥、秦山核电站等项目都采取了银团贷款的方式。截至2011年末，我国银团贷款余额已达到3.02万亿元人民币，较2005年的2337亿元人民币，增长了11.9倍，我国银团贷款实现了跨越式发展，制度建设也迈向国际化、市场化轨道。但同时需要指出的是，我国银团贷款主要集中在几大国有商业银行，在新增贷款中的占比仍然较低，2011年银团贷款占全部公司类贷款余额的比重只有8.98%，远低于国际上20%的水平。

表6-1列出银团贷款与联合贷款的区别。

表6-1 银团贷款与联合贷款的区别

项　目	银团贷款	联合贷款
银行间关系	结成统一体，通过牵头行和代理行与借款人联系	各行相互独立，分别与借款人联系
贷款评审	各银行以牵头行提供的信息备忘录为依据进行贷款决策	各行分别收集资料，多次评审
贷款合同	统一合同	每家银行均与借款人签订合同
贷款条件(利率、期限、担保方式等)	统一的条件	每家银行均与借款人分别谈判，贷款条件可能不同
贷款发放	通过代理行、按照约定的比例统一划款	分别放款，派生存款分别留在各行
贷款管理	由代理行负责	各行分别管理自己的贷款部分
贷款本息回收	代理行负责按合同收本收息，并按放款比例划到各指定账户	各行按照自己与借款人约定的还本付息计划，分别收本收息

二、银团贷款的特点

从不同角度分析，银团贷款具有不同的特点和优势。

(一) 借款人方面

(1) 银团贷款有利于满足借款人的巨额融资需求。一些大规模投资项目的资金需求量非常庞大，而在项目初期阶段，很难通过资本市场来满足其融资需要，而不得不转向银行贷款。但因资金实力或监管机构对银行贷款集中度的限制，单个银行往往无力或无法满足这种巨额贷款需求，因此需要由多家银行联合起来组成银团，按照各自的资本规模和承受能力分别提供资金支持，共同向贷款项目提供资金。银团贷款有效突破了单个银行资金实力的限制，为大型项目的投资和建设提供了支持。从发展历程来看，国际银团贷款最初的起源也正源于发展中国家建设和欧洲战后重建的巨额资金需求。

(2) 银团贷款有利于节省谈判时间和精力，降低筹资成本。银团贷款中各银行的贷款条件一般是相同的，并且采用同一个贷款协议和文本，因此，借款人无须像传统双边贷款那样同各家银行一对一地谈判，而只要与牵头行商谈基本就可完成。

(3) 银团贷款能够扩大借款人往来银行的范围。通过牵头行的推介，借款人可以与一些原本没有业务往来的银行甚至国际化的大银行建立起业务往来关系，从而扩大往来银行的范围。

(4) 银团贷款能够提高借款人的国内外声誉。银团贷款由于所受的市场关注度较高，影响广泛，信息传播较快，因而有助于提高借款人的国内外声誉。

(二) 贷款人方面

(1) 银团贷款有利于分散信贷风险。分散信贷风险是银团贷款得以产生、发展的源泉和重要驱动力。因为一般而言，贷款越集中，其蕴藏的风险就会越大。为避免因贷款集中而带来的“将鸡蛋放在同一个篮子里”的风险，我国《商业银行法》及国际银行业公认的《巴塞尔协议》都对商业银行的信贷集中作出了较为明确的限制。所以在面对大型贷款的时候，一般都是很多家银行联合起来向这家企业贷款，这样一方面可以提供一家银行所提供不了的大额贷款，满足借款人的资金需求，另一方面又可以分散风险，保证银行业自身的稳健发展。一般而言，跨国贷款中较多使用这种形式的贷款。

(2) 银团贷款有利于获取中间业务收入和增加资产回报。参加银团贷款的银行除获得一般的利差收入之外，还可以获得一系列的手续费，如前端费、管理费、承诺费、包销费、代理行费等，因而可显著增加银行的中间业务收入。

(3) 银团贷款有利于银行间加强合作，并促进金融系统健康稳定地发展。金融市场上的同业竞争不可避免，但不计成本、硬拼贷款条件和规模的盲目竞争、恶性竞争、无序竞争的大量发生，不仅扰乱了金融市场秩序，而且从根本上也不利于银行、企业自身的发展。开展银团贷款业务，有利于培养银行间的合作意识，有利于提高银行系统的资产质量，进而促使整个金融系统健康稳定地发展。

三、银团贷款的成员及其职责

参与银团贷款的银行均为银团贷款成员。银团贷款成员应按照“信息共享、独立审批、自主决策、风险自担”的原则自主确定各自授信行为，并按实际承诺份额享有银团贷款项下相应的权利、义务。

按照在银团贷款中的职能和分工，银团贷款成员通常分为牵头行、代理行和参加行角色，也可根据实际规模与需要在银团内部增设副牵头行等，并按照银团贷款相关协议履行相应职责。

银团贷款牵头行是指经借款人同意，发起组织银团、负责分销银团贷款份额的银行，是银团贷款的组织者和安排者。

银团代理行是指银团贷款协议签订后，按相关贷款条件确定的金额和进度归集资金向借款人提供贷款，并接受银团委托按银团贷款协议规定的职责对银团资金进行管理的银行。代理行可以由牵头行担任，也可由银团成员协商确定。

银团参加行是指接受牵头邀请，参加银团并按照协商确定的承贷份额向借款人提供贷款的银行。参加行应当按照约定及时足额划拨资金至代理行指定的账户，参加银团会议，做好贷后管理，了解掌握借款人日常经营与信用状况的变化情况，及时向代理行通报借款人的异常情况。

四、银团贷款的收费

跟其他任何形式的贷款一样，银团贷款也要确定相应的贷款利率，此外，银团贷款还有其他形式的各种收费。银团贷款收费是指银团成员接受借款人委托，为借款人提供财务顾问、贷款筹集、信用保证、法律咨询等融资服务而收取的相关中间业务费用，纳入商业银行中间业务管理。

银团贷款收费应按照“自愿协商、公平合理、质价相符”的原则由银团成员和借款人协商确定，并在银团贷款协议或费用函中载明。

银团收费的具体项目可包括安排费、承诺费、代理费等。银团费用仅限为借款人提供相应服务的银团成员享有。安排费一般按银团贷款总额的一定比例一次性支付；承诺费一般按未用余额的一定比例每年按银团贷款协议约定方式收取；代理费可根据代理行的工作量按年支付。

第四节 并购贷款管理

并购贷款，即商业银行向并购方企业或并购方控股子公司发放的，用于支付并购股权对价款项的本外币贷款，是针对境内优势客户在改制、改组过程中，有偿兼并、收购国内其他企事业法人、已建成项目及进行资产、债务重组中产生的融资需求而发放的贷款。并购贷款是一种特殊形式的项目贷款。普通贷款在债务还款顺序上是最优的，但如果贷款用于并购股权，则通常只能以股权分红来偿还债务。

为了保障贷款的安全性，此前我国的商业银行贷款禁止投入股权领域，1996年央行制定的《贷款通则》规定，商业银行不许提供并购贷款。

2005年以来，商业银行经事前向银监会报批确认合规后，向中石油、中石化、中海油、华能、国航发放了相应贷款，用于从事股权并购，即所谓的“一事一批”制度。“一事一批”制度的普遍模式是：商业银行先出具有条件的融资承诺函，向监管机构请示确认办理股权融资业务的合规性，获得批准后再实际发放贷款。

2008年6月29日，国务院颁布的《关于支持汶川地震灾后恢复重建政策措施的意见》提出灾后重建的财政支出、税收、金融、产业扶持等多方面政策，其中提到“允许银行业金融机构开展并购贷款业务”。

2008年12月3日，国务院部署的“金融国九条”第五条中明确提出“通过并购贷款等多种形式，拓宽企业融资渠道”。

目前，我国并购融资制度十分不完善。《贷款通则》等法规规章实际上禁止金融机构为股权交易的并购活动提供资金；对企业债的发债主体也有着严格的限制，同时，债券的发行还有年度总额度的控制，利率水平的管制和用途的限制；权益融资方面，我国由于公开发行需要通过中国证监会发行审核委员会的核准，效率较低。

一、并购贷款的主要形式

并购贷款是企业并购融资的主要途径之一。实践中根据不同的操作，企业会适当地采用过桥贷款、MBO款、银团贷款、反向并购贷款等并购贷款方式，在并购过程中获得融资。

(一) 过桥贷款

在并购交易中，时常会因为中长期资金作出决策需要较长的周期，而交易本身因为某种原因，需要立即获得一笔资金，或需要通过一笔资金解决燃眉之急，而作出一种过渡性的短期贷款安排，即过桥贷款。过桥贷款常见操作模式为：并购方确定交易进行后，出于暂时缺乏满足交易的过渡性资金，于是需要一个资金提供者充当临时贷款人的角色。

(二) MBO贷款

MBO即管理层收购，是指公司的管理层通过融资购买本公司的股份，从而改变公司所有者结构和控制权结构，进而通过重组公司获得预期收益的一种收购行为。MBO贷款即是银行为管理层收购公司的股权而提供的一种贷款形式。例如2001年1月，粤美的集团管理层完成MBO，成为我国第一起上市公司MBO案例，其收购资金中，管理层自筹部分不到10%，其余约3.2亿元都是来源于银行贷款。

(三) 银团贷款

银团贷款，又称辛迪加贷款(Syndicated Loan)，是指由两家或两家以上银行组成一个团体，基于相同贷款条件，依据同一贷款协议，按约定时间和比例，向某一借款人发放的贷款。2009年3月，中国银行牵头联合北京银行、中信银行组成贷款银团，为中国机械工业集团提供了总金额8.5亿元的融资，为中国机械工业集团公司对中国一拖集团有限公司增资扩股及重组收购提供了支持(银团贷款的详细内容参见本章第三节)。

(四) 反向并购贷款

反向并购一般是指一家非上市公司通过收购上市公司股份并最终控制该公司，再由该上市公司对其反向收购，使之成为上市公司的子公司。虽然反向收购与普通的收购没有本质的区别，但是它包含了两个收购过程，第一步是收购方企业收购目标公司，第二步是目标公司反过来收购第一步的收购方，使之成为其子公司。银行在此过程中提供的贷款即为反向并购贷款。

二、并购贷款的特征

(1) 并购贷款的还款来源相较传统贷款有所不同。并购贷款的最大特点，是不以借款人的偿债能力作为借款的条件，而是以目标企业的偿债能力作为条件，即用并购完成后的目标企业的利润、分红或其他现金流来偿还贷款本息。在抵押担保环节，则是以目标企业的资产或股权作为抵押担保，如果不足，则再用借款人自身的资产担保或股权质押。

(2) 并购贷款的准入条件和杠杆率标准比传统贷款更为严格。并购贷款在风险管理、行业导向以及企业经营状况、企业财务数据分析方面的审查要求都比普通贷款更高，同时对并购企业的信用等级、投融资能力、经营管理能力、盈利能力、资产负债率等门槛限制也有着更为严格的要求。因此，并购后目标企业的整合对并购贷款有着十分重要的意义，如果目标企业不能给并购企业带来更大的利益，或者目标企业不符合并购企业的发展战略，甚至可能会影响并购企业日后的经营业绩，那这样的并购为将很难获得并购贷款。

(3) 并购贷款的风险评估要求比传统贷款更高。与一般的商业贷款相比，并购贷款不但要像传统信贷业务一样评估借款人的信用能力，更重要的是还要对目标企业进行详细的尽职调查和风险评估，并对并购方和目标企业财务状况进行比较高层次的预期分析。

(4) 并购贷款的监管要求比传统贷款更高。对于并购贷款而言，贷款的发放只是整个贷款流程的开始，后面的整合和运营才是成败的关键。贷款银行不仅仅要了解目标企业的经营动向，还要参与企业中包括新债务的产生、对外担保、资本性支出、资产出售、实质性改变经营范围等重大经营活动的决策。实际上，商业银行在发放并购贷款的同时，已经开始担当起并购双方的财务顾问的角色。

(5) 并购贷款的贷款范围比传统贷款更专注。并购贷款重点支持符合国家产业政策、项目已建成、经营效益可观、风险相对较小的交通、能源、基础原材料、经营性基础设施等行业的并购及资产、债务重组；支持优势企业之间的强强联合和上下游产业资金链的有效整合，以及优良资产的并购和债务重组等活动。

此外，由于并购交易的不确定因素较多，可能导致收购方原定的再融资计划不能如期进行，使得商业银行在并购贷款业务中存在较高的风险，因此并购贷款的利率较传统贷款更高。

三、并购贷款的特殊风险

并购贷款本身业务较为复杂，西方多数商业银行将与并购贷款类似的杠杆融资列为高风险项目，实施专门的风险管理和控制程序。从贷款的风险点来看，并购贷款除具有一般贷款的信用风险、经营风险及偿债风险等外，主要还包括战略风险、合规风险、估值风险、价格风险和信誉风险等特殊风险。

(一) 战略风险(Strategic Risk)

战略风险是借款人可能作出的不适当的商业决策、经营举动或无视经营环境变化等引起经营不善的各类情况。一般包括并购双方的产业相关度和战略相关性及可能形成的协同效应，管理团队的执行能力和实现新战略目标的可能性。这种风险是对借款人组织战略发展目标是否能实现的一个综合判断，这全面牵涉到企业制订商业计划、调配资源及进行运作等各个业务实施环节。其他还包括能否通过并购获得研发能力、关键技术与工艺、商标、特许权、供应或分销网络等战略性资源以提高其核心竞争力等方面。

(二) 合规风险(Compliance Risk)

合规风险是指并购贷款或并购贷款支持的交易可能存在与相关法律、法规等相违背的风险。这种风险较可能发生在那些法律、法规指示或监管不明的领域。合规风险将严重威胁一个企业的信誉、市场价值、融资能力和发展潜力等。并购贷款合规风险涉及国家产业政策、行业准入、反垄断、国有股份转让等事项，还包括担保的法律结构、并购股权(资产)是否存在质(抵)押或冻结等权利限制情况等。

(三) 估值风险(Evaluation Risk)

对并购交易标的金额的确定将直接影响到商业银行并购贷款发放金额，通过关联交易、合同外补偿等方式产生的交易价格偏离标的实际价值的风险是商业银行面临的重大挑战之一。虽然，并购交易出售方或并购方都可能聘请第三方进行财务尽职调查来评估交易标的价值，但商业银行仍需要从审慎的角度出发，采用合理的方法和参数进行独立评价。

(四) 价格风险(Price Risk)

价格风险体现在市场价格、交易、利率、汇率以及资本和商品市场的波动中。这可能在大型并购贷款银团中体现得更加明显，银团贷款的牵头安排行在包销形式下，会因为市场情况的变化而发现以原计划的价格筹组银团或分销贷款份额变得异常困难。当出现这种情况时，牵头行只能寻求与借款人进行谈判，修正价格，如果不能达到预期效果，则牵头行就可能承担损失或选择在亏损情况下进行分销，或直接提高自身持有份额。

(五) 信誉风险(Reputation Risk)

信誉风险主要产生于对并购贷款本身或并购贷款针对交易的负面公众舆论意见，这种负面意见将妨碍直接借款人企业建立新的客户关系，甚至妨碍它维持原有的客户关系，从而引起财务损失及其他一系列问题。而商业银行如果支持了负面舆论的并购交易，则其本身也将在品牌信誉上受到直接损失。

除上述特有风险点以外，在贷款的一般风险中并购贷款也表现出其特有的方面。在信用风险上，并购贷款的信用风险可能同时出现在借款人的资产负债表内和表外。由于借款人过高的资产负债率使其抵御不利宏观经济影响或商业环境恶化的能力下降，或出现因资金紧张而丧失新的商业机会，无法实施必要资本支出等不利情况。在偿债风险上，对于并购贷款，商业银行通常设置的第一还款来源是借款人的经营性现金流，其次才可能是再融资或者是处置股权及资产收入。因此，一旦借款人增加负债并没有产生足额的经营性现金流或其他企业价值，那么必定同时影响其第一和第二还款来源。此外，跨境并购还可能涉及国别风险、资金过境风险等。

第五节 弱势群体贷款管理

弱势群体是指那些在经济社会发展中处于不利地位、需要国家和社会给予支持和帮助的社会群体。在当前的市场经济环境中，城镇下岗失业人员、农民、贫困大学生、小微企业等处于不利地位，构成了弱势群体的主体。对弱势群体进行贷款支持是商业银行等金融机构的社会责任，具有显著的正面的社会外部效应。

弱势群体贷款主要有扶贫贴息贷款、农户小额贷款、下岗失业人员小额担保贷款、助学贷款和小微企业贷款等几种主要形式。

一、扶贫贴息贷款

扶贫贴息贷款是指主要用于国家扶贫开发工作重点，支持能够带动低收入贫困人口增加收入的种养业、劳动密集型企业、农产品加工企业和市场流通企业，以及基础设施建设项目的贷款。

2001 年 6 月，为加强对扶贫贴息贷款的管理，更好地发挥其在扶贫工作中的作用，中国人民银行、财政部、国务院扶贫开发领导小组办公室、中国农业银行制定了《扶贫贴息贷款管理实施办法》，该办法规定扶贫贴息贷款的发放主体为中国农业银行，实行指导性计划管理，由中国农业银行按照“放得出、收得回”的原则自主发放。

为提高扶贫资金的运行效率和扶贫效益，报经国务院同意，国务院扶贫办、财财政部、人民银行、银监会决定全面改革扶贫贴息贷款管理体制，制定并公布了《关于全面改革扶贫贴息贷款管理体制的通知》(以下简称《通知》)。《通知》明确，自 2008 年，我国全面改革扶贫贴息贷款管理体制，下放管理权限，扶贫贷款和贴息资金从由中央管理，改为由省、县管理。同时，地方可自主选择金融机构，金融机构由过去独家承担扶贫贷款任务的农业银行，扩大到所有自愿参与扶贫工作的银行业金融机构。贷款的本金由承贷金融机构自行筹集。贷款利率由承贷金融机构根据人民银行的利率管理规定和其贷款利率定价要求自主决定。贷款期限由承贷金融机构根据当地农业生产的季节特点、贷款项目生产周期和综合还款能力等灵活确定。

二、农户小额贷款

农户小额贷款是指金融机构向农户发放的用于满足其农业种植、养殖或者其他与农村经济发展有关的生产经营活动资金需求的贷款。这里的金融机构包括商业银行、农村信用合作社、小额贷款公司、村镇银行和农村资金互助社等金融机构和组织。

农户小额贷款主要包括农户小额信用贷款和农户联保贷款两种。

(一) 农户小额信用贷款

农户小额信用贷款是指农村信用社等金融机构为支持农业和农村经济发展，向从事农村土地耕作或者其他与农村经济发展有关的生产经营活动的农民、个体经营户等发放的，以农户信誉为保证的贷款品种。

农户小额信用贷款采取“一次核定、随用随贷、余额控制、周转使用”的管理办法。农户小额信用贷款主要用于满足如下资金需求：种植业、养殖业等农业生产方面的资金需求；小型农机具方面的资金需求；围绕农业生产的产前、产中、产后服务等方面的资金需求；购置生活用品、建房、治病、子女上学等消费类资金的需求。

农户小额信用贷款业务是银行业机构服务“三农”，促进农村经济社会发展的一项重要金融信贷产品。大力发展农户小额信用贷款业务，既是支持农民脱贫致富的重要举措，也是促进涉农银行机构优化信贷结构，提高经营效益，实现可持续发展的重要增长点。

(二) 农户联保贷款

农户联保贷款是指社区居民组成联保小组，贷款人对联保小组成员发放的，并由联保小组成员相互承担连带保证责任的贷款。

农户联保贷款是由没有直系亲属关系农户在自愿基础上组成联保小组彼此相互担保的贷款，是为解决农户贷款难、担保难而设立的一种贷款品种。农户联保贷款使用于除小额信用贷款、抵(质)押贷款以外的农户以及难以落实保证的贷款，主要有种植业、养殖业等农业生产费用贷款，加工、手工、商业等个体工商户贷款和其他贷款等。农户联保贷款实行个人申请、多户联保、周转使用、责任连带、分期还款的管理办法，其基本原则是“多户联保，总额控制，按期还款”。

三、下岗失业人员小额担保贷款

下岗失业人员小额担保贷款是指银行在政府指定的贷款担保机构提供担保的前提下，向中华人民共和国境内(不含港、澳、台地区)的下岗失业人员发放的人民币贷款。按照规定，凡年龄在60岁以内、身体健康、诚实信用、具备一定劳动技能的下岗失业人员，自谋职业、自主创业或合伙经营与组织起来就业的，其自筹资金不足部分，在贷款担保机构承诺担保的前提下，可以持劳动保障部门核发的再就业优惠证向商业银行或其分支机构申请小额担保贷款。

小额担保贷款按照自愿申请、社区推荐、劳动保障部门审查、贷款担保机构审核并承诺担保、商业银行核贷的程序，办理贷款手续。借款人应将贷款用做自谋职业、自主创业或合伙经营和组织起来就业的开办经费和流动资金。

小额担保贷款金额一般掌握在两万元左右，还款方式和计结息方式由借贷双方商定，对下岗失业人员合伙经营和组织起来就业，可根据人数，适当扩大贷款规模。贷款期限一般不超过两年，借款人提出展期且担保人同意继续提供担保的，商业银行可以按规定展期一次，展期期限不得超过一年。

小额担保贷款利率按照中国人民银行公布的贷款利率水平确定，不得向上浮动。从事微利项目的小额担保贷款由中央财政据实全额贴息，展期不贴息。各省、自治区、直辖市以及地级以上市都要建立下岗失业人员小额贷款担保基金，所需资金主要由同级财政筹集，专户储存于同级财政部门指定的商业银行，封闭运行，专项用于下岗失业人员小额担保贷款。小额担保贷款责任余额不得超过贷款担保基金银行存款余额的五倍。贷款担保基金收取的担保费不超过贷款本金的1%，由地方政府全额向担保机构支付。

下岗失业人员小额担保贷款是促进下岗失业人员自谋职业、自主创业的重要手段，是缓解就业压力、维护社会稳定、构建和谐社会的有效途径。

四、助学贷款

助学贷款制度，是一国政府为资助经济困难的学生完成学业而实施的一种特殊商业贷款制度，它的顺利推行对于实施科教兴国战略，促进经济长期、可持续发展具有重要的战略意义。

我国的助学贷款包括国家助学贷款和一般商业性助学贷款两类。

(一) 国家助学贷款

国家助学贷款是由政府主导、财政贴息，银行、教育行政部门与高校共同操作的，帮助家庭经济困难学生完成学业的一种银行贷款。

国家助学贷款适用于中华人民共和国(不含香港特别行政区、澳门特别行政区和台湾地区)普通高等学校中经济确实困难的全日制本、专科生(含高职生)、研究生和第二学位学生的学费、住宿费和生活费。与普通的贷款不同，学生办理国家助学贷款不需任何经济担保和抵押，只需要提供贷款介绍人和见证人，以个人信用为支撑即可向银行申请，而且介绍人和见证人不承担连带责任。

按照办理贷款的地点划分，国家助学贷款可分为高校助学贷款和生源地助学贷款两种。其中在就读高校办理的叫高校助学贷款，在户籍所在地办理的叫生源地助学贷款。两种助学贷款之间没有本质区别，最终都是为了帮助贫困家庭学生解决学费、住宿费和生活费。但是，现行制度规定，如果高校在读学生当年在高校获得了国家助学贷款，即获得高校助学贷款的，则不得同时申请生源地助学贷款。

在高校助学贷款中，借款人数不超过在校生总数的20%，贷款额度最高每人每年6000元；借款学生毕业后视就业情况，在1～2年后开始还贷，6年内还清，贷款期限最长不得超过10年；借款人在校期间的贷款利息全部由财政补贴，毕业后则由个人承担全部贷款利息。在贷款条件与要求上，生源地助学贷款与高校助学贷款基本相同，但生源地助学贷款的借款人数不限，贷款期限最长可达14年。

由于国家助学贷款是无担保的贷款，因此为有效防范助学贷款风险，各经办银行要以学校为单位，在公开报刊等信息媒体上公布助学贷款违约情况，对不讲信用的借款人姓名、身份证号及违约行为公开曝光。对不主动与见证人和贷款银行联系、不提供工作单位和通信方式、不守信用的学生，要记录在案，纳入全国个人信用信息系统。作为借款的学生应该恪守诚信，在毕业后尽快履行还款义务，以实际行动支持国家助学贷款政策，同时也为个人积累信用财富。

(二) 一般商业性助学贷款

一般商业性助学贷款是指金融机构对正在接受非义务教育学习的学生或其直系亲属、或法定监护人发放的，只能用于学生的学杂费、生活费以及其他与学习有关的费用的商业性贷款。一般商业性助学贷款财政不贴息，各商业银行、城市信用社、农村信用社等金融机构均可开办商业性助学贷款业务，单个金融机构的贷款额度、贷款期限等贷款条件不尽相同。

五、小微企业贷款

小微企业贷款是专门针对小微企业发放的贷款，而小微企业即小型企业和微型企业的合称，其具体内涵，因行业不同而有所差异。

2011 年 6 月 18 日，工业和信息化部、国家统计局、国家发展和改革委员会、财政部联合发布了《关于印发中小企业划型标准规定的通知》(工信部联企业〔2011〕300 号)(以下简称《通知》)明确规定：根据企业从业人员、营业收入、资产总额等指标结合行业特点，将中小企业划分为中型、小型、微型三种类型。例如，对于零售业，从业人员 10 人及以上 50 人以下，且营业收入 100 万元及以上 500 万元以下的为小型企业；从业人员 10 人以下或营业收入 100 万元以下的为微型企业。对于邮政业，从业人员 20 人及以上 300 人以下，且营业收入 100 万元及以上 2000 万元以下的为小型企业；从业人员 20 人以下或营业收入 100 万元以下的为微型企业。除此之外，国家存在着大量的个体工商户，安置了大量的劳动力，从规模上来看大多数属于小微企业的范畴，因此，《通知》把个体工商户划入了小微企业。

目前，我国中小企业占全国企业总数的 99%，创造的产品和服务价值已占国内生产总值的 60%，税收贡献占全部企业税收的一半。而中小企业中，97%为小微企业，小微企业在增加就业、促进经济增长、科技创新与社会和谐稳定等方面具有不可替代的作用，对国民经济和社会发展具有重要的战略意义。但长期以来，由于小微企业规模小，财务制度不健全，内部管理不规范，经营效益不确定性强，银行征信成本高，贷款风险比较大，导致小微企业面临融资渠道狭窄、融资量少、融资困难等局面，这严重制约了小微企业本身的生存和发展，也不利于国民经济的健康发展。

从银行角度来看，要解决小微企业融资难的问题，必须通过全面开展小微企业信贷业务。为鼓励和引导银行开展小微企业信贷业务，政府部门应出台财税和监管等方面的专项政策，使银行在开展小微企业信贷业务时，能够按照“大数定律”来确定信贷违约风险，依靠政策支持来降低贷款损失风险，并通过贷款差异定价实现“收益覆盖风险”，促进银行与小微企业的良性互动与共同发展。

2012 年 4 月 19 日《国务院关于进一步支持小型微型企业健康发展的意见》(以下称《意见》)出台，《意见》指出要落实支持小型微型企业发展的各项金融政策。其中银行业金融机构对小型微型企业贷款的增速不低于全部贷款平均增速，增量高于上年同期水平，对达到要求的小金融机构继续执行较低存款准备金率。商业银行应对符合国家产业政策和信贷政策的小型微型企业给予信贷支持。鼓励金融机构建立科学合理的小型微型企业贷款定价机制，在合法、合规和风险可控前提下，由商业银行自主确定贷款利率，对创新型和创业型小型微型企业可优先予以支持。建立小企业信贷奖励考核制度落实已出台的小型微型企业金融服务的差异化监管政策，适当提高对小型微型企业贷款不良率的容忍度。进一步研究完善小企业贷款呆账核销有关规定，简化呆账核销程序，提高小型微型企业贷款呆账核销效率。优先支持符合条件的商业银行发行专项用于小型微型企业贷款的金融债。支持商业银行开发适合小型微型企业特点的各类金融产品和服务，积极发展商圈融资、供应链融资等融资方式。加强对小型微型企业贷款的统计监测。此外，《意见》指出要规范对小型微型企业的融资服务。除银团贷款外，禁止金融机构对小型微型企业贷款收取承诺费、资金管理费。严格限制金融机构向小型微型企业收取财务顾问费、咨询费等费用，清理纠正金融服务不合理收费。

本章小结

担保贷款是指由借款人或第三方依法提供担保而发放的贷款，包括保证贷款、抵押贷款和质押贷款三种形式。

项目贷款是指银行对某一特定的工程项目发放的贷款，可以分为无追索权项目贷款和有限追索权项目贷款两种类型。与传统的公司贷款相比较，项目贷款有其自身的特点。项目贷款具有复杂的结构，其参与者众多，且具有不同的职责。

银团贷款可分为直接型银团贷款和间接型银团贷款。银团贷款成员通常分为牵头行、代理行和参加行等角色。从不同角度分析，银团贷款具有不同的特点或优势。

并购贷款是商业银行用于支付并购交易价款的贷款。并购贷款主要有过桥贷款、MBO贷款、银团贷款、反向并购贷款等主要形式。与传统贷款相比，并购贷款有自己独有的特征，并且具有特殊风险。

对弱势群体贷款是商业银行的社会责任，弱势群体贷款主要有扶贫贴息贷款、农户小额贷款、下岗失业人员小额担保贷款、助学贷款和小微企业贷款等几种主要形式。

重要概念

保证贷款	银团贷款	价格风险	抵押贷款
并购贷款	信誉风险	质押贷款	战略风险
小微企业	质押率	合规风险	小额贷款
项目贷款	估值风险	助学贷款	

思考与练习

1. 试述抵押贷款与质押贷款的区别。
2. 试述项目贷款的特点。
3. 请从商业银行的角度分析我国中小企业融资难的问题。
4. 请你从学生自身的角度分析我国助学贷款的发展问题。

第七章

商业银行现金资产管理理论与实务

商业银行作为高负债经营的金融企业，是存款类金融机构中最具有代表性和占比最大的机构，在日常经营活动中，商业银行为了保持清偿力和获得更多的投资机会和收益，必须保持一定比例的现金等高流动性资产，并加以科学管理。因此，现金资产业务是商业银行的一项重要的业务，现金资产管理也是商业银行管理的一项重要内容。同时，现金资产从某一时点状态来看，它是非盈利性资产，其管理的重点是如何保持一个适度的现金资产总量和结构。

本章学习目标

(1) 掌握商业银行现金资产的概念、构成及其作用。
(2) 掌握现金资产的管理原则。
(3) 了解商业银行库存现金、存款准备金的管理。
(4) 了解商业银行同业存款的管理。

第一节　商业银行现金资产的构成

一、现金资产的定义

现金资产是银行持有的库存现金以及与现金等同的可随时用于支付的银行资产。作为银行流动性的第一道防线，现金资产是非盈利性资产。从经营的角度一般都尽可能地把它降低到法定的最低标准，保持一个合理适度的水平。

二、现金资产的构成

(一) 库存现金

库存现金是指商业银行保存在业务款中的现钞和硬币。商业银行的库存现金来源于客户的现金存入以及从中央银行发行库提取的现金，主要用于应对客户提取现金和商业银行自身的日常现金开支。商业银行保持一定的库存现金的目的不是为了盈利，而且保存库存现金还需要花费大量的费用，如守库人员经费、设备运转费等。

(二) 在中央银行的存款

在中央银行的存款是指商业银行存放在中央银行的资金，即存款准备金。在中央银行存款由两部分构成，一是法定存款准备金，二是超额准备金，而只有超额准备金才是商业银行的可用资金。法定存款准备金是按照法定准备率向中央银行缴存的存款准备金。规定缴存存款准备金的最初目的，是为了银行备有足够的资金以应付存款人的提取，避免流动性不足而产生流动性危机，导致银行破产。目前，存款准备金已经演变成为中央银行调节信用的一种政策手段，在正常情况下一般不动用。缴存法定比率的准备金具有强制性。所谓超额准备金有两种含义：广义的超额准备金是指商业银行吸收的存款中扣除法定存款准备金以后的余额，即商业银行可用资金；狭义的超额准备金是指在存款准备金账户中，超过了法定存款准备金的那部分存款。超额准备金是货币政策的近期中介指标，直接影响社会信用总量。

(三) 存放同业及其他金融机构款项

存放同业是指商业银行存放在除中央银行以外的代理行的存款。商业银行保持一定存放同业的目的是为了便于商业银行同业之间开展代理业务和结算收付。对于存出资金的商业银行而言，存放同业是随时可以支用的现金类资产。

(四) 结算在途资金

结算在途资金是指商业银行在办理支付结算业务过程中形成的资金占用，是暂时处于结算路途中的资金。随着支付结算电子化程度的提高，商业银行结算在途资金的在途时间越来越短，收回的可能性很大，因此将结算在途资金纳入现金类资产。

三、现金资产的作用

(一) 满足法定存款准备金的要求

目前世界上大多数国家都实行存款准备金制度。商业银行和存款机构必须按照法定存款准备金率向中央银行缴存法定存款准备金，其目的是保持银行体系的支付能力，降低银行的风险，并借以控制和调节商业银行货币信贷量，进而影响整个经济运行。

(二) 保持清偿力

商业银行是经营货币信用的金融企业。作为企业，都是以利润最大化为最终目标。这就要求商业银行要尽可能持有期限较长、收益较高的资产以获取利润。但由于商业银行的经营资金主要来源于客户的存款和借入资金，因此又是风险特别大的特殊金融企业。从存款负债来看，由于商业银行是被动负债，是否存款、存款额度、存款期限、何时提取等主动权都掌握在客户手中，银行只能无条件接受。因此，若银行不能满足客户的要求，那么就有可能影响银行的信誉，引发存款“挤兑”危机，甚至使银行清偿力不足而遭受破产命运。同样，商业银行的借入资金必须按期还本付息，否则也会影响银行信誉，严重时威胁银行的安全性。所以，商业银行在追求利润的同时，必须保持一定数量的可直接应付客户取现和清偿债务的资产，而现金资产正是为了满足银行的流动性需要而安排的资产。因此，商业银行保有一定数量的现金资产，目的在于保持其经营过程中的债务清偿能力，防范支付风险。

(三) 保持流动性

商业银行保持流动性，就是要科学、合理地协调流动性需求与供给，时刻满足资金的流动性需求。商业银行资金流动性需求主要来自客户的存款提取(或转账)和贷款需求两个方面；资金流动性供给则主要来自客户的新增存款、收回贷款和对外借款三个方面。资金的流动性需求量与商业银行负债的存量和资产规模成正比。银行为保持其资金的流动性，必须根据资金流动性变化规律，运用一定的预测分析工具对未来的流动性需求与供给做出正确估计和适当的资金安排。一般采取的传统方法是持有相当数量的现金资产和短期有价证券，即通过持有一定量的变现能力较强的资产来满足流动性的需要。不过，随着负债管理理论的产生和发展，从负债方面即银行通过借入资金来满足流动性要求，已日益成为商业银行保持其流动性的新方法。

(四) 同业清算及同业支付

商业银行必须在中央银行和其他金融机构保持充足的现金存款余额，用以支付票据交换的差额；另外，在银行间委托代理业务中，若银行从其他代理行获取服务，则也要用现金来支付相应的手续费用等。

知识链接 7-1

银保监会加强商业银行流动性管理新增三个量化指标

2018 年 5 月 25 日，银保监会下发的《商业银行流动性风险管理办法》(以下简称《办法》)中，新引入净稳定资金比例、优质流动性资产充足率和流动性匹配率等三个量化指标。《办法》自 2018 年 7 月 1 日起施行。

银保监会有关部门负责人表示，此次修订的主要内容包括：一是新引入三个量化指标。其中，净稳定资金比例适用于资产规模在 2000 亿元(含)以上的商业银行，优质流动性资产充足率适用于资产规模小于 2000 亿元的商业银行，流动性匹配率适用于全部商业银行。二是进一步完善流动性风险监测体系。对部分监测指标的计算方法进行了合理优化，强调其在风险管理和监管方面的运用。三是细化了流动性风险管理相关要求，如日间流动性风险管理、融资管理等。

该负责人表示，《商业银行流动性风险管理办法(试行)》(以下简称《流动性办法(试行)》)自 2014 年 3 月实施以来，在强化流动性风险管理和监管方面发挥了重要作用。但随着近年来利率市场化、金融创新的不断深化，不同类型银行在业务模式、复杂程度、资产负债结构等方面的差异逐步显现，对流动性风险管理也提出了更高的要求。

银保监会表示，修订后的《办法》进一步明确了商业银行流动性风险管理体系的定性要求，根据商业银行特点设定了差异化的定量监管标准，并提出了统一的多维度流动性风险监测分析工具，构建了较完备的流动性风险监管框架。

据介绍，为避免对银行经营及金融市场产生较大影响，根据新监管指标的不同特点，

《办法》合理安排了实施时间。在新引入的三个量化指标中，净稳定资金比例监管要求与《办法》同步执行。优质流动性资产充足率采用分阶段达标安排，商业银行应分别于2018年底和2019年6月底前达到80%和100%。流动性匹配率自2020年1月1日起执行，在2020年前暂为监测指标。

此外，《办法》还赋予资产规模新增到2000亿元的银行有一定的缓冲期。考虑到银行资产规模总体持续增长、但个别时期有所波动的情况，对于资产规模首次达到2000亿元人民币的商业银行，在首次达到的当月仍可适用原监管指标。自次月起，无论资产规模是否继续保持在2000亿元以上，均应适用针对2000亿元以上银行的监管指标，即2020年前为流动性覆盖率、净稳定资金比例和流动性比例，2020年后为流动性覆盖率、净稳定资金比例、流动性比例和流动性匹配率。

(资料来源：《证券日报》，2018-5-26，略有修改)

第二节 商业银行现金资产管理

一、现金资产管理原则

现金资产是商业银行维持其流动性而必须持有的资产，是银行信誉的最基本保证，持有一定数量的现金资产，主要目的在于满足银行经营过程中的流动性需要。但由于现金资产基本上是一种无利或微利资产，过多地持有这种资产，将会失去许多盈利机会，使银行的盈利性下降，因此，银行持有现金资产需要付出机会成本。现金资产的管理目的就是在确保商业银行流动性需要的前提下，为获取更多利润，尽可能地降低现金资产占总资产的比重，将持有现金资产的机会成本降到最低程度，使现金资产达到适度的规模。为此，银行在现金资产的管理中，应当坚持适度存量控制原则、适时流量调节原则和安全保障原则。

(一) 适度存量控制原则

根据最优存量管理理论，微观个体应使其非盈利性资产保持在最低的水平上，以保证利润最大化目标的实现。就商业银行的现金资产而言，其存量的大小将直接影响其盈利能力。存量过小，客户的流动性需要得不到满足，则会导致流动性风险的增加，直接威胁银行经营的安全；存量过大，银行付出的机会成本就会增加，从而影响银行盈利性目标的实现。因此，将现金资产控制在适度的规模上是现金资产管理的首要目标。除总量控制外，合理安排现金资产的存量结构也具有非常重要的意义。银行现金资产由库存现金、在中央银行存款、存放同业及其他金融机构款项构成。这些资产从功能和作用上看又各有不同的特点，其结构的合理有利于存量最优。因此，在控制适度总量的同时也要注意其结构的内在合理性。

(二) 适时流量调节原则

适时流量调节就是指商业银行要根据业务过程中现金流量的不断变化，及时调节资金头寸，使其资金头寸始终保持在适度的规模上。商业银行的资金始终处于动态过程之中。随着银行各项业务的进行，银行的经营资金不断流进流出，最初的存量适度状态就会被新的不适度状态替代。银行必须根据业务过程中现金流量变化的情况，适时地调节现金流量，以确保现金资产规模适度。具体来讲，当一定时期内现金资产流入小于流出时，银行的现金资产存量就会减少，银行应及时采取措施筹集资金来补足头寸；当一定时期内现金资产流入大于流出时，银行的现金资产存量就会上升，此时需要及时调整资金头寸，寻找新的贷款或投资机会，将多余的资金头寸运用出去。在现金资产总量和结构都适度的情况下，经过商业银行经营过程中不相等的资金流入和流出，这种适度的资金状况必然会被打破。因此，只有适时灵活地调节现金资产流量，才能始终将存量保持在适度的水平上，即当资金的流入量小于流出量而导致现金资产减少时，商业银行就必须采取措施从各种渠道快速地调入资金弥补现金资产的不足；当资金的流入量大于流出量而导致现金资产存量过大时，就需要通过扩大盈利性资产的投放量，及时调整资金头寸，以保持适度的现金资产存量。

(三) 安全保障原则

商业银行的库存现金是现金资产中最重要的构成部分，是商业银行业务经营过程中必要的支付周转金，它分布于银行的各个营业网点，库存现金是商业银行现金资产中唯一以现钞形态存在的资产。库存现金面临的风险主要来自于被盗窃、被抢劫以及自然灾害或意外事故所造成的损失。同时，银行工作人员管理工作的失误，比如清点、包装差错及因工作人员恶意挪用、贪污等带来的风险都贯穿于银行业务经营过程中。因此，对现金的管理应强调安全保障原则，商业银行应制定完善的现金内部控制，严格履行现金收支的审批程序和控制直接接触现金资产的人员，全面提高工作人员的业务素质和职业道德，加强库存现金的安全防范措施，确保资产的安全。

二、库存现金的日常管理

银行库存现金集中反映了银行经营的资产流动性和盈利性状况。银行的库存现金越多，则流动性越好，而盈利性则越差。要保证在必要流动性的条件下实现更多的盈利，需将库存现金压缩到最低程度。为此，银行必须在分析影响库存现金数量变动的各种因素的情况下，准确测算库存现金的需求量，及时调节存量，并加强各项管理措施，确保库存现金的安全。

(一) 库存现金的形成

在银行日常运营过程中，现金处于流动状态，既有现金收入，又有现金支出。银行现金收支的主要来源和方式如下：

银行收回现金的渠道主要有：(1) 储蓄性存款现金收入，也称为储蓄性现金回笼，即银行通过吸收城乡居民储蓄存款回笼的现金。(2) 商品销售回笼现金，即通过商品销售收入现金后由商业单位再缴存银行。(3) 服务事业现金收入，也称为服务回笼，即城乡居民用现金支付各种费用，而收入现金的单位将其缴存开户银行。通过这种方式回笼的现金称为服务性现金回笼。(4) 税收性现金回笼，即国家税务部门通过征收个人所得税、车船牌照税、集市贸易交易税等税收活动回笼的现金，再由有关税务部门存入开户银行，通过税收形式回笼的现金称为税收回笼。

银行现金投放的渠道主要有：(1) 储蓄存款现金支出，即城乡居民提取银行的储蓄存款现金支出，也就是城乡居民提取在银行的储蓄存款。(2) 工资性现金支出，包括城乡居民的工资、奖金、福利、补贴以及依法获得的其他收入。(3) 行政事业费现金支出，包括差旅费、会议费、管理费以及其他费用等现金支出。工资性现金支出和行政事业费现金支出又被统称为消费性现金支出。开户单位只要在开户银行的账户上有存款，就可以提取现金用来发放工资、支付差旅费等。这样，通过消费性现金支取就将一部分现金投放到社会上去了。(4) 农副产品收购现金支出。单位和个人如果从农民个人手中收购农副产品就要给农民支付现金。通过农副产品收购有一部分现金被投放出去。

银行现金收支的差额即形成现金投放或现金回笼。现金投放，是指一个银行一定时期内，支出的现金减去收入的现金后净支出现金的数量。现金回笼，是指一定时期内一个银行收入的现金减去支出的现金的数量后的净收入现金的数量。投放和回笼是现金流通中两个非常重要的基础概念，表示绝对相反的含义。

综合以上分析，仅靠银行日常运营过程中的现金收入来源，无法保证安全营运。当现金收入小于现金支出，即为现金投放时，银行的日常运营将受到严重影响；当现金收入大于现金支出，即为现金回笼时，由于存在收入、支出时点的差异，银行的日常运营也可能受到影响，安全性无法保障。因此，银行需保持一定数额的库存现金，以保证日常安全营运，防范风险。

(二) 库存现金管理方式

一般情况下，银行库存现金的管理涉及三个层面：人民银行发行库、商业银行中心金库、商业银行营业网点的机构尾箱。其中，中央银行存放现金的地方为发行库；商业银行存放现金的地方为业务库，也称中心金库；基层营业网点存放现金的地方为机构尾箱。

1. 人民银行与中心金库间的现金领缴

中国人民银行依据有关法律负责现金的印制、发行工作，并结合各商业银行的现金需求预测制订年度现金发行计划。但是，人民银行不直接向社会投放现金，钞票印制好后，存放在人民银行的发行库中。商业银行在人民银行开立超额储备账户。商业银行中心金库根据其金库库存余额、辖内现金调拨、现金需求情况，判断是否需要从当地人民银行发行库出库。当商业银行中心金库现金库存过低时，如果其在人民银行的超额储备账户上有一定数量的超额存款准备金，就可以从人民银行发行库中支取现金。商业银行收到现金后在中心金库保管，然后根据各营业网点的现金申领需求配送到网点机构尾箱，最终通过储蓄存款支出、工资性支出、行政事业费支出、农副产品收购支出等现金投放渠道投放到社会。

同时，营业网点现金库存过多时上缴至管辖中心金库，中心金库也可能出现现金库存过多的情况。当中心金库现金库存过多时，可以向人民银行发行库中存入现金，并计入其在人民银行的超额储备账户上。

2. 中心金库与机构尾箱间的现金调拨

商业银行的中心金库负责其辖内的现金申领、现金调拨业务，该业务通过银行内部账户进行。

营业网点根据日常业务需要持有一定的库存现金。当库存现金余额过低时，可向管辖中心金库进行现金申领，中心金库对其现金申领申请进行审批，审批通过后即向营业网点配送现金。营业网点收到现金后，让机构尾箱保管，然后通过储蓄存款支出、工资性支出、行政事业费支出、农副产品收购支出等现金投放渠道流向社会。

与之相对应的是，各营业网点通过储蓄存款收入、商品销售收入、服务事业收入、税款收入等渠道从社会上回笼流通中的现金。当营业网点机构尾箱中库存现金过多时，可以向其中心金库进行现金上缴，既能降低库存现金的机会成本，又能降低风险。

银行还可以通过以下途径进行库存现金与各类资产负债的转换：一是各种变现途径类的资产，包括：(1) 存放于中央银行的超额存款准备金，如果银行在中央银行的准备金超过了法定额度，则可以取出以满足临时性现金需求。(2) 存放于同业的存款。(3) 短期拆借给其他银行的现金资产。(4) 各种商业票据，优质商业票据有良好的变现能力，而且风险也较小。(5) 其他有变现能力的资产，地方政府债券和其他各种政府机构债券也有较好的变现能力。(6) 出售证券回购协议的证券。银行若需现金，则一是返售已经购买的金融证券便可以取得现金。二是各种拆借途径的负债，包括从中央银行拆入现金、从其他银行拆入资金、证券回购、大额定期存单、财政账户、国外现金来源、其他形式的负债等。

(三) 库存现金规模的确定

1. 库存现金需要量的匡算

库存现金是商业银行为完成每天现金收支活动而需要持有的周转金。其需要量的确定取决于两个因素，其一是库存现金的周转时间，其二是现金支出水平。首先，看库存现金周转时间的确定。影响库存现金周转时间的因素主要有：营业机构的分布状况和距离、运输工具的先进程度和工作人员的配置、进出库制度与营业时间的相互衔接情况等。其次，看库存现金支出水平的确定。影响现金支出水平的因素主要有两点：一是季节性因素，如单位工资支付、农业生产资料购买等；二是历史因素，即在过去几年，在某段时间，现金支出的变化，通常根据经验数据判断，求出现金支出水平后，以此与库存现金周转的时间相乘，再加减其他相关因素，即为库存现金需要量。

2. 最适送钞量的测算

由于运送现钞所花费的燃料费、维修费及司机、保安人员的补贴费等会随着接送现钞次数的增加而成正比例增长。因此，最适送钞量就是库存现金占用费(机会成本)与运钞费用最小值之和。可运用经济批量法来测算，其公式为

$$T=\frac{BQ}{2}+\frac{AP}{Q}$$

其中，T 为总成本；A 为一定时期内的现金收入(或支出)量；Q 为每次运钞数量；P 为每次运钞费；B 为现金占有费率；A/Q 为运钞次数；$Q/2$ 为平均库存现金量；$P\cdot A/Q$ 为全年运钞总成本；$B\cdot Q/2$ 为库存现金全年平均占用费。

根据以上方程，用微分法来求经济批量的总成本 T 为极小值时的运钞数量 Q，以及以 Q 为自变量，求 T 对 Q 的一阶导数 T'，则

$$T'=\frac{\mathrm{d}T}{\mathrm{d}Q}=\frac{B}{2}-\frac{AP}{Q^2}$$

令T'=0，则

$$\frac{B}{2}-\frac{AP}{Q^2}=0$$

$$Q^2=\frac{2AP}{B}, \qquad 即 \qquad B=\sqrt{\frac{2AP}{B}}$$

知识链接 7-2

例：工商银行某市分行在距中心库30公里处设一个分理处，根据往年有关数据测算，年投放现金量为1825万元，平均每天投放5万元。每次运钞需支出燃料费、保安人员出差费约50元，年利率6.6%，代入公式，资金占用费率为

$$Q=\sqrt{\frac{2\times 1825\times 0.0050}{6.6\%}}=16.63 \text{ 万元}$$

即每次运钞16.63万元，大约每3天多送一次，按此计算的总费用为

$$T=\frac{CQ}{2}+\frac{AP}{Q}=\frac{6.6\%\times 16.63}{2}+\frac{1825\times 0.0050}{16.63}=1.0975 \text{ 万元}$$

如果每天运钞一次，每次运钞5万元，则其总费用为

$$\frac{5\times 6.6\%}{2}+\frac{1825\times 0.0050}{5}=1.99 \text{ 万元}$$

如果每星期运钞一次，每次运钞35万元，则其总费用为

$$\frac{35\times 6.6\%}{2}+\frac{1825\times 0.0050}{35}=1.416 \text{ 万元}$$

3．现金调拨临界点的确定

由于边远营业网点从提出调拨申请到收到现金需要一定的间隔时间，即“提前时间”，如果把现金全部投放出去再申请调拨，那么在这段提前时间内，就会出现付款的“空当”。因此，必须留存足以填补“空当”的库存现金，不能用完再调。于是，问题就归结到，在多大的库存量上调拨现金，才能使库存现金量合适。用公式表示为

调拨临界点 = 平均每天正常投放量 × 提前时间 + 保险库存量

保险库存量 = (预计每天最大投放量 − 平均每天正常投放量) × 提前时间

在上例中，该分理处的最适运钞量是16.63万元，提前时间为一天，平均每天正常支出为5万元，预计每天最大支出量为7万元，则

保险库存量 = (7 − 5) × 1 = 2 万元

现金调拨临界点 = 5 × 1 + 2 = 7 万元

因此，当该分理处的库存现金降到7万元时，就应当申请调拨现金16.63万元。

4．商业银行库存现金的经营策略

库存现金经营的基本目标是在确保商业银行合理支付的前提下，尽可能降低库存现金在总资产中所占的比重，保持较高的资产收益。为此，应采取如下一些经营策略：

第一，将各营业网点的库存现金状况与其经济利益挂钩。由于影响现金收付的因素很多，因此库存现金的适宜度实难把握。为了解决这一难点，商业银行管理部门可向基层营业网点下达收入成本率考核指标，将完成情况的好坏与该单位的经济利益挂钩。由于基层营业网点的库存现金，是以付出平均资金成本、减少生息资产量为代价的，因此要提高收入水平，减少成本率，就必须压低库存现金的数量。

第二，规范现金收支业务。一是将客户工资奖金发放日的现金支出金额均衡地排列在一个月的每一天，保持支出的均衡；二是对工资发放和其他大额现金支出实行当天转账，次日付现的预约制度，减少集中付现的冲击。

第三，掌握储蓄的现金收支的规律。储蓄业务备用金是库存现金的重要组成部分，因而看清其规律，保持合理的储蓄备用金对于降低库存现金，具有重要意义。储蓄业务虽然面对千家万户，但还是有规律可循的。一是营业过程中，客户取款和存款的概率在正常情况下是均等的。因此，没有必要保持大量现金，可以以收抵支。二是在正常情况下，上午客户取款的平均金额一般大于下午，因此在上午营业开始时应备有一定数量备用金。三是通常情况下，每个月出现现金净收入或净支出的日期基本不变。根据这些规律，就可以调节好储蓄业务备用金。

第四，掌握好降低库存现金的有关技术问题。一是要调节好现金的票面结构，防止不适合需要的现金压库；二是要发挥中心库的调剂作用，中心库最好与地处中心位置、有大量现金投放的营业网点的业务库合二为一；三是创造条件，使储蓄所上缴的现金在当日入库；四是对收回的残破币要及时清点，以减少压库。

此外，还应加强库存现金的安全防范，杜绝出纳库和库款被贪污挪用的现象，加强安全保卫，避免库款被盗、被抢和自然灾害造成的损失。

（四）影响库存现金量的因素

影响银行库存现金量的因素比较复杂，其中主要有：

1. 现金收支规律

银行的现金收支在数量上和时间上都有一定的规律性。例如，对公出纳业务，一般是上午大量支出现金，而下午则大量收入现金。如果是回笼行处，则下午收进现金金额，一般大于上班付出的现金金额；如果是投入行处，情况则正好相反。在这种情况下，当天收进的绝大部分现金只能在第二天上午才能抵用。因此一般情况下，付出现金的平均日发生额与必要的库存现金量成正比。在一个年度当中，由于季节性因素的影响，有的季节银行现金收入多而支出少，而有的季节则支出多收入少。银行可以根据历年的现金收支状况，认真寻找其变化规律，为资金头寸的预测提供参照。

2. 与中央银行发行库的距离、交通条件及发行库的规定

一般来说，商业银行营业网点与中央银行发行库距离较近，交通运输条件较好，商业银行就可以尽量压缩库存现金的规模。而中央银行发行库的营业时间、出入库时间的规定，也对商业银行的库存现金产生重要影响。如果中央银行发行库的营业时间短，规定的出入库时间和次数少，势必增加商业银行的库存现金。

3. 银行所在城市

有的地区现金交易比较通行，就会造成现金流量增大。如一些地区城市结构比较松散，小商品交易发达，私营业主较多，交易大都采用现金，银行客户现金提取量不断攀升。也有的地区经济欠发达，银行业务电子化程度不高，现金交易就比较多。

4. 后勤保障条件

银行库存现金数量与银行后勤保障条件也有密切关系。一般说来，若银行后勤保障条件较好，运送现金的车辆、保安充足及服务周到全面，则无须在每个营业机构存放过多现金；反之，就必须在每个营业网点存放充足的现金，以备需要。

5. 营业网点的数量和开设网点的地理位置

银行经营业务的每一个网点，都需要有一定的库存现金，这样一来，银行网点越多，其现金的需要量也就越多，因此，从一般情况来看，银行营业网点的数量与库存现金的需要量是成正比的。另外，一些在商贸区、繁华商务区、大型批发市场等附近的银行网点，现金流量也相对较大，对于处在这些地区的银行来说就需要保证有相对较多的库存现金。

6. 商业银行内部管理

除上述因素外，商业银行内部管理，如银行内部是否将库存现金指标作为员工工作业绩的考核指标，是否与员工的经济利益挂钩，银行内部各专业岗位的配合程度，出纳、储蓄柜组的劳动组合等，都会影响库存现金数量的变化。

(五) 加强库存现金管理的措施

1. 建立库存现金资金动态分析机制，提高现金操作时效性

建立全面的数据库，进行数据储备，记录每日现金收支、出入库、资金规模等相关数据。在此基础上，采用“数据挖掘”技术，将经济活动规律、每日现金收支变动、入库和出库的状况以及库存资金规模与结构状况等诸多方面进行比较分析，加强对现金流的统计，以此进行准确的现金收支预测，并采用预测结果进行库存限额的核定，从而建立操作性强、准确性和自动化水平高的动态分析模型，以提高现金操作、分析及管理的前瞻性和时效性。

2. 精确库存现金最佳持有量，充分运用银行同业拆借市场及银行间债券市场

注重货币时间价值和现金机会成本，在满足营业部门现金收支的基础上，获取库存现金价值的最大化。基于对库存现金的动态分析，可以首先核定一个库存现金最佳持有量，即库存资金的最低额度。当库存现金高于最佳持有量时，可以将多余部分的现金投放到银行同业拆借市场或银行间债券市场，获得较为稳定的收益；而当库存现金低于最佳持有量时，又可以及时从同业拆借市场或银行间债券市场获得资金，避免流动性危机。这样一方面可以满足运营部门资金的流动性需求，又可以借由短期投资获得持续的投资收益，从而起到了规避流动性风险、降低管理成本以及库存现金价值增值等多重效果。

3. 改革现金管理模式，减少现金调缴的中间环节

明确管理职能，分层次落实管理责任，优化整合库存现金管理流程。如将现金调缴模

式改为分行基层网点二级管理，成立现金管理中心负责各营业网点回笼的现金，并对上门收款业务进行集中管理，则将明显缩短现金入库过程。由专门科室负责全行现金库存管理工作的具体实施，在基层行设立现金管理员和大库管理员，负责本行范围内的现金管理调度工作和柜员库箱现金的调度和管理，从分行到基层行层层负责，实现对现金库存的有效控制。

4．采取各种措施，为现金缴存提供便利

采取诸如通过延长中心库房的收现时间来缓解各中心支行和网点的收现压力；通过增加中心库房的收现频率和残辅币的收缴频度来降低现金库存的留存量；通过增加复点时间和班次，尤其是节假日期间按正常工作日复点现金，争取日清日结、及时上缴人民银行，减少库存现金余额；调整基层单位调缴款次数，合理使用运钞车辆，最大限度地将库存现金收缴到位。

5．建立定期通报制度，强化经营单位现金库存管理意识

加大对各网点和中心支行库存现金管理比例(限额)的监控，通过预警、通报等形式督促下级经营单位切实履行分行对库存现金管理的目标要求。设立库存现金管理台账，每日统计各中心支行实际现金库存金额，并对各经营单位现金库存指标的执行情况按月进行通报，作为衡量基层负责人业务管理水平的一项重要参考依据。通过定期通报，进一步强化各经营单位负责人控制现金库存的意识，并在此基础上摸索出一定的现金备付管理规律，使得各基层行的库存得到有效控制。

6．做好客户的引导工作，加强内外部协调与沟通

严格执行客户大额取现的预约登记制度，加强大额现金支取管理，严禁以不合理的用途支取现金；积极引导客户办理转账结算业务，减少现金流量；加强网点柜员之间、网点与自助设备之间的现金调拨，合理留存现金，提高资金周转效率；加强与外部协调、沟通，争取当地人民银行的理解和支持，增加缴款的次数。

7．建立完善的考核监控体系

合理核定各支行库存限额后，应制定科学的考核办法，加大考核及监控力度，促进库存限额管理的有效实施。将库存现金限额控制指标纳入分行考核体系之中，通过限额与网点的绩效挂钩、管理质量与经营目标挂钩的方式，强化目标约束。

三、存款准备金的管理

(一) 法定存款准备金的管理

由于商业银行对于央行的法定存款准备金要求只能无条件服从，因此，对法定存款准备金的管理主要是围绕着法定存款准备金的准确计提与及时上缴进行的。从原则上讲，准备金的计提中，执行期与计算期应该保持一致，这样存款准备金与中央银行政策目标之间的联系就更加紧密，操作上也会更加准确。实际上由于计算缴存存款准备金的存款基数问题及技术上的原因，因此多数国家都有一个调整期。

存款准备金的计提有两种制度：无时差准备金制度(CRR)和时差准备金制度(LRR)。以美国为例，前者是指准备金的提取到位只有两天时间差的计提方案。商业银行按两周平均存款余额计提准备金，在此计算期结束后的第二天保证该准备金按时到位，并将其保持两周至第二个计算期的开始。而时差准备金制度则是指准备金的提取到位有将近两周时间差，商业银按照第一周的存款平均余额计提准备金，然后在第三周保证金制度到位，并保持一周。美联储面对不同的经济形势，为解决不同的经济问题，时而采用无时差准备金制度，时而转向时差准备金制度。从 1998 年 8 月起，美货币当局由无时差准备金制度又转向时差准备金制度。

我国目前实行的是时点法无时差准备金制度，是以商业银行上期末(旬、月)的存款余额计算下期须保持的准备金数额，并于规定的时间内全部缴存，保持期内准备金存款不能运用，每期调整一次。

对于法定存款准备金的计提应注意以下几个问题：

1．计算期与存款基数的确定和调整

存款准备金计算期的长短，以及是以该时期内存款的平均数量还是以该计算期内的某一时点上的存款数量作为缴存准备金的存款基数，都是中央银行可以决定和调整的。通过确定和调整这些范畴，中央银行同样可以依据金融系统的实际状况以及自己的政策意图进行调节和控制，从而调整存款数量，即定下金融机构缴存的准备金的数量，达到改变金融机构信用扩张能力的目的。实践中各国采用的计算期长短不一，普遍的趋势是计算期的缩短(如以周为单位)，并且以该时期内存款数量的平均值作为存款基数。大多数国家都以计算期内所吸收存款的平均值作为缴存准备金的基数。

2．存款准备金持有期的确定和调整

持有期的长短以及持有期内金融机构存款准备金是以平均值还是每日必须得到满足(即是否允许日透支)对金融机构的信用创造能力产生影响，其确定和调整同样可以体现中央银行存款准备金工具职能。研究表明，大多数国家的持有期为 1 个月，而且持有期与计算期存在很大程度的对应关联，计算期和持有期之间的时滞也是影响存款准备金制度的一个重要范畴。计算期和持有期及其之间的时滞对金融机构准备金数量、信用扩张能力都会产生重要的影响。研究表明，美国于 1984 年改时差准备金制度为同步准备金制度以后，银行对其准备金需求的不确定性增加，从而银行系统保有的超额存款准备金增加。在其他条件不变的情况下，银行系统的信用创造能力因此会下降。

这里需要强调说明的是，计算期、持有期以及相关范畴的确定主要取决于一国金融本身发展状况以及中央银行在其中的地位等因素，还与一国经济统计制度的发展状况密切相关，对其进行调整需要较高的费用和成本，所以一经确定后很少变动。

(二) 超额存款准备金的管理

超额存款准备金是商业银行在中央银行准备金账户上超过了法定存款准备金的那部分存款。超额存款准备金是商业银行最重要的可用头寸，是银行用来进行投资、贷款、清偿债务和提取业务周转金的准备资产。商业银行在中央银行的超额存款准备金虽然也能获得一定的利息收入，但与其他盈利资产相比，属于微利资产。因此，商业银行超额存款准备金账户保留的存款应尽量减少。银行超额存款准备金管理的重点，就是要在准确测算超额

存款准备金需要量的前提下，适当控制准备金规模。

1. 影响超额存款准备金需要量的因素

(1) 存款波动。银行在经营过程中，如果出现存款大量流出的现象，若无超额存款准备金就得采取诸如出售证券、催收贷款、向中央银行借款等行动，那么这会增加成本或减少收益。如果存款流出规模过大又无法采取措施补充资金，银行还可能面临倒闭的危险。为了避免这些情况的出现，在出现存款流出苗头时，银行必须采取增加超额存款准备金的做法。这说明超额存款准备金保有数量与预期存款流出量为正相关关系。预期总具有不确定性，不过不确定性有大有小。如果在某一特定时期，银行认为不确定性增大，就会增加超额存款准备金的保有数量；反之，会相应减少保有数量。

(2) 贷款的发放与收回。贷款的发放与收回对超额存款准备金的影响主要取决于贷款的使用范围。如果贷款的使用对象是在本行开户的企业，本行在中央银行的存款不会发生变化；如果贷款的使用对象是在他行开户的企业，或者本行开户的企业取得贷款后立即对外支付，就会减少本行在中央银行的存量，从而使本行的超额存款准备金下降，此时，银行就需要增加超额存款准备金。贷款的收回对超额存款准备金的影响也因贷款对象的不同而有所不同。在他行开户的贷款企业归还贷款时，会使本行超额存款准备金增加，而在本行开户的贷款企业归还贷款时，则不会影响超额存款准备金的数量。

(3) 其他因素。除存贷款变化之外，还有一些其他因素影响超额存款准备金的需要量。这些因素主要包括：① 向中央银行的借款。当银行向中央银行的借款数大于归还借款数时，商业银行的超额存款准备金就会上升；反之，则会下降。② 同业往来情况。当商业银行在分析期中同业往来的科目是应付余额时，其超额存款准备金数额就会下降；反之，则会上升。③ 法定存款准备金的变化。在银行存款准备金总量一定的情况下，法定存款准备金与超额存款准备金之间存在此消彼长的关系，法定存款准备金的变动对银行进行超额存款准备金的管理与调整有着重要的影响。

2. 超额存款准备金调节

商业银行在预测了超额存款准备金需要量的基础上，就应当及时地进行头寸调度，以保持超额存款准备金规模的适度性。当未来的头寸需要量较大、现有的超额存款准备金不足以应付需要时，银行就应当设法补足头寸，增加超额存款准备金；而当未来头寸需要量减少、现有准备金剩余时，则应及时地将多余的超额存款准备金运用出去，寻求更好的盈利机会。商业银行进行头寸调度的渠道和方式主要有同业拆借、短期证券回购及票据买卖、向央行借款、系统内资金调度以及出售金融资产等。

知识链接 7-3

差别存款准备金率制度

为了完善货币政策传导机制，促进金融机构稳健运行，防范金融风险，督促金融机构逐步达到资本充足率要求、降低不良贷款比率，经国务院批准，人民银行决定从 2004 年 4 月 25 日起实施差别存款准备金率制度。

差别存款准备金率制度主要包括以下四个内容：一是确定差别存款准备金率制度的主要依据。依据主要包括资本充足率、不良贷款比率、金融机构内拉机制状况、发生重大违规及风险的情况、金融机构支付能力明显恶化及发生可能危害支付系统安全的风险情况。二是差别存款准备金率制度实施对象。差别存款准备金率制度采取统一框架设计和分类标准，实施对象为存款类金融机构。三是确定差别存款准备金单的方法。根据资本充足率等4项依据对金融机构质量状况进行分类；根据宏观调控的需要，在一定区间内设若干档次，确定各类金融机构所适用的差别存款准备金率。四是调整存款准备金率的操作。人民银行定期根据银监会统计的金融机构法人上年季度平均资本充足率和不良贷款比率等指标，对金融机构存款准备金单进行调整。在个别金融机构出现重大违规、风险问题以及支付清算问题时，人民银行将会商银监会，及时调整其存款准备金率。

差别存款准备金率制度将金融机构适用的存款准备金率与其资本充足率、资产质量状况等指标挂钩。金融机构资本充足率越低、不良贷款比率越高，适用的存款准备金率就越高；反之，金融机构资本充足率越高、不良贷款比率越低，适用的存款准备金率就越低。实施差别存款准备金率制度可以制约资本充足但资产质量不高的金融机构的贷款扩张。

四、同业存款的管理

（一）同业存款的目的

任何一家银行，由于业务特点和人力、物力的限制，都不可能在其业务触及的每一个地方设立分支机构，它在没有分支机构的地区的一些金融业务就需要委托当地的银行等金融机构来代理。例如，工商银行境外网络扩展至39个国家和地区，通过17125个境内机构、383个境外机构和1771个代理行以及网上银行、电话银行和自助银行等分销渠道，向全球客户提供广泛的金融产品和服务。通过代理行关系，银行可以以较低的成本获得自身无力经营或经营成本过高的业务。购买其他银行服务的银行称为被代理行或下游往来行，金融服务的提供方被称为上游往来行或直接称之为代理行。那些较大的银行一般都是双重角色，一方面它作为其他银行的代理行而接受其他银行的存放同业款；另一方面，它又是被代理行，将一部分资金以活期存款形式存放在其他代理行，这就形成了银行之间的委托代理业务。银行之间开展代理业务，需要花费一定的成本，商业银行在其代理行保持一定数量的活期存款，主要目的就是为了支付代理行代办业务的手续费。代理行可以将同业存入款用于投资，并以投资的收入补偿其成本并获利。

（二）影响同业存款需要量的因素

按照银行现金资产管理的原则，同业存款也应当保持一个适当的量。同业存款过多，会使银行付出一定的机会成本；而同业存款过少，又会影响银行委托他行代理业务的开展，甚至影响本行在同业市场上的声誉。因此，银行在同业存款的管理过程中，需要准确地预测同业存款的需要量。商业银行同业存款需要量主要取决于以下几个因素：

1. 使用代理行的服务数量和项目

银行将款项存放同业的主要目的是为了支付代理行代理本行业务的成本。因此，本行使用代理行服务的数量和项目，就成为影响同业存款需要量的最基本的因素。如果使用代理行服务的数量和项目较多，则同业存款的需要量也较多；反之，使用代理行服务的数量和项目较少，则同业存款的需要量也较少。

2. 代理行的收费标准

在使用代理行的服务数量和项目一定的情况下，代理行的收费标准就成为影响同业存款需要量的主要因素。收费标准越高，同业存款的需要量就越大。

3. 可投资余额的收益率

通常情况下，代理行是通过对同业存款的投资获得收益来弥补其为他行代理业务支付的成本的，因此，同业存款中可投资余额的收益率的高低，也直接影响着同业存款的需要。如果同业存款中可投资金余额的收益率较高，则同业存款的需要量就少一些；否则，同业存款的需要量就较多。

(三) 加强同业存款业务管理的措施

1. 完善运营、管理、考核体系

积极开展同业合作。这方面主要做好两项工作：一是完善考核办法，健全激励约束机制；二是密切与金融同业的关系，建立沟通机制。

2. 关注资金市场价格行情，增强同业存款议价能力

一是关注资金市场利率走势，研究资金市场价格行情，及时将相关吸收情况与上级行进行沟通，争取理解支持以便多吸收存款。二是根据银行间市场同期限利率水平确定同业存款利率水平，总行对分行建立授权利率与银行市场利率联动机制，从而完善存款定价管理。三是下发部分同业存款审批权限，减少审批程序，提高工作效率。

3. 规范开展同业存款业务，完善资金核算体系

一是严格执行同业存款审批程序，严禁未经批准超利率上限、超额度组织同业存款，适时开展同业存款业务检查，对检查出的问题要严肃处理。二是利用内部资金转移定价对同业存款进行单独核算，即规定同业存款上存利率，不同期限对应不同的利率，进一步强化系统内资金往来利率差别化管理，引导分支机构正确处理负债总量增长和结构优化关系，大力发展稳定性强的负债业务。

知识链接 7-4

2018 年同业存单计划规模近 15 万亿 部分中小银行同业存款发行逆势上扬

日前，央行重新设定了同业存单年度发行额度备案要求，方向进一步趋严。根据 2018 年同业存单新规，今年各家银行同业存单备案额度将限定在去年 9 月末总负债的 1/3，再刨除同业负债后的所得。市场普遍预计，同业存单发行规模将受到一定压降，市场将进一步规范。截至 5 月 23 日，《21 世纪经济报道》记者根据 Wind 和中国货币网的数据统计，已有 498 家银行披露了 2018 年同业存单发行计划，额度总规模超 14.93 万亿。而据 2017 年 511 家银行披露的同业存单发行计划，额度总规模为 14.89 万亿。从计划额度上看，2018 年规模较去年略有提升。

从具体银行的发行计划看，五大行中，农行同业存单额度较去年提高 1000～2500 亿元，交通银行额度提高 2500～3500 亿元，其余三家计划额度不变，五大行同业存单计划额度总规模达 1.3 万亿元。在同业存单发行上，最大的主力军为股份行、城商行和农商行。从这部分银行的计划额度看，有升有降，规模缩降者不在少数。如 2017 年发行计划额度最高的兴业银行，2018 年额度锐减 2200～6800 亿元，居于第二位。2018 年计划额度最高的浦发银行规模为 7000 亿元，较 2017 年收缩了 1000 亿元。此外，招商银行、平安银行、光大银行等同业存单发行大行，其计划额度均低于去年的实际发行量。

(资料来源：侯潇怡，《21 世纪经济报道》，2018-5-24，略有修改)

本章小结

现金资产是银行持有的库存现金以及与现金等同的可随时用于支付的银行资产，一般包括库存现金、在中央银行存款、存放同业及其他金融机构款项。

现金资产具有保持清偿力、保持流动性、满足法定存款准备金的要求及同业往来及清算作用。

现金资产的管理目的就是在确保商业银行流动性需要的前提下，为获取更多利润，尽可能地降低现金资产占总资产的比重，将持有现金资产的机会成本降到最低程度，使现金资产达到适度的规模。

银行在现金资产的管理中，应当坚持总量适度原则、适时调节原则和安全保障原则。

银行库存现金集中反映了银行经营的资产流动性和盈利性状况，在银行日常运营过程中，现金处于流动状态，既有现金收入，又有现金支出，银行现金收支的差额即形成现金投放或现金回笼。

影响银行库存现金量的因素比较复杂，其中主要有现金收支规律、与中央银行发行库的距离、交通条件及发行库的规定、银行所在城市、后勤保障条件、营业网点的数量和开设网点的地理位置及商业银行内部管理等因素。针对上述因素，商业银行要采取相应的措施来加强库存现金管理。

对法定存款准备金的管理主要是围绕着法定存款准备金的准确计提与及时上缴进行的；超额存款准备金管理的重点，是要在准确测算超额存款准备金需要量的前提下，适当控制准备金规模。

同业存款不仅发挥着金融机构办理资金结算、实现资金融通的基本功能，也成为银行类金融机构主动管理负债、拓展利润增长点的主要途径。

重要概念

现金资产	库存现金	同业存款	资金头寸
超额存款准备金	现金回笼	法定存款准备金	现金投放

思考与练习

1．简述现金资产的构成。
2．简述现金资产的作用。
3．简述现金资产管理原则。
4．简述影响库存现金量的主要因素。
5．简述加强库存现金管理的措施。
6．简述影响超额存款准备金需求量的因素。
7．简述影响同业存款需要量的因素。
8．简述加强同业存款业务管理的措施。
9．如何计算商业银行的头寸？
10．简述商业银行流动性需求的类型。
11．简述流动性供需增加的影响因素。

第八章

商业银行证券投资管理理论与实务

在商业银行资产管理中，证券投资管理具有重要地位。商业银行盈利主要靠贷款，但在经济萧条或银行业竞争激烈的时候，常常找不到适宜的贷款对象，这时，与其让资金闲置不生利，不如投资购买证券以牟利。有时，证券收益率往往高于贷款利率。商业银行投资收益来源有两类：一是利息收入；二是溢价增值。当然，证券投资的溢价收益是很不稳定的，时常会遇到跌价损失的危险。购买证券有助于商业银行实现资产多样化以降低风险。贷款对象的多寡，其决定权不在银行，而购买何种证券、购买多少证券，其主动权在银行。在贷款资产和证券资产之间，在证券资产内部之间，注意相互搭配和彼此抵消，将会显著地提高商业银行的安全性。商业银行在经营过程中常常会遇到流动性危机，当银行不能通过正常渠道保持足够的流动性时，临时性地出售一部分证券换取现金以补充流动性需要便是银行投资业务的又一功效。总之，为了贯彻商业银行经营的总方针，发展证券投资业务是十分必要的。

本章学习目标

(1) 熟练掌握商业银行证券投资的功能和种类。
(2) 理解商业银行证券投资的收益与风险。
(3) 了解商业银行证券投资的一般策略。
(4) 掌握商业银行证券投资避税组合的原则与方法。
(5) 了解并掌握我国商业银行证券投资的品种。

第一节　商业银行证券投资的对象

一、商业银行证券投资的含义和功能

(一) 商业银行证券投资的含义

商业银行证券投资是指商业银行为了获取一定收益而承担一定风险，对有一定期限的资本证券的购买行为。它包含收益、风险和期限三个要素，其中收益与风险呈正相关，期限则影响投资收益率与风险的大小。

(二) 商业银行证券投资的功能

商业银行作为经营货币资金的特殊企业，其经营的总目标是追求经济利益，而证券投资的基本目的是在一定风险水平下使投资收入最大化。围绕这个基本目标，商业银行证券投资具有获取收益、保持流动性、分散风险和合理避税等功能。

1. 获取收益

从证券投资中获取收益是商业银行投资业务的基本功能。众所周知，商业银行收益的主要来源是其贷款资产业务。银行通过贷款资产业务经营来获取收益的最大问题是贷款风险比较大，同时银行也不可能在任何时候都能确定“理想”(风险小并且收益大)的客户来发放贷款。因此在银行贷款收益比较小或者风险比较大的情况下，为了避免银行资金闲置、充分运用银行资金，同时保证银行资金运用所产生的总收益趋于最大化，银行在客观上需要通过证券投资来获取收益。

银行经营证券资产业务获取的收益主要来源于利息或者股息收入、证券增值或者资本增值收入、证券组合避税收入。具体分为两个部分，一是利息收益，包括债券利息、股票红利等；二是资本利得收益，即证券的市场价格发生变动所带来的收益。

2. 保持流动性

商业银行保持一定比例的高流动性资产是保证其资产安全的重要前提。尽管现金资产具有高流动性，在流动性管理中具有重要作用，但现金资产无利息收入，为保持流动性而持有过多的现金资产会增加银行的机会成本，降低盈利性。变现能力很强的证券投资是商业银行理想的高流动性资产，是银行流动性管理中不可或缺的第二级准备金。

证券资产作为具备流动性与盈利性双重特性的银行资产，它可以比较好地兼顾银行经营管理对流动性与盈利性的需求。虽然证券资产的盈利性通常会低于贷款资产的盈利性，但银行持有证券资产既不会像保留现金资产那样损害银行的盈利，同时也能够基本满足银行对于盈利性的需求。虽然证券资产的流动性要低于现金资产的流动性，但它要高于贷款资产的流动性；同时银行持有的证券资产在市场上比较容易变现，而且在证券资产变现过程中不会给银行造成大的资产损失(有时甚至不会有资产损失)。因此在基本满足银行资产盈利需求的前提下，银行经营证券资产业务能够保持银行资产的流动性。

3. 分散风险

降低风险的一个基本做法是实行资产分散化。证券投资为银行资产分散化提供了一种选择，而证券投资风险比贷款风险小，形式比较灵活，可以根据需要在市场上随时买卖，有利于资金运用。银行经营证券资产业务在分散银行资产风险方面具有特殊的功效：

(1) 证券投资可以作为银行实现资产分散化的一种有利选择。

(2) 证券投资对比银行贷款有着更加广泛的选择面，同时它还能够使银行资金的运用更加分散。

(3) 证券投资具有自主性强与资金运用手段灵活地特点，有利于银行机动灵活地实现资产分散化。

(4) 银行可以通过出售或者转让的方式将用于证券投资的银行资金提前收回或者中途转让，从而降低或者转移银行资产风险。

4．合理避税

商业银行投资的证券多数集中在国债和地方政府债券上，政府债券往往具有税收优惠，银行可以利用证券组合投资达到合理避税的目的，增加银行的收益。

除此之外，证券投资的某些证券可以作为向中央银行借款的抵押品，证券投资还是银行管理资产利率敏感性和期限结构的重要手段。总之，银行从事证券投资是兼顾资产的流动性、盈利性和安全性三者统一的有效手段。

二、商业银行证券投资的主要对象

在 1929 至 1933 年资本主义世界经济大危机以前，西方国家在法律上对商业银行证券投资的对象没有明确的限制。大危机后，经济学家认为这场资本主义社会的空前经济危机与商业银行大量从事股票承销和投资密切相关。为了恢复公众对银行体系的信心，西方国家纷纷立法对商业银行证券投资业务予以规范，其中最有影响的是 1933 年颁布的《格拉斯—斯蒂格尔法》，它严格禁止美国商业银行从事股票的承销和投资，但允许商业银行投资国库券、中长期国债、政府机构债券、市政债券和具有一定信用评级等级的公司债券。美国对商业银行证券投资的限定有理论和法律的支持，在世界各国具有广泛影响。除了德国全能型模式下的商业银行可以从事股票投资外，大多数国家禁止商业银行参与股票业务。20 世纪 80 年代以来，随着非银行金融机构的竞争压力增大，以及金融工具和交易方式的创新，西方商业银行努力扩展证券投资的业务范围，商业银行兼营银行业务已经成为一种趋势，1993 年 1 月正式实施的欧盟“第二号银行指令”，规定欧盟成员国银行间采取相互承认的原则，即欧盟内相互承认的商业银行可直接或通过子公司经管包括证券承销买卖、衍生金融工具交易等 13 类业务，1999 年，美国国会通过了《金融服务现代化法》，该法废除了 1933 年制定的《格拉斯—斯蒂格尔法》有关条款，从法律上消除了银行、证券、保险机构在业务范围上的边界，结束了美国长达 66 年之久的金融分业经营的历史，商业银行开始大规模从事投资银行的活动。然而，这些仅仅表现为一种趋势，在分业经营的国家里，商业银行从事投资银行业务还有许多法律和监管冲突没有解决。因此，商业银行证券投资仍以各类债券，特别是国家债券为主。

(一) 政府债券

政府债券是由政府或政府机构发行的债务凭证，它证明债券持有者有权从政府或政府机构取得利息，并到期收回本金，政府债券可以从不同角度分类。从期限看，有短期债券、中期债券和长期债券。从发行主体看，政府债券通常有三种类型：中央政府债券、政府机构债券和地方政府债券。

1．中央政府债券

中央政府债券是由中央政府财政部发行的借款凭证。按其发行对象可以分为公开销售债券和指定销售债券。公开销售债券向社会公众销售，可以自由交易。指定销售债券向指定机构销售，不能自由交易和转移。商业银行投资的政府债券一般是公开销售债券。

国家债券按照期限长短可分为短期国家债券和中长期国家债券。短期国家债券又称为国库券，通常期限为 1 年以内，所筹资金主要用于弥补中央财政预算临时性收支不平衡。

国库券期限短、风险低、流动性高，是商业银行流动性管理的重要工具，国库券一般为不含息票，交易以贴现方式进行。中长期国债是政府发行的中长期债务凭证，2～10 年为中期国债，10 年以上为长期国债，所筹集资金用于弥补中央财政预算赤字，多为含息票证券。银行进行证券投资时一般首选国家债券，因为它与其他证券相比具有安全性高、流动性强、抵押代用率高的特点，素有“金边证券”之称。

2. 政府机构债券

政府机构债券是除中央财政部以外的其他政府机构所发行的债券，如中央银行发行的融资债券、国家政策性银行发行的债券等。政府机构债券的特点与中央政府债券相似，违约风险较小，故在二级市场上交易十分活跃。政府机构债券通常以中长期债券为主，流动性不如国库券，但收益率较高。它虽然不是政府的直接债务，但通常也会受到政府担保，因此债券信誉较高，风险较低。政府机构债券利息收入通常要缴纳中央所得税，不用缴纳地方所得税，税后收益较高。

3. 地方政府债券

地方政府债券又称市政债券，是由中央政府以下各级地方政府发行的债券、所筹资金多用于地方基础设施建设和公益事业发展。市政债券就其偿还的保障可以分为两类：第一类称普通债券，一般用于提供基本的政府服务如教育等，其本息偿还由地方政府征税能力作保证；第二类称收益债券，用于政府所属企业或公益事业单位的项目，其本息偿还以所筹资金投资项目的未来收益作保证，安全性不如普通债券。地方政府债券的发行和流通市场不如国家债券活跃。

(二) 公司债券

公司债券是企业对外筹集资金而发行的一种债务凭证，发行债券的公司向债券持有者作出承诺，在指定的时间按票面余额还本付息。公司债券可分为两类：一类是抵押债券，公司以不动产或动产作为抵押而发行的债券；另一类是信用债券，公司仅凭其信用发行，通常只有信誉卓著的大公司才有资格发行此类债券。

商业银行对公司债券的投资较为有限，主要原因是：(1) 公司债券要缴纳中央和地方两级所得税，税后收益有时比其他债券低；(2) 由于公司经营状况差异很大，且市场变化无常，故公司债券违约风险较大；(3) 公司债券在二级市场上的流动性不如政府债券。为保障商业银行投资的安全，许多国家在银行法中规定，仅允许商业银行购买信用等级在投资级别以上的公司债券，且投资级别的信用等级各国规定也有一定的差别。

(三) 股票

股票是股份公司发行的证明股东在公司中投资入股并能据此获得股息的所有权证书，它表明投资者拥有公司一定份额的资产和权利。

商业银行购买股票有两个目的。第一，参与和控制公司的经营活动，但要实现这个目的，持有量必须达到一定的份额，且要受到金融法律法规的限制，如购进的股票不能超过银行资本金的一定比例等。第二，通过股票的买卖获取利润，目前，部分国家是明令禁止其商业银行购买公司股票的，与此同时，商业银行也在采取各种方式向企业渗透。如通过其信托部门购买公司股票，越来越多的国家正逐步采取开放这一业务的政策。

就目前的情况看，许多国家禁止商业银行购买公司股票，只有德国、奥地利、瑞士等少数国家允许，目的是在银行信贷市场与证券市场之间构筑一道“防火墙”，即使是法律允许的国家，基于风险的考虑，商业银行也很少购买股票。

(四) 大额可转让定期存单

大额可转让定期存单是金融机构所发行的一种债务凭证，是银行为筹集资金的一项重大的业务创新。但银行也经常买入其他银行发行的这类存款单，以作为投资的一部分。这类存单风险小，流动性很强，而且具有一定的收益率，也是银行重要的证券。

(五) 票据

1. 商业票据

商业票据是公司发行的短期债务凭证，期限一般在 3 个月以内，大部分没有承诺的收益率，以折价发行。如果发行者是大公司，则票据通常没有担保；如果是小公司，则一般需要有担保。

2. 银行承兑票据

银行承兑票据是银行对从事进出口等业务的客户提供的一种信用担保，银行承诺在任何条件下都会偿付其客户的债务，银行从中收取费用。由银行承兑的票据是一种安全的投资工具，有较大的市场规模，信誉好的银行承兑票据还可以申请获得中央银行的贴现。银行承兑票据的交易可以增加银行的流动性资产和获得投资收益。

3. 央行票据

央行票据即中央银行票据，是中央银行为调节商业银行超额准备金而向商业银行发行的短期债务凭证，其实质是中央银行债券。之所以叫中央银行票据，是为了突出其短期性特点，中央银行发行的央行票据是中央银行调节基础货币的一项货币政策工具，目的是减少商业银行可贷资金量。商业银行在支付认购央行票据的款项后，其直接结果就是可贷资金量的减少。

知识链接 8-1

民生银行票据投资信用风险

2012 年 12 月 28 日，有色金属公司作为付款人开具一张 1.1 亿元的商业承兑汇票，收款人系红鹭公司，同日红鹭公司向民生银行南昌分行申请贴现，有色金属公司同意其占用其贴现额度，并且其实际控制人罗利刚也与民生银行南昌分行签订《担保合同》，以对有色金属的债务承担连带保证责任。

民生银行南昌分行扣除贴现利息后将贴现款划入红鹭公司账户，其后在扣除 20 万元手续费后，红鹭公司又将余款汇入正拓公司账户，其中 7500 万元用于归还民生银行南昌分行贷款，其他款项被罗利刚用于归还其他欠款、买卖期货等。

商业承兑汇票到期后，有色金属公司未能如期支付票据款项，民生银行以票据追索权纠纷作为案由，向法院起诉。

(资料来源：网易财经)

(六) 证券投资基金

证券投资基金是一种利益共享、风险共担的集合证券投资方式，即基金公司通过发行基金单位，集中投资者的资金，由托管人托管、基金管理人管理并运用资金，从事股票、债券等金融工具投资，并将投资收益按投资者的投资比例进行分配的一种投资方式。

(七) 金融衍生工具

金融衍生工具是与基础金融产品相对应的一个概念，指建立在基础产品之上，其价格随基础金融产品的价格(变量)变动的派生金融产品。这里所说的基础产品是一个相对的概念，不仅包括现货金融产品(如债券、股票等)，也包括金融衍生工具。作为金融衍生工具，基础的变量则包括利率、汇率、各类价格指数甚至天气(温度)指数等。金融创新的兴起，导致金融市场业务出现很多衍生金融产品，它们也逐渐成为商业银行新的投资对象。

第二节　商业银行证券投资的收益与风险

一、证券投资收益

收益和风险是证券投资中不可分割的两个方面。一般而言，收益越高，风险越大。银行在进行证券投资时，应当在承担既定风险的条件下使得收益最大化。

(一) 证券投资收益的特点

证券投资的收益由两部分组成：一是利息类收益，包括债券利息、股票红利等；二是资本利得收益，即证券的市场价格发生变动所带来的收益。由于债券的收益是固定的，只要将其持有至到期日，就不会发生资本收益上的损失。但如果在到期日前就将债券出售，则有可能因为市场利率和供求关系的变动而遭受收益损失。股票的收益是非固定的，且无到期日，除了获得股利外，股票投资的回收只有通过将股票出售才能实现，而只要出售就有可能获利或受损，因此股票的收益不如债券稳定。

(二) 证券投资收益率的种类

1. 票面收益率

票面收益率是发行证券时，证券发行人同意支付的协定利率。其计算公式为

$$票面收益率=\frac{票面利息额}{债券面值}\times 100\%$$

如一张面值为 1000 元的债券，票面上标有年利率 8%，则 8%就是该债券的票面收益率，债券持有人每年可以获得 80 元利息收入。因为债券的价格随市场状况而波动，正好按面值交易的情况极少，所以票面收益率不是债券收益率的一个合适的衡量标准。

2. 当期收益率

当期收益率是债券的票面收益与当期债券市场价格的比率。其计算公式为

$$当期收益率=\frac{债券票面收益}{当期债券市场价格}$$

例如，银行以 94 元的价格购入面值为 100 元、票面收益率为 8%的债券，那么该债券的现实收益率则为 8/94 × 100% = 8.51%，通常金融报刊上公布的股票与债券的收益率都是当期收益率。当期收益率考虑了证券市场的价格变化，比票面收益率更接近实际。但它只考虑了债券的利息收入，而没有考虑债券的资本收益或损失，因而不能完全反映出投资者的收益。

3．到期收益率

到期收益率是使证券的购买价格等于其预期年净现金流的现值的收益率，它是被广泛接受的证券收益率的衡量标准。到期收益率考虑了货币的时间价值，因而比上述两种方法更为精确和全面。其计算公式为

$$P=\sum_{i=1}^{n}\frac{C_t}{(1+\text{YTM})^t}+\frac{B}{(1+\text{YTM})^n}$$

其中，P 为债券的当前市场价格；YTM 为债务的到期收益率；C_t 为第 t 期的收入；B 为债券的本金；n 为债券距到期所剩的时间。

假如投资者正在考虑购买一种债券，期限 20 年，票面利息率 10%，以当前市场价格 1000 美元买入。到期向投资者进行支付，那么，其到期收益率 YTM 可以通过解下列方程得到：

$$850=\sum_{i=1}^{20}\frac{100}{(1+\text{YTM})^t}+\frac{1000}{(1+\text{YTM})^{20}}$$

可得 YTM 为 12%，高于 10%的票面利息率，这是因为该债券现在是以低于面值的价格折价出售。

到期收益率对大多数股票而言并不是一种合适的衡量标准，因为股票是永久性投资工具。到期收益率甚至也不能用来衡量某些债券，因为如果投资者在债券的到期日前卖出债券，或债券每年支付可变的收益，则到期收益率不好计算。同时，到期收益率也没有考虑利息的再投资风险，而是假设流向投资者的所有现金可以按照计算的到期收益率进行再投资。

4．持有期收益率

持有期收益率是对到期收益率的修正，这种衡量标准适合于投资者只持有证券一段时间并在到期日前把它卖出的情况。其计算公式为

$$P=\sum_{i=1}^{m}\frac{C_t}{(1+\text{HPY})^t}+\frac{P_s}{(1+\text{YTM})^m}$$

其中，HPY 为持有期收益率；P 为出售时的价格；C_t 为第 t 期的收入；m 为债券的持有期年数。持有期收益率是使一种证券的市场价格 P 等于从该证券的购买日到卖出日的全部净现金流的折现率。如果证券被持有至到期，则它的持有期收益率就等于其到期收益率。

知识链接 8-2

求解到期收益率

假如一个投资项目的初始投资为 5 万元，各期现金流如表 8-1，求其到期收益率。我们既可以借助插值法计算，也可以借助 excel 的微调项功能计算。首先要插入微调项，“文件—选项—自定义功能区，在选项卡中选择开发工具—插入—微调项”，通过调节微调项，使得期初投资减去现金流贴现值累计和的值趋于 0 时，所得到的贴现率，即为到期收益率。

表 8-1　各期现金流情况表

期初投资	50 000	年份	贴值
第 1 年期末现金流收入	20 000	1	17492.92
第 2 年期末现金流收入	25 000	2	19125.13
第 3 年期末现金流收入	20 000	3	13382.17
期初投资——现金流贴现值累积和	–0.21 745	现金流贴现值累积和	50 000.22
到期收益率	0.14 332		

(三) 证券投资收益曲线

一般来说，发行证券的人都愿意以最低的利率发行更多证券，而证券购买者即投资人则愿意购入的任何证券都有较高的收益率。在证券发行量一定时，证券利率是多高，或当证券利率一定时，能够发行多少证券就要看供求双方力量对比。一般地说，随着证券需求量(证券发行量)增加，证券利率会相应降低；反过来，随着证券需求量减少，证券利率会逐步提高。这种变动规律用数学语言表述就是证券投资收益曲线(IR)，如图 8-1 所示。

证券投资收益曲线 IR 一般向右下方倾斜，如果证券信用较好或市场广大，那么倾斜会小些；如果证券信用较差或市场狭小，那么倾斜度就要大一些。有的证券如国库券，有相当广阔的市场，信用很好，任何人都不可能通过其购买数量影响其利率。这种证券可保持最低利率水平，同时这种利率往往不受证券发行规模影响。这种证券的收益曲线就是水平趋势，典型的与横轴完全平行，美国政府发行的国库券就是这种情形，如图 8-1 所示。

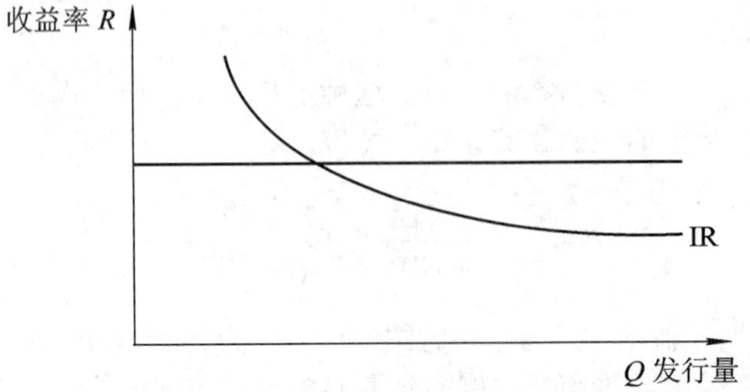

图 8-1　证券投资收益曲线(IR)

证券投资收益曲线可以为投资选择提供依据。由于不同证券有不同的收益曲线，因此投资决策时需要将不同证券的收益曲线综合起来考虑。若有一家银行准备有三种证券，即a、b、c，则它们的收益曲线分别为a、b、c。将这三条曲线画在一张图上，就可得到全部投资的收益曲线，如图8-2所示。

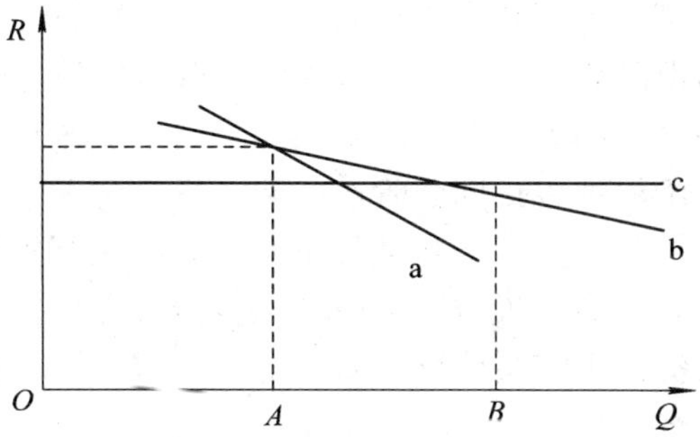

图 8-2 证券投资收益曲线(abc)

用 R 表示收益率，Q 表示数量，且有a、b、c三条收益曲线，则投资于a证券的资金数量不应超过 OA，不然收益率就不如b，投资于b的数量不能超过 OB，不然收益率不如投资c。因此该银行应该首先投资于a，数量是 OA，然后投资于b，数量是 OB，最后投资于c。需要强调的是，这里仅单独考虑了收益性，如果不单独考虑盈利，还要兼顾证券安全性和流动性需要，则应对上述选择作一定修正，很可能对c这种利率稳定证券多投资，这里不再展开分析。

二、证券投资风险

对证券投资而言，风险指的是投资人由于未来的不确定性而带来的投入本金和预期收益发生损失的可能性。

(一) 证券投资风险的分类

一般来说，证券投资风险根据能否通过投资组合来消除，可以分为系统性风险和非系统性风险。系统性风险是对市场上所有证券带来风险的可能性。这种风险的影响是全局性的，对于投资者来说无法消除，其来源可能是经济周期、通货膨胀、战争等因素，不能通过投资组合抵消或削弱，又称不可分散风险。非系统性风险是指某种特定因素对某一个或某一类证券带来损失的可能性，它可以是由某个企业的生产经营状况、市场条件等发生变化引起的，可通过投资组合的方法降低风险或消除，也称可分散风险。

(二) 证券投资风险

证券投资主要面临以下六种风险：市场风险、通货膨胀风险、经营风险、财务风险、信用风险和流动性风险。

1. 市场风险

市场风险是指由空头和多头等市场条件所引起的投资总收益变动中的相应部分。当证券指数从某个较低点(波谷)持续稳定上升时，这种上升趋势称为多头市场(牛市，Bull

Market)。多头市场在市场指数达到某个较高点(波峰)并开始下降结束。而空头市场(熊市，Bear Market)则是市场指数从较高点一直呈下降趋势至某个较低点。从这个点开始，证券市场又进入多头市场，多头市场和空头市场的这种交替，导致市场收益发生变动，进而引起市场风险。

需要指出的是，多头市场的涨和空头市场的跌是就市场总趋势而言的。实际上，在多头市场上，证券也可能出现跌势，而在空头市场上，有些证券却呈现涨态。

引起空头和多头市场交替的重要决定因素是经济周期(Business Cycle)，它是整个国民经济活动的一种波动。经济周期包括四个阶段，即高涨、衰退、萧条和复苏，这几个阶段依次循环，但不是定期循环。多头市场是从萧条开始，经复苏到高涨，而空头市场则是从高涨开始，经衰退到萧条。因此，投资时期应该选择恰好在证券市场价格于多头市场上升前买进，恰好在证券市场价格于空头市场降低前卖出，即买低卖高。

2. 通货膨胀风险

通货膨胀风险是指由于未预期的通货膨胀率的变化，银行实际投资收益的购买力低于预期的投资收益的购买力，使得银行资产遭受损失。根据实际收益率 = 名义收益率 − 通货膨胀率，当预期的通货膨胀率低于实际的通货膨胀率时，在投资证券的名义利率给定的情况下，投资的真实收益就减少了，证券投资收益的购买力就低于预期。如某银行以 100 元的价格购入一张票面收益率为 10%的证券，如果持有该证券期间通货膨胀率为 8%，则银行实际收益率只有 2%，如果通货膨胀率为 12%，则银行就要亏损 2%。

3. 经营风险

经营风险是由公司经营引起的收入现金流的不确定性。运营收入变化越大，经营风险就越大，债务违约的可能性也就越大；运营收入变化越小，经营风险越小。经营风险包括内部经营风险和外部经营风险两种。内部经营风险与公司内部能控制的运营条件联系在一起，它通过公司的运营效率得以体现。外部经营风险与公司所处的政治环境和经济环境等客观的运营环境联系在一起。政府债券不存在经营风险，高质量的公司债券也仅在一个有限程度上存在经营风险，只有低质量债券更多地面临这种风险。

4. 财务风险

财务风险是企业收入不足以支付自身债务的可能性。有负债的公司的普通股会面临这种风险，而且负债在资本结构中比重越大，这种风险越大。这一风险也可反映在有沉重债务负担的公司债券上：负债越多，债券的质量越低。承担负债数额较小的公司的高等级债券，只在有限的程度上存在这一风险，而政府债券不存在这一风险。

5. 信用风险

信用风险也称违约风险，指债务人到期不能偿还本息的可能性。由于银行投资主要集中在政府证券上，这类证券多以财政税收作为偿付本息保障，故违约风险不高。银行证券投资中还有一部分是公司债券和外国债券，这部分债券存在着真实违约的可能性。在市场经济发达的国家里，银行在进行投资分析时，除了直接了解和调查债务人的信用状况外，更多地依据社会上权威信用评级机构对债券所进行的评级分类，以此为标准对证券进行选择和投资决策(见表 8-2)。

表 8-2 债券评级标准及划分依据

穆 迪	标准普尔	
投资等级		评 级 标 准
Aaa	AAA	质量最高，风险最小
Aa	AA	质量高，财务状况比上面略弱
A	A	财务能力较强，易受经济条件变化的影响
Baa	BBB	中间等级，当期财务状况较强，缺乏优异的投资特征
Ba	BB	具有投资特征，当期尚能支付利息，但未来不确定
B	B	较高投机性，对本利的偿还不确定
Ca[a-]	CCC	高度投机，违约可能性很大
Ca	CC	已经违约

6．流动性风险

流动性风险是指银行不能及时或者只能以较低价格出售证券，从而难以满足资金需求的风险。这一风险形成的原因在于证券的市场交易不够活跃，证券缺乏流动性，这些证券多为小规模的或者评级不高的证券，而那些规模较大的，评级较高的证券的流动性就更强，流动性风险也就相应更小。

(三) 证券投资风险的测量

证券投资一般运用标准差法和β系数法来表示风险的大小。

1．标准差法

标准差法将证券已得收益进行平均后，与预期收益作比较，计算出偏差幅度，其计算公式为

$$\sigma = \sqrt{\frac{\sum (X - \overline{X})^2}{N}}$$

其中，X 为该证券在某一时期内的收益率：$\overline{X}$ 为该证券的平均收益率；N 为选取的时期总数：求出的σ越小，表明收益率偏离的幅度越小。收益越稳定，风险越小；σ越大，表明收益率偏离的幅度越大，收益越不稳定，风险越大。

2．β系数法

β系数法主要衡量某种证券的收益相对于整个证券市场收益水平的变化情况。

$$\beta = \frac{\text{某种证券的预期收益} - \text{该期收益中无风险部分}}{\text{整个市场的证券组合预期收益} - \text{该收益的无风险部分}}$$

如果$\beta > 1$，则说明该种证券风险水平大于整个证券市场的风险水平；如果$\beta < 1$，则说明该种证券风险水平小于整个证券市场的风险水平。

第三节 商业银行证券投资的方法与策略

商业银行证券投资的主要目的是为了获取收益、分散风险和增强流动性。银行综合考虑自身的投资目的、流动的需要、税收利益以及法规限制等各方面的因素，选择合适的投资策略。由于商业银行持有证券范围有限，证券投资的违约风险相对较小，而主要是市场利率风险或期限控制风险，因而银行证券投资策略的目标强调在控制利率风险前提下实现证券投资流动性和收益的高效组合。

一、被动投资策略

（一）梯形期限策略

梯形期限策略是相对稳健的投资方法，该方法要求银行把全部的证券投资资金平均投入到不同期限的证券上，使银行持有的各种期限的证券数量都相等，当期限最短的证券到期后，银行用收回的资金再次购买期限最长的证券，如此循环往复，使银行持有的各种期限的证券总是保持相等的数额，从而可以获得各种证券的平均收益率。虽然不会使投资收益最大化，但由于投资分散使得违约风险减少，收益较为稳定，因此这种投资方法用图形表示很像阶梯形状，就被称为梯形期限策略。

假设某银行有1000万美元可用于证券投资，并决定不购买期限超过10年的证券。那么，在梯形期限策略中，该银行可以决定把其投资组合的10%投资于1年期证券，另10%投资于2年期证券，另10%投资于3年期证券，依此类推，使得资金平均分配在1～10年各种证券上，每种证券投入100万美元。1年后，1年期证券到期，银行可以将收回的资金购买新发行的10年期证券，而此时原有的证券组合中证券的到期日均缩短一年，此时银行仍然持有1～10年期的证券各100万美元。也就是说，通过不断地将最短期限证券到期后收回的资金再投资于最长期限证券，银行可以在保持证券组合的实际偿还期结构不变的情况下，获取更高的投资收益率。

梯形期限策略是中小银行在证券投资中较多采用的，其优点在于：一是管理方便，容易掌握，银行只需要将资金在期限上作均匀分布，并定期进行再投资安排即可；二是银行不必对市场利率走势进行预测，也不必频繁地进行证券交易；三是这种投资组合可以保障银行在避免因利率波动出现投资损失的同时，使银行获取至少是平均收益的投资回报。但梯形期限策略也存在缺陷：一是过于僵硬，缺少灵活性，当有利的投资机会出现时，特别是当短期利率提高较快时，不能利用新的投资组合来扩大利润；二是流动性不高，该方法中的短期证券持有量较少，当银行面临较高的流动性需求时出售中长期证券有可能出现投资损失。

为了避免梯形期限法的缺陷，一些银行采用了更为灵活的方法。当市场上短期利率上升、短期证券价格下降时，银行用到期证券收回的资金购买短期证券而不是长期证券。当短期利率下降、短期证券价格上升后，再出售短期证券，购买长期证券。在这个循环后，银行持有的证券仍然是梯形的。

(二) 前置期限策略

前置期限策略是指在银行面临高度流动性需求的情况下且银行认为一段时间内短期利率将趋于下跌，银行将绝大部分证券投资资金投放在短期证券上，很少或几乎不购买其他期限的证券。如银行投资经理把1000万美元资金中的990万美元投资于2年或2年期以下的证券，10万美元投资于2年期以上的证券。

这一策略使证券组合具有高度的流动性，强调投资组合主要作为流动性来源而非收入来源。当银行需要资金时，可以迅速地把短期证券卖出。但是，这种投资策略的收益要取决于证券市场上利率变动的情况。如果银行购买证券后市场上短期利率下降，短期证券的价格就会上涨，则银行就会获得资本收入；反之，如果市场短期利率上升，短期证券价格下降，则银行就会遭到较大的损失。

(三) 后置期限策略

后置期限策略与前置期限策略恰恰相反，它把绝大部分资金投资于长期证券上，几乎不持有任何其他期限的证券。如银行投资经理把1000万美元资金中的990万美元投资于9～10年期限范围的证券。

这种方法强调把投资组合作为收入来源。由于长期利率的变化并不频繁，从而长期证券的价格波动不大，银行投资的资本收入和损失不明显，而且长期证券票面收益率比其他期限的票面收益率都要高，所以这种战略可以使银行获得较高的收益。但是该战略缺乏流动性，银行在需要现金时难以转手长期证券，或者在证券转让时可能遭到较大的损失，这样该银行可能严重依赖于从货币市场上借款以帮助满足其流动性需要。

二、主动投资策略

(一) 收益率曲线策略

收益率曲线是描绘市场利率因贷款和证券的到期时间不同而变化的图形。一般来说，收益率曲线是向上倾斜的，但少数情况下收益率曲线可能发生变异，向下倾斜或者保持水平。例如在20世纪80年代初，美国为了反通货膨胀，将短期利率提高至20%以上的高水平，同时，减少了长期国债的发行。这使得短期债券收益率急剧上升，而中长期债券收益率升幅有限，导致债券收益率曲线是略向下弯曲的形态。

事实上，收益率曲线反映了投资者对未来利率变化的隐含预期和债券资产风险补偿因素。向上倾斜的收益率曲线反映了市场平均预测未来的短期利率将比现在高。更重要的是，债券期限越长，流动性风险越高，基于风险补偿原理，期限越长的债券往往收益率越高。收益率曲线对于银行证券投资管理人员的投资决策具有重要意义。

(1) 收益率曲线的形状是银行证券投资管理人员决定持有哪种期限证券的重要参考依据。例如，宏观经济处于升息周期，债券收益率曲线一般会更加陡峭地向上倾斜。这意味着长期债券的价格下跌幅度高于中期债券，而中期债券的下跌幅度又高于短期债券。那么遵从利率预测法，银行将倾向于避免购买长期证券而重点投资短期证券，因为预期长期证券市场价格将因利率的升高而下降，从而给银行带来损失。反之，如果在降息周期，银行将可能考虑增持长期证券，因为利率下降将为长期证券提供巨大的资本盈利机会。

(2) 短期内，收益率曲线为银行证券投资管理人员提供了有关证券定价过高或定价不足的线索。由于收益率曲线表明每一期限证券的各种收益率是多少，因此，收益率位于某一特殊时点的收益率曲线上的证券，其收益率暂时来说过高，价格也就过低，适合银行买入。另一方面，收益率位于收益曲线之下的证券，其收益率暂时来说过低，价格也就过高，不适合银行买入。

(3) 收益率曲线还可以告诉银行证券投资管理人员如何在追求更大收益和接受更大风险之间取得平衡。收益率曲线的形状决定了通过将长期证券替换为短期证券(或者相反)能为银行赢得多少额外收益。例如，一向上倾斜的收益率曲线上的5年期债券和10年期债券的收益率相差150个基点，这意味着，银行证券投资管理人员可以通过把5年期债券转化为10年期的债券，来获取1.5%的额外收益。但是，10年期债券通常比5年期债券的风险更大，因为10年期的债券不但流动性较差，而且更容易受到利率变动的影响。因此，银行在作出证券期限转换之前，必须对其所能带来的收益和风险作详细比较。

(4) 根据收益率曲线，银行还可以对证券投资的持有期限进行研究，使银行获得更高的收益率。银行对债券的持有期不同，所能获得的收益率也不同。在收益率曲线向上倾斜且预期市场利率在今后一段时间内保持稳定不变或稳步下调的状况下，购入中长期债券并持有一段时间后出售，其边际收益率不仅高于债券的短期收益率，也会高于债券的长期收益率。

显然，收益率曲线策略需要大量市场预测的技能，风险相当大。银行对收益率曲线的预测必须正确，如果发生错误，银行所遭受的损失将十分惨重。由于这一原因，在证券投资管理中不应当过分强调收益率曲线策略，而应与一种或多种其他投资策略一起使用。

(二) 证券互换策略

证券互换是指通过对收益率进行预测，将证券进行置换以便主动管理证券资产。在进行互换时，证券投资经理用价格低估的证券来替换价格高估的证券。互换分类有很多标准，一般分为三类：替代互换、场间价差互换、避税互换。因为商业银行的特殊地位，各国对其证券投资的对象都有严格的规定，多以债券为主，因此，下面将以债券为例进行介绍。

1. 替代互换

假设某银行持有一种期限为30年的政府长期债券，票面收益率为7%，到期收益率为7%。现在假设还有另一种AAA的公用事业债券可供选择，该债券票面收益率也是7%，但现行售价却使债券的到期收益率为7.10%。预计第二种债券7.10%的到期收益率不会持久，最终会降到7.00%的水平。这样，该银行就可以进行一个替代互换操作，卖掉到期收益率7%的债券，买入到期收益率为7.10%的债券。

表8-3解释了这样一个操作过程。假设债券1年后的到期收益率为7.00%，那么目前到期收益率暂时为7.10%的债券实际所实现的回报率是8.29%。对于该银行现在所实际持有的债券，7.00%既是期望的也是实际的回报率，这样，通过互换的操作，即卖出现在所持有的债券，买入上面所提到的暂时到期收益率为7.10%的债券，即可以得到129个基点的额外收益。

表 8-3　替代互换操作举例

美元

	目前的债券	新债券
每种债券的投资额	1000.00	987.70
收到的票面利息总额	70.00	70.00
6 个月票面利息再投资额	1.23	1.23
年终到期收益率为 7%时的本金	1000.00	1000.00
应计总收入	1071.23	1071.23
收益总额	71.23	83.53
每单位投资收益	0.071 23	0.084 58
所实现的半年复合的年收益	7%	8.29%
互换的价值	在 1 年内 129 个基点	

注：目前持有的债券为 30 年期，票息率为 7%，定价 1000 美元，到期收益率为 7%；作为互换对象的债券为 30 年期，票息率为 7%，定价 987.70 美元，到期收益率为 7.10%。

2. 场间价差互换

场间价差互换是不同市场债券之间的互换。进行这种互换的动机，是认为不同市场间利差偏离正常水准。与替代互换的区别在于，场间利差互换所涉及的债券是完全不同的。例如互换的债券一种可能是工业债券，而另一种则可能是公用债券。场间价差互换可以从两种角度进行操作。其一，买入一种收益较高的新债券，卖出现在持有的债券。进行这种操作的原因是期望市场间利差会缩小。这样，相对于已售出债券，新购买的债券到期收益率会下降，因此通过新购买债券价格的上升从而获得资本增值。其二，买入一种收益较低的新债券，卖出现在持有的债券。进行这种操作的原因是期望市场间利差会扩大。这样，相对于原有债券，新购买债券的到期收益率还会下降，但由此而获得的资本增值足以补偿到期收益率的下降。表 8-4 描述的是在利差缩小情况下场间价差互换的一个例子。

表 8-4　利差缩小情况下场间价差互换例表

	目前的债券	新债券
每种债券的投资额	671.82	1000.00
收到的票面利息总额	40.00	70.00
6 个月票面利息再投资的利息	0.70	1.23
年终到期收益率为 7%时的本金	675.55	1012.46
应计总收入	716.25	1083.69
收益总额	44.23	83.69
每单位投资收益	0.0661	0.0837
所实现的半年复合的年收益	6.50%	8.20%
互换的价值	在 1 年内 170 个基点	

注：目前持有的债券为 30 年期政府长期债券，息票率 4%，定价 671.82 美元，到期收益率为 6.50%。作为互换的新债券为 30 年期的 AAA 级公司债券，息票率为 7%，定价为 1000 美元，到期收益率为 7%。过渡期 1 年，再投资利率 7%。互换基础为：公司债券与政府长期债券之间的利差从现在的 50 个基点降低为 40 个基点，即公司债券的到期收益率为 6.90%，而政府长期债券到期收益率为 6.50%。

互换的基础是期望当前的50个基点的利差会缩小为40个基点。如果某银行预期一种公司债券的到期收益率会由现在的7.00%下降到6.90%，那么该银行即可以将现在持有的政府长期债券换成上述公司债券。如果互换的结果能像所预期的一样，公司债券的价格就会由1000美元上升到1012.46美元。这一价格加上票息以及票息再投资的利息，到年末的总价值将达到1083.69美元。这样，该银行的投资回报率将达到8.20%，比1年之中始终持有政府长期债券的投资回报率高出170个基点。

3. 避税互换

在避税互换中，应税证券的经营者将出售一种价值下降的债券，购买一种相似而并不相等的债券，在出售前一种债券时发生的损失，可用来减少在本纳税年度实现的应纳税收入。假设某银行的债券投资组合自购入以来其价值已经从50万美元下降到40万美元。如果该银行以40万美元出售这些债券，并且购买另外一种类似的债券，在交易过程中会出现10万美元的损失，这可用来抵消该银行赚得的其他应纳税收入。然而，该银行持有的证券组合结构事实上并没有发生变化，只是用一种相类似的债券代替了原有债券而已。

在避税互换中，债券比股票更具有特别的吸引力，这是因为一些国家的税法对避税互换有条文上的限制，而债券能够比较容易避开这些限制。在美国，税法禁止对任何证券进行避税互换，办法是如果某个投资者在证券出售前或出售后30天之内因受损失而购买“大批等同的证券”，便拒绝承认这是一笔可避税的损失，并认为这是虚售。因此，如果一位投资者出售股票产生了一笔亏损，他便被禁止在出售前或出售后30天内购买同类股票并禁止就这笔资本损失要求税负减免。而如果这位投资者购买一些其他股票来代替出售的股票，那么这种互换便不能认为是一次虚售。但因为不同发行者的股票是不同的，替换的股票不可能具有与已出售的股票相同的投资特点，因此他的证券组合的构成会发生变化。如果这位投资者是因为出售债券发生了一笔亏损，那么他可以很容易找到一种具有相似的票面收益率、期限以及信用等级的替代债券，即使它的发行者可能不同。因此，证券组合的实际构成将没有任何变化，但税务当局不会将涉及两个不同的发行人的这种避税互换当做一次虚售来处理。显然，债券可以被很好地利用来进行避税互换。

第四节　我国商业银行的证券投资

一、《中华人民共和国商业银行法》对投资业务的限制性规定

根据《中华人民共和国商业银行法》第三条和第四十三条的有关规定，以及中国人民银行的有关监管要求，我国商业银行实行“有限制的投资模式”，即我国商业银行主要从事政府债券代理发行、承销和兑付以及金融债券的买卖。在我国，商业银行不得从事信托投资；不得从事证券经营业务；不得投资于非自用不动产；不得向非银行机构投资；不得向企业投资，但国家另有规定的除外。这为今后业务的拓展和扩大经营范围留有了余地。

二、银行间债券市场

债券市场是发行和买卖债券的场所，包括一级市场(发行市场)和二级市场(流通市场)。我国债券市场分为银行间债券市场和交易所债券市场。

银行间债券市场是指依托于中国外汇交易中心暨全国银行间同业拆借中心(简称同业中心)和中央国债登记结算公司(简称中央登记公司)的，包括商业银行、农村信用联社、保险公司、证券公司等金融机构进行债券买卖和回购的市场。

随着银行间债券市场规模的急剧扩张，其在我国债券市场的份额和影响力不断扩大。1997年底，银行间债券市场的债券托管量仅725亿元，2005年底银行间债券托管量已达到25.96万亿元；从二级市场交易量来看，2012年银行间债券市场的现券交易量70.84万亿元；银行间回购交易量达到147.6万亿元，占回购交易总量的87.1%。银行间债券市场已经逐步确立了其在我国债券市场中的主板地位。记账式国债的大部分、政策性金融债券都在该市场发行并上市交易。

银行间债券市场的债券交易包括债券质押式回购交易和债权买断式回购交易两种。

债券质押式回购交易是指融资方(正回购方、卖出回购方、资金融入方)在将债券质押给融券方(逆回购方、买入反售方、资金融出方)融入资金的同时，双方约定在将来某一指定日期，由融资方按约定回购利率计算的资金额向融券方返回资金，融券方向融资方返回原出质债券的融资行为。

债券买断式回购交易(亦称开放式回购，简称买断式回购)，是指债券持有人(正回购方)将一笔债券卖给债券购买方(逆回购方)的同时，交易双方约定在未来某一日期，再由卖方(正回购方)以约定的价格从买方(逆回购方)购回相等数量同种债券的交易行为。

知识链接 8-3

银行间债市发行人破产首例

2015年12月18日，广西有色金属集团向南宁中院提交破产重整申请，理由是不能清偿到期债务且公司资产不足以清偿全部债务。

2016年9月，法院公告显示，因广西有色金属集团及管理人未能在人民法院裁定重整之日起六个月内提出重整计划草案，金属集团至今也未申请延期，所以广西壮族自治区南宁市中级法院于9月12日宣告终止广西有色金属集团重整程序，并宣告公司破产。债权人对此次破产重整中管理人角色极为不满，三期违约债券持有人甚至集体向交易商协会投诉管理人不作为，漠视债权人利益。国家开发银行、五矿信托、申万宏源、浦发银行等诸多金融机构卷入其中。

(资料来源：杨萌. 广西有色金属集团宣告破产负债总额达92.9亿元[N]. 证券日报，2016-09-21(C02))

三、银行间债券市场的证券交易品种

(一) 国债

国债是由政府发行的债券。与其他类型债券相比较，国债的发行主体是国家，具有极高的信用度，被誉为“金边债券”。我国政府除了有规律性地发行适度规模的普通型国债以外，还不定期地发行一定数量的特殊型国债。

1．普通型国债

普通型国债主要有凭证式国债、记账式国债和无记名(实物)国债三种。凭证式国债是一种国家储蓄债，可记名、挂失，以“凭证式国债收款凭证”记录债权，可提前兑付，不能上市流通，从购买之日起计息。记账式国债是以电脑记账形式记录债权，通过无纸化方式发行和交易，可以记名、挂失。无记名(实物)国债是一种实物债券，以实物券的形式记录债权，不记名、不挂失，可上市流通。

2．特殊型国债

特殊型国债主要有定向债券、特别国债和专项国债等。

(1) 定向债券。定向债券是为筹集国家建设资金，加强社会保险基金的投资管理，经国务院批准，由财政部采取主要向养老保险基金、待业保险金(简称“两金”)及其他社会保险基金定期募集的债券，称为特种定向债券，简称定向债券。

(2) 特别国债。经第八届全国人大常委会第三十次会议审议批准，财政部于 1998 年 8 月向四大国有独资商业银行发行了 2700 亿元长期特别国债，所筹集的资金全部用于补充国有独资商业银行资本金。

(3) 专项国债。经第九届全国人大常委会第四次会议审议通过，财政部于 1998 年 9 月向中国工商银行、中国农业银行、中国银行和中国建设银行 4 家国有商业银行发行了 1000 亿元、年利率 5.5%的 10 年期附息国债，专项用于国民经济和社会发展急需的基础设施投入。

(二) 地方政府债券

地方政府债券，是指地方政府根据信用原则、以承担还本付息责任为前提而筹集资金的债务凭证。同中央政府发行的国债一样，地方政府债券也是以当地政府的税收能力作为还本付息的担保。发行地方政府债券的目的主要是为了解决地方政府财政不足的问题。根据我国《预算法》的规定，我国的地方政府是不能够发行地方政府债券的。但在 2009 年全球金融危机对我国经济造成了巨大冲击的背景下，为增加地方政府安排配套资金和扩大政府投资的能力，国务院同意地方政府发行 2000 亿元债券，由财政部代理发行，列入省级预算管理。目前我国地方政府债券发行的一般流程是，首先要获得中央政府的批准，其次是要在本级地方人民代表大会上通过，然后才能真正进入市场操作阶段，向债券承销机构公开招标发行。

知识链接 8-4

首期地方政府债券 4 月 3 日在上证所上市

作为中国首期地方政府债券，2009 年新疆维吾尔自治区政府债券(一期)于 2009 年 3 月 30 日至 2009 年 4 月 1 日在上海证券交易所发行，发行结束后于 2009 年 4 月 3 日在上证所上市。本期债券为固定利率债券，票面年利率为 1.61%，期限 3 年，利息每年支付一次。本期债券起息日为 2009 年 3 月 30 日，每年 3 月 30 日(逢节假日顺延)支付利息，2012 年 3 月

30日偿还本金并支付最后一年利息。

作为应对国际金融危机、扩内需保增长的重要举措，中国政府在2009年的全国“两会”上正式宣布，同意地方发行2000亿元债券，由财政部代理发行。国务院明确规定，地方债券资金主要安排用于中央投资地方配套的公益性建设项目，及其他难以吸引社会投资的公益性建设项目。

由于经济增长下滑，加上实施结构性减税，今年地方财政收入增幅将大幅下降。与此同时，“三农”、民生等各项支出也面临较大压力，中央投资配套资金以及扩大本级政府投资所需资金难以通过经常性收入安排，需要举借债务筹集。在这一背景下，发行地方政府债券成为“比较规范的筹措资金途径”。

(三) 金融债券

金融债券，是指依法在中华人民共和国境内设立的金融机构法人在全国银行间债券市场发行的、按约定还本付息的有价证券。金融机构法人，包括政策性银行、商业银行、企业集团财务公司及其他金融机构。目前，我国的金融债券分为以下三类：① 政策性金融债券，即由国家开发银行、中国进出口银行、中国农业发展银行发行的金融债券；② 商业银行债券，包括商业银行普通债券、次级债券、可转换债券、混合资本债券；③ 其他金融债券，由企业集团财务公司及其他金融机构所发行的金融债券。

(四) 央行票据

央行票据即中央银行票据，是中央银行为调节商业银行超额准备金面向商业银行发行的短期债务凭证，其实质是中央银行债券。2003年4月22日人民银行开始发行央行票据，央行票据的推出增加了中央银行对公开市场操作的灵活性和针对性，增强中央银行调节货币供应量的能力和执行货币政策的效果，也为商业银行灵活调剂其资金头寸提供了重要工具。

(五) 短期融资券

短期融资券是指中华人民共和国境内具有法人资格的非金融企业，依照法律规定的条件和程序，在银行间债券市场发行和交易并约定在一定期限内还本付息的有价证券。它是一种以融资为目的、直接向货币市场投资者发行的无担保的商业本票，实质上就是发达国家货币市场中的融资性商业票据。

2005年我国《短期融资券管理办法》出台，允许符合条件的企业在银行债券市场向合格机构投资者发行短期融资券。这不仅是我国融资方式的突破，更为企业提供了一条新的融资渠道。它受到了市场和公司的热烈追捧，成为潜力巨大的市场。2005年首批发行企业短期融资券的5家企业分别是华能国际电力股份有限公司、国家开发投资公司、中国五矿集团公司、中国国际航空股份有限公司和上海振华港口机械(集团)股份有限公司。这5家企业共计发行7只不同期结构的企业短期融资券，发行量为109亿元。

(六) 资产支持证券

资产支持证券(Asset-backed Security，ABS)，是一种债券性质的金融工具，其向投资者支付的本息来自于基础资产池(Pool of Underlying Assets)产生的现金流或剩余权益。与股票和一般债券不同，资产支持证券不是对某一经营实体的利益要求权，而是对基础资产池所产生的现金流和剩余权益的要求权，是一种以资产信用为支持的证券。

2005 年 3 月，资产证券化试点工作在我国正式启动，同年 12 月 15 日，国家开发银行和建设银行分别成功地发行了第一只 ABS 债券 41.78 亿元和第一只 MBS 债券 29.27 亿元，成为中国境内正式推出的首笔资产支持证券。资产支持证券在全国银行间债券市场发行结束之后 2 个月内，受托机构可根据有关规定申请在全国银行间债券市场交易资产支持证券。资产支持证券的推出，进一步丰富了我国商业银行的证券投资品种。

(七) 中期票据

中期票据是指具有法人资格的非金融企业在银行间债券市场按照计划分期发行的，约定在一定期限还本付息的债务融资工具。我国的中期票据期限一般为 3～5 年。

为进一步完善国内的信用债市场，2008 年人民银行进一步推出了中期票据。银行间市场交易商协会接受了中国核工业集团公司、中国交通建设股份公司、中国电信股份有限公司、中国中化集团公司、中粮集团有限公同等 7 家央企发行中期票据的注册，注册额度共 1190 亿元，首期发行 392 亿元。此举标志着中国银行间债券市场中期票据业务的正式开启，它结束了企业中期直接债务融资工具长期缺失的局面。

(八) 公司债券

公司债券即企业债券，是指公司依照法定程序发行的，约定在一定期限还本付息的有价证券。过去我国相关法律规定，办理储蓄业务的机构不得将所吸收的储蓄存款用于购买企业债券。按此规定，公司债券不是商业银行的投资对象。2005 年 5 月人民银行发布《短期融资券管理办法》，允许符合条件的企业在银行间债券市场向合格机构投资者发行短期融资券。同年 12 月人民银行发布《关于公司债券进入银行间债券市场交易流通的有关事项公告》，允许符合条件的公司债券可以进入银行间债券市场交易流通。公司债券引入银行间债券市场交易流通，丰富了银行证券交易的品种，优化了银行资产配置，也有力地推动了银行间债券市场与交易所债券市场的互连互通。

知识链接 8-5

首批中小企业集合票据正式发行

2009 年 11 月 23 日，国内首批 3 只中小企业集合票据按照统一产品设计、统一券种冠名、统一信用增进、统一发行注册方式正式在银行间债券市场共同发行，这三只票据分别是北京市顺义区中小企业集合票据、山东省诸城市中小企业集合票据和山东省寿光市“三农”中小企业集合票据。

中小企业集合票据在银行间债券市场的发行，是我国中小企业融资机制的一次创新和突破，为中小企业开启了直接融资的新途径。它不仅拓展了债务融资工具发行主体范围，建立多元化、多层次的债券市场结构，而且有助于培养不同风险偏好、不同投资需求的投资者进入银行间债券市场。同时，也有利于推动未来信用衍生产品的创新，丰富银行间债券市场产品结构，推动我国债券市场持续深入发展。此外，作为一项创新产品，中小企业集合票据对于完善投资者在债券品种方面的期限配置和品种配置，将发挥重要的作用。

本章小结

证券投资在商业银行资产组合中的主要功能是获取收益，分散风险，保持流动性，合理避税。由于各国对商业银行风险控制比较严，所以商业银行的证券组合中以债券为主，特别是各类国债、政府机构债券和市政债券。

证券投资的收益由利息收入和资本损益所构成。由于计算的方法不同，因此证券投资收益率也有不同的表示形式。

商业银行在进行证券投资时，不可避免地面临风险，如市场风险、通货膨胀风险、经营风险、财务风险、信用风险和流动性风险等，银行应当在承担既定风险的条件下使得收益最大化。

商业银行证券投资的目标强调在控制风险下实现流动性和收益性的高效组合。商业银行在收益与风险最佳组合、分散投资和理性投资原则的基础上进行投资。其主要的投资策略有主动投资策略和被动投资策略两种。

我国目前实行的是分业经营的体制，对商业银行的证券投资有很多限制规定。目前，我国商业银行的证券投资主要借助于银行间债券市场进行，投资的品种主要有国债、地方政府债券、金融债券、央行票据、短期融资券、资产支持证券、中期票据、公司债券、中小企业集合票据等。

重要概念

梯形期限策略	杠铃期限策略	证券互换策略
投资收益率	银行间债券市场	地方政府债券
金融债券	央行票据	短期融资券
资产支持证券	中期票据	中小企业集合票据

思考与练习

1．试述商业银行证券投资的功能。

2．试述商业银行证券投资的风险。

3．试述商业银行证券投资原则。

4．试述商业银行的证券投资策略。

5．试述梯形期限策略和杠铃期限策略的区别和各自的优缺点。

6．试述证券互换策略的主要内容。

7．从混业经营趋势的角度，谈一谈我国商业银行证券投资范围的演进。

8．某银行用10%的加权平均资金成本筹得1500万元资金，扣除6%的法定存款准备金之后用于投资。投资两种证券，一种是到期收益率为12%的应税证券，一种是到期收益率为10%的免税证券，该银行所处边际税率为33%，如何进行投资组合以获得最高收益？

第九章 商业银行中间业务管理理论与实务

商业银行在资产业务和负债业务的基础上，利用技术、信息、机构网络、资金和信誉等方面的优势，不运用或较少运用银行的资财，以中间人和代理人的身份替客户办理收付、咨询、代理、担保、租赁及其他委托事项，提供各类金融服务并收取一定费用的经营活动。在资产业务和负债业务两项传统业务中，银行是作为信用活动的一方参与；而中间业务则不同，银行不再直接作为信用活动的一方，扮演的只是中介或代理的角色，通常实行有偿服务。

本章学习目标

(1) 掌握商业银行中间业务的概念界定以及其与表外业务的对比分析。
(2) 了解商业银行中间业务的种类及其相关的业务内容。
(3) 了解并掌握各类商业银行中间业务的操作流程。

第一节 商业银行中间业务的构成

一、商业银行中间业务的含义

(一) 中间业务的概念

中间业务是指商业银行不动用或不直接运用自己的资金，也不占用或不直接占用客户的资金，以中间人身份替客户办理收付或其他委托事项，提供各类金融服务并收取手续费的业务。

商业银行中间业务即商业银行的中间或中介业务，在这种业务中，商业银行不以信用活动一方的身份出现，只是以中间人的身份出现，它一般不会引起商业银行资产负债的变化，一般不反映在商业银行的资产负债表内。

从广义角度来说，中间业务是指资产业务和负债业务以外的所有业务，商业银行在其中既不是债权人也不是债务人。因此，凡不在银行资产负债表中直接反映出来的业务，都属于中间业务。依据 2001 年 7 月 4 日中国人民银行颁布的《商业银行中间业务暂行规定》，中间业务是指不构成商业银行表内资产、表内负债，形成银行非利息收入业务，即能为商业银行带来货币收入，却不直接列入银行资产负债表内的业务。

(二) 中间业务与表外业务对比

长期以来，我国习惯将资产负债业务以外的其他业务统称为中间业务，而西方国家则称为表外业务。根据国际商业银行通行惯例，商业银行的表外业务是指商业银行从事的、按照通行的会计准则不列入资产负债表内，不影响资产负债总额，但能改变当期损益及营运资金，从而影响银行资产收益率的经营活动。由于这种业务不直接反映在银行的资产负债表内，因此称之为表外业务，比如担保业务、承诺业务。

巴塞尔委员会将商业银行表外业务分为广义表外业务和狭义表外业务。广义表外业务包含狭义表外业务和传统的表外业务。一类是或有资产和或有负债业务，也即狭义表外业务，如贷款承诺、担保、互换、期权等。商业银行在经办这类业务时虽然没有发生实际的货币收付，银行也没有垫付资金，但是，由于它同银行资产负债业务密切相关，因此在一定条件下能转变为资产负债业务，同时在银行资产负债表中得到反映，按照与资产负债的关系，这种表外业务又可称为或有资产业务与或有负债业务。由于这类业务是伴随国际金融市场即现代化信息技术的发展而发展起来的，产生时间相对较短，因此，也可称之为新兴表外业务。另一类是金融服务类业务，一般是指商业银行不运用或较少运用自己的资财，以中间人身份代客户办理收付业务或其他委托事项，为客户提供各类金融服务并收取手续费的业务。如支付结算业务、代理业务、咨询业务、租赁业务等。金融服务类业务与商业银行资产负债业务相伴而生，存在的历史悠久，而且没有风险，相对安全，所以也可称之为传统的表外业务。

我国的中间业务即广义的表外业务。我国将中间业务中的金融服务类业务称为传统的中间业务，即传统的表外业务；我国中间业务中涉及风险的业务属于或有资产与或有负债的业务，即狭义的表外业务。狭义中间业务与狭义表外业务的比较如表 9-1 所示。

表 9-1　狭义中间业务与狭义表外业务的比较

		狭义中间业务	狭义表外业务
联　系		都不在资产负债表上反映	
		具有基本相同的收入形态	
		在外延上具有交叉性	
区别	属性不同	任何时候都不列入资产负债表	形成或有资产或者是或有负债
	范围不同	业务范围广	业务范围较窄，但有扩展的潜力
	风险程度不同	不动用自己的资金；风险较小	风险较大
	监管程度不同	适用备案制	适用审批制

二、商业银行中间业务的性质与特点

(一) 中间业务的基本性质

(1) 居间的地位。

(2) “或有资产”、“或有负债”性质。

(3) 以收取手续费的形式获得收益。

(4) 中间业务具有经济效益、社会效益和综合效益。

(二) 中间业务的特点

(1) 少资产性。商业银行办理中间业务时，通常不以商业银行资金买卖为手段，只是利用自身的银行信用、金融信息、服务网络、管理技术等方面的优势，特别是依靠自身强大的流动资产作后盾，通过付出一定的人力、 物力和承担一定的经济责任，为客户提供服务。

(2) 强代理性。商业银行办理中间业务通常是以接受客户委托的方式开展业务，尤其是在办理代理、担保、承兑、承诺等中间业务时其代理性的特点尤显突出。

(3) 低风险性。在办理中间业务时，商业银行是以中介人或代理人的身份开展业务的，其经营风险主要由委托人来承担；在办理部分中间业务时，商业银行也间接承担一定的风险，但风险相对较低。如办理担保类业务时，如果客户不能按时履约，则商业银行将间接承担因客户违约造成的风险损失。

(4) 收益稳定性。商业银行在办理中间业务时，通常以收取佣金或手续费的方式获利。中间业务的发展，为商业银行带来了大量的佣金收入和手续费收入。目前，西方商业银行中间业务收入占比一般为40%～50%，个别的如花旗银行则达到了80%。

(5) 种类多、范围广。随着社会经济生活的变化和金融创新的不断涌现，中间业务得到迅速发展，特别是商业银行中间业务已经突破了传统的结算、代收代付范畴，出现了占用客户资金、代客垫付资金、出售银行信用、承担业务风险等信用行为，使中间业务的品种迅速增加，覆盖面迅速扩大。

三、商业银行中间业务的种类

中间业务范围广泛，涵盖结算、代理、担保、信托、租赁、融资、信息咨询、衍生金融工具交易等，因此对中间业务的分类也有不同的标准。

(一) 按收入来源分类

目前国际上最常见的划分中间业务种类的依据是收入来源标准，美国银行业根据收入来源将中间业务分为以下五类：一是信托业务，指信托部门产生的交易和服务收入；二是投资银行和交易业务，指证券承销、从事金融交易活动所产生的收入；三是存款账户服务业务，包括账户维护等；四是手续费类收入，包括信用卡收费、贷款证券化、抵押贷款再融资服务收费、共同基金和年金的销售、自动提款机(ATM)提款收费等；五是其他手续费类收入，包括数据处理服务费、各种资产出售收益等。

(二) 按中间业务的功能与性质分类

中国人民银行在《关于落实〈商业银行中间业务暂行规定〉有关问题的通知》(2002)中，将国内商业银行中间业务分为九类：

(1) 支付结算类中间业务，指由商业银行为客户办理因债权债务关系引起的与货币支付、资金划拨有关的收费业务，如支票结算、进口押汇、承兑汇票等。

(2) 银行卡业务，是由经授权的金融机构向社会发行的具有消费信用、转账结算、存取现金等全部或部分功能的信用支付工具。

(3) 代理类中间业务，指商业银行接受客户委托、代为办理客户指定的经济事务、提供金融服务并收取一定费用的业务，包括代理政策性银行业务、代收代付款业务、代理证券业务、代理保险业务、代理银行卡收单业务等。

(4) 担保类中间业务，指商业银行为客户债务清偿能力提供担保，承担客户违约风险的业务，包括银行承兑汇票、备用信用证、各类保函等。

(5) 承诺类中间业务，指商业银行在未来某一日期按照事前约定的条件向客户提供约定信用的业务，包括贷款承诺、透支额度等可撤销承诺和备用信用额度、回购协议、票据发行便利等不可撤销承诺两种。

(6) 交易类中间业务，指商业银行为满足客户保值或自身风险管理的需要，利用各种金融工具进行的资金交易活动，包括期货、期权等各类金融衍生业务。

(7) 基金托管业务，指有托管资格的商业银行接受基金管理公司委托，安全保管所托管的基金的全部资产，为所托管的基金办理基金资金清算款项划拨、会计核算、基金估值、监督管理人投资运作。

(8) 咨询顾问类业务，是商业银行依靠自身在信息和人才等方面的优势，收集和整理有关信息，结合银行和客户资金运动的特点，形成系统的方案提供给客户，以满足其经营管理需要的服务活动，主要包括财务顾问和现金管理业务等。

(9) 其他类中间业务，包括保管箱业务以及其他不能归入以上八类的业务。

(三) 按中间业务的风险分类

巴塞尔委员会从中间业务的风险角度将其分为两大类：金融服务类中间业务和或有债权、或有债务类中间业务。金融服务类中间业务，是指那些只能为银行带来服务性收入而又不会影响银行表内业务质量的业务，包括与贷款有关的业务、信托业务、咨询业务、代理业务、支付业务等。或有债权、或有债务类中间业务，是指不在资产负债表内反映，但在一定条件下会转化为资产或负债业务的中间业务，包括贷款承诺、担保业务、金融衍生业务和投资银行业务等。

第二节　服务类中间业务管理

服务类中间业务主要是指商业银行不运用或较少运用自己的资金，以中间人的身份为客户提供代理收付、委托、保管、咨询等金融服务，并收取手续费。此类中间业务真正体现了中间业务的最基本性质，即中介、代理业务，风险低、成本低、收入稳定、安全。

一、支付结算类中间业务

支付结算类中间业务是指银行为单位客户和个人客户采用票据、汇款、托收、信用证、信用卡等结算方式进行货币支付及资金清算提供的服务，主要收入来源是手续费收入。

传统的结算方式是指“三票一汇”，即汇票、本票、支票和汇款。在银行为国际贸易提供的支付结算及带有贸易融资功能的支付结算方式中，通常是采用汇款、信用证及托收。从信用证和托收又派生出许多带有融资功能的服务，如打包贷款、出口押汇、出口托收融资、出口票据贴现、进口押汇、提货担保等。近年来，又出现了电子汇兑、网上支付等结算方式。

(一) 汇票

汇票是出票人签发的，委托付款人在见票时或者在指定日期无条件支付确定的金额给收款人或者持票人的票据。汇票按出票人分为银行汇票和商业汇票。

1. 银行汇票

银行汇票是出票银行签发的，由其在见票时按照实际结算金额无条件支付给收款人或者持票人的票据。银行汇票是自付票据，出票银行即为银行汇票的付款人，银行汇票的代理付款人是代理本系统出票银行或跨系统签约银行审核支付汇票款项的银行。银行签发汇票后，通常由汇款人持往异地办理转账结算，填明“现金”字样的银行汇票也可用于支取现金。客户如需使用银行汇票汇款，应向出票银行填写“银行汇票申请书”，填明收款人名称、汇票金额、申请人名称等事项并签章。出票银行受理银行汇票申请书，向申请人收取款项后，签发银行汇票，并压印出票金额，将银行汇票和解讫通知一并交给申请人。申请人应将银行汇票和解讫通知一并交付给汇票上记明的收款人。收款人受理申请人交付的银行汇票时，应在出票金额以内，根据实际需要的款项办理结算，并将结算金额准确、清晰地填入银行汇票和解讫通知的有关栏内。收款人也可以将银行汇票背书转让给被背书人。持票人向银行提示付款时，必须同时提交银行汇票和解讫通知。在银行开立存款账户的持票人向开户银行提示付款时，应在汇票背面“持票人向银行提示付款签章”处签章，并将银行汇票和解讫通知、进账单送交开户银行，银行审查无误后办理转账，将解讫通知与联行报单寄交出票行。未在银行开立存款账户的个人持票人，可以向其选择的任何一家银行机构提示付款。银行审核无误后，以持票人的姓名开立应解汇款及临时存款账户。若银行汇票的实际结算金额低于出票金额，则其多余金额由出票银行退交申请人。银行汇票结算流程图如图 9-1 所示。

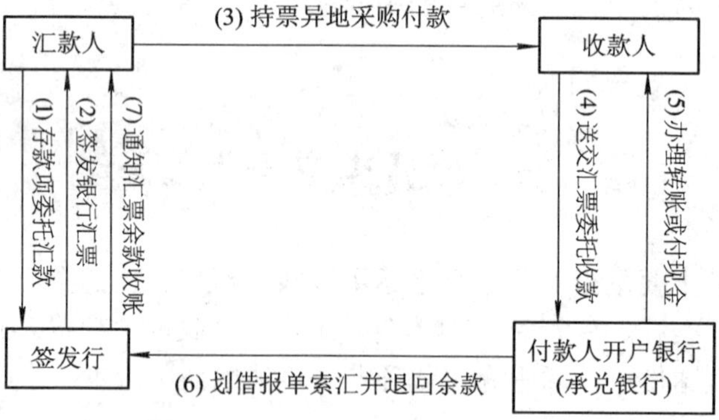

图 9-1 银行汇票结算流程图

2. 商业汇票

商业汇票的出票人是在银行开立存款账户的法人。在银行开立存款账户的法人以及其他机构之间，只有具有真实的交易关系或债权债务关系，才能使用商业汇票。商业汇票在同城和异地均可使用，付款人为汇票承兑人。根据承兑人的不同，商业汇票可分为商业承兑汇票和银行承兑汇票。前者由银行以外的付款人承兑，后者由银行承兑。商业承兑汇票可以由付款人签发并承兑，也可以由收款人签发交由付款人承兑。付款人应当在汇票正面记载“承兑”字样和承兑日期并签章。付款人对汇票进行承兑后，交收款人收执。持票人应在提示付款期限内通过开户银行委托收款，如承兑人(付款人)在异地开户，则持票人可匡算邮程，提前通过开户银行委托收款。付款人开户银行收到持票人开户行交来的商业承兑汇票和委托收款凭证后，应及时通知付款人。付款人收到付款通知后，应在当日通知银行付款，如未通知银行付款，则视同付款人承诺付款。银行在办理划款时，如果付款人存款账户的余额不足支付，则应填制付款人未付票款通知书，连同商业承兑汇票邮寄持票人开户行，由其转交持票人。

银行承兑汇票的出票人或持票人向银行申请承兑时，银行对出票人的资格、资信、购销合同和汇票记载的内容进行审查，必要时可由出票人提供担保。经银行审查合格后，出票人与银行签订承兑协议。出票人应于汇票到期前将票款足额交存其开户银行，以备兑付。承兑银行应在汇票到期日或到期日后的见票当日支付票款。出票人于汇票到期日未能交足票款时，承兑银行须为其垫款，同时将出票人尚未支付的汇票金额作逾期贷款处理，并计收利息。

(二) 本票

本票是出票人签发的，承诺自己在见票时无条件支付确定的金额给收款人或者持票人的票据。本票按出票人分为商业本票和银行本票。这里所说的本票是指银行本票。单位和个人在同一票据交换区域需要支付各种款项，均可以申请使用银行本票。银行本票可以用于转账，注明“现金”字样的银行本票可以支取现金。中国的银行本票分为不定额本票和定额本票两种。后者面额固定，由中国人民银行统一负责印制，各银行代办发售和兑付；前者由经办银行根据申请人的要求填明金额，并压印数字。目前流行的主要是不定额本票。申请人使用银行本票，应向银行填写“银行本票申请书”，填明收款人名称、申请人名称、支付金额等事项并签章。出票银行受理银行本票申请书，收妥款项后签发银行本票，交给申请人。申请人应将银行本票交付给银行本票上记明的收款人。收款人可以将银行本票背书转让给被背书人。持票人将银行本票和进账单送交开户银行，开户银行审查无误后办理转账。若持票人凭票取现，则银行审查后办理付现手续。对于他行签发的不定额本票，兑付银行将通过同城票据交换提交签发行。由于银行办理定额本票业务属代理性质，因而出票行需将其向本票申请人收取的款项划缴中央银行，而兑付行代中央银行垫付的款项应向中央银行收回。银行本票流程图如图 9-2 所示。

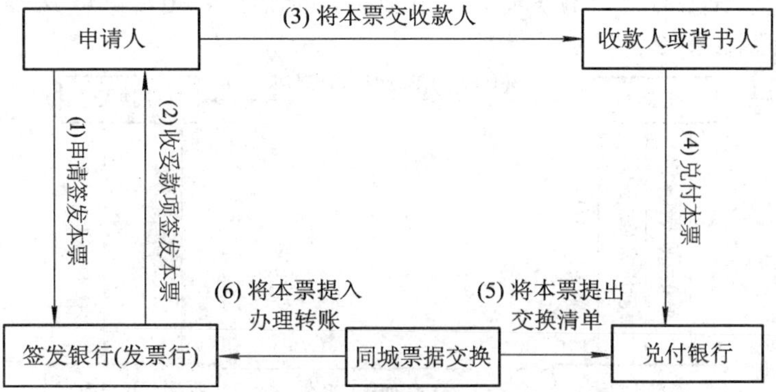

图 9-2　银行本票流程图

(三) 支票

支票是出票人签发的，委托办理支票存款业务的银行在见票时无条件支付确定的金额给收款人或者持票人的票据。支票的出票人可以是在银行开立支票存款账户的单位和个人，付款人为支票上记载的出票人开户银行。现金支票只能用于支取现金，转账支票只能用于转账。支票上未印有“现金”或“转账”字样的为普通支票，可用于支取现金，也可用于转账。普通支票上划有两条平行线的为划线支票，只能用于转账，不得支取现金。依据中国票据法，支票只允许在同城范围内使用。付款方可开出转账支票，委托其开户行从自己的账户中将款项划转到指定的收款人账户。支票由出票人签发。记名支票的金额不得超过在付款行处实有的存款金额，更禁止签发空头支票。支票的收款人可以将支票背书转让。不记名支票由于不记载收款人姓名，凡持票人都可凭票支取款项。持票人通常将支票连同进账单送交开户行，委托开户行收款。如果出票人与持票人均在同一银行开户，银行受理持票人解入的本行支票，在审查无误后，即可将款项划入收款人账户。如果出票人不在该行开户，持票人开户行应将支票通过票据交换系统提交支票付款行，付款行在收到支票后，若经审查无误，则即应办妥支付手续，持票人开户行在收妥款项后入账。持票人也可以直接向付款行提示付款。出票人在付款行处的存款足以支付支票金额时，付款行应当在见票当日足额付款。

(四) 汇款

汇款业务是指银行接受客户的委托，通过银行间的资金划拨、清算、通汇网络，将款项汇往收款方的一种结算方式，主要有电汇、票汇、信汇三种方式。

其中，电汇比较常见。电汇业务是指汇出行应汇款人的要求，采用加押电传或SWIFT(环球银行间金融电信网络)形式，指示汇入行付款给指定收款人。其特点是交款迅速，安全可靠，费用高。多用于急需用款和大额汇款。

汇款人应签发汇兑凭证，凭证上需记载汇款金额、收款人名称、汇款人名称、汇入地点、汇入行名称、汇出地点、汇出行名称等事项，并表明委托银行从自己账户中支付一笔款项汇给收款人。汇出行受理汇款人签发的汇兑凭证，经审查无误后，应及时将信汇凭证连同联行报单邮寄给汇入行，或依据电汇凭证向汇入行拍发电报，并向汇款人签发汇款回单。对于开立存款账户的收款人，汇入行应将汇给收款人的款项直接转入其账户，并向其发出收账通知。未在银行开立存款账户的收款人，凭信汇、电汇的取款通知向汇入行支取款项。汇款流程图如图9-3所示。

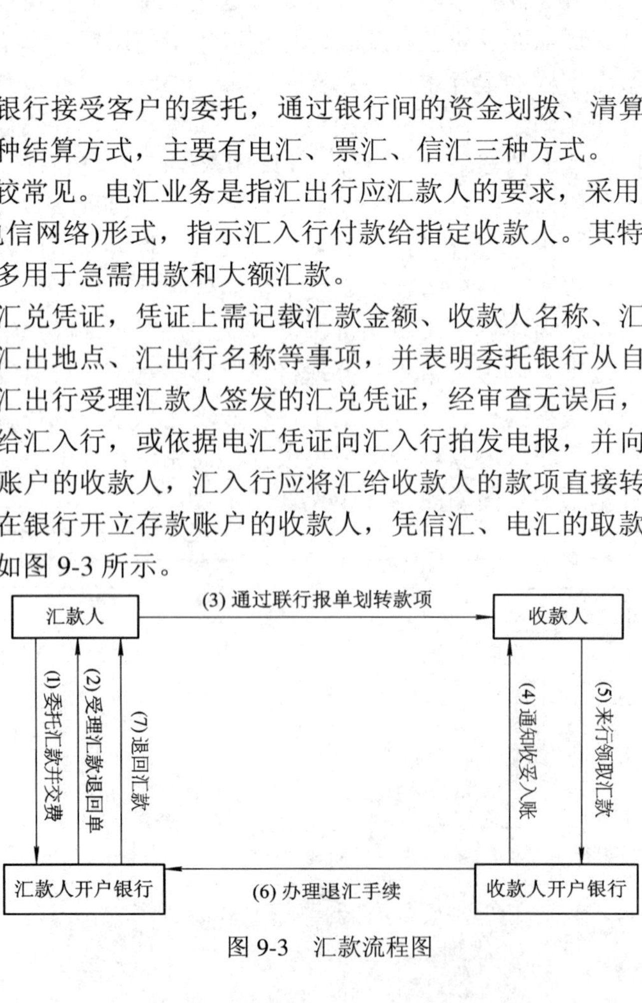

图 9-3 汇款流程图

(五) 信用证

国内信用证结算业务是指开证行依照申请人的申请开出的，凭符合信用证条款的单据支付的付款承诺。信用证为不可撤销、不可转让的跟单信用证。本文所称的信用证办法适用于国内企业之间商品交易的信用证结算。国内信用证具有以下特点：

(1) 国内信用证只限于办理转账结算，不得支取现金。

(2) 信用证与作为其依据的购销合同相互独立，银行在处理信用证业务时，不受购销合同的约束。

(3) 一家银行做出的付款、议付或履行信用证项下其他义务的承诺不受申请人与开证行、申请人与受益人之间关系的制约。受益人在任何情况下，不得利用银行之间或申请人与开证行之间的契约关系。

(4) 在信用证结算中，各有关当事人处理的只是单据，而不是与单据有关的货物及劳务。

国际信用证结算业务是指进出口双方签订买卖合同后，进口商主动请示进口地银行向出口商开立信用证，对自己的付款责任作出保证。当出口商按照信用证的条款履行了自己的责任后，进口商将货款通过银行交付给出口商。一笔信用证结算业务所涉及的基本当事人有三个，即开证申请人、开证行和受益人。

1. 开证申请人

开证申请人(Opener)，是指向银行申请开立信用证的当事人，在国际贸易中，一般是进口商。开证人是信用证业务的发起人。开证人向银行申请开立信用证时，需填写开证申请书、缴纳开证押金。

2. 开证行

开证行(Opening Bank/Issuing Bank)，即接受开证申请人的委托、开出信用证的银行。开证行一般是进口商所在地的银行。开立信用证的依据是开证申请人填写的开证申请书。信用证一旦开出，开证行承担首要付款责任，而且其付款是终局性的，一经付出，不得追回。开证行可拒付表面上与信用证条款不一致的单据。

3. 受益人

受益人(Beneficiary)，即信用证指明有权使用信用证的人，一般是出口商。受益人收到信用证后，应对照合同进行核对，对于不符合合同的信用证可要求开证申请人通过开证行改正。

(六) 托收

托收是指委托人(收款人)向其账户所在银行(托收行)提交凭以收取款项的金融票据或商业单据，要求托收行通过其联行或代理行向付款人收取款项。托收属于商业信用，托收银行与代收银行对托收的款项能否收到不承担责任。

根据所附单据的不同，托收分为光票托收和跟单托收，光票托收仅附金融单据，不附带发票、运输单据等，故称“光票”；跟单托收则附有金融单据和发票等商业单据。

(七) 银行卡结算

银行卡是一种使用十分方便的非现金结算工具。持卡人在发卡银行开立银行卡存款账户，并存入一定的备用金后，可在特约商户利用银行卡购物或支付劳务费用。持卡人应提交银行卡和身份证件，但持卡人凭密码在销售点终端上消费、购物，可免验身份证件。特约商户受理银行卡，需审查该卡是否为本单位可受理的银行卡，是否在有效期内，未列入支付名单等事项。经审查无误后，特约商户在签购单上压卡，填写实际结算金额、用途、持卡人身份证件号码、特约商户名称和编号。若结算金额超过支付限额，则特约商户应确认发卡银行是否有授权。其后，由持卡人在签购单上签名确认。特约商户在每日营业终了，应将当日受理的银行卡签购单汇总，并填写汇总单和进账单，连同签购单一并送交收单银行办理进账。

支付结(清)算系统，也称支付系统，是一个国家或地区对交易者之间的债权债务关系进行清偿的系统。具体来讲，它是由提供支付服务的中介机构、管理货币转移的规则、实现支付指令传递及资金清算的专业技术手段共同组成的，用以实现债权债务清偿及资金转移的一系列组织和安排。

从 2002 年 10 月 8 日大额实时支付系统成功投产试运行，经过多年的建设、发展，中国现代化支付系统已建成了包括第一代人民币跨行大额实时支付系统、小额批量支付系统、支票影像交换系统和境内外币支付系统、电子商业汇票系统以及中央银行会计集中核算系统，形成了比较完整的跨行支付清算服务体系，为各银行业金融机构及金融市场提供了安全、高效的支付清算平台，对经济金融和社会发展的促进作用日益显现。与第一代人民币跨行支付系统相比，第二代支付系统能为银行业金融机构提供灵活的接入方式、清算模式和更加全面的流动性风险管理手段，实现网银互联，支撑新兴电子支付的业务处理和人民币跨境支付结算，实现本外币交易的对等支付(PVP)结算。同时，系统将具备健全的备份功能和强大的信息管理与数据存储功能，建立高效的运行维护机制，进一步强化安全管理措施，并逐步实现支付报文标准国际化。中央银行会计核算数据集中系统将实现中央银行会计数据的高度集中，通过再造业务流程，实现内部管理扁平化、信息数据的网络化传输和共享，支持金融机构提高资金管理水平，为其提供多元化的服务。此外，系统还创建了严密的风险防范和安全管理机制，具备健全、完善的灾难备份功能。

2005 年，中国人民银行大额实时支付系统上线运行，系统支持各政策性银行、商业银行和绝大多数农村信用社的接入，实现了资金实时到账，提高了资金周转速度，通过连接中央债券综合业务系统、公开市场业务交易系统、银行跨年支付系统、全国银行间外汇交易系统以及香港、澳门人民币清算业务体系，为金融市场资金清算和跨境人民币结算提供了有力的支持。

2010 年中国人民银行网上支付跨行清算系统建成运行，对广大企事业单位和消费者主要带来三个方面的好处：一是提高跨行支付效率，客户可以方便、及时地办理跨行转账、信用卡跨行还款等业务；二是便利财富管理，通过与银行签订协议后，客户依托一家银行的网上银行，即可查询在其他银行的账户信息，实现一站式财富管理；三是拓展电子商务的业务范围，客户可依托一个银行账户方便地办理公用事业缴费、网络购物等业务，便利其日常生产、生活，客观上也可支持并促进我国电子商务的快速发展。

知识链接 9-1

2013 年支付体系运行总体情况

2013 年支付业务统计数据显示，支付体系安全、稳定运行，社会资金交易规模进一步扩大，支付业务和工具不断创新，零售支付服务市场持续改善，对提高资金使用效率，夯实支付服务实体经济基础，满足社会公众日益增长的支付服务需求发挥了积极作用。

2013 年，全国共办理非现金支付业务 501.58 亿笔，金额 1607.56 万亿元，同比分别增长 21.92%和 24.97%，笔数、金额增速同比分别加快 0.32 个百分点和 8.47 个百分点。

1. 票据

票据业务量同比下降，实际结算商业汇票业务量同比上升。2013 年，全国共发生票据业务 6.93 亿笔，金额 287.70 万亿元，同比分别下降 11.61%和 2.93%。其中，支票业务 6.67 亿笔，金额 259.56 万亿元，同比分别下降 11.77%和 3.43%；实际结算商业汇票业务 1630.67 万笔，金额 18.24 万亿元，同比分别增长 4.98%和 13.57%；银行汇票业务 377.13 万笔，金额 2.16 万亿元，同比分别下降 19.63%和 20.14%；银行本票业务 626.17 万笔，金额 6.03 万亿元，同比分别下降 12.90%和 15.14%。电子商业汇票业务保持增长态势。截至 2013 年年末， 电子商业汇票系统参与者共计 359 家，较上年年末增加 18 家。2013 年，电子商业汇票系统出票 52.09 万笔，金额 15864.34 亿元，同比分别增长 70.93%和 69.06%；承兑 53.47 万笔，金额 16257.71 亿元，同比分别增长 71.45%和 68.87%；贴现 13.43 万笔，金额 6404.73 亿元，同比分别增长 42.39%和 64.91%；转贴现 25.09 万笔，金额 19509.65 亿元，同比分别增长 119.14%和 199.27%。

2. 银行卡

银行卡发卡量平稳增长，北京、上海信用卡人均拥有量远高于全国平均水平。截至 2013 年年末，全国累计发行银行卡 42.14 亿张，较上年年末增长 19.23%，增速放缓 0.57 个百分点。其中，借记卡累计发卡 38.23 亿张，较上年年末增长 19.36%，增速放缓 0.94 个百分点；信用卡累计发卡 3.91 亿张，较上年年末增长 18.03%，增速加快 2.03 个百分点。借记卡累计发卡量与信用卡累计发卡量之间的比例约为 9.78∶1，较上年年末略有上升。截至 2013 年年末，全国人均拥有银行卡 3.11 张，较上年年未增长 17.80%。其中，信月卡人均拥有 0.29 张，较上年年末增长 16.00%。北京、上海信用卡人均拥有量远高于全国平均水平，分别达到 1.63 张和 1.30 张。

市场受理环境逐步改善。截至 2013 年年末，银行卡跨行支付系统联网商户 763.47 万户，联网 POS 机具 1063.21 万台，ATM52.00 万台，较上年年末分别增加 280.20 万户、351.43 万台和 10.44 万台。截至 2013 年年末，每台 ATM 对应的银行卡数量为 8104 张，较上年年末减少 4.71%；每台 POS 机对应的银行卡数量为 396 张，较上年年末减少 20.25%。

银行卡交易额增速大幅提升。2013 年，全国共发生银行卡业务 475.96 亿笔，同比增长 22.31%，增速放缓 0.09 个百分点；金额 423.36 万亿元，同比增长 22.28%，增速加快 15.38 个百分点。日均 13 039.88 万笔，金额 11.598.91 亿元。其中，银行卡存现 79.42 亿笔，金额 66.61 万亿元，同比分别增长 17.01%和 15.42%；取现 181.17 亿笔，金额 70.80 万亿元，同比分别增长12.29%和15.37%；消费129.71亿笔，金额31.83 万亿元，同比分别增长43.98%和52.85%；转账85.66亿笔，金额254.12万亿元，同比分别增长22.65%和23.17%。

银行卡消费持续、快速增长。2013年，全国银行卡卡均消费金额为7554元，笔均消费金额为2454元，同比分别增长28.16%和6.14%。银行卡跨行消费业务67.97亿笔，金额23.75万亿元，同比分别增长22.54%和44.08%，分别占银行卡消费业务量的52.40%和74.61%。全年银行卡渗透率达到47.45%，比上年提高3.95个百分点。

信用卡期末应偿贷款总额增速放缓，授信使用率进一步上升。截至2013年年末，信用卡授信总额为4.57万亿元，同比增长31.17%；信用卡期末应偿贷款总额为1.84万亿元，同比增长61.80%；信用卡卡均授信额度1.17万元，授信使用率达40.29%，较上年年末增加7.63个百分点；信用卡逾期半年未偿贷款总额251.92亿元，较上年年末增加105.34亿元，增长71.86%；信用卡逾期半年未偿贷款总额占期末应偿贷款总额的1.37%，占比较上年年末上升0.08个百分点。

(资料来源：中国新闻网)

二、代理类中间业务

代理类中间业务指商业银行接受客户委托，代为办理客户指定的经济事务，提供金融服务并收取一定费用，是典型的中间业务。包括代理收付业务、代理证券业务、代理保险业务、代理政策性银行业务、代理商业银行业务、代理中央银行业务。

(一) 代理收付业务

代理收付业务是指商业银行利用自身的结算便利，接受客户委托代为办理指定款项收付事宜的业务。主要包括代理各项公用事业收费、代理行政事业性收费和财政性收费、代发工资、代扣住房按揭消费贷款等。

(二) 代理证券业务

商业银行利用自己的资金、网络、技术的专长接受委托，代理发行国家证券、企业债券、金融债券；代发股票红利；代理证券资金的转账清算业务；在债券到期或应付利息时代理兑付等业务。

(三) 代理保险业务

商业银行接受保险公司的委托，代其办理保险业务的经营活动。商业银行代理保险业务，可以受托于个人或法人投保险种的保险事宜，也可以作为保险公司的代表，与保险公司签订代理协议，是保险人委托代理银行办理保险业务的代理行为。代理银行依托自身的结算、网络等优势，结合所拥有的客户群体资源，为保险公司提供代理保险业务的服务。

(四) 代理政策性银行业务

商业银行受政策性银行的委托，代为办理政策性银行因服务网点设置的限制而无法办理的业务，例如代理贷款项目管理等。政策性银行的营业性分支机构比较少、覆盖面小，有大量业务需要商业银行代为办理。商业银行代理政策性银行业务风险较低，同时又可以为商业银行带来较为丰厚的手续费收入，并可以借助代理业务拓展和巩固银行客户。目前主要代理中国进出口银行和国家开发银行业务。

(五) 代理商业银行业务

商业银行之间签订委托代理协议，主要是代理资金清算、代理外币清算业务、代理外币现钞业务等。其中主要是代理结算业务，具体包括代理银行汇票业务和汇兑、委托收款、托收承付业务等其他结算业务。代理汇票业务最具典型性，可分为代理代发银行汇票和代理承兑银行汇票业务。

(六) 代理中央银行业务

代理中央银行业务是指根据政策、法规应由中央银行承担，但由于机构设置、专业优势等方面的原因，由中央银行指定或委托商业银行承担的业务。主要包括代理财政性存款、代理国库、代理金银等。

三、咨询顾问类中间业务

咨询顾问类中间业务指商业银行依靠自身在信息、人才、信誉等方面的优势，收集和整理有关信息，并通过对这些信息以及银行和客户资金运动的记录和分析，形成系统的资料和方案提供给客户，以满足其业务经营管理或发展的需要的服务活动。

商业银行咨询顾问类中间业务根据业务性质的不同，大致可以分为评估型咨询、中介型咨询、综合型咨询业务。

(1) 评估型咨询业务：主要包括投资项目评估、企业信用评估和验证企业注册资金等。

(2) 中介型咨询业务：主要包括资信调查、专项调查等咨询业务。

(3) 综合型咨询业务：主要包括企业管理咨询、资产证券化、财务顾问业务、投资银行业等。

企业管理咨询是指银行根据企业要求，在调研基础上提出改进企业经营管理水平的措施。

资产证券化是指银行将具有共同特征、流动性差但可预见现金流的创利资产，如抵押物和消费贷款，在金融市场以发行证券的方式出售。银行通过将贷款证券化能够提前收回资金，并能利用这笔资金进行新的投资，从而增强银行资金的流动性，通常作为证券化的资产为消费贷款或抵押物，包括住房抵押贷款、汽车消费贷款、信用卡应收款等。

财务顾问业务，包括大型建设项目财务顾问业务和企业并购顾问业务。大型建设项目财务顾问业务指商业银行为大型建设项目的融资结构、融资安排提出专业性方案。企业并购顾问业务指商业银行为企业的兼并和收购双方提供的财务顾问业务，银行不仅参与企业兼并与收购的过程，而且作为企业的持续发展顾问，参与公司结构调整、资本充实和重新核定、破产和困境公司的重组等策划和操作过程。

投资银行业是指商业银行为客户提供财务咨询，从事产权交易和收购、兼并、重组等金融服务。

四、基金类中间业务

基金类中间业务包括基金管理、基金托管、基金代销业务。

基金管理业务是指商业银行设立基金管理公司，负责投资操作和日常管理并获取佣金收入。目前，我国商业银行只可以设立货币市场投资基金和债券投资基金。

基金托管业务是指有资格的商业银行接受基金管理公司委托，为其办理基金资金清算、款项划拨、会计核算、基金估值、监督管理人投资运作等，安全保管所托管的基金资产。

基金托管人是依据基金运行中“管理与保管分开”的原则对基金管理人进行监督和对基金资产进行保管的机构。基金托管人与基金管理人签订托管协议，在托管协议规定的范围内履行自己的职责并收取一定的报酬。

基金代销业务是指商业银行利用资金、网络、技术、客户等便利条件代基金管理人销售基金并收取一定的销售佣金和服务费的业务。

五、保管类中间业务

保管类中间业务是商业银行利用自身的设施(如保管箱、保管库)接受客户的委托，代为保管各种贵金属、珠宝古玩字画、有价证券、契约文件、保密档案资料、设计图纸等，并收取一定手续费。

我国的保管箱业务规定，保管箱禁止存放液体、气体、枪支弹药、易燃易爆品、违禁品，以及其他有损于他人利益的物品。

保管箱收费分租金与保证金。租金按年计收，保证金通常在申请租箱时一次性交付，主要用于扣除逾期租金及银行凿箱费用。我国保管箱租期一般按年计算，一年续租，使用不足一年按一年计收租金， 开户时一次交足，并按一年租金总额收取保证金。

六、银行卡业务

银行卡是由经授权的金融机构(主要指商业银行)向社会发行的具有消费信用、转账结算、存取现金等全部或部分功能的信用支付工具。银行卡主要包括信用卡、借记卡、联名卡、芯片卡等。按照银行卡结算货币不同，可以分为外币卡和本币卡；按照银行卡信息存储媒介划分，可以分为磁条卡和芯片卡；根据清偿方式的不同，可以划分为贷记卡、准贷记卡和借记卡；按照银行卡账户币种数目，可以分为单币种银行卡和双币种银行卡；按照银行卡发卡对象不同，可以分为单位卡和个人卡。

(一) 信用卡

按是否向发卡银行交存备用金信用卡分为贷记卡(在额度内先消费后还款)和准贷记卡(先存款，余额不足时可透支一定额度)两类。贷记卡是指发卡银行给予持卡人一定的信用额度，持卡人可在信用额度内先消费、后还款的信用卡。准贷记卡是指持卡人需先按发卡银行要求缴存一定金额的备付金，当备付金账户余额不足以支付时，可在发卡银行规定的信用额度内透支的信用卡。

(二) 借记卡

借记卡是一种先存款后消费，不能透支的银行卡。

(三) 联名卡

联名卡指的是发卡银行与以营利为目的的机构联手发行的一种银行卡。联名卡首先具有银行卡的一切特点，即存取现金、刷卡消费、转账等，其次再根据银行与商家的规定附加了一些新的功能。能让持卡人、发卡银行和商家三方受益可称得上是联名卡最大的好处。联名卡的运作形式是由发卡银行与诸如航空公司、电信公司、商场等营利机构联手发行一张卡片，凡持有该卡片的消费者在这些机构消费可以享受商家提供的一定比例的优惠。这样一来，持卡人理所当然成为最直接的受益者，持联名卡在商家购物时可以少花钱，从而吸引消费者持卡前往。此外，联名卡还会有附加服务。例如，对于购买汽车的人来讲，联名卡意味着只有凭卡才可以享受应有的维修保养服务，比如日本的丰田联名卡；对于买房子的人来说，联名卡更是业主的一把万能钥匙，凭卡不仅购房打折，而且还可以当开门卡、泊车卡、物业卡、联谊卡等来使用，比如地产大鳄的万科联名卡；对于一般的商场消费者，联名卡可能更具有一种人性化的服务功能，如香港新世界百货的联名卡，可以凭卡享受在香港新世界百货停车场免费泊车的服务。

(四) 芯片卡(IC 卡)

芯片卡是在银行卡中嵌入芯片，芯片中贮存银行卡业务中的有关数据信息，既可以联机使用，也可以脱机使用的一种智能卡。

知识链接 9-2

中 国 银 联

中国银联是经国务院同意，中国人民银行批准设立的中国银行卡联合组织，成立于2002年3月，总部设于上海。作为中国的银行卡联合组织，中国银联处于我国银行卡产业的核心和枢纽地位，对我国银行卡产业发展发挥着基础性作用，各银行通过银联跨行交易清算系统，实现了系统间的互联互通，进而使银行卡得以跨银行、跨地区和跨境使用。在建设和运营银联跨行交易清算系统、实现银行卡联网通用的基础上，中国银联积极联合商业银行等产业各方推广统一的银联卡标准规范，创建银行卡自主品牌；推动银行卡的创新发展和应用；维护银行卡受理市场秩序，防范银行卡风险。

中国银联的成立标志着“规则联合制定、业务联合推广、市场联合拓展、秩序联合规范、风险联合防范”的产业发展新体制正式形成，标志着我国银行卡产业开始向集约化、规模化发展，进入了全面、快速发展的新阶段。

七、理财业务

商业银行理财业务是商业银行将客户关系管理、资金管理和投资组合管理等业务融合在一起，向公司、个人客户提供综合性的定制化金融产品和服务。

与传统中间业务相比，理财业务涉及信托、基金、证券、保险等领域，需要综合运用境内外货币市场及资本市场金融工具，是一项技术含量高的综合性金融服务。按照银行的客户划分为对公理财业务和个人理财业务。

(一) 对公理财业务

对公理财业务是指商业银行在传统的资产业务和负债业务的基础上，利用技术、信息、服务网络、信用等方面的优势，为机构客户提供财务分析、财务规划、投资顾问、资产管理等专业化服务。对公理财业务主要包括金融资信服务、企业咨询服务、财务顾问服务、现金管理服务和投资理财服务等。

(二) 个人理财业务

个人理财业务是指商业银行为个人客户提供的财务分析、财务规划、投资顾问、资产管理等专业化服务。

按照管理运作方式不同，个人理财业务可分为理财顾问服务和综合理财服务。

理财顾问服务是指商业银行向客户提供财务分析与规划、投资建议、个人投资产品推介等专业化服务。

综合理财服务是指商业银行向客户提供理财顾问服务的基础上，接受客户委托和授权，按照与客户事先约定的投资计划和方式进行投资和资产管理的业务活动。综合理财服务又可分为私人银行业务和理财计划两类。

私人银行业务是指向富裕阶层提供的理财业务，它并不限于为客户提供投资理财产品，还包括利用信托、保险、基金等一切金融工具为客户进行个人理财，维护客户资产在收益性、风险性和流动性之间的平衡，同时还包括与个人理财相关的一系列法律、财务、税务、财产继承等专业顾问服务。

理财计划是指商业银行在对潜在目标客户群分析研究的基础上，针对特定目标客户群开发设计并销售的资金投资和管理计划。理财计划的产品组合中，可以包括储蓄存款产品和结构性存款产品。按照客户获得收益方式的不同，理财计划可以分为保证收益理财计划和非保证收益理财计划。

银行在提供个人理财服务时，往往需要广泛利用各种金融产品和投资工具，综合分析和权衡各种产品和工具的风险性、收益性和流动性，实现客户资产的保值增值。具体来说，个人理财工具包括银行产品、证券产品、证券投资基金、金融衍生品、保险产品、信托产品和其他产品。银行将根据客户的经济状况、风险偏好、消费计划及其生命周期特点，为客户选择合适的金融产品和投资工具。

知识链接 9-3

中国银监会关于规范商业银行理财业务投资运作有关问题的通知

(银监发[2013] 8 号)

各银监局，各政策性银行、国有商业银行、股份制商业银行，邮政储蓄银行:

近期，商业银行理财资金直接或通过非银行金融机构、资产交易平台等间接投资于“非标准化债权资产”业务增长迅速。一些银行在业务开展中存在规避贷款管理、未及时隔离投资风险等问题。为有效防范和控制风险，促进相关业务规范健康发展，现就有关事项通知如下：

(1) 非标准化债权资产是指未在银行间市场及证券交易所市场交易的债权性资产，包括但不限于信贷资产、信托贷款、委托债权、承兑汇票、信用证、应收账款、各类受(收)益权、带回购条款的股权性融资等。

(2) 商业银行应实现每个理财产品与所投资资产(标的物)的对应，做到每个产品单独管理、建账和核算。单独管理指对每个理财产品进行独立的投资管理；单独建账指为每个理财产品建立投资明细账，确保投资资产逐项清晰明确；单独核算指对每个理财产品单独进行会计账务处理，确保每个理财产品都有资产负债表、利润表、现金流量表等财务报表。

对于本通知印发之前已投资的达不到上述要求的非标准化债权资产，商业银行应比照自营贷款，按照《商业银行资本管理办法(试行)》要求，于2013年底前完成风险加权资产计量和资本计提。

(3) 商业银行应向理财产品投资人充分披露投资非标准化债权资产情况，包括融资客户和项目名称、剩余融资期限、到期收益分配、交易结构等。理财产品存续期内所投资的非标准化债权资产发生变更或风险状况发生实质性变化的，应在5日内向投资人披露。

(4) 商业银行应比照自营贷款管理流程，对非标准化债权资产投资进行投前尽职调查、风险审查和投后风险管理。

(5) 商业银行应当合理控制理财资金投资非标准化债权资产的总额，理财资金投资非标准化债权资产的余额在任何时点均以理财产品余额的35%与商业银行上一年度审计报告披露总资产的4%之间孰低者为上限。

(6) 商业银行应加强理财投资合作机构名单制管理，明确合作机构准入标准和程序、存续期管理、信息披露义务及退出机制。商业银行应将合作机构名单于业务开办10日前报告监管部门。本通知印发前已开展合作的机构名单应于2013年4月底前报告监管部门。

(7) 商业银行代销代理其他机构发行的产品投资于非标准化债权资产或股权性资产的，必须由商业银行总行审核批准。

(8) 商业银行不得为非标准化债权资产或股权性资产融资提供任何直接或间接、显性或隐性的担保或回购承诺。

(9) 商业银行要持续探索理财业务投资运作的模式和领域，促进业务规范健康发展。

(10) 商业银行应严格按照上述各项要求开展相关业务，达不到上述要求的，应立即停止相关业务，直至达到规定要求。

(11) 各级监管机构要加强监督检查，发现商业银行违反本通知相关规定的，应要求其立即停止销售相关产品，并依据《中华人民共和国银行业监督管理法》相关规定实施处罚。

(12) 本通知自印发之日起实施。

农村合作银行、信用社等其他银行业金融机构开展相关业务的，参照本通知执行。

2013年3月25日

(资料来源：中国银监会官方网站)

八、电子银行业务

电子银行业务是指商业银行等银行业金融机构利用面向社会公众开放的通信通道或开

放型公众网络，以及银行的特定自助服务设施或客户专用网络，向客户提供的离柜式银行服务。电子银行渠道主要包括网上银行、电话银行、手机银行、自助终端等。

(一) 网上银行

网上银行是指银行通过互联网及其相关技术向客户提供的金融服务。包括企业网上银行业务和个人网上银行业务。

企业网上银行业务是银行利用互联网技术，为企业客户提供的账户管理、收款付款、支付结算、集团理财、代发工资、代理报销、网上支付海关税费等银行业务。

个人网上银行是指银行利用互联网技术，为个人客户提供账户余额查询、账户明细查询，以及转账汇款、缴费、支付、投资理财等银行服务。

(二) 电话银行

电话银行是银行通过电话自动语音及人工服务应答方式为客户提供的银行服务。电话银行的服务功能包括业务咨询、账户查询、转账汇款、投资理财、代理业务等。

(三) 手机银行

手机银行是银行利用移动网络和移动技术，通过移动网络为客户提供的金融服务。手机银行提供的服务包括账户查询、转账、缴费、支付、投资理财等。

(四) 自助终端

自助终端业务是指利用银行提供的机具设备(如多媒体自助终端、自助上网机等)，由客户自助操作，获取银行提供的存取款、转账、账户查询等金融服务。

知识链接 9-4

电话银行与手机银行的区别

电话银行与手机银行的区别如表 9-2 所示。

表 9-2　电话银行与手机银行的区别

业务种类	电话银行	手机银行
服务渠道	电话线路	移动通信网络
接入条件	固定电话、手机等	具备短信发送功能或上网功能的手机
服务方式	语音交换方式(自动语音、人工服务应答、在语音的提示下办理银行业务，同时用语音方式告知处理结果)	数据交换方式(全部采用可视操作，一目了然，通过手机键盘输入数据，在屏幕上就能看到提示和处理结果)
服务功能	相对简单	相对丰富
接入收费	通话费	短信费或网络运营商基本上网流量费
服务收费	有些银行收费，有些银行免费	有些银行收费，有些银行免费
申办和使用	在银行网点办理申请手续或自助注册申请开通后，直接拨打统一客户号码办理相关业务	在银行网点申请或自助注册申请开通后，通过发送短信或登录 WAP 网址即可使用

九、租赁业务

租赁业务是一种集融资与融物职能于一身的一种特殊信用活动。

(一) 金融租赁的概念

租赁是指承租人在不拥有物品所有权的情况下，通过向物品所有者支付费用，在一定的期限内获得物品使用权的行为。

金融租赁又称融资性租赁，指租赁的当事人约定，由出租人根据承租人的决定，向承租人选定的设备供应商购买承租人选定的设备，以承租人支付租金为条件，将该物件的使用权转让给承租人，并在一个不间断的长期租赁期间内，通过收取租金的方式，收回全部投资并获得相应利润。

(二) 金融租赁的特点

与经营性租赁相比，金融租赁具有如下特点：

(1) 金融租赁一般涉及出租人、承租人和供货商三方当事人；

(2) 金融租赁要签订两个或两个以上的合同，即租赁合同、购买合同和贷款合同；

(3) 金融租赁的标的物是特定设备，由承租人选定设备及供货商；

(4) 金融租赁的承租人一般不得中途解除合同；

(5) 出租人一般可在一个租期内完全收回投资并盈利；

(6) 租赁期满后，承租人一般对设备有留购、续租和退租三种选择。

(三) 金融租赁与经营租赁比较

金融租赁与经营租赁的比较如表 9-3 所示。

表 9-3　金融租赁与经营租赁比较

项　目	经营租赁	金融租赁
租赁目的	让承租人使用租赁物件	为承租人融资
租赁物件的选择	出租人	承租人
租赁期限	短，一般在 1 年以内	长，至少 3 年
租赁物件的维护、保养、保险	出租人	承租人
租赁折旧的计提	出租人	承租人
会计处理	租赁物可以不纳入承租人的资产负债表	租赁物要纳入承租人的资产负债表
租期结束时处理	退回、续租或留购	一般以象征性价格留购
中途解约	可以	不可以

(四) 金融租赁业务的种类

金融租赁业务有如下几类：

(1) 直接租赁。直接租赁是由承租人指定设备及生产厂家，委托出租人投入资金购买并提供设备，交承租人使用并由承租人支付租金的租赁形式，这是金融租赁的主要形式。

这种租赁的期限较长，一般设备 3～5 年，大型设备一般在 10 年以上，有的长达 20 年左右，相当于整个设备的寿命期。

(2) 回租租赁。回租租赁也叫售后回租，又称为返租赁，是指由设备所有者将自己拥有的部分资产(如设备、房屋等)卖给租赁公司，然后再从该租赁公司租回来的租赁业务。回租租赁是当企业资金流通困难时改善企业财务状况非常有效的一种做法。

(3) 杠杆租赁。杠杆租赁是一种新发展起来的租赁形式，是一种非常复杂的租赁交易。它是指在一项租赁项目中，设备购置成本的小部分由出租人投资承担，大部分由银行等金融机构投资人提供贷款补足的租赁方式。

(4) 转租赁。转租赁是由出租人作为承租人，向其他出租人租赁所需的设备，再将该设备租赁给承租人使用的一种租赁方式。这种租赁方式要涉及三方当事人，包括第一出租人、第一承租人(第二出租人)、第二承租人。

(五) 金融租赁的操作流程

以直接租赁为例介绍金融租赁的具体操作规程：

(1) 选择租赁设备及其制造厂商。承租企业根据项目的计划要求，确定所需引进的租赁设备。然后选择信誉好、产品质量高的制造厂商，并直接与其谈妥设备的规格、型号、性能、技术要求、数量、价格、交货日期、质量保证和售后服务条件等。

(2) 申请委托租赁。承租人首先要选择租赁公司，主要是了解租赁公司的融资能力、经营范围、融资费率等有关情况。 选定租赁公司之后，承租人提出委托申请，填写租赁申请表或租赁委托书交给租赁公司，详细载明所需设备的品种、规格、型号、性能、价格、供货单位、预定交货期以及租赁期限、生产安排、预计经济效益、支付租金的资金来源等事项。

(3) 技术商务谈判。在租赁公司参与的情况下，承租人与设备厂商进行技术谈判，主要包括设备型号、质量保证、零配件交货期、技术培训、安装调试以及技术服务等方面。同时，租赁公司与设备厂商进行商务谈判，主要包括设备的价款、计价币种、运输方式、供货方式等方面。

(4) 签订租赁合同。租赁公司与承租人之间签订租赁合同，租赁合同的主要条款包括租赁物件、租赁物件的所有权、租赁期限、租金及其变动、争议仲裁以及租赁双方的权利与义务等。租赁合同的签订表明承租人获得了设备的使用权，而设备的所有权仍属于租赁公司。

(5) 融资及支付货款。租赁公司可用自有资金购买设备，但如果其资金短缺，则可以通过金融机构融通资金，或从金融市场上筹集资金直接向供货厂商支付设备货款及运杂费等款项；也可由租赁公司先将款项提供给承租单位，用于预付货款，待设备到货收到发票后，再根据实际货款结算，转为设备租赁。

(6) 交货及售后服务。供货厂商按照购货合同规定，将设备运交租赁公司后转交给承租人，或直接交给承租人。承租人向租赁公司出具租赁设备验收清单，作为承租人已收到租赁设备的书面证明。供货厂商应派工程技术人员到厂进行安装调试，由承租企业验收。

(7) 支付租金及清算利息。租赁公司根据承租人出具的设备收据开始计算起租日。由于一些事先无法确定的费用(如银行费用、运费及运输保险费等)，因此租赁公司在支付完最后一宗款项后，按实际发生的各项费用调整原概算成本，并向用户寄送租赁条件变更书。承租企业应根据租赁条件变更通知书支付租金。租赁公司再根据同金融机构签订的融资合同以其租赁费等收入偿还借款和支付利息。

(8) 转让或续租。租赁期届满后，租赁公司按合同规定或将设备所有权转让给承租人，或收取少量租金继续出租。若转让设备所有权，则租赁公司必须向承租人签发租赁设备所有权转让书证明该租赁设备的所有权已归属承租人所有。

(六) 金融租赁的定价及租金支付方式

金融租赁的定价是指租赁业务中租金的确定和计算。租金是指出租人转让设备使用权给承租人而按约定的条件定期向承租人收取的报酬。由于租赁对象、租赁标的、租赁方式的不同，因此各种租赁业务中租金的确定和计算也存在着差异，但必须考虑以下因素：

(1) 资产价款。租赁设备资产的价款是构成租金的首要因素。租赁设备资产的价款是由资产买入价、运费和途中保险费等组成。租赁设备的买入价由出租人和承租人协商确定。

(2) 利息。金融租赁从本质上来讲是资金融通的一种变形，因此出租人要按投资金额收取一定的利息；另一方面，出租人投资资金多数是从其他机构借入，因此租赁利息和租赁机构的筹资成本密切相关。利息的高低还取决于承租人的信誉、金融市场行情及变动趋势、租赁机构的经营状况等。

(3) 手续费。租赁手续费是租赁公司为承租人承办租赁设备所开支的办公费、工资、差旅费、税金、营业费用和经营利润等。手续费收取的方式主要有两种：第一种，按资产价款的一定比例计算，在租赁开始日收取；第二种，适当提高利率，在租期内逐次收取。

租金的支付方式一般有三种：

(1) 期初付租(租金先付)。承租人在各个付租间隔期间的期初支付租金，在这种支付方式下，第一期租金在起租日即需要支付。

(2) 期末付租(租金后付)。承租人在各个付租间隔期间的期末支付租金，这种支付方法能使租金支付时间向后推迟整整一个间隔期，为资金短缺的承租人提供方便和实惠。

(3) 有付租宽缓期的期末付租。承租人引进设备，从安装、调试到设备投产需要一定的时间，在这段时间里，承租人还没有偿还租金的资金来源，因此，双方可以商定从起租日起确定一个期限，作为宽缓期；在宽缓期内承租人可以不付租金，但要计算利息；宽缓期的利息加入租赁设备总成本之中，然后再计算租金。

十、信托业务

(一) 信托的定义

(1) 从委托人的角度来看，信托是指财产所有者在对受托人(银行或者金融机构)信任的基础上，委托或者授权受托人按事先约定的要求经营管理其财产并为指定人(受益人)谋取利益的经济行为。

(2) 从受托人角度来看，信托是指受托人(银行或者金融机构)凭借自身的信用与经营管理资财的能力，受他人委托或者授权而代为经营管理其资财并为指定人(受益人)谋取利益的经济行为。由于银行在信托业务经营中通常是作为受托人而出现的，因此银行一般是从受托人的角度来为信托定性的。

(二) 信托的性质

虽然信托必须以信用为基础，而且银行在业务经营中也直接或者间接地涉及资金融通，但实际上信托只是一种有条件的授权而并不直接涉及债权债务关系。对比银行信用业务，银行信托业务具有财产权的转移性、资产核算的特殊性与收益分配的实绩性。

(三) 银行信托业务界定

银行信托业务有广义与狭义之分。广义的银行信托业务一般包括银行的代理业务，而狭义的银行信托业务则不包括银行的代理业务。狭义银行信托业务与银行代理业务的区别在于财产权(包括占用权、管理权、营运权与处分权)是否转移。如果财产权从委托人转移到受托人，这种信托就是狭义的信托或者通常所说的真正意义上的信托。

(四) 信托行为的构成要素

信托行为必须具备以下基本要素：必须以受托人的信用为基础；委托人具有特定的经济目的：以财产所有者委托的资财为主体；能够为委托人指定的受益人谋取利益。

信托行为一旦被确认则立即产生信托关系。这种经济关系涉及的基本当事人包括委托人、受托人与受益人。

(五) 银行信托业务的基本类型

(1) 按照委托人的不同身份划分，银行信托业务一般可以划分为个人信托业务、公司信托业务与社会公共团体信托业务。

(2) 按照委托人委托的不同资财划分，银行信托业务一般可以划分为货币信托业务与非货币信托业务。

(3) 按照委托人所选择的不同信托方式划分，银行信托业务一般可以划分为公益信托业务、财产信托业务、职工福利信托业务、投资信托业务与融资信托业务。

第三节　或有债权、或有债务类中间业务管理

或有债权、或有债务类中间业务，是指不在资产负债表内反映，但在一定条件下会转化为资产或负债业务的中间业务。

一、银行保函业务

(一) 银行保函的含义

银行保函，又称保证书，是指商业银行应申请人的请求，向受益人开立的一种书面信用担保凭证，保证在申请人未能按双方协议履行其责任或义务时，由担保人代其履行一定金额、一定时限范围内的某种支付或经济赔偿责任。银行保函是由银行开立的承担付款责任的一种担保凭证，银行根据保函的规定承担付款责任。

(二) 银行保函的种类

银行保函的种类很多，如投标保函、履约保函、还款保函、融资保函等。我国一般按保函的作用分为信用保函和融资保函两大类。(1) 融资保函，是指银行利用其资信为申请人取得某种资金融通的便利，避免其垫付一笔资金而开立的一种保证书。(2) 信用类保函，是为保证客户履行因其违约或损害行为可能产生的赔偿支付责任而出具的保函。

国际工程承包、投招标业务中常用银行保函结算，主要的保函品种有：(1) 投标保函。银行应投标人申请向招标人作出的保证承诺，保证在投标人报价的有效期内投标人将遵守其诺言，不撤标、不改标，不更改原报价条件，并且在其一旦中标后，将按照招标文件的规定在一定时间内与招标人签订合同。(2) 履约保函。银行应供货方或劳务承包方的请求而向买方或业主方作出的一种履约保证承诺。(3) 预付款保函。预付款保函又称还款保函或定金保函，指银行应供货方或劳务承包方申请向买方或业主方保证，如申请人未能履约或未能全部按合同规定使用预付款时，则银行负责返还保函规定金额的预付款。

用于进出口贸易的履约保函，又可分为进口履约保函和出口履约保函两种。(1) 进口履约保函(Import L/G)，是指银行(保证人)应进口商(委托人)的申请，开给出口商的信用文件。如出口商按合同交货后，进口商未能按期付款，则由银行负责偿付一定金额的款项。(2) 出口履约保函(Export L/G)，是指银行(保证人)应出口商(委托人)的申请，开给进口商(受益人)的信用文件。如出口商未能按期交货，则银行负责赔偿进口商的损失。(3) 还款保函(Repayment Guarantee)，又称预付款保函(Advance Payment Guarantee)或退还预付款保函，是银行应供货人或承包商的委托向买方或业主开出的保证书。保证在委托人未能按合同规定发货或未能按合同规定使用预付款时，由银行退还受益人已经支付的全部或部分预付款本息。(4) 付款保函(Payment Guarantee)，是指外国贷款人要求借款人提供的到期一定还款的保证书；或在凭货物付款而不是凭单付款的交易中，进口方向出口方提供的银行担保，保证在出口方交货后，或货到后，或货到目的地经买方检验与合同相符后，进口方一定付款，如买方不付，则担保行一定付款；或在技术交易中，买方向卖方提供银行担保，保证在收到与合同相符的技术资料后，买方一定付款，如买方不付，则担保行代为付款。上述三种银行保证书的金额即合同金额。(5) 特殊贸易保函，指担保人为特殊形式的贸易活动出具的保证书。如补偿贸易保函、融资租赁保函以及用于进出口成套设备用的保留款保函。这些贸易的特点主要在于合同的一方获得对方商品形式的融资，而偿还大多不以现金支付为形式，比如来料加工、来件装配、来样加工和补偿贸易的偿还，均为产品或加工品等实物形式。

(三) 银行保函的当事人

银行保函的当事人包括以下几类：

(1) 委托人，也称被保证人，是委托商业银行开立保函的人。

(2) 受益人，是接受保函并在委托人违约时凭以索偿，从而得到一定数量补偿的人。

(3) 担保人，又称保证人，属于基础合约当事人的第三者，是应委托人的请求向受益人开立保函的人，是保函业务的核心人。

(4) 指示人，又称反担保人，是应委托人的要求指示开证行向受益人开立保函的人。

(四) 银行保函的交易程序

银行保函的交易程序包括：

(1) 委托人向商业银行提交开立保函的申请书。

(2) 商业银行审查及落实反担保措施。商业银行收到委托人的申请书后，对委托人的资格、履约能力、申请担保项目的合法性和可行性、申请书的内容是否完整准确等进行审查。我国特别强调反担保措施，委托人要交存100%的保证金或提供实物资产作抵押或提供担保商业银行认可的金融机构或其他单位作反担保，以承担最终付款责任。

(3) 银行出具保函。

(4) 保函的展期、修改或撤销。

(5) 担保项目的监督管理。

(6) 办理赔付。遇到索赔，受益人退回保函正本后方可办理赔付，赔付时要仔细审查保函条款，分清责任，严格按保函的规定办理。办理赔付后，立即向反担保行或申请人追偿。

二、备用信用证

(一) 备用信用证的含义

备用信用证是开证行应借款人的要求，以放款人作为信用证的受益人而开具的一种特殊信用证。其实质是对借款人的一种担保行为，保证在借款人破产或不能及时履行义务的情况下，由开证行向受益人及时支付本利。

银行开出备用信用证实际上是出借银行信用等级的行为，以此可使被担保人的信用等级有所提高。银行由此将面临市场风险与信用风险，但一般情况下较贷款损失要小得多，银行在开立备用信用证时要收取佣金。

(二) 备用信用证的种类

备用信用证主要分为可撤销的备用信用证和不可撤销的备用信用证两种。

(1) 可撤销的备用信用证。可撤销的备用信用证是指附有申请人财务状况，出现某种变化时可撤销或修改条款的信用证。这种信用证旨在保护开证行的利益，开证行是根据申请人的请求和指示开证的，如果没有申请人的指示，则开证行是不会随意撤销信用证的。

(2) 不可撤销的备用信用证。不可撤销的备用信用证是指开证行不可以单方面撤销或修改信用证。对受益人来说，开证行不可撤销的付款承诺使其有可靠的收款保证。

(三) 备用信用证的特点

备用信用证有如下特点：

(1) 对于开证行而言，备用信用证形成其或有负债，银行只是第二付款人，同时，还具有较低成本性、较高收益性和相对独立性的特点。

(2) 对于被担保人而言，备用信用证对其信用水平和融资能力等有强有力的支持作用。

(3) 对于受益人而言，备用信用证可以使其避免风险，提高安全性。

(四) 备用信用证的交易程序

备用信用证的交易程序如下：

(1) 订立合同。借贷双方先就交易条件进行磋商，订立借贷合同，明确规定以备用信用证方式提供担保，其中一般还应规定备用信用证的开证行、种类、金额、到期日、开证日等。

(2) 申请开证。借款人向开证行递交开证申请书，开证申请书除明确提出按所列条件开立信用证的要求，以及受益人的名称、地址、信用证种类、到期日之外，主要包括两方面的内容：一是要求开证行在信用证上所应列明的条款；二是申请人向开证行的保证与声明。此外，开证申请人在申请开证时，有可能应开证行的要求交纳一定数量的押金，押金的有无与多少将视申请人的资历和信誉等因素而定。

(3) 开证与通知。开证行经过信用评估，接受开证申请后，必须按申请书规定的内容向指定的受益人开立信用证，并将信用证直接或间接传递给受益人。

(4) 审核与修改。受益人在收到信用证后应立即进行认真审核，主要审核信用证中所列条款与借贷合同中所列条款是否一致。如有差错，则应立即通知开证行进行修改。

(5) 执行合同。受益人收到信用证经审查无误，或收到修改通知书认可后，即可根据借款合同的规定向借款人提供贷款。受益人履行合同之后，如果没有在合同规定的时间内得到借款人的偿还，则应编制并取得信用证规定的全部单据，开立汇票，连同信用证正本提交开证行，要求付款。

(6) 支付和求偿。开证行收到受益人寄来的汇票和借款人未履约证明后，经核准与信用证规定相符，应按票款对受益人进行支付。同时，开证行随即取代受益人，成为借款人的债权人，获得要求赔偿所垫付资金的权利。

知识链接 9-5

备用信用证、商业信用证及保函三者间的关系

与一般商业跟单信用证一样，备用信用证也具有独立性和单据化的特点，只要受益人提交了与信用证相符的单据，开证人就必须履行付款义务。但备用信用证的作用与一般商业跟单信用证存在显著不同：首先，一般商业跟单信用证是受益人履行交货义务后银行付款，而备用信用证则是在申请人未能履约时由开证人赔款。可见，尽管备用信用证的开证人形式上承担着见索即付的第一性付款责任，但其开立意图实质上是第二性的，具有保函的性质，因此有时被人称为担保信用证。其次，与商业信用证相比，备用信用证用途更广，它并不限于进出口贸易结算，还可用于投标及履约担保等。最后，按照 ISP98 的规定，备用信用证的开立者并不限于银行，也可是保险公司等非银行机构；而按照 UCP500 的规定，商业信用证的开立者只能是银行。从法律观点来看，备用信用证等于是见索即付保函，都具有独立性和单据化的特点，但两者还是有重大不同：备用信用证已发展到适用于各种用途的融资工具，包含着比见索即付保函用途更广的范围。另外，两者适用的惯例也有所不同：备用信用证适用于 ISP98 或 UCP500，而见索即付保函则适用于 1992 年国际商会制定

的《见索即付保函统一规则》。

商业银行承诺类业务是指商业银行在未来某一日期按照事前约定的条件向客户提供约定信用的业务，主要包括贷款承诺和票据发行便利。

三、贷款承诺

(一) 贷款承诺的含义

贷款承诺是指银行承诺客户在未来一定的时期内，按照双方事先约定的条件(期限、利率、金额、贷款用途等)，应客户的要求，随时提供不超过一定限额的贷款。

贷款承诺是具有期权性质的中间业务。在贷款承诺下，商业银行为客户提供了一种保证，使其在未来一段时期内肯定可以获得所需要的贷款，商业银行则收取一定的费用作为提供这种保证的补偿。客户需要融通资金时，如果市场利率高于贷款承诺中规定的利率，那么客户就会要求商业银行履行贷款承诺；如果市场利率低于贷款承诺中规定的利率，那么客户就会放弃使用贷款承诺，而直接以市场利率借入所需资金，客户损失的仅为前期支付的承诺费或使用费。因此客户拥有是否选择履行贷款承诺的权利。对于商业银行而言，贷款承诺在贷款被正式提取之前属于中间业务，一旦履行了贷款承诺，业务就转化成贷款业务。

(二) 贷款承诺的类型

1. 定期贷款承诺

在定期贷款承诺下，借款人可以全部或部分地提用承诺金额，但仅能提用一次。如果借款人不能在规定的期限内提用所承诺的全部资金，那么承诺金额实际就降至已提用的金额为止。

2. 备用贷款承诺

备用贷款承诺有以下三种：

(1) 直接的备用承诺。在这种备用承诺下，借款人可以多次提用承诺，一次提用部分贷款并不失去对剩余承诺在剩余有效期内的提用权利，然而一旦借款人开始偿还贷款，尽管偿还发生在承诺到期之前，已偿还部分也不能被再次提用。

(2) 递减的备用承诺。这种备用承诺是在直接备用承诺的基础上，附加承诺额度将定期递减的规定，当剩余未使用的承诺不足以扣减时，银行可要求借款人提前偿还本金，以补足扣减的承诺额。这种承诺意在鼓励提用承诺的借款人尽早提用或尽早偿还。

(3) 可转换的备用承诺。这是在直接备用承诺的基础上，附加一个承诺转换日期规定。在此日期之前，借款人可按直接备用承诺多次提用。如果一直未用，那么在此日期之后，备用承诺将变成定期贷款承诺，仅能提用一次。如果此日期前已发生了提用，那么在此日期后，承诺额就降至已提用而又未偿还的金额为止，未提用部分失效。

3. 循环贷款承诺

循环贷款承诺是指借款人在承诺有效期内可以多次提用，并且可以反复使用已偿还的贷款。只要借款人在某一时点上使用的贷款不超过全部承诺额即可。

(三) 我国商业银行的贷款承诺类型

我国商业银行开办的贷款承诺业务主要有项目贷款承诺、开立信贷证明、客户授信额度。

(1) 项目贷款承诺主要是为客户报批项目可行性研究报告时，向国家有关部门表明银行同意贷款支持项目建设的文件。

(2) 开立信贷证明是应投标人和招标人或项目业主的要求，在项目投标人资格预审阶段开出的用以证明投标人在中标后可在承诺行获得针对该项目的一定额度信贷支持的授信文件。信贷证明根据银行承诺性质的不同，分为有条件的信贷证明和无条件的信贷证明两类。

(3) 客户授信额度是银行确定的在一定期限内对某客户提供短期授信支持的量化控制指标，银行一般要与客户签订授信协议。

按照授信形式的不同，可分为贷款额度、开证额度、廾立保函额度、开立银行承兑汇票额度、承兑汇票贴现额度、进口保理额度、出口保理额度、进口押汇额度、出口押汇额度等业务品种分项额度。

(四) 贷款承诺的优点

对借款人而言，贷款承诺具有如下优点：首先，贷款承诺为其提供了较大的灵活性，获得贷款承诺保证后，借款人可以根据自身的经营情况，灵活地决定使用贷款的金额、期限，从而达到有效、合理地使用资金，减少资金冗余。其次，贷款承诺保证了借款人在需要资金时有资金来源，提高了其资信度，从而可以使其在融资市场处于一个十分有利的地位，降低融资成本。

对承诺银行而言，贷款承诺为其提供了较高的盈利性。因为一般情况下，借款人只是把贷款承诺作为一个后备性的保障，而不会经常使用。因此银行在不需要动用资金的情况下，仅凭信誉实力就可获得收入。

(五) 贷款承诺的交易程序

贷款承诺的交易程序如下：

(1) 申请贷款承诺。借款人向自己熟悉的商业银行提出贷款承诺申请，同时提交详细财务和生产经营状况的资料，以供商业银行进行信贷审查，从而确定提供贷款承诺的可能性。

(2) 签订贷款承诺协议。商业银行决定对借款人提供贷款承诺后，就承诺的类型、承诺额度、期限、利率、偿还安排、保障条款等贷款承诺细节与借款人进行协商。达成共识后，双方签订贷款承诺合同。合同因具体情况而定，但要以商业银行确定的主合同为标准。

(3) 提取资金。借款人在提取资金以前，要在协议规定的时间内通知商业银行，商业银行将在合同规定的时间内把这笔资金划入借款人的存款账户。

(4) 偿还资金。借款人按协议规定按时缴纳承诺金额及利息，并按协议规定偿还安排归还本金。

四、票据发行便利

(一) 票据发行便利的含义

票据发行便利又称票据发行融资安排，是1981年在欧洲货币市场上基于传统的欧洲银行信贷风险分散的要求而产生的一种金融创新工具。它是一种具有法律约束力的中期授信承诺，它是商业银行与借款人之间签订的、在未来一定时期内由银行以承购连续性短期票据的形式向借款人提供信贷资金的协议。票据发行便利是银行对票据发行者的一种承诺，如票据发行者未能按计划卖出应发行的票据，则银行将负责买下剩余的部分，或以贷款方式予以融通。

(二) 票据发行便利的种类

票据发行便利分为以下几类：

(1) 循环包销的便利。循环包销的便利是最早形式的票据发行便利。在这种形式下，包销的商业银行有责任承包摊销当期发行的短期票据。如果借款人的某期短期票据推销不出去，则承包银行就有责任自行提供给借款人所需资金(其金额等于未如期售出部分的金额)。

(2) 可转让的循环包销便利。可转让的循环包销便利是指包销人在协议有效期内，随时可以将其包销承诺的所有权利和义务转让给另一家机构。这种转让，有的需要经借款人同意，有的则无须经借款人同意，完全是根据所签的协议而定。可转让的循环包销便利的出现增加了商业银行在经营上的灵活性和流动性，便于相机抉择，更加符合商业银行的经营原则。

(3) 多元票据发行便利。多元票据发行便利方式允许借款人以更多的、更灵活的方式提取资金，它集中了短期预支条款、摆动信贷、银行承兑票据等提款方式于一身，使借款人无论在选择提取资金的期限上，还是在选择提取何种货币方面都获得了更大的灵活性。

(4) 无包销的票据发行便利。无包销的票据发行便利是于1984年下半年开始出现的一种票据发行便利形式。1985年由于一些监督官员在测定银行资本适宜度时采取了把包销承诺也包括进去(即包销承诺也转为表内业务的一部分)的做法，有力地刺激了无包销的票据发行便利的发展，近年来所安排的票据发行便利中，更多的是部分或全部没有包销承诺的。顾名思义，无包销的票据发行便利就是没有“包销不能售出的票据”承诺的票据发行便利。无包销的票据发行便利一般采用总承诺的形式，通常安排银行为借款人出售票据。无包销的票据发行便利出现的原因主要是采取这种形式的客户一般具有很高的信用等级，他们完全有信心凭借自身的实力和信誉就能够售出全部票据，无须银行的包销承诺，另外，与循环包销便利相比，银行承担的义务少，从而能为自己节省一笔包销费用。

(三) 票据发行便利业务的交易主体

票据发行便利业务的交易主体有：

(1) 组织银行或牵头银行。票据发行便利一般都有一家牵头银行，它是与借款人有密切关系的银行。该行接受借款人的委托，负责组织银团及投标小组，并同借款人商讨协议的各项条款。

(2) 循环贷款银行或包销银行。这是指票据发行便利交易中提供部分包销承诺的参加银行，通常由数家甚至十数家银行组成。其数量由组织银行(牵头银行)根据具体情况确定，一般都是与组织银行在票据发行便利或辛迪加贷款方面有过良好合作关系的银行。

(3) 投标小组。票据发行便利允许组织一个投标小组来拍卖票据。该投标小组由一组指定的商业银行、投资银行、证券代理商及其他需要进行短期投资的大机构投资者组成。投标小组对票据进行投标，可以选择自已认为合适的利率。如果投标与最高利率成本相比没有竞争力，则不会中标，票据由循环贷款银行购买。循环贷款银行可以参加投标小组，但不是必需的。

(4) 票据代理发行机构。该机构是代理发行票据和组织付款的机构。它可能是组织银行，也可能不是。票据发行机构必须尽力使票据以最低成本出售。

(5) 担保人。票据发行便利中必须有人为借款人提供担保，以降低银行风险，确保在借款人无力偿还贷款时使银行损失降到最低。

(四) 票据发行便利的交易程序

票据发行便利的交易需经过如下程序：

(1) 借款人选定组织银行。借款人首先会考虑与自已有密切业务往来关系的银行作为组织银行。如果该银行同意，那么借款人就可出具委托书授权该银行为组织银行。组织银行向借款人出具义务承担书，并履行组织承诺包销银行和投标小组等义务。

(2) 组织银行与借款人共同拟定备忘录，说明借款人的财务状况等，借款人获得商业票据评级。随后组织银行着手联系参加包销银行和投标小组成员，之后，组织银行就可以同借款人洽谈商定票据发行便利的具体条款。

(3) 借款人同包销人、投标小组签订协议，包括便利协议、票据代理发行和付款协议以及投标小组协议等，通过协议确定票据期限、承诺期限、总金额、票面金额、利率、价格等。

(4) 投标及付款。各项协议签妥以后，在发行日前一定时间内由借款人提出，代理人组织投标小组成员进行投标，而后，通知中标的投标小组成员和借款人总的包销价格、发行日等，并将中标成员的资金划到发行人的账户上。若无人中标，则票据将由循环贷款银行购买。

五、交易业务

交易业务是指银行为满足客户保值或自身风险管理等方面的需要，利用各种金融工具进行的资金交易活动，主要包括外汇交易业务和金融衍生品交易业务。

(一) 外汇交易业务

外汇交易业务既包括各种外国货币之间的交易，也包括本国货币与外国货币的兑换买卖。外汇交易既可满足企业贸易往来的结汇、售汇需求，也可供市场参与者进行投资或投机的交易活动。根据外汇交易方式的不同，外汇交易可以分为即期外汇交易和远期外汇交易。

即期外汇交易又称为现汇交易或外汇现货交易，是指在交易日后的第二个营业日或成交当日办理实际货币交割的外汇交易。

远期外汇交易又称为期汇交易，是指交易双方在成交后并不立即办理交割，而是事先约定币种、金额、汇率、交割时间等交易条件，到期才进行实际交割的外汇交易。远期外汇交易是在即期外汇交易的基础上发展起来的，其最大的优点在于能够对冲汇率在未来上升或者下降的风险，因而可以用来进行套期保值或投机。

(二) 金融衍生品交易业务

金融衍生品是一种金融合约，其价值取决于一种或多种基础资产或指数，合约的基本种类包括远期、期货、掉期(互换)和期权。金融衍生品还包括具有远期、期货、掉期(互换)和期权中一种或多种特征的结构化金融工具。

(1) 远期。远期是指交易双方约定在未来某个特定时间以约定价格买卖约定数量的资产，包括利率远期合约和远期外汇合约。

(2) 期货。期货是由期货交易所统一制定的、 规定在将来某一特定的时间和地点交割一定数量标的物的标准化合约。期货按照交易的标的物(也称基础资产)的不同可分为商品期货和金融期货。标的物是某种商品的，如铜或原油，属于商品期货；标的物是某种金融产品，如外汇、债券、利率、股票指数，属于金融期货。

(3) 互换。互换是指交易双方基于自己的比较利益，对各自的现金流量进行交换，一般分为利率互换和货币互换。

利率互换是指交易双方约定在未来的一定期限内，根据约定数量的同种货币的名义本金交换利息额的金融合约。最常见的利率互换是在固定利率与浮动利率之间进行转换。当利率看涨时，可将浮动利率债务类金融工具转换成固定利率金融工具，将固定利率资产类金融工具转换成浮动利率金融工具；而当利率看跌时，做相反交易。

货币互换是指在约定期限内交换约定数量两种货币的本金，同时定期交换两种货币利息的交易。货币互换交易的本金交换形式是：在协议生效日双方按约定汇率交换人民币与外币的本金，在协议到期日双方再以相同汇率、相同金额进行一次本金的反向交换。货币交易的利息交换形式是：交易双方定期向对方支付以换入货币计算的利息金额，交易双方可以按照固定利率计算利息，也可以按照浮动利率计算利息。

(4) 期权。期权是指期权的买方支付给卖方一笔权利金，获得一种权利，可于期权的存续期内或到期日当天，以执行价格与期权卖方进行约定数量的特定标的的交易。为了取得这一权利，期权买方需要向期权卖方支付定的期权费。与远期、期货不同，期权的买方只有权利而没有义务。

期权分为看涨期权和看跌期权。看涨期权指期权买入方在规定的期限内享有按照一定的价格向期权卖方购入某种基础资产的权利，但不负担必须买进的义务。投资者一般在预期价格上升时购入看涨期权，而卖出者预期价格会下跌。看跌期权指期权买方在规定的期限内享有向期权卖方按照一定的价格出售基础资产的权利，但不负担必须卖出的义务。投资者一般在预期价格下跌时购入看跌期权，而卖出者预期价格会上升。

期权按行使权利的时限可分为两类：欧式期权和美式期权。欧式期权是目前较为通行的方式，其买方只能在期权到期日方能行使权利；美式期权的买方可以在买入后到期权到期日之间任何时间行使权利。

本 章 小 结

中间业务是指商业银行在资产业务和负债业务的基础上，利用技术、信息、服务网络、资金、信用等方面的优势，不运用或不直接运用自己的资产、负债，以中间人(代理人)的身份接受委托为客户办理收付、咨询、代理、担保和其他委托业务事项，提供各类金融服务并收取手续费的经营活动。

服务类中间业务主要是指商业银行不运用或较少运用自己的资金，以中间人的身份为客户提供代理收付、委托、保管、咨询等金融服务，并收取手续费。此类中间业务真正体现了中间业务的最基本性质，即中介、代理业务，风险低、成本低、收入稳定、安全。

或有债权、 或有债务类中间业务，是指不在资产负债表内反映，但在一定条件下会转化为资产或负债业务的中间业务。

商业银行支付结算类业务是指由商业银行为客户办理的，因债权债务关系引起的与货币支付、资金划拨有关的收费业务。传统的结算方式是指“三票一汇”，即汇票、本票、支票和汇款。

代理业务是指商业银行接受委托人，代为办理委托人指定的经济事务，提供金融服务，并收取一定费用的经营活动。主要包括代收代付业务、代理银行业务、代理保险业务、代理证券业务和其他代理业务等。

咨询顾问类业务指商业银行依靠自身在信息、人才、信誉等方面的优势，转让、出售信息，提供企业并购、财务顾问等服务为主要内容的业务，并收取一定的服务费。

基金类中间业务包括基金管理、基金托管、基金代销业务。

保管类中间业务是商业银行利用自身的设施(如保管箱、保管库)接受客户的委托，代为保管各种贵金属、珠宝古玩字画、有价证券、契约文件、保密档案资料、设计图纸等，并收取一定手续费。

银行卡是指商业银行或其他金融机构向社会发行的具有消费信用、转账结算、存取现金等全部或部分功能的信用支付工具。

商业银行理财业务是商业银行将客户关系管理、资金管理和投资组合管理等业务融合在一起，向公司、个人客户提供综合性的定制化金融产品和服务。

电子银行业务是指商业银行等银行业金融机构利用面向社会公众开放的通信通道或开放型公众网络，以及银行的特定自助服务设施或客户专用网络，向客户提供的离柜式银行服务。电子银行渠道主要包括网上银行、电话银行、手机银行、自助终端等。

租赁业务是一种集融资与融物职能于一身的一种特殊信用活动，分为经营租赁和金融租赁。其中，金融租赁是指租赁的当事人约定，由出租人根据承租人的决定，向承租人选定的设备供应商购买承租人选定的设备，以承租人支付租金为条件，将该物件的使用权转让给承租人，并在一个不间断的长期租赁期间内，通过收取租金的方式，收回全部投资并获得相应利润。

从受托人角度来看，信托是指受托人(银行或者金融机构)凭借自身的信用与经营管理资财的能力，受他人委托或者授权而代为经营管理其资财并为指定人(受益人)谋取利益的经济行为。对比银行信用业务，银行信托业务具有财产权的转移性、资产核算的特殊性与收益分配的实绩性。

银行保函是商业银行凭借自身的资金实力和业务条件，接受客户(债务人)申请，向债权人(受益人)开出的担保，担保被保证人履行职责的书面保证文件。银行保函是建立在基础合约如销售、借贷及租赁等合约基础上的附属性文件，主要是以银行信用补充或代替商业信用，使交易双方解除顾虑，增加信任，促进交易顺利进行。

备用信用证是开证行应借款人的要求，以放款人作为信用证的受益人而开具的一种特殊信用证。其实质是对借款人的一种担保行为，保证在借款人破产或不能及时履行义务的情况下，由开证行向受益人及时支付本利。

贷款承诺是指银行承诺客户在未来一定的时期内，按照双方事先约定的条件(期限、利率、金额、贷款用途等)，应客户的要求，随时提供不超过一定限额的贷款。

票据发行便利是一种具有法律约束力的中期授信承诺，它是商业银行与借款人之间签订的、在未来一定时期内由银行以承购连续性短期票据的形式向借款人提供信贷资金的协议。票据发行便利是银行对票据发行者的一种承诺，如票据发行者未能按计划卖出应发行的票据，银行将负责买下剩余的部分，或以贷款方式予以融通。

交易业务是指银行为满足客户保值或自身风险管理等方面的需要，利用各种金融工具进行的资金交易活动，主要包括外汇交易业务和金融衍生品交易业务。

重要概念

中间业务	表外业务	银行卡	贷记卡	网上银行
电话银行	手机银行	金融租赁	回租租赁	转租赁
信托	银行保函	备用信用证	贷款承诺	票据发行便利
远期外汇交易	远期期货	掉期(互换)	期权	

思考与练习

1. 试述中间业务与表外业务的关系。
2. 试述现代商业银行中间业务的特点与基本种类。
3. 论述备用信用证与银行保函的联系与区别。
4. 试述金融租赁的特点及基本种类。
5. 试述金融租赁的流程。
6. 举例说明银行的理财业务有哪些。
7. 联系实际谈一谈我们生活中的电子银行业务。你从中有哪些受益?
8. 试述备用信用证的特点。
9. 试述贷款承诺的优点。
10. 我国商业银行可以开办哪些贷款承诺业务?
11. 请查阅相关资料分析一下中外商业银行中间收入结构的差异。
12. 结合现状探讨我国商业银行中间业务发展的策略。

第十章

商业银行电子业务管理理论与实务

伴随着20世纪90年代信息通讯技术在银行业的迅速广泛运用，银行业演变成知识经济时代新技术应用最为显著的行业。1995年，全球第一家网络银行“安全第一网络银行”在美国成立，开始通过网络开展金融业务。进入21世纪后，我国各大银行的电子银行业务均有了飞速的发展。电子银行业务的出现是互联网技术及通信技术发展的必然结果，也是如今社会经济形势下发展需求的产物。相较于传统的银行柜台业务，电子银行业务有着自己独有的时代特点和便捷性，在一定程度上促进了电子商务的发展。除了具备柜台的银行业务以外，电子银行业务更加丰富，银行业可以直接通过完善的管理系统来进行客户的管理和数据的挖掘，有助于商业银行的长期可持续发展。电子银行最大的特点，就是方便快捷，用户可以实现实时的自助服务，彻底改变了原有的银行金融服务方式。

本章学习目标

(1) 了解电子银行业务的定义与特征，电子银行业务与传统银行业务的差别。

(2) 了解网上银行业务、电话银行业务、手机银行业务的概念、特点。

(3) 了解互联网金融的定义与特点，互联网金融与商业银行经营的转变。

第一节　电子银行业务概述

一、电子银行业务的定义与特征

(一) 电子银行业务的定义

电子银行业务是商业银行等银行业金融机构利用面向社会公众开放的通信通道或开放型公众网络，以及银行为特定自助服务设施或客户建立的专用网络，向客户提供的银行服务。电子银行业务主要包括利用计算机和互联网开展的网上银行业务，利用移动电话和无线网络开展的手机银行业务，以及其他利用电子服务设备和网络，由客户通过自助服务方式完成金融交易的网络服务方式。电子银行主要表现的是一种服务渠道，倾向于一种商业模式，如今已经成为了互联网金融十分重要的组成部分。电子银行的边际成本迅速下降，与之相对的是边际收益提升，随着全球金融业的不断发展，电子银行将逐渐成为金融全球化的中坚力量。

《电子银行业务管理办法》第 2 条规定：电子银行业务包括网上银行业务、电话银行业务、手机银行业务，以及其他利用电子服务设备和网络，由客户通过自助服务方式完成金融交易的银行业务。

(二) 电子银行业务的特征

电子银行业务是一种新兴技术下的金融业务的科技创新与融合，建立于互联网技术和计算机技术的基础之上，为满足人们日益变化的业务需求而产生，而且在为人们提供了便利的金融服务同时，也极大降低了银行自身的成本。和传统银行相较而言，电子银行业务具有以下特点：

1．服务方便、高效、可靠

电子银行业务实现了客户的自助，不需要银行通过服务人员对其进行一对一的服务，这样极大提高了服务效率，使得客户能够不用受制于时间和地点的限制，大部分业务可以全天 24h 进行，因而更加方便快捷。

2．经营成本低

根据已有的研究统计表明，电子银行经营成本仅不到经营收入的 20%，远低于普通银行的 60%。虽然在电子银行前期有着较大投入，但是从长远而言，除了简单必要的系统维护和升级的费用外，在其他方面的成本投入几乎很少。

3．渠道及介质的虚拟化

电子银行不需要开设柜台服务，只需要利用网络技术就可以构建自己的银行网站。电子银行的使用客户只需要账户和密码就可以进行相应的金融业务操作，取代了传统的面对面纸质化的业务办理形式，形成了自主化的服务方式。这种虚拟化的服务形式也是电子银行最主要的特点，将传统的物理网点及银行卡介质等完全取代。

4．为客户提供全方位离柜式金融服务

电子银行业务的兴起，不仅在业务种类和产品服务上得到了拓展，由原来单一的现金处理延伸到资产、负债业务以及中间业务，而且实现了在任何时候(Anytime)、任何地方(Anywhere)、以任何方式(Anyhow)为客户提供全天候的金融服务，即 3A 式的服务模式。该服务模式能够使得顾客在办理所需的各项金融业务时，真正做到了无处不在、无时不在。

二、电子银行业务与传统银行业务比较

相对于传统的银行业务，电子银行业务有着众多的优势，对银行客户的开发和利用能够起到十分重要的作用，而且还能有效降低成本，提高业务效率，具体说来，电子银行业务有如下优势：

(一) 可以有效降低银行的成本

降低银行成本体现在如下几个方面：(1) 将部分客户分流到电子银行中进行业务办理，可以有效减少柜面以及相关服务人员，这样可以节约相当多的租赁费以及业务人员费；(2) 同样的业务，在柜台进行办理的时间比通过电子银行进行办理的时间多得多，因而，电子银

行业务可以提高效率，从而减少银行的成本。

(二) 有利于拓宽客户渠道，增加客流量

我国许多地区的银行柜面长期处于一个饱和状态，这就使得许多人想要办理业务却因为客户人员过多而迟迟难以办理，因此就会出现客户流失的情况。通过电子银行业务，不但解决了可能出现的排队拥挤问题，还在柜面业务的基础上增加了许多新的业务，或是将多种金融业务进行融合，使得能够满足不同的客户群体的业务需求。

(三) 有利于银行的人员结构调整

在传统的银行业务开展过程中，必须要有多种不同工作性质不同工作岗位的人员开展工作，除了柜面的操作人员，还有相应的保安、大堂经理、咨询师等不同工作职能的员工。这样不但会使得单一的银行分点机构显得臃肿，还不利于管理。电子银行业务的开展，可以优化组织结构，提高服务质量，有利于进行针对性的服务和市场的开拓。

(四) 有利于银行做到精细化管理

电子银行业务对客户的各项交易过程信息进行详尽的记录，并将其传输到银行既定的数据库中。对于这些数据可以进行大数据分析或者进行专门的特征分析，从中找到规律对客户进行分类，使得后续的工作能够针对性提供服务或者进行产品的推荐。这样便于对客户的管理，防止客户的流失，对客户的管理做到精细化管理。

但是，需要注意的是，目前电子银行业务规模还较小，盈利能力也较弱。而传统银行由于经过长时间的发展、壮大，拥有了量大而稳定的客户群，银行可以依托此种优势向客户进行网上银行、手机银行等业务的宣传。同时，由于之前的银行卡在客户中已经得到普及，因此可以直接开通这些卡的网银功能，使得这些潜在的客户转为有效客户，对虚拟网点业务的开展起到积极的促进作用。可以说，虚拟网点的建设是银行转型的需要，而不是取代谁。它们作为不同的服务渠道，将会发挥不同的作用，进而满足客户差异化的金融服务需求。例如，传统银行与电子银行的经营特点并不相同，如表 10-1 所示。

表 10-1 传统银行与电子银行的经营特点比较

	传统银行	电子银行
流动性	资产管理	利用信息反应敏捷、交易速度快等优势大量发展新型金融工具
安全性	缺口管理	利用信息反应敏捷、交易速度快等优势大量发展新型金融工具
营利性	负债管理	增加客户规模；开展个性化服务

(资料来源：根据《网络银行与传统银行比较研究》整理)

同时，之前所说的网上银行等服务渠道的开通减少了银行网点的交易型业务，提高了业务的离柜率，缓解了柜台的运行压力，把更多、更好的资源让给那些具有高附加值的业务。例如，目前客户完全可以通过网上银行、电话银行等渠道完成转账、账户查询等业务办理，而这些简单、繁琐的业务从前都是通过柜台完成的，现在通过渠道分流后，客户经理便可以为客户提供更全面、周到的服务，把精力放在产品的销售和营销方面，最终实现物理网点从交易型向销售型的转变。值得注意的是，这种方式的转变只是顺应一种趋势的发展，而这种发展并不是以另一种渠道的消亡为代价的，而是补充其他渠道，从而产生

“1+1＞2”的协同效应。

三、电子银行的业务模式

电子银行的业务模式有两种：一种是运用信息技术和设施的传统银行电子化模式；另一种是配备强大的人力和财力资源，将传统业务和创新业务推广至互联网上的纯电子银行发展模式。

传统银行电子化模式有两类：一类是兼并、收购别的银行的电子银行业务，另一类是根据自身的传统银行业务创新推出符合自身经营理念的电子银行业务。银行收购已有的电子银行，能够减少投资，收效快速，通过利用收购网络银行已有的技术设备获取市场份额，快速占据网上的竞争优势，不断开辟新的市场。不足之处在于收购银行与被收购银行需要一段时间的磨合期，才能产生良好的效益。发展自己电子银行业务的优势是可以利用已经发展起来的理财产品，以本行的各个分支机构、ATM 等渠道作为依托来拓展业务渠道，发展传统业务中的老顾客，而且电子银行业务与本行的传统业务之间容易协调配合，不存在磨合期。劣势是由于要开发和使用互联网等高科技及将柜台金融产品转化为电子银行产品，因此存在一个较长的投资期，存在一个逐步培养的阶段。该模式适应于已经建立分支机构网络、取得稳定市场份额的传统银行。

纯电子银行发展模式凭借高科技的发展，不需要设立物理的营业网点便可面向客户办理各项业务。客户只需在互联网上填写一张含有基本信息的申请表，发送至银行，打印申请表并签名，连同存款支票一并寄给银行便可开户。该模式的电子银行节约了人力资源，大幅度降低了经营成本。这也是纯电子银行存款利率较高的原因，在单位产品利润率相同的情况下，纯电子银行可以将节约的大部分经营成本返还给客户。

知识链接 10-1

我国电子银行发展历程

中国现代银行业的发展已有一个多世纪的历史，银行业的主要基于实体业态的方式并未发生本质性的变化。随着网络的出现，电子银行业务发展迅猛，成为银行虚拟业态的典型代表。简而言之，电子银行业务是指银行通过面向社会公众开放的通信通道或者开放型的公众网络，以及为特定自助服务设施或客户建立的专用网络等方式向客户提供离柜金融服务。这里的离柜金融服务很大程度上就是虚拟金融服务，尽管如此，电子银行业务仍然需要实际的物理载体，只是这类电子设备载体可以在银行柜台以外的地方使用，不需银行来购置和准备。因此，狭义的电子银行主要包括网上银行、手机银行、微信银行等涉网银行业务，广义的电子银行主要包括网上银行、电话银行、手机银行、自助银行、微信银行和其他离柜业务。按照“生命周期”理念，电子银行业务在我国也可划分为萌芽、发展、成熟、再生等四大发展周期。

1. 中国电子银行业务的萌芽期(1997—2000 年)

随着中国的改革开放，中国与世界各国的距离越来越近，交流越来越多。1986 年，中国发出第一封电子邮件；1989 年，开始建设互联网；1994 年，第一个全国性互联网 CERNET

建成；1995 年，“互联网商业元年”首家互联网服务供应商“瀛海威”入网。银行业一直是最新科技的使用者和实践者，在互联网领域始终立于潮头、敢于尝鲜。全球第一家网络银行 SFNB(Security First Network Bank)成立之后仅仅两年，招商银行率先提出网上银行“一网通”，一度成为国内网银市场的引领者。此后，中国银行(1998 年)、建设银行(1999 年)、工商银行(2000 年)等大型商业银行陆续推出网上银行业务，通过台式电脑办理银行业务的模式在国内悄然兴起。

2. 中国电子银行业务的发展期(2001—2005 年)

尽管网银在各家商业银行逐步落地开花，但这一阶段的电子银行业务一直存在着局限，主要表现是“客户排队”问题迟迟未能得到有效解决。导致这一问题的根源是多方面的：一是由于当时很多地区的带宽有限、机器老旧，上网的硬件支持相对不足；二是由于多数客户特别是中老年客户还未“触网”，对计算机的操作和性能相对陌生，更不要说网上银行的使用；三是由于我国的经济发展相对滞后，除大中城市外，很多地区的家用电脑仍待普及。这一时期，电子银行业务呈现百花齐放的态势，每家银行都有一个或多个网上银行的品牌，一般冠以“E”的关键词，品牌繁多、名称芜杂，容易让客户眼花缭乱、难以选择。

3. 中国电子银行业务的成熟期(2006—2012 年)

2006 年，银监会正式出台并实施了《电子银行业务管理办法》，标志着各家商业银行逐步告别“野蛮生长”的电子银行业务发展阶段，逐步开始规范化、标准化。这一阶段，发展期遇到的问题被逐步破解，银行服务已经给予广大客户一种崭新的、可行的选择。在成熟期，电子银行业务更具可操作性、界面更为友好亲切、使用更加方便快捷；这一期间，个人电脑得到了迅速的普及，更加便携的笔记本电脑也得到了广泛的应用。不仅如此，银行还大力推行 ATM 等自助银行业务，加大自助设备的布设，从自助渠道加大业务分流力度，鼓励客户自主操作存取款、转账、缴费等基础业务。

4. 中国电子银行业务的再生期(2013 年至今)

再生期是我们对中国电子银行业务的再认识时期，因为这段时期不仅代表着网上银行的增长乏力，更代表着手机银行、微信银行的迅速崛起。2013 年被称为“移动互联网金融元年”，电子银行业务并未式微，反而借助智能手机寻找到一个新的天地所在。在萌芽期以前，客户只能在银行的上班时间到网点寻求金融支持，金融服务受到了时间、地点的制约；萌芽期到成熟期，客户金融服务的时间逐步放宽，但囿于电脑的操作限制，服务地点的选择得不到充分保障，需要设备、网络的硬件支持；再生期之后，智能手机的普及使得客户解决了服务地点的难题，真正实现了“随时随地”的金融服务。不同的是，电子银行业务从借助电脑向借助手机快速转移，前者业务增长缓慢，后者却呈现井喷。

(摘自《电子银行的机遇与挑战》中信银行合规部——蔡宁伟)

第二节　网上银行业务

网上银行又称网络银行或虚拟银行，是指银行以互联网作为传输渠道，向客户提供金融服务的方式。它有两个层次的含义：一个是机构概念，指通过信息网络开办业务的银行；

另一个是业务概念，指银行通过信息网络提供的服务，包括传统银行业务和及因信息技术应用而带来的新兴业务。网上银行服务一般分为企业网上银行服务和个人网上银行服务。

一、个人网上银行业务

(一) 个人网上银行的概念

个人网上银行是指银行通过互联网，为个人客户提供账户查询、转账汇款、投资理财、在线支付等金融服务的网上银行服务。使客户可以足不出户就能够安全便捷地管理活期和定期存款、支票、信用卡及个人投资等。

个人网上银行客户分为注册客户和非注册客户两大类。注册客户按照注册方式分为柜面注册客户和自助注册客户，按是否申领证书分为证书客户和无证书客户。可以说，个人网上银行是在 Internet 上的虚拟银行柜台。

(二) 个人网上银行的特点

1. 即时性

即时性指即时登录、即时开通、即时享用。

2. 业务全面

业务全面指业务涵盖查询到账资金、转账支付、即时缴纳手机费、网上购物、个人贷款、投资理财等，功能非常强大。

3. 安全性

商业银行网上银行推出动态口令卡和 U 盾的安全措施，提高了产品的安全性，保障了客户的资金安全。

(三) 个人网上银行的办理流程

1. 使用动态口令卡的客户

在网点柜台开立预留密码的个人实名制账户—开通账户的网银服务(签约)—登录网银，并下载证书—成为网上银行高级客户，使用动态口令卡开始支付、缴费等。

2. 使用 U 盾的客户

在网点柜台开立预留密码的个人实名制账户—开通账户的网银服务(签约)并购买 U 盾—登录网银—成为网上银行高级客户，插入 U 盾开始支付、缴费等。

(四) 个人网上银行的业务品种

一般说来，个人网上银行的业务品种主要包括基本网银服务、网上投资、网上购物协助服务、个人理财助理、企业银行及其他金融服务。以下介绍前四种。

1. 基本网银服务

商业银行提供的基本网银服务包括在线查询账户余额、交易记录、下载数据、转账和网上支付等。

2. 网上投资

由于金融服务市场发达，可以投资的金融产品种类众多，因此国外的网上银行一般提供包括股票、期权、共同基金投资和CDs买卖等多种金融产品服务。

3. 网上购物协助服务

商业银行的网上银行设立的网上购物协助服务，大大方便了客户网上购物，在相同的服务品种上为客户提供了优质的金融的服务，加强了商业银行在传统竞争领域的竞争优势。

4. 个人理财助理

个人理财助理是国外网上银行重点发展的一个服务品种。各大银行将传统银行业务中的理财助理转移到网上进行，通过网络为客户提供理财的各种解决方案，提供咨询建议，或者提供金融服务技术的援助，从而极大地扩大了商业银行的服务范围，并降低了相关的服务成本。

二、企业网上银行业务

企业网上银行适用于需要实时掌握账户及财务信息、不涉及资金转入和转出的广大中小企业客户。客户在银行网点开通企业电话银行或办理企业普通卡证书后，就可以在柜面或在线自助注册企业网上银行普及版。客户凭普通卡证书卡号和密码即可登录企业网上银行普及版，获得基本的网上银行服务。

通常，商业银行的企业网上银行服务包括：

(一) 账户管理

1. 账户信息查询

账户信息查询指可查询各类银行账户的基本信息。账户种类包括结算账户、定期账户、保证金账户等，账户基本信息包括账户种类、开户日期、币种、余额等。

2. 企业资金运营明细查询

企业资金运营明细查询指可查询企业各类银行账户一段时间(比如一个月或一年)的交易明细，同时国内部分商业银行也提供短信或E-mail发送功能，将查询结果自动发送到客户指定的手机或E-mail，以方便客户保存或进一步分析。

3. 电子回单查询

电子回单查询指客户可在线自助查询或在线打印往来账户的电子补充回单。

(二) 代收业务

代收业务是指银行为收费企业提供的向其他企业或个人客户收取各类应缴费用业务。通常只有事先签订收费企业、缴费企业或个人、银行三方协议后，银行才提供此项业务。

(三) 付款业务

付款业务是企业客户通过网上银行将其款项支付给收款人的一种网络结算方式。一般包括：集团账户间转账汇款、任意账户间转账汇款、跨行汇款等。

(四) B2B 在线支付

B2B 在线支付是专门为电子商务活动中的卖方和买方提供的安全、快捷、方便的在线支付结算服务。

(五) 投资理财

投资理财是银行通过提供基金、证券、外汇等系列投资理财产品，满足不同企业客户进行各种投资需要，实现企业资金保值、增值的金融服务。

(六) 代理行业务

代理行业务是商业银行专为银行同业客户提供的网上代理签发银行汇票和网上代理汇兑业务。其中，网上代理汇兑业务是指商业银行通过网上银行接受其他商业银行(被代理行)的委托，为其办理款项汇出和汇入的服务；网上代理签发银行汇票是指其他商业银行(被代理行)使用代理行的银行汇票凭证、汇票专用章和专用机具，通过代理行网上银行为其客户单位或个人签发银行汇票，并由代理行所有通汇网点兑付的行为。

(七) 网上银行信用证业务

网上银行信用证业务为企业客户提供了快速办理信用证业务的渠道，实现了通过网络向银行提交进口信用证开证申请和修改申请、网上自助打印有关信用证申请材料以及网上查询等功能。网上银行信用证业务能有效提高工作效率，同时为集团总部查询分支机构的信用证业务情况带来了便利，满足了客户财务管理的需求。

(八) 票据托管

票据托管实现了集团公司对总部和分支机构所持票据的信息录入、查询，以及票据贴现、质押、转让、托收等功能。

(九) 网上年金服务

网上年金服务为企业年金客户全面掌握本单位、下属单位以及员工的年金相关信息提供了一种简单方便的渠道。客户通过登录企业网上银行，即可实现查询个人基本信息、个人账户信息、企业账户信息等多种功能。

(十) 集团理财

集团理财是通过网上银行为集团客户提供的集团内部资金上收、下拨与平调等业务。集团理财以及由此延伸的网上现金管理能有效帮助大型企业集团实现由高负债、高费用、高成本的粗放型经营管理模式向低负债、低费用、低成本的集约型管理模式转变，特别适合于在全国范围内经营的企业集团客户，并已经在众多的集团客户中得到了广泛应用。

信息技术的发展为商业银行拓宽金融服务领域、提升服务质量、降低服务成本、强化内部管理等提供了新的实践思路。在这种新形势下，网上企业银行除了要担负起传统网上金融服务的经营职能，更将成为新经济模式下银企合作的纽带。其新型的服务和背运模式，也将在银行以提升资本和成本的使用效率为核心的二次转型战略中发挥更重要的作用。

三、网上银行案例

近年来随着我国经济的迅猛发展，以网上银行为主的电子银行业务在满足广大人民群众对银行业务的巨大需求上做出了重要的贡献。将来网上银行业务必将占据银行业务中更大的份额，成为大众办理银行业务的首选。

但是，网上银行业务蓬勃发展的同时，各类网络犯罪案件层出不穷，严重影响了人们对网上银行业务的使用。据艾瑞咨询集团 2010 年统计，5.2%的用户发生过不安全事件，主要有如下四大原因：钓鱼病毒造成的用户信息泄露；虚假网站造成的用户信息泄露；电脑木马病毒中毒造成的用户信息泄露；网上银行自身系统造成的资金丢失。这表明被调查的网上银行用户中每百人中平均有 5 人受到过欺诈，相对于传统银行业务这样的风险比率是相当高的。

随着网上银行的进步发展以及用户安全意识的不断提高，网络犯罪愈发成为难事，本文通过分析三个典型案例，向大家展现不同的犯罪手段，以期杜绝此类事件的再次发生，并提升用户对电子银行业务的信任。

案例 1

钓鱼病毒相关的案例

王某为某高校在校大学生，他于 2011 年 3 月 7 日 20 点左右在寝室登录淘宝网站，搜索到了一家二手笔记本电脑交易的店铺，并通过阿里旺旺与对方取得了联系。对方主动发送了一个压缩文件包，声称该压缩包里面有很多的笔记本图片。受害者接收并打开了该压缩包，并以 600 元的价格成交。受害者第一次通过网上银行交易支付 600 元后显示没有交易成功，对方让王某再次支付，于是受害者王某又通过网上银行支付，但是还是支付不成功。受害人王某感觉比较奇怪，通过网上银行账户查询发现两次交易都已经成功，账户内已经有 1200 元被转到上海某网络科技公司。后来王某企图再次联系卖家，但是已经无人应答。

案例分析：钓鱼病毒这类的案例中，犯罪分子通常引诱受害者打开自己提供的压缩包或者执行文件，从而将木马病毒种到受害者的电脑中。木马病毒则负责监控受害者网上银行交易操作，通过替换交易请求、记录并发送用户账号信息等手段达到获利的目的。卖家的产品图片和资料都应发布在淘宝的网站上，用户不应私下接收，还可能因为购买的产品与在淘宝上发布的不一致导致纠纷。目前有的银行采用二代 USB Key 对于网上银行交易操作产生数字签名时，已经可以向用户显示相关交易请求及记录，因此在一定程度上规避了上述钓鱼病毒通过替换交易请求等手段产生的欺诈。

案例 2

虚假网站相关的案例

2007 年 9 月 21 日，北京市公安局东城分局破获了一个特大网上银行诈骗案，在湖北省某酒店抓获犯罪嫌疑人谌某。犯罪嫌疑人谌某于 2006 年 10 月至 2007 年 8 月间，利用虚假网上银行盗取他人网上银行信息，先后窃取了6名受害者网上银行账户，资金共计人民币30余万元，并通过网上购物再打折出售的方式套现。

案例分析：虚假网站这类案例中，犯罪者往往模仿正常的网上银行交易网站，诱导受害者在他们伪造的网页上进行网上银行操作，从而窃取受害者网上银行的账号信息，达到控制受害者网上银行账户的目的，从而转账套现。该类犯罪分子和虚假邮件链接这类案件有较为密切的联系。虚假网站其实就是这几年的"钓鱼网站"，对于上面案件中那种窃取大额的账户资金目前已经很少发生。通常的网银账户操作都使用了双因素认证身份方式，单纯的用户名和口令已经无法进行网银的账户操作了。目前使用动态口令卡的支付模式，即便是允许的额度不大，还是存在犯罪分子通过"钓鱼网站"进行欺诈的风险。对于"钓鱼网站"的防范，除了相关监管机构对网站采取监测及关闭等手段外，最主要是银行对客户的教育。目前的网上银行站点基本都使用了站点数字证书，许多银行还使用了EV证书，用户登录网银时使用IE7以上的浏览器地址栏会变成绿色。"钓鱼网站"很难做到这点，即便"钓鱼网站"也申请到了EV证书，那么会存有机构申请的资料，公安机关在破获此类案件时会容易很多。因此银行对客户的教育是规避"钓鱼"网站的较好的办法。

案例3

木马病毒相关的案例

2007年3月10日，蔡先生发现自己银证通账户的两个账户共计16万余元被盗窃。后来上海警方侦查发现，2007年1月，犯罪嫌疑人白某攻击了一些网站，植入了网页木马。受害人蔡某在上网浏览了被鲍某攻击的网页后，其电脑被自动植入了灰鸽子黑客程序。后来犯罪嫌疑人白某使用灰鸽子木马程序远程控制被害人的电脑，窃取了其网上银行的账号、密码、电子证书。接着犯罪嫌疑人白某用虚假身份证开户，将网银账户中的钱款转入自己新开的账户中窃走。

案例分析：这类木马病毒的案例与钓鱼病毒的案例比较接近，不同之处在于钓鱼病毒的受害者往往是在诱骗下主动打开危险文件的，而木马病毒的受害者是在不知情的情况下被安装木马病毒的。因此用户访问网站时要慎重，避免登录一些不正规网站或者受到跨站攻击的网站(这类网站如果是被动攻击，那么一般情况下活跃度较低)。但是这两类案例的本质是相同的，都是通过种入木马病毒，窃取受害者的账号信息或者伪造交易请求中的信息，从而达到获利的目的。本案例中用户被窃取的电子证书是以文件的方式存放于电脑上的，并且未设置密码保护，目前文件证书的使用越来越少，大部分电子证书都由USB Key进行保护，已经降低了此种木马病毒带来的风险。

(资料来源：中国金融认证中心——海天，有改动)

知识链接10-2

各具特色的各大银行网银

在同质化竞争的时代，如果想要战胜对手，赢得客户，特色是不得不提的话题，然而如何追求特色，如何保持特色成为诸多机构不得不面临的难题。互联网时代，各家银行顺应时代要求，纷纷推出了网银服务，然而本质相同的服务，如何才能在同业的队伍中脱颖而出，进而征服挑剔的时代和挑剔的客户，是各家银行都在思考的问题。最近，新文化记者对多家银行的网银服务进行了梳理，以便读者能更了解其特色服务，从而可以选择到自己满意的银行办理业务。

1. 中国工商银行

中国工商银行的网上银行无论是个人网上银行还是企业网上银行功能都较为不错。个人网上银行的网上银行预注册和网上银行预约服务深受欢迎。网上银行预注册，是工行为解决部分客户因特殊原因无法到营业网点办理账户开户以及网上银行注册和变更等业务问题，而采取客户经理上门收集相关信息，为客户代办银行卡以及网上银行注册和变更业务，办理完成后，将相关凭证及证书等介质送交给客户使用的服务。

网上银行预约服务是工行为客户提供的通过个人网上银行向银行提交各类预约信息，银行按照客户的要求进行业务处理的一种个性化服务。本功能为客户提供转账汇款类、投资理财类等金融服务的预约申请及预约申请查询、修改与终止等功能。

企业网上银行的普及版和中小企业版让企业可以对号入座，从而选择与自身适合的业务。企业网上银行普及版，客户只凭卡号和密码就可以随时随地登录企业网上银行，具有账户管理、首页定制、密码维护、挂失等多项在线金融服务。

企业网上银行中小企业版，在保留基础功能的条件下对标准版进行了功能的精简、组合，形成的一套操作方便、简单易用、功能实用的中小企业网上银行系统。为中小企业客户提供“账务查询”“账户对账”“转账汇款”“企业财务室”“工银信使”“投资理财”“预约服务”“客户服务”和“本地特色”的专业化服务。

2. 建设银行

“建行网上银行的操作很简单，而且功能也挺齐全，基本一看就明白，所以基本懂点电脑，就能用明白。”市民王先生在谈到自己使用建行网银的感受时说道。建行的网上银行除开通及使用步骤简单以外，操作页面还显示其他相关功能的链接，直接明了，用户可以通过一个页面了解诸多业务及其相关详情。并且，新开设业务还有单独的展示板块和相关链接，除此之外还有特色推荐板块，用户可以通过该板块了解银行推荐的特色产品或服务。

其中的银医服务更是为客户架设了一条银行与医院的快捷通道。客户可省却去医院现场排队之苦，实现线上轻松挂号，线下高效便捷就诊。

3. 农业银行

农业银行的网银服务通用性很高，基本上所有网上支付的网站都支持农行卡，而且除了取钱，几乎可以办理在银行办理的所有业务。农业银行的网上银行也将个人网上银行、企业网上银行于显著位置且单独罗列板块，并且有详尽的说明，无论是个人还是企业都可以轻松实现业务的顺利办理。

4. 招商银行

招商银行网银最大的特点就是可以足不出户，直接在网上就可以开通招行一卡通，凭招行一卡通(储蓄卡)即可在线办理支付宝卡通，将支付宝账户与银行卡连通，就可直接在网上付款，招行卡通还可以实时提现。

针对个人用户，招商银行同时设有网上个人银行专业版和大众版两个版本。网上个人银行专业版，用户在招行柜台申请“网上个人银行专业版”功能后，通过网上银行同步管理一卡通、存折、信用卡，并进行转账汇款、自助缴费、投资管理、贷款管理、理财计划、财务分析、功能申请等业务。

网上个人银行大众版，用户则可以凭招行一卡通即可直接通过网上个人银行(大众版)办理如下个人银行业务：账户查询、自助转账、自助缴费、网上支付、投资管理、贷款管理等业务。

市民王宁女士在使用过招商银行的网上银行之后表示：“招行的网上支付便捷、快速，很多事物都可以通过网上银行实现办理，节省了很多时间和精力。”

5. 中国银行

作为国际化的银行，中国银行的网上银行服务也少不了国际化特色。除此之外，中国银行网上银行在进入时设置了开户地，可以让用户能快速地进行交易。

为了满足不同客户的需求，中国银行分别开设了个人客户网银登录、个人贵宾网银登录、企业客户网银登录、中行海外网银登录四个登录口。不同的群体可以通过与自己对应的窗口进行登录，而且其中经典风格与个性风格可以让客户选择自己喜欢的风格，从而进行相关业务的操作。同一个操作版面上的条分缕析的业务分类，让客户可以快速找到自己所需要办理的业务，方便快捷。

6. 交通银行

交通银行个人网上银行用户，可同时管理包括亲友账户在内的多个账户，进而顺利实现常用账户管理和家庭理财转账功能。此项功能更是满足部分家长对子女账户的管理，获得诸多市民的好评。市民韩女士是交通银行网银忠实用户，在谈到她的使用感受时，她说：“交行网银最吸引我的，就是账户统一管理，我跟儿子的账户信息，登录同一个网银就都能看到，这样也可以随时知道孩子的经济状况。这样对孩子的花销有一个清晰的了解，知道孩子到底把钱花到哪儿去了。”

交通银行的网上银行分设金融服务区、生活服务区、投资理财区，广大用户可以根据自己想要办理的事项，进而从三个服务区选择相应的办理事项，清晰明了的排序也深得用户的喜爱。

当然，随着各家银行网上银行业务的迅速发展，各家银行都为客户量身制定了许多个性化服务，不同的用户基本上都可以根据自己的需求寻找到适合自己喜好的风格和业务。当然，随着业务的发展，各家银行仍在不断地推陈出新，力求满足更加多元化的需求。在此，我们无法将各家银行的相关特色服务一一罗列。所以，如果您有需要，那么不妨抽出时间，登录各大银行的官方网站，对相关业务进行详细了解，从而选择适合自己的网上银行服务。当然，如果您感觉上网了解过于繁琐，也不妨走进各家银行的营业网点，从而现场询问，进行体验操作。

7. 各种措施让网银更安全

随着科技的发展，网银的安全也成为很多人心中的疙瘩。个别人更是对网银避之不及，生怕造成财产的损失。“以前在银行办理存折或者银行卡，不管存钱、取钱、转账都能看到现钱，感觉心里踏实。现在通过网上银行办理，总觉得网络银行没有落地银行那么安全，看不见也摸不着，担心自己的钱会不翼而飞，而且有时也会听见有些人的钱自己就没有了，挺吓人的。”市民刘阿姨就对网上银行的资金安全性始终不是那么放心。

而对于安全性问题，记者特意咨询了某银行网上银行运营中心的工作人员，他们表示：为了保障客户的资金安全，银行也是采取了足够的安全措施，网络银行其实很安全，不会像部分人担心的那样的钱财不翼而飞。并且，银行对网络银行的防护安全措施是多层次全方位的。例如，为了防止不法分子诈骗，用户可以采用身份鉴别技术，以及数字证书认证技术等，这些网络技术要比现在最普遍的密码或口令等，一些简单易身份识别手段安全很多，不法分子即使窃取了卡号和密码，也很难实现转账等业务，当然银行还有很多保障网上银行安全的措施，所以广大客户不用因为担心网上银行的安全，而不敢使用网上银行。

现在网上银行已经成为很多人进行资金管理和从事一些有关金融事务的途径，通过网上银行办理不仅实现了快速便捷，同时也避免了到网点进行叫号、排队的烦恼。李小姐作为网银的忠实使用者，对网上银行的感受颇深：“现在只要能够在网上办理的事情，我全都在网上办理。因为作为上班族，在白天没有更多的时间出去办理自己的事情，午休时间有时候到网点办理还来不及，要想办完业务，要不和领导请假，要不就是要到上班时间立即返回单位，白白浪费了时间。”

(摘自中国电子银行网《各具特色的各大银行网银》——姜茂龙)

第三节　电话银行业务

一、电话银行的概念

电话银行是近年来日益兴起的一种高新技术，它是实现银行现代化经营与管理的基础。它通过电话这种现代化的通信工具把用户与银行紧密相连，使用户不必去银行，无论何时何地，只要通过拨通电话银行的电话号码，就能够得到电话银行提供的其他服务(往来交易查询、申请技术、利率查询等)。银行安装这种系统以后，可提高服务质量，增加客户，为银行带来更好的经济效益。

电话银行服务的密码由六位不全为零的阿拉伯数字组成，由客户自己设定，并可随时通过电话银行服务对自己的密码进行更改。用户如果忘记电话银行密码，那么必须持借记卡和有效身份证件到储蓄网点申请电话银行密码重置，填写“挂失申请书”，并输入两次新密码即可。

从系统上说，电子银行系统一般由以下几部分组成：自助语音系统、人工话务服务系统、业务处理系统、柜员及参数管理系统、监控系统、数据库等。它利用电话与计算机集成技术(CTI)，为客户提供自动语音服务和人工坐席服务。客户可以在任何时间、任何地点利用身边的电话，进行账户信息查询、转账、咨询、投诉等银行业务处理(见图 10-1)。

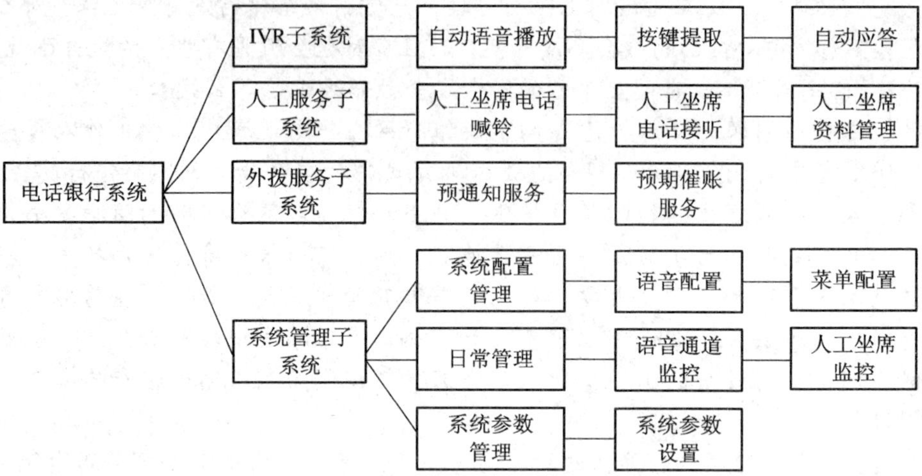

图 10-1　电话银行总体架构

二、电话银行产品

客户拨打电话银行专用号码进入电话银行系统客户服务中心后，就可根据语音提示进行操作。操作方式一般有两种：一是自动语音，即客户根据语音提示自行完成操作；二是人工坐席服务，即客户根据语音提示，选择转人工服务，然后由业务代表根据客户要求完成相应的操作。同时，商业银行可以通过电话银行实现对客户的主动外拨功能，开展主动的外拨营销。

(一) 电话银行服务的内容

现在的电话银行提供的服务内容，已经基本与柜台一致。也就是说，除了存款、取款的现金业务，大部分在柜台能办的服务项目，都能通过电话银行完成。这里以最常用的查询服务为例。有了电话银行，银行客户已省去跑 ATM 或银行网点之劳，只要拿起电话输入个人账号和查询密码，自动语音服务会将客户的个人账户余额情况报得清清楚楚。电话银行还可提供交易记录的查询，如某段时期某个人账户的存取款记录都可以查到，这对于那些粗心的客户来说，还可起到一个实时账户管理流水账的作用。而且如果需要，大多数电话银行还可提供传真服务，将个人账户交易记录传真给客户。此外，对于客户的投资账户情况，也可提供查询服务，如电话银行开通了基金买卖、国债交易或外汇等交易功能，便可随时查询个人的交易情况。

(二) 电话银行服务的特点

与其他服务方式相比，电话银行服务的基本特点是：操作简单，自动化管理，不需要人工干预；安全性高，系统内配有多级用户验证，保证客户银行信息安全；可实时查询，实现银行 24 小时服务：银行内线与外线任意配置：可配置传真接口：可实现强行拨号，而无须等待提示语音结束；线路的接口应该符合信息产业部的入网标准。各家银行都能移开通电话银行，需到网点办理借记卡，在柜台申请开通电话银行。

(三) 我国部分商业银行电话银行服务热线

我国部分商业银行电话银行服务热线见表 10-2。

表 10-2 银行服务热线

工商银行	95588	农业银行	95599
中国银行	95566	建设银行	95533
交通银行	95559	邮储银行	95580
中信银行	95558	光大银行	95595
华夏银行	95577	广发银行	95508
深发展银行	95501	招商银行	95555
浦发银行	95528	兴业银行	95561
民生银行	95568	浙商银行	95527
平安银行	95511	北京农商行	96198
广州农商行	961111	贵阳银行	96033
北京银行	95526	长沙银行	95611

知识链接 10-3

电话银行案例

2005 年 12 月，蒋某在甲银行网点柜面办理借记卡一张，并在借记卡申请表上“开通网上银行”和“开通电话银行”栏打钩。申请表中“申请人声明”部分写明“本人保证以上所填资料真实，并愿意遵守所申请借记卡章程，如申请注册电子银行，同时遵守甲银行《电子银行个人客户服务协议》及相关业务规定，对因违反规定而造成的损失和后果，本人愿意承担一切责任”。蒋某在申请表上签字确认。2006 年蒋某开通电话银行转账功能，甲银行于 2008 年、2009 年、2010 年分别扣收了蒋某电话银行年服务费 12 元，共计 36 元。2010 年 8 月，蒋某收到账单发现被扣收电话银行年服务费，认为甲银行在未履行告知义务的前提下擅自收费，既无合同依据也无法律依据，要求甲银行返还被收取的费用，但未果。蒋某遂向法院提起诉讼，请求法院判令甲银行立即返还 36 元，赔偿利息损失、工商查档费、交通费等合计 150 元，取消电话银行年服务费收费项目，承担本案全部诉讼费。

一审过程中，甲银行向法院提交了相关证据，一是甲银行电子银行个人客户服务协议和电子银行章程网站链接文本和收费标准文本，证明甲银行在其网站上刊登了电子银行服务协议内容、电子银行章程及收费标准；二是甲银行电话银行年服务费收取公告及辖内区域主流媒体的报道，证明甲银行履行了收费告知义务；三是甲银行总行的《中间业务收费标准》及向监管部门报备情况，证明甲银行收费履行了规定程序。此外，一审法院还查明，甲银行《电子银行个人客户服务协议》的附件《电子银行章程》和《电子银行业务收费标准》规定，个人业务中电话银行年服务费为每年每人 12 元；收费标准如有变更，甲银行将通过网站或者营业网点等适当方式提前通告，不再逐一通知客户。2008 年 10 月，甲银行发布了《关于个人电话银行收取年服务费的公告》，主要内容为：根据《商业银行服务价格管理暂行办法》和甲银行《电子银行章程》等有关规定以及客户与甲银行签署的《电子银行个人客户服务协议》的相关约定，甲银行将对2007年12月31日前注册的电话银行个人客户，自2008年12月1日起收取年服务费。同时还公告了收费标准和收费规则。一审法院审理认为，原告蒋某与甲银行之间构成电子银行服务合同关系，甲银行按照监管要求履行了商业银行服务收费报备程序，公告行为则表明甲银行履行了收费告知义务，因此，甲银行收取电话银行年服务费符合法律规定和合同约定，遂判决驳回原告蒋某的全部诉讼请求。

蒋某不服一审法院判决提起上诉称，其在开通电话银行时，被甲银行工作人员告知是免费的，否则不会开通电话银行业务；甲银行未曾向其出示过相关协议内容及附件、收费标准，一审认定甲银行收费具有合同依据与事实不符；原审适用法律错误，应适用《商业银行法》，而不是《商业银行价格管理暂行办法》，请求撤销一审判决，改判支持其原审全部诉讼请求。

二审法院审理认为，蒋某称其被甲银行工作人员告知是免费的才开通电话银行，表明其明知电话银行是需要被收费的；甲银行并未承诺永久免费，同时也履行了其免费的承诺，即免除了2006年和2007年的年服务费，从2008年开始收费。同时，二审法院对一审法院认定的《电子银行个人客户服务协议》效力、收费依据、收费标准等事实予以认可。最终二审法院认定蒋某上诉理由不成立，判决驳回上诉，维持原判。

知识链接 10-4

电话银行安全使用“三大注意”

电话银行的使用简便易懂，如果消费者初次使用电话银行，或对某种业务不很熟悉，还可以选择24小时在线的人工服务寻求指导和帮助。

比如购买开放式基金，客户开通其基金业务后，就可通过拨打电话进行操作。首先选择人工服务，告知客服代表你本人希望进行的交易，选择要投资的账户并输入密码，告知要认购或申购的基金名称、份额，这一切操作都由银行工作人员协助你完成，而消费者一旦掌握了操作要领，第二次业务就完全可由本人在自动语音服务提示下独立完成，不用去网点排长队、填表格。而据了解，各家银行针对电话银行、网上银行、手机银行等新型服务方式，还提供了在手续费、优先程度方面等优惠条件，十分吸引人。但银行人士也同时提醒，在使用电话银行时，还是有几个安全使用须知。比如：

一是认准各银行惟一的电话银行客服号码，拒绝使用任何其他可疑号码。有消费者反映，曾经收到来历不明的短信，说本人账户在某时某地有一笔消费，如有异议请拨打一电话号码。银行方面已多次提醒消费者警惕这种诈骗短信。目前各银行的电话银行服务号码均为5位数特服号码，如，工商银行：95588；建设银行：95533；中国银行：95566；农业银行：95599；招商银行：95555；民生银行：95568；光大银行：95595；交通银行：95559；深圳发展银行：95501；华夏银行：95577；兴业银行：95561。因此，如果消费者收到除此以外的其他固定电话或手机号码，都要提高警惕，并拨打银行的特服号码咨询。

二是银行工作人员不会要求客户口头说出账号及密码，即使是在客服代表引导交易的过程，也是通过电话键盘输入密码。

三是使用电话银行，尽量避免使用公用电话、免提功能和能够查询到输入号码的电话机上进行操作。如果使用带有来电显示窗的电话操作，在操作结束后，再拿起话筒任意拨几个数字，即可将前一页拨打的电话银行号码覆盖。

银行人士表示，电话银行就安全性来说是可靠的，开通多年来，目前我国商业银行未发现有电话银行自身安全问题方面的案例。电话银行在业务设置上也进行了安全性考虑，比如非本人账户间的资金划转问题，是最容易引起客户担心的业务。目前，由于账户划转对安全性要求较高，许多银行对账户划转有具体规定。建设银行要求，对向非本人账户的资金划转，需在银行柜台提前做一个约定，即电话银行所做的资金账户划转必须在指定的账户之间，增加了资金的可控性，确保了转账资金的安全。

(摘自和讯网《电话银行安全使用“三大注意”》——崔玉清)

第四节　手机银行与自助银行

一、手机银行

当手机把收音机、MP3、照相机、摄像机、电视机、PDA 等各种功能集于一身，超出了最初作为单纯的通信工具的定位，成为人们日常生活的一个重要组成部分时，同时也就成为了银行业嫁接的目标，即银行业务与手机结合而成的手机银行。

(一) 手机银行的概念

手机银行也称为移动银行(Mobile Banking)，是利用移动通信网络及终端办理相关银行业务的简称。手机银行是由手机、GSM 短信中心和银行系统构成的。作为一种结合了货币电子化与移动通信的崭新服务，手机银行业务不仅可以使人们在任何时间、任何地点处理多种金融业务，而且极大地丰富了银行服务的内涵，使银行能以便利、高效而又较安全的方式为客户提供传统和创新服务。

(二) 手机银行的构成

手机银行是由手机、GSM 短信中心和银行系统构成的。

在手机银行的操作过程中，用户通过 SIM 卡上的菜单对银行发出指令后，SIM 卡根据用户指令生成规定格式的短信并加密，然后指示手机向 GSM 网络发出短信；GSM 短信系统收到短信后，按相应的应用或地址传给相应的银行系统；银行对短信进行预处理，再把指令转换成主机系统格式；银行主机处理用户的请求，并把结果返回给银行接口系统；银行接口系统将处理的结果转换成短信格式，短信中心将短信发给用户。图 10-2 为个人手机银行注册流程。

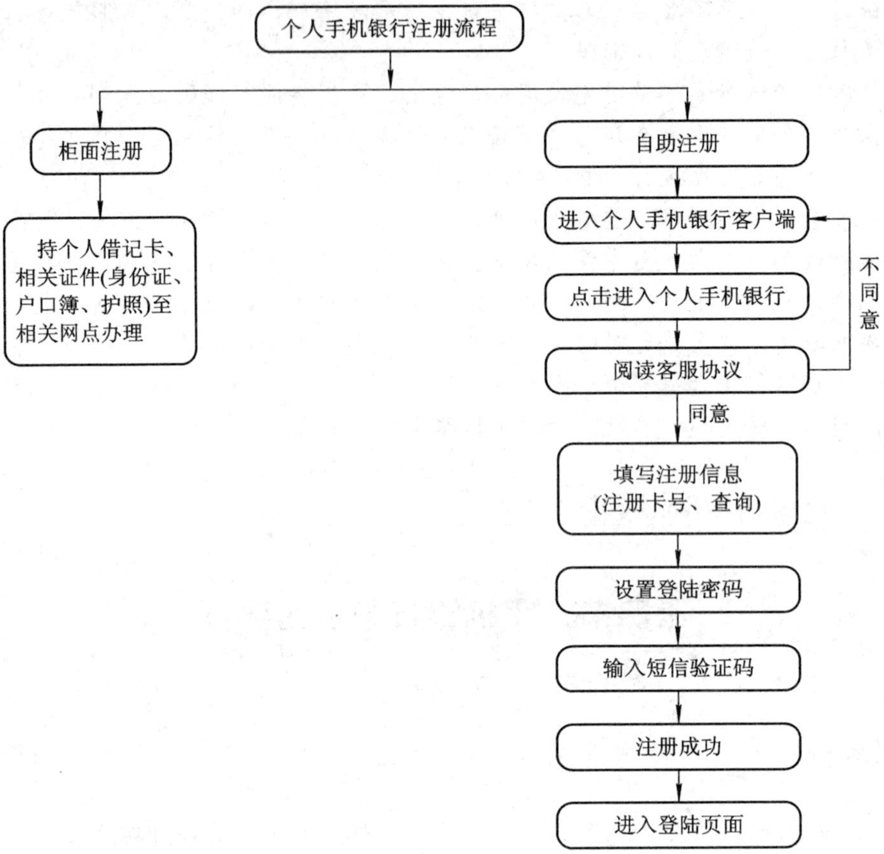

图 10-2　个人手机银行注册流程

(三) 手机银行的特点

手机银行并非电话银行。电话银行是基于语音的银行服务，而手机银行是基于短信的银行服务。通过电话银行进行的业务都可以通过手机银行实现，手机银行还可以完成电话银行无法实现的二次交易。比如，银行可以代用户缴付电话、水、电等费用，但在划转前一般要经过用户确认。由于手机银行采用短信息方式，用户随时开机都可以收到银行发送的信息，从而可在任何时间与地点对划转进行确认。

手机银行与 WAP 网上银行相比，优点也比较突出。首先，手机银行有庞大的潜在用户群；其次，手机银行须同时经过 SIM 卡和账户双重密码确认之后，方可操作，安全性较好。而 WAP 是一个开放的网络，很难保证在信息传递过程中不受攻击。另外，手机银行实时性较好，折返时间几乎可以忽略不计。而 WAP 进行相同的业务需要一直在线，还将取决于网络拥挤程度与信号强度等许多不确定因素。

(四) 手机银行的主要功能

随着移动通信技术的发展，手机的功能越来越强大，银行能够提供的手机银行服务范围不断扩大。手机银行主要拥有以下功能：

(1) 账户管理。提供账户查询、交易明细、活期转定期、默认卡设置、账户别名管理等功能。可以进行多账户、多币种的余额、交易明细的查询。

(2) 定期存款。提供活期转定期、定期转活期等功能。

(3) 通知存款。提供“一天/七天”通知、“周周赢”通知存款、支取、“查询/取消”通知等功能。

(4) 转账汇款。提供行内汇款、跨行汇款、手机汇款、收款人登记簿等功能。

(5) 基金投资。提供基金的查询和买卖功能。

(6) 手机股市。提供行情查询、银证转账和资金账户余额查询等功能。

(7) 自助缴费。直接利用手机来办理银行代理的各项缴费业务，如缴水费、电费、煤气费、手机费、电话费等。

(8) 信用卡。直接利用手机银行查询还款信息并还款。

(9) 其他手机银行服务，如银行卡挂失、手机地图、常用信息查询等。

从目前手机银行所提供功能来看，与网上银行和电话银行相比，其功能相对简单，而且以小额支付为主，这主要受目前有关技术环境和条件的影响。一是由于整个手机银行的交易过程涉及手机终端厂商、移动运营商、银行和客户，整个生产链比较长，因此任何一个环节对数据和技术的不兼容都会影响客户的正常使用。二是网络环境的制约。手机银行应用的基础是无线网络，而无线网络相对有线网络的带宽窄，容易产生信息阻塞，且稳定性比较差。这些都对手机银行的应用推广形成一定的制约。

二、手机银行发展现状

(一) 五大银行联合宣布：手机银行转账汇款全免费

2015 年 9 月，招商银行率先宣布：网上转账全免费。随后，多家银行跟进了这一项举动。现在，更给力的来了。

2016 年 2 月 25 日，中国工商银行、中国农业银行、中国银行、中国建设银行、交通银行五家银行联合宣布：即日起，陆续对客户通过手机银行办理的转账、汇款业务，无论跨行或异地都免收手续费。五大行还承诺，对客户 5000 元以下的境内人民币网上银行转账汇款免收手续费，以降低客户的费用支出。

此外，五大银行将推进银行间开放合作。在系统改造后，五大银行将率先在相互之间开展客户银行账户信息验证，并愿意与其他有意向的商业银行机构一起，就客户跨银行账户服务开展合作。

中国支付清算协会以及包括邮储银行、民生银行、北京银行、北京农村商业银行、网商银行、微众银行等 9 家商业银行的代表共同见证了当天的签约活动。

2016 年 12 月 25 日，中国央行出台《关于改进个人银行账户服务加强账户管理的通知》，对商业银行进一步强化账户实名制、改进个人银行结算账户服务、便利存款人开立和使用个人银行账户做出了的新的规范。

此次签约，是中国国有大型商业银行落实普惠金融、保护存款人利益、提升银行服务的具体举措。

近两年来，中国商业银行经营环境面临各种挑战，上市银行净利润增速全面“告急”，不良率上升。五大国有商业银行年度净利润增幅也从过去的两位数大幅跌落至个位数。市场预期，2016 年中国银行业净利润增幅可能进入“负时代”。在这种背景下，联手互助、抱团取暖、携手合作成为中国商业银行经营的一个方向。

此次签约后，五大银行还将在落实中国央行账户管理最新政策方面推进多个举措，包括：(1) 更好地保护客户的资金和信息安全。认真落实个人银行账户实名制要求，进一步加强客户信息安全保护，严格开户过程个人客户的身份审核，避免客户账户信息泄露。(2) 不断改进账户服务管理水平。按照人民银行关于账户分类管理的规定，在 2016 年 4 月 1 日前完成对存量账户的Ⅰ、Ⅱ、Ⅲ类账户区分标识。尽快完成系统改造，支持客户通过线上或自助设备开立Ⅱ、Ⅲ类账户，满足客户存款、购买投资理财产品等金融产品、限定金额的消费和缴费支付等服务需求。同时，面对目前层出不穷的外部互联网欺诈和线上支付风险，五行主动为客户开立Ⅲ类账户，客户自行激活后可用于对外绑定非银行支付账户进行小额消费和缴费支付，从而将“金库”和“钱包”隔离，有效保护资金安全。

中国工商银行副行长王希全致辞并代表五家银行宣读了倡议书，就共同推进落实普惠金融、加强银行个人账户管理向社会和各银行业金融机构发出倡议，共同落实中国央行通知要求，完善内部账户管理，深化同业开放合作，在切实落实个人银行账户实名制的基础上，为客户提供更加开放、便捷、安全、互联互通的银行账户服务。

银行卡年费是最常见的一种银行手续费，银行卡年费的收取频率是一年一次，银行直接从账户中划取。普通的借记卡年费一般是 10 元/年。

其实，早在 2016 年 2 月，国家发改委和银监会就发布了《关于印发商业银行服务政府指导价政府定价目录的通知》，对于银行客户账户中(不含信用卡)没有享受免收账户管理费(含小额账户管理费)和年费的，商业银行应根据客户申请，为其提供一个免收账户管理费(含小额账户管理费)和年费的账户(不含信用卡、贵宾账户)。该通知于 2014 年 8 月 1 日起执行。

(二) 二维码手机银行

随着移动互联网与手机终端技术的加速发展，二维码的手机银行，将进一步提升手机银行的交易规模，推动商业银行在移动金融业务的发展；与此同时客户通过手机将更方便地识别商品，确认订单，完成支付。

商家首先要安装手机银行客户端，然后可将商品信息、消费金额等编辑成二维码，并在手机、平板电脑、报纸、杂志、广告、图书等介质载体上进行展示。消费者通过使用手机银行客户端应用的智能手机扫描二维码，银行手机客户端将识别二维码中包含的商品名称、价格等消费信息，消费者确认购买，与商家的手机银行账户结算后，商户根据交易信息中的地址、联系信息进行商品配送，完成交易。

同时用户在使用手机银行消费的同时，商家可以得到用户的详细信息，二维码的手机银行的平台将对消费数据进行统计，给银行及商家提供完善的解决方案。

移动支付、手机银行客户端的出现为移动金融服务开辟了新渠道。商业银行在移动互联时代大力发展手机银行，陆续推出手机银行客户端，拓展移动支付业务。例如：中国建设银行为深圳地区的手机银行客户试点开通了二维码应用。客户进入手机银行“缴费支付”服务功能中的“二维码消费卡”一栏，可选择生成二维码消费卡，生成后系统发送文本短信或彩信至客户手机，客户凭该消费卡在特约商户进行消费。在生成二维码消费卡时，客户可选择设置消费密码，还可对消费卡进行查询、撤销和重新发送。客户选择想要消费的商圈，即可查看该商圈支持二维码消费的特约商户消息，包括商户名称、地址、联系电话等，并实现实时消费。渣打银行账户品牌“逸账户”的积分计划让客户通过消费、取现、转账等交易获得积分，积分累积到一定额度时，客户将获得银行送出的热门商户二维码电子优惠券，使用时可在商户专用 POS 终端扫描二维码实现支付。

知识链接 10-5

手机银行未来竞争更激烈

2014 年，无论是金融互联网还是互联网金融都是蛮拼的。从打通支付渠道，抢滩直销银行，到首批互联网银行的诞生，金融机构、第三方支付公司、电信运营商、手机制造商等如同近期火爆的娱乐节目《奔跑吧兄弟》里的嘉宾一般，朝着互联网金融服务的蓝海狂奔了一年。岁末年初，各大媒体和专业机构的测评和评选俨然成了业内撕名牌大赛，优胜者方能名留榜单。就手机银行而言，各家银行展露的助跑利器不仅显示了各自的优势，也勾勒了行业未来的特点及主攻方向。

作为移动金融的突出代表，2014 年手机银行发展最大的特征就是一个“快”字。在年初 4.6 亿用户的基础上，手机银行以超过网银近一倍的速度在奔跑。中国金融认证中心(以下简称 CFCA)发布的《2014 中国电子银行调查报告》显示，2014 年个人网银用户比例为 35.6%，同比增长 10%；个人手机银行用户比例为 17.8%，同比增长 50%。部分金融机构的增势更为惊人。据记者了解，民生手机银行客户规模 12 月底已突破 1300 万户。其披露的 2013 年年报显示，去年该行手机银行客户数是 554.52 万户，据此可以计算出，2014 年其手机银行客户数较上年增长了 134%以上。借此在《第一财经日报》“金融价值榜”评选和每日经济新闻主办的金鼎奖评选中，民生手机银行分别斩获“年度最受欢迎手机银行”和“最佳业务增速手机银行”奖。

移动金融的风口也并不是谁都能飞得起来。面对日趋激烈的竞争，各大银行纷纷提升移动金融的战略高度，拓展应用场景、整合线上线下资源，大平台与主渠道的概念在日渐增多的服务种类上体现得越发明显。如交通银行开发、设计了二维码取款，民生银行为手机银行自助注册客户打开小额支付通道，并打造网购扫码付款、小微客户贷款在线签约和申请等系列特色功能和服务。2014 年 CFCA 的专项测评结果显示，民生手机银行再次以最高综合得分蝉联评测榜首，并在《中国经营报》主办的卓越竞争力金融机构评选活动轻松夺得“卓越竞争力手机银行”荣誉称号、在易观国际组织的“2014 互联网创新大会暨易观之星颁奖盛典”活动中荣获“最具创新手机银行”奖项。

整体快跑的同时参赛者间距离却在拉大。据 EnfoDesk 易观智库发布的数据：截至三季度，我国手机银行客户交易金额已近 20 万亿元，建行、工行、民生银行保持市场份额前三的格局已有半年，当季三者占据了市场交易总额的 55.1%；紧随其后的是农行与招行，份额相差极其微小：中国银行在三季度也跃进不少，排列第 6 位。市场份额前三的第一梯队与其他竞争者之间逐步拉开了距离，这表明手机银行客户选择和使用产品的习惯已经形成。随着产品从快速成长期进入成熟期，马太效应将日渐显现，前期占据优势的银行有望赢得更大机会。这一点在品牌认可度上可见一斑，“最佳手机银行”是各类评选中最具含金量的奖项，民生手机银行一举将2014年新浪网银行综合评选、东方财富网东方财富风云榜、金融界领航中国年度评选三大评选活动中的“最佳手机银行”大奖收入囊中。

业内人预计未来移动金融特别是手机银行的竞争将更趋激烈。有银行人士表示，目前已知有数家银行都在积极开展利用新技术的准备工作，一旦条件成熟，将极大地改变金融市场现有版图。据其透露，这些技术包括二维码、声波、蓝牙、指纹、虹膜、人脸识别、即时通信等，任意一项都可能带来突破性影响。

(摘自《商业银行业务经营与管理》——蔡则祥)

三、自助银行的类型与功能

(一) 自助银行的类型

自助银行又称无人银行、电子银行，它属于银行业务处理电子化和自动化的一部分，是近年在国外兴起的一种现代化的银行服务方式。它利用现代通信和计算机技术，为客户提供智能化程度高、不受银行营业时间限制的24小时全天候金融服务，全部业务流程在没有银行人员协助的情况下完全由客户自己完成。

自助银行主要包括自动提款机(ATM)、自动存款机(CDM)、销售终端(POS)、多媒体自助终端、自助服务电话等。最早的自助银行只配备一些自动提款机，有的自助银行偶尔也搭配一些外币提款机，其所有功能只相当于一般营业厅的延伸。随着计算机和网络技术的广泛应用，自助银行发展到今天，其功能和服务范围已经大大扩展，且不受时间限制，独立于一般营业厅之外，从而让顾客充分享受自我服务的成就感和便利感。

(二) 自助银行的机器设备及主要功能

1. 自动提款机

自动提款机就是常说的ATM(Automatic Teller Machine)。自动提款机是自助银行最普遍的机器设备，其主要的功能就是提供最基本的一种银行服务，即出钞交易。此外，在自动提款机上也可以进行账户查询、密码修改等业务。

2. 自动存款机

自动存款机能实时将客户的现金存入账户，这种功能其实就是自动取款的反向操作。在存款过程中，自动存款机能自动识别面值并判断真伪。客户存款实时入账，并可以立即查询交易处理结果。

3. 存折补登机

存折补登机是一种方便客户存折更新需要的自助服务终端设备。存折补登机通过存折感受器和页码读取设备的配合，实现自动打印和向前、向后自动翻页。客户将存折放入存折补登机后，设备自动从存折上的条码和磁条中读取客户的账户信息，然后将业务主机中的客户信息打印到存折上。

4. 多媒体查询机

多媒体查询机利用触摸屏技术提供设备说明、操作指导、金融信息、业务查询等多种服务，其中包括外汇牌价、存贷款利率等信息。不少自助银行还都配有大屏幕，及时提供各类公共信息的查询。

5. 外币兑换机

外币兑换机的主要服务对象为外国游客和有外汇收入的居民。外币兑换机能识别多种不同的货币，在兑换过程中自动累计总数，然后按照汇率进行兑换。

6. 外汇买卖、银证转账

客户在银行的营业柜台办理外汇买卖、银证转账交易开通手续。客户根据相应外汇信息，通过自助银行终端直接进行外汇买卖交易。

7. 缴纳公用事业费

当前不少银行的自助终端都能提供公用事业费的缴纳服务。用户只需将存折或借记卡插入或输入卡、折的号码、密码，然后将带条形码的公用事业缴费单对准机器紫外线端口扫描，机器就会自动将账户内的对应资金扣除，缴费即刻成功。

第五节　互联网金融

自 2003 年互联网泡沫破灭之后，互联网经历了长达 10 年之久的恢复阶段之后再次迎头向上，引领整个产业经济的走向。互联网与金融的交叉渗透，互联网与人们生活的交织契合，使得互联网金融产品孕育而生，撼动了传统金融机构主导金融市场的格局，呈现出一种新的互联网金融模式。

一、互联网金融的定义与特点

(一) 互联网金融的定义

互联网金融是指依托于支付、云计算、社交网络以及搜索引擎等互联网工具，实现资金融通、支付和信息中介等业务的一种新兴金融。互联网金融不是互联网和金融业的简单结合，而是在实现安全、移动等网络技术水平上，被用户熟悉、接受(尤其是对电子商务的接受)后，自然而然为适应新的需求而产生的新模式及新业务，是传统金融行业与互联网精神相结合的新兴领域。

我国互联网金融发展经过了三个阶段：第一个阶段是 2005 年以前，互联网与金融的结合主要体现为互联网为金融机构提供技术支持，帮助银行把业务搬到网上，还没有出现真正意义的互联网金融业态。第二个阶段是 2005 年后，网络借贷开始在我国萌芽，第三方支付机构逐渐成长起来，互联网与金融的结合开始从技术领域深入金融业务领域。这一阶段的标志性事件是 2011 年中国人民银行开始发放第三方支付牌照，第三方支付机构进入了规范发展的轨道。第三个阶段从 2012 年开始。2013 年被称为互联网金融元年，是互联网金融得到迅猛发展的一年。自此，P2P 网络借贷平台快速发展，众筹融资平台起步，第一家专业网络保险公司获批，一些银行、券商也以互联网为依托，对业务模式进行重组改造，加速建设线上创新型平台，互联网金融的发展进入了新的阶段。

(二) 互联网金融的特点

在互联网金融模式下，因为有搜索引擎、大数据、社交网络和云计算技术等的存在，市场信息不对称程度非常低，市场充分有效，接近一般均衡定理描述的无金融中介状态。互联网金融与传统金融相比具有显著的特征。

1. 成本低

互联网金融模式下，资金供求双方可以通过网络平台自行完成信息甄别、匹配、定价和交易，无传统中介、无交易成本、无垄断利润。一方面，金融机构可以避免开设营业网点的资金投入和运营成本；另一方面，消费者可以在开放、透明的平台上快速找到适合自己的金融产品，削弱了信息不对称程度，更省时、省力。

2. 效率高

互联网金融业务主要由计算机处理，操作流程完全标准化，客户不需要排队等候，业务处理速度更快，用户体验更好。如阿里小贷依托电商积累的信用数据库，经过数据挖掘和分析，引入风险分析和资信调查模型，商户从申请贷款到发放只需要几秒钟，日均可以完成贷款 1 万笔，成为真正的“贷款工厂”。

3. 覆盖广

互联网金融模式下，客户能够突破时间和地域的约束，在互联网上寻找需要的金融资源，金融服务更直接，客户基础更广泛。此外，互联网金融的客户以小微企业为主，覆盖了部分传统金融业的金融服务盲区，有利于提升资源配置效率，促进实体经济发展。

4. 发展快

依托于大数据和电子商务的发展，互联网金融得到了快速增长。以余额宝为例，余额宝上线 18 天时的累计用户数即达到 250 多万，累计转入资金达到 66 亿元。据报道，余额宝规模 500 亿元，成为规模最大的公募基金。

5. 管理弱

管理弱包括两方面：一是风控弱。互联网金融还没有接入中国人民银行征信系统，也不存在信用信息共享机制，不具备类似银行的风控、合规和清收机制，容易发生各类风险问题，已有众贷网、网赢天下等 P2P 网贷平台宣布破产或停止服务。二是监管弱。互联网金融在中国处于起步阶段，还没有监管和法律约束，缺乏准入门槛和行业规范，整个行业面临诸多政策和法律风险。

6. 风险大

互联网金融的风险主要来自于两方面：一是信用风险。现阶段中国信用体系尚不完善，互联网金融的相关法律还有待配套，互联网金融违约成本较低，容易诱发恶意骗贷、卷款跑路等风险问题。特别是 P2P 网贷平台由于准入门槛低和缺乏监管，成为不法分子从事非法集资和诈骗等犯罪活动的温床。2013 年以来，淘金贷、优易网、安泰卓越等 P2P 网贷平台先后曝出跑路事件。二是网络安全风险。在互联网发达的时代，网络金融犯罪问题不容忽视。一旦遭遇黑客攻击，互联网金融的正常运作会受到影响，危及消费者的资金安全和个人信息安全。

二、互联网金融的主要业态

(一) 互联网支付

互联网支付是指通过计算机、手机等设备，依托互联网发起支付指令、转移资金的服务。其实质是新兴支付机构作为中介，利用互联网技术在付款人和收款人之间提供的资金划转服务。典型的互联网支付机构是支付宝。互联网支付主要分为三类：一是客户通过支付机构链接到银行网银，或者在计算机、手机外接的刷卡器上刷卡，划转银行账户资金。资金仍存储在客户自身的银行账户中，第三方支付机构不直接参与资金划转。二是客户在支付机构开立支付账户，将银行账户内的资金划转至支付账户，再向支付机构发出支付指令。支付账户是支付机构为客户开立的内部账务簿记，客户资金实际上存储在支付机构的银行账户中。三是快捷支付模式，支付机构为客户开立支付账户，客户、支付机构与银行三方签订协议，将银行账户与支付账户进行绑定，客户登录支付账户后可直接管理银行联户内的资金。该模式是资金存储在客户的银行账户中，但是资金操作指令通过支付机构发出。目前，互联网支付发展迅速。截止到2016年12月，中国使用互联网支付的用户规模达到4.75亿，较2015年12月，互联网支付用户规模增加了5831万人，年增长率为14%。其中，手机支付用户规模增长迅速，达到4.69亿，年增长率为31.2%，网民手机互联网支付的使用比例由57.7%提升至67.5%。2016年网民最常使用的五个App及其占比分别为微信(79.6%)、QQ(60%)、淘宝(24.1%)、手机百度(15.3%)、支付宝(14.4%)。2016年我国第三方互联网支付交易规模为19.13万亿元，较2015年的11.87万亿元增长61.16%。互联网支付业务的应用范围也从网上购物、缴费等传统领域，逐步渗透到基金理财、航空旅游、教育、保险、社区服务、医疗卫生等。

(二) P2P 网络借贷

P2P 网络借贷指的是个体和个体之间通过互联网平台实现的直接借贷。P2P 网络借贷平台为借贷双方提供信息流通交互、撮合、资信评估、投资咨询、法律手续办理等中介服务，有些平台还提供资金移转和结算、债务催收等服务。典型的P2P网贷平台机构是宜信和人人贷。传统的P2P网贷模式中，借贷双方直接签订借贷合同，平台只提供中介服务，不承诺放贷人的资金保障，不实质参与借贷关系。当前，又衍生出类担保模式，当借款人逾期未还款时，P2P 网贷平台或其合作机构垫付全部或部分本金和利息。垫付资金的来源包括P2P平台的收入、担保公司收取的担保费，或是从借款金额扣留一部分资金形成的风险储备金。此外，还有类证券、类资产管理等其他模式。我国的P2P网贷从2006年起步，据网贷天眼研究院不完全统计，截至2017年7月31日，我国P2P网贷平台数量达5029家。2017年8月新增平台6家，新增问题平台93家(不包括非近期)，环比上涨1.09%，同时，累计问题平台达3287家，在运营平台1742家，同比下降23.06%，7月P2P网贷行业全国成交额为2105.50亿元，环比下降5.06%，同比上涨35.84%。

(三) 非 P2P 的网络小额贷款

非 P2P 的网络小额贷款(以下简称网络小贷)是指互联网企业通过其控制的小额贷款公司，向旗下电子商务平台客户提供的小额信用贷款。典型代表如阿里金融旗下的小额贷款公司。网络小贷凭借电商平台和网络支付平台积累的交易和现金流数据，评估借款人资信状况，在线审核，提供方便快捷的短期小额贷款。例如，阿里巴巴所属的网络小贷向淘宝卖家提供小额贷款，旨在解决淘宝卖家的短期资金周转问题。截至2013年年末，阿里金融旗下三家小额贷款公司累计发放贷款1500亿元，累计客户数超过65万家，贷款余额超过125亿元。

(四) 众筹融资

众筹融资(Crowdfunding)是指通过网络平台为项目发起人筹集从事某项创业或活动的小额资金，并由项目发起人向投资人提供一定回报的融资模式。典型代表如“天使汇”和“点名时间”。众筹融资平台扮演了投资人和项目发起人之间的中介角色，使创业者从认可其创业或活动计划的资金供给者中直接筹集资金。按照回报方式不同，众筹融资可分为以下两类：一是以投资对象的股权或未来利润作为回报，如天体汇；二是以投资对象的产品或服务作为回报，如点名时间。截至2017年6月底，全国共上线过众筹平台808家，其中正常运营的为439家，下线或转型的为369家；运营中平台的平台类型分布为：物权型平台135家，权益型平台120家，股权型平台113家，综合型平台61家，公益型平台10家；2017年上半年共有37 905个众筹项目，其中已成功项目有31 552个，占比83.30%；2017年上半年成功项目的实际融资额达110.16亿元，与去年同期相比增长了38.11%。

(五) 金融机构创新型互联网平台

金融机构创新型互联网平台可分为以下两类：一是传统金融机构为客户搭建的电子商务和金融服务综合平台，客户可以在平台上进行销售、转账、融资等活动。平台不赚取商品、服务的销售差价，而是通过提供支付结算、企业和个人融资、担保、信用卡分期等金融服务来获取利润。目前这类平台有建设银行“善融商务”、交通银行“交博汇”、招商银行“非常e购”以及华夏银行“电商快线”等。二是不设立实体分支机构，完全通过互联网开展业务的专业网络金融机构。如众安在线财产保险公司仅从事互联网相关业务，通过自建网站和第三方电商平台销售保险产品。

(六) 基于互联网的基金销售

按照网络销售平台的不同，基于互联网的基金销售可以分为两类：一是基于自有网络平台的基金销售，实质是传统基金销售渠道的互联网化，即基金公司等基金销售机构通过互联网平台为投资人提供基金销售服务。二是基于非自有网络平台的基金销售，实质是基金销售机构借助其他互联网机构平台开展的基金销售行为，包括在第三方电子商务平台开设网店销售基金、基于第三方支付平台的基金销售等多种模式。其中，基金公司基于第三方支付平台的基金销售本质是基金公司通过第三方支付平台的直销行为，使客户可以方便地通过网络支付平台购买和赎回基金。2018年3月21日，腾讯发布2017年年度报告，年报显示，其旗下财富管理平台“理财通”截至2018年1月末资产管理总规模超过3000亿元。截至2018年6月30日，余额宝对接的6只货币基金总规模达1.86万亿元，同比2018年一季度规模增加1710.53亿元，增长1.01%。

三、互联网金融与商业银行经营的转变

随着互联网和电子商务的发展，互联网第三方支付平台交易量、虚拟货币的发行和流通量将越来越大，涉及的用户越来越多，第三方支付已经成为一个庞大的金融产业。互联网金融模式在飞速发展、推动商业银行变革的同时，在不断蚕食着传统商业银行业的版图，互联网金融正在对传统商业银行造成全面冲击。

(一) 互联网金融给商业银行带来的冲击

在互联网金融模式下，金融资源的可获得性较强，交易成本较低，交易信息相对对称，资源配置趋向于去中介化。这至少将给传统商业银行带来以下影响：

1．弱化商业银行的支付功能

互联网金融模式下的支付方式主要分为互联网支付和移动支付。目前，支付宝、财付通、易宝支付和快钱等能够为客户提供收付款、自动分账以相当份额，对商业银行及转账汇款、代购机票与火车票、代缴电费与保险等结算和支付服务，并已经占有相当份额，对商业银行形成了明显的替代效应。

2．冲击商业银行的贷款业务

贷款业务是商业银行最重要的资产业务，也是商业银行的主要盈利手段。基于对企业审核要求的限定和规避风险等原因，小微企业往往难以获得商业银行的贷款支持。而互联网金融凭借其快速性、广泛性、低成本等特点，以及对数据信息积累与挖掘的优势，可以直接向供应链、小微企业贷款等融资领域扩张，抢夺银行客户资源、替代银行物理渠道，冲击着传统商业银行的核心业务及其盈利。

例如，专注于小微企业融资服务的阿里贷款，无须人工审批，其淘宝商户申请时间只需要 3 分钟，贷款到账只需要 1 秒钟。有关资料显示，截至 2017 年年初，阿里巴巴就公布了 2016 年总体纳税和带动就业情况，根据数据可以看出阿里巴巴和蚂蚁金服主要服务中小微企业，累计发放了 8 千亿贷款。

3．加速金融脱媒

金融脱媒指的是在金融管制的情况下，资金供给绕开商业银行体系，直接输送给需求方和融资者，完成资金的体外循环。在传统金融业务往来中，主要由银行来充当资金中介。在互联网金融模式下，互联网企业为资金供需双方提供了金融搜索平台，充当了资金信息中介的角色。新信息技术的开放性和共享性大大降低了信息不对称性，使贷款业务具有更高的参与度和透明度，强化了资金信息中介的功能，还通过节约交易成本降低金融中介的门槛。这将加速金融脱媒，使商业银行的资金中介功能边缘化。

从融资角度看，资金供需双方利用搜索平台寻找交易对象，之后的融资交易过程由双方自己完成。从支付角度看，第三方支付平台已能为客户提供收付款、自动分账以及转账汇款等结算和支付服务，与传统银行支付业务形成替代关系。

(二) 商业银行运用互联网思维和技术深化银行金融服务

互联网金融在给商业银行带来冲击和挑战的同时蕴藏着机遇。商业银行在关注互联网

金融发展动向的同时，如果能借助保持互联网思维和技术实现金融互联网化，就能提升自己的优势，弥补自身的不足，化解以互联网金融带来的冲击，在更好地支持和服务实体经济的基础上，求得自身的转型与发展。

1．加强数据的挖掘和积累，实现金融互联网化

金融行业比拼的是看谁能够通过数据挖掘发现具有高附加值和低风险的增值业务。互联网金融的优势就在于对数据的挖掘和积累，即通过特定的网络技术构架对海量数据进行自助分析，从而揭示数据之间隐藏的关系、模式和趋势，再提供相应的服务。

如阿里金融从隶属于集团内部的电商服务平台，发展到为消费者和小微企业提供网络化贷款的金融制新平台，最关键、最核心的就是注重客户数据的积累和挖掘，逐步应对贷款风险的控制机制，据此为10多万家小企业提供订单贷款和信用贷款。所以说，如果银行业当初能够主动适应网络与数字化时代，那就没有互联网金融的机会。

其实，国内许多银行都有着庞大的客户基础，尤其是大型银行的客户数量甚至过亿。这其中蕴含着海量的数据资源，只要运用得当，就能有效促进业务营销和产品创新。商业银行可以利用社交网络和云计算等信息技术，建立分层次的客户数据收集、积累和运用机制，不断适应并创造客户需求，促进自身的完善和发展。

目前已经有部分银行采取了相应的措施来加强数据的积累和挖掘。比如建行推出的善融商务，目的是提供一个有竞争力的平台，以加大对信息的捕获力度，占据数据制高点，构建自己的商业信用体系，并以此对接传统金融服务，形成竞争优势。又如，华夏银行绍兴分行将其总行资金支付管理系统与核心企业的销售系统或ERP财务系统有效对接，以此了解企业现金流、信息流和货物流等数据信息，实现了金融服务与企业日常经营的整合和实时交互，显著提高了客户的黏合度。

2．提升客户体验及满意度，增强服务的便利性

互联网金融异军突起的另一个重要原因是提供了更加便捷和个性化的金融解决方案。利用互联网技术，可以将金融产品“关注用户体验”、“致力界面友好”等设计理念发挥得淋漓尽致。

例如，支付宝可以方便地为消费者提供水费、电费、煤费等交费服务，免除了老百姓排队的烦恼；小额快捷支付就使用户摆脱了U盾等安全防护产品的烦琐操作；二维码扫描、语音支付等近距离无线通信(NFC)和无磁无密支付方式的应用，大大简化了交易程序，为客户提供方便、快捷的服务。阿里金融以商家在淘宝或天猫网上的现金流和交易额作为放贷评估标准，建立了无担保、无抵押、纯信用的小额贷款模式，只需要几秒钟就能完成贷款从申请到发放的过程。

随着移动通信技术的发展及应用，金融服务简便易用将成为金融业发展的方向。如何在为客户提供更便捷服务的同时获取相应的收益，是商业银行急需思考和解决的问题。商业银行要充分利用互联网技术，提高掌控支付终端和提供增值信息服务的能力；积极与监管部门沟通，参与并力争主导用户习惯的培养和跨行业标准的制定，并将之体现在产品设计理念中，提升客户体验。

3．加强与互联网企业合作，实现资源共享

在现实中，互联网企业需要金融，金融业需要互联网。由此决定了这不是一场生死较

量，而是存在合作的必要性和可能性。

商业银行和互联网企业合作，可以共享商户资源、客户信息和跨界人才，还可以实现优势互补，创造共赢的局面。对商业银行来说，借助互联网企业积累的海量交易数据库，发挥自身的风险管理优势，可以打造在线融资平台，为中小企业提供在线融资服务，有效发掘新客户群，降低零售成本，提升经营效率和收益。对互联网企业来说，可以拓展自身业务，创造新的业务，增加利润来源的渠道。最重要的一点还在于，商业银行与互联网企业的合作适应了现代信息技术发展的趋势，有利于促进金融业的改革与发展，甚至为中国经济未来发展创造一种崭新的金融服务体系和服务模式。

知识链接 10-6

五大 P2P 网贷陷阱你知道吗？

P2P 网贷近年来在国内兴起，这种“个人对个人”的网络借款方式日渐受人青睐。P2P 网贷的盛行不仅在于其快捷简便的操作方式，更在于其较高的利润收益对于广大投资者而言具有难以抵抗的诱惑。如今，市场上的 P2P 平台数不胜数，令人目不暇接，许多不法分子趁此机会鱼目混珠诈骗资金的现象也是层出不穷。那么，在这样一场真假难辨的投资战役之中，投资者如何才能使自己立于不败之地呢？国内知名的第三方理财机构嘉丰瑞德总结出了以下五大 P2P 网贷陷阱供投资者参考，希望投资者在今后的网贷投资中时刻警惕这五大陷阱。

1. 天价收益

有些 P2P 网贷机构打着 20%以上的收益率令许多投资者心旌摇曳，不能自已。毕竟大多数投资者都有着“一夜暴富”的梦想，在天价收益的面前就更容易失去理性，“钱迷心窍”，被不法分子牵着鼻子走。嘉丰瑞德理财师分析，对于这种不切实际的高收益，在目前央行双降的形势下是不太可能实现的。既然银行的贷款利率已然下降，那么又何必以如此高的收益面向散户借款呢？除非是存在着极高风险的投资项目让银行给挡了回去，再转为 P2P 贷款，而这种连银行也不愿承担风险的投资作为散户又如何能够承担得起呢？再者，提醒各位投资者注意庞氏骗局，这种利用新投资人的钱向老投资者支付利息和短期回报以制造赚钱假象的行为是不能够持续长久的，若是到期不能兑现，那么投资者也就只有排队讨债或是血本无归的下场了。

2. 绝对能灵活变现

针对部分投资者担心到期不能按时兑付的忧虑，近期又有不少不法分子打出“转让债权，灵活变现”的口号吸引投资者，声称在保本稳赚的前提下，可随时转让债权，从而避免坏账传到自己手中。在这场资金的接力赛中，只有寻找到下一棒接力的运动员才能够将手中的棒传递下去，你的比赛才能够结束，否则也就只能永远“跑”下去，徒留“下一站天堂”的美好希冀。

3. 有第三方担保

一些小型的网贷机构在宣传公司可信度、知名度时往往会故意打上“第三方担保”的烙印，而这“第三方”或许是像嘉丰瑞德这样的国内知名理财机构，又或许是一些名不见经传的小公司，但是对于有了“第三方担保”这一点许多投资者反而更容易中招，误以为资金从此就有了保障从而掉入网贷陷阱。但是担保金额的大小、第三方担保是否真实存在等信息却是没有公开的，投资者根本无从考证信息的真实性。对此理财师建议投资者在进行网贷投资时应该慎重选择，最好是选择有知名度的并且受众广泛的网贷平台。

4. 虚假标的

前段时间炒得沸沸扬扬的中大财富由于发布虚假标的，向公众公开募集资金涉及非法集资而闹得满城风雨、人尽皆知。虚假标的其实就是不法分子自己虚拟出来的标的，也就说这些项目根本没有真正的融资方，而是平台为了非法吸收资金和设置资金池所编织的骗局。投资者在进行网贷投资时必须时刻警惕，以防掉入非法集资的陷阱。建议投资者在实际投资中，应对投资项目进行实地考核，首先在全国企业信用信息公示系统，查询这个平台的公司是否真实存在；然后再查询这个标的是否说明了具体的融资方、融资用途、担保机构或抵押情况；最后查询平台上是否公示了标的的合同、担保或抵押等相关文件。投资者在投资之前应该进行全面详细的考察，以确保平台的权威性以及标的的真实性。

5. 预期收益

一般而言，网贷投资的预期收益率都会提前告知投资者，而少数机构则会故意隐瞒客户。但是嘉丰瑞德理财师在这里要指出，预期收益率其实并不是指实际收益率，它所代表的仅仅是一个未来的期望收益，是会变动的，也是未知的。因此，投资者要注意理性地将预期收益率与实际收益率区分开来，千万不要盲目相信网贷平台提供的任何天马行空的超高预期收益率。要知道，不仅因为存在着收益高风险也高的隐患，还因为也许这根本就是一场浑水摸鱼的作秀，到期就算投资者收到了低于预期收益率的收益或者甚至是本金亏算也无从反驳，毕竟是由于自己一开始就没有搞清楚“预期”与“实际”的差别才中了圈套的。

总而言之，尽管目前市场上 P2P 网贷热火朝天，嘉丰瑞德理财师还是建议各位投资者应该理性选择合适自己的网贷平台，不要轻易相信虚假信息，不要被金钱利欲蒙蔽双眼。“天上不会掉馅饼”，理财投资也不是“一夜暴富”，谨慎投资，时刻警惕以上五大 P2P 网贷陷阱。

(摘自搜狐网《工薪族投资 P2P 网贷理财有什么陷阱》——中业兴融理财通)

本章小结

电子银行是指利用面向社会公众开放的通信通道或开放型公众网络，以及银行为特定自助服务设施或客户建立的专用网络，向客户提供的银行服务。目前，主要提供网上银行、电话银行、手机银行及其他电子自助设备服务。

网上银行是指以互联网为基础，为个人客户在网络上提供交易平台和服务渠道的金融服务。网上银行按服务品种划分，可分为基础网上银行业务、创新网上银行业务和附属网上银行业务；按照发展战略划分，可分为传统大银行网上银行业务、中小银行网上银行业务和纯粹网上银行业务。

电话银行业务是利用电话自助语音或人工服务方式为银行客户提供业务咨询、账号查询、转账汇款、投资理财、代理业务等金融服务的电子银行业务。

手机银行也称为移动银行(Mobile Banking)，是利用移动通信网络及终端办理相关银行业务的简称。作为一种结合了货币电子化与移动通信的崭新服务，移动银行业务不仅可以使人们在任何时间、任何地点处理多种金融业务，而且极大地丰富了银行服务的内涵，使银行能以便利、高效而又较安全的方式为客户提供传统和创新的服务。

自助银行又称无人银行、电子银行，它属于银行业务处理电子化和自动化的一部分，是近年在国外兴起的一种现代化的银行服务方式。它利用现代通信和计算机技术，为客户提供智能化程度高、不受银行营业时间限制的 24 小时全天候金融服务，全部业务流程在没有银行人员协助的情况下完全由客户自己完成。

互联网金融是指依托于支付、云计算、社交网络以及搜索引擎等互联网工具，实现资金融通、支付和信息中介等业务的一种新兴金融。互联网金融在给商业银行带来挑战的同时，给商业银行经营方式的转变带来了机遇。

重要概念

电子银行　　自助银行　　个人网上银行业务　　企业网上银行业务

电子银行业务　　手机银行业务　　互联网金融

思考与练习

1. 什么是电子银行业务？它有何特点？
2. 网上银行业务的主要类型有哪些？
3. 电话银行有哪些服务功能？
4. 手机银行有哪些服务功能？
5. 自助银行主要有哪些服务功能？

第十一章

商业银行风险管理理论与实务

商业银行是金融体系中的重要组成部分，其通过自身的经营活动，在社会经济活动中发挥着重要作用。由于经营对象的特殊性、经营领域的复杂性，因此商业银行面临着来自各方的各种风险。而商业银行抵抗风险的能力就在于其自身的风险管理能力。正是由于具有较强的风险管理能力，商业银行才能够给公众以信心，进而确立自身的信用地位，才能够有效地识别交易对象的信用度，进而推进社会经济的发展。

本章学习目标

(1) 理解商业银行风险的分类、特点，掌握商业银行风险管理的含义和基本方法。
(2) 掌握商业银行信用风险含义、技术模型和管理方法。
(3) 掌握商业银行市场风险含义、类型、技术模型和管理方法。
(4) 掌握商业银行操作风险含义、特点、计量和管理方法。

第一节　商业银行风险管理概述

一、商业银行风险的分类和特征

商业银行风险是商业银行在经营过程中，由于不确定因素的影响，从而导致银行蒙受经济损失或获取额外收益机会的可能性。

(一) 商业银行风险的分类

商业银行作为一种经营风险的特殊企业，为了有效地识别和管理风险，有必要对其所面临的风险进行分类，根据不同的分类标准，可以将风险划分为不同的类型。结合商业银行经营的主要特征，按诱发风险的原因，巴塞尔委员会将其划分为八大类风险。

1．信用风险(Credit Risk)

信用风险是商业银行在业务经营中面临的最基本的风险。信用风险是指债务人或交易对手未能履行合同所规定的义务或信用质量发生变化，影响金融产品价值，从而给债权人或金融产品持有人造成经济损失的风险。信用风险既存在于传统的贷、债券投资等表内业务中，也存在于信用担保、贷款承诺等表外业务中，还存在于衍生产品交易中。但信用风险对基础金融产品和衍生产品的影响不同。对于基础金融产品而言，信任风险造成的损失最多是其债务的全部账面价值。而对衍生产品而言，对于违约造成的损失一般小于衍生产品的名义价值，但由于衍生产品的名义价值通常十分巨大，因此潜在的风险不容忽视。

2．市场风险(Market Risk)

市场风险被定义为由于市场价格(包括金融资产价格和商品价格)波动而导致商业银行表内、表外头寸遭受损失的风险。它可以分为利率风险、股票风险、汇率风险和商品风险四种。其中利率风险尤为重要。由于商业银行的资产，主要是金融资产，利率的波动会直接导致其资产价值的变化，影响银行的稳健经营，所以随着我国利率市场化的逐步深入，利率风险管理已经成为我国商业银行市场风险管理的重要内容。

3．操作风险(Operational Risk)

操作风险是指由于人为错误、技术缺陷或不利的外部事件所造成损失的风险。根据《巴塞尔协议Ⅱ》，操作风险可以分为由人员、系统、流程和外部事件所引发的四类风险，并由此分为七种表现形式：内部欺诈、外部欺诈，聘用员工做法和工作场所安全性，客户、产品及业务做法，实物资产损坏，业务中断和系统失灵，交割及流程管理。这七种损失事件还可进一步细化为具体业务活动和操作，使商业银行管理者能够从引起操作风险的具体因素着手，采取有效的管理措施。

操作风险普遍存在于商业银行业务和管理的各个方面。操作风险具有非盈利性，它并不能为商业银行带来盈利，商业银行之所以承担它是因为其不可避免，对它的管理策略是在管理成本一定的情况下尽可能降低。同时，操作风险还可能引发市场风险和信用风险。

4．流动性风险(Liquidity Risk)

流动性风险是指商业银行无力为负债的减少或资产的增加提供融资而造成损失或破产的风险。流动性风险包括资产流动性风险和负债流动性风险。资产流动性风险是指资产到期不能如期足额收回，进而无法满足到期负债的偿还和新的合理贷款及其他融资需要，从而给商业银行带来损失的风险。负债流动性风险是指商业银行过去筹集的资金，特别是存款资金，由于内外因素的变化而发生不规则波动，对其产生冲击并引发相关损失的方向。

5．国家风险(Country Risk)

国家风险是指经济主体在与非本国居民进行国际经贸与金融往来时，由于别国经济、政治和社会等方面的变化而遭受损失的风险。国家风险通常是由债务人所在国家的行为引起的，他超出了债权人的控制范围。国家风险可分为政治风险、社会风险和经济风险三类。

此外，商业银行风险还包括声誉风险、法律风险、战略风险等，共八大类。在商业银行风险管理实践中，商业银行风险往往是互相交错产生，这就决定了商业银行应当在有效管理单一风险的基础上，重视和加强对跨风险种类的风险管理，以真正实现全面风险管理。本章重点介绍信用风险、市场风险和操作风险的管理。

(二) 商业银行风险的特征

1．商业银行风险的不确定性

风险的不确定性，是指风险因素是否发生的不确定性、发生时间的不确定性和产生的结果的不确定性。商业银行的风险同样具有其不确定性，正是由于不确定性风险的存在，决定商业银行风险管理是长期的、持续的以及全面的风险管理。同时，商业银行的风险管理重点是给商业银行带来损失的风险因素。

2．商业银行风险的客观性

风险是一种不以人的意志为转移，独立于人的意识之外的客观存在，超过人们主观意识所存在的客观规律。商业银行的风险同样具有客观性，只能在一定的时间和空间内改变风险存在和发生的条件，降低风险发生的频率和损失程度。但是，从总体上说，风险是不可能彻底消除的。

3．商业银行风险的普遍性

商业银行的发展历史就是与各种风险相伴的历史。自从银行出现后，就面临着各种各样的风险，如银行面临着自然风险、市场风险、技术风险、政治风险等，甚至面临国家和政府风险。商业银行的风险无处不在，无时不有。

4．商业银行风险的可测定性

商业银行的个别风险的发生是偶然的、不可预知的，但通过对大量风险数据观察会发现，风险往往呈现出明显的规律性。根据以往大量资料，利用概率论和数理统计的方法，可测算风险事故发生的概率及其损失程度，并且可构造出损失分布的模型，成为风险估测的基础。

二、商业银行风险管理的含义和方法

(一) 商业银行风险管理的含义

风险管理，从狭义上讲是指风险度量，即对风险存在及发生的可能性、风险损失的范围与程度进行估计和衡量；从广义上讲是指风险控制，包括监测商业银行内部业务活动所引起的风险，依据风险管理的规章来监督银行内部各部门行为是否得当。因此，风险管理可以定义为：研究风险发生的规律和风险控制的技术，通过运用各种风险管理技术和方法，有效控制和处置所面临的各种风险，从而达到通过最小的成本获得最大安全保障的目的。

(二) 商业银行风险管理的方法

20 世纪 80 年代之后，银行业竞争加剧，存贷利差变窄，金融衍生工具广泛使用，使商业银行面临的风险日益呈现多样化、复杂化。进入 20 世纪 90 年代中后期，亚洲金融危机、巴林银行倒闭等一系列商业银行危机都进一步昭示，损失不再是由单一风险造成，而是由信用风险、市场风险、操作风险等多种风险因素交织而成，所以这就要求对商业银行的风险管理必须把握整体的视角进行综合性的管理，商业银行进入了全面风险管理时代。1988 年《巴塞尔资本协议》的出台，标志着国际银行业的全面风险管理原则体系基本形成。

1．风险规避

风险规避是指商业银行拒绝或退出某一业务或市场，以避免承担该业务或市场具有的风险。简单地说就是：不做业务，不承担风险。在现代商业银行风险管理实践中，风险规避，要通过经济资本配置来实现。首先将商业银行全部业务面临的风险进行量化，然后依据董事会所确定的风险战略和风险偏好确定经济资本分配，最终表现为信用限额和交易限额等各种业务限额。对于不擅长因而不愿承担的风险，商业银行设立非常有限的风险容忍度，对于该类风险配置非常有限的经济资本，迫使业务部门降低对该业务的风险暴露，甚至完全退出该业务领域。

2．风险分散

对于难以规避的风险采取分散策略是商业银行普遍使用的方法。分散策略的目的在于选择多种多样、彼此相关系数小的资产进行搭配组合，以降低整个资产组合中的风险度，确保银行资产的安全性、流动性和盈利性。“不要将所有的鸡蛋放在一个篮子里”的古老投资格言形象地说明了这一方法。风险分散策略的具体方法包括数量分散化、授信对象分散化、资产占用用途分散化、资产币别的分散化等。

3．风险转移

风险转移是指通过购买某种金融产品或采取其他合法的经济措施将风险转移给其他经济主体的一种风险管理办法。如果风险分散后仍有很大风险存在，那么商业银行就应该利用合法的交易方式和业务手段进行风险转移。风险转移可分为保险转移和非保险转移。保险转移是指为商业银行投保，以缴纳保险费为代价，将风险转移给承保人。当被保险人发生风险损失时，承保人按照保险合同的约定责任给予被保险人经济补偿。出口信贷保险是金融风险保险中较有代表性的品种。非保险转移指利用其他方式将风险合法转移至其他经济主体，如通过贷款的利率政策和抵押放款方式将风险转嫁给别人；采取担保贷款的方式将风险转嫁给担保方；提前或推迟结算结汇，调整合同契约条件等。此外，在金融市场中，某些衍生产品(如期权合约)可看作是特殊形式的保单，为投资者提供了转移利率、汇率、股票和商品价格风险的工具。

4．风险对冲

风险对冲是指通过投资或购买与标的资产收益波动负相关的某种资产或衍生产品，来冲销标的资产潜在的风险损失的一种风险管理策略。

商业银行的风险对冲可以分为自我对冲和市场对冲两种情况。自我对冲是指商业银行利用资产负债表或某些具有收益负相关性质的业务组合本身所具有的对冲特性进行风险对冲。市场对冲是指对于无法通过资产负债表和相关业务调整进行自我对冲的风险，通过衍生产品市场进行对冲。风险对冲对管理市场风险(利率风险、汇率风险、股票风险和商品风险)非常有效。由于近年来信用衍生产品的不断创新和发展，因此风险对冲也被广泛用来管理信用风险。

知识链接 11-1

法国兴业银行巨亏

1．案情

2008 年 1 月 18 日，法国兴业银行收到了一封来自另一家大银行的电子邮件，要求确认此前约定的一笔交易，但法国兴业银行和这家银行根本没有交易往来。因此兴业银行进行了一次内部查清。结果发现，这是一笔虚假交易。伪造邮件的是兴业银行交易员凯维埃尔。更深入的调查显示，法国兴业银行因凯维埃尔的行为损失了 49 亿欧元，约合 71 亿美元。

凯维埃尔从事的是什么业务，导致如此巨额失？欧洲股指期货交易，一种衍生金融工具产品。早在 2005 年 6 月，他利用自己高超的电脑技术，绕过兴业银行的五道安全限制，开始了违规的欧洲股指期货交易，“我在安联保险上建仓，赌股市会下跌不久伦敦地铁发生爆炸，股市真的大跌。我就像中了头彩……盈利 50 万欧元。”2007，凯维埃尔再赌市场下跌，因此大量做空，他又赌赢了，到 2007 年 12 月 31 日，他的面盈余达到了 14 亿欧元，而当年兴业银行的总盈利不过是 55 亿欧元。从 2008 年开始，维埃尔认为欧洲股指上涨，于是开始买涨。然后，欧洲乃至全球股市都在暴跌，凯维埃尔的巨额盈利转眼变成了巨大损失。

2. 特点

(1) 风险巨大，破坏性强。由于衍生金融工具牵涉的金额巨大，因此一旦出现亏损就将引起较大的震动。巴林银行因衍生工具投机导致 9.27 亿英镑的亏损，最终导致拥有 233 年历史、总投资 59 亿英镑的老牌银行破产。法国兴业银行事件中，损失达到 71 亿美元，成为历史上最大规模的金融案件，震惊了世界。

(2) 爆发突然，难以预料。因违规进行衍生金融工具交易而受损、倒闭的投资机构，其资产似乎在一夜间就化为乌有，爆发的突发性往往出乎人们的预料。巴林银行在 1994 年底税前利润仍为 1.5 亿美元，而仅仅不到 3 个月后，它就因衍生工具上的巨额损失而破产。中航油(新加坡)公司在破产的 6 个月前，其 CEO 还公开宣称公司运行良好，风险极低，在申请破产的前 1 个月，还被新加坡证券委员会授予“最具透明度的企业”。

(3) 原因复杂，不易监管。衍生金融工具风险的产生既有金融自由化、金融市场全球化等宏观因素，也有管理层疏于监督、金融企业内部控制不充分等微观因素，形成原因比较复杂，即使是非常严格的监管制度，也不能完全避免风险。像法兴银行这个创建于拿破仑时代的银行，内部风险控制不可谓不严，但凯维埃尔还是获得了非法使用巨额资金的权限，违规操作近一年才被现。这警示我们，再严密的规章制度，再安全的电脑软件，都可能存在漏洞。对银行系统的风险控制，绝不可掉以轻心，特别是市场繁荣之际，应警惕因盈利而放松正常监管。

3. 启示

衍生金融工具的风险很大程度上表现为交易人员的道德风险，但归根结底，风险主要来源于金融企业内部控制制度的缺乏和失灵。在国家从宏观层面完善企业会计准则和增强金融企业实力的同时，企业内部也应完善财务控制制度，消除企业内部的个别风险。

(1) 健全内部控制机制。在一定程度上，防范操作风险最有效的办法就是制定尽可能详尽的业务规章制度和操作流程，使内控制建设与业务发展同步，并提高制度执行力。内部控制制度是控制风险的第一道屏障，要求每一个衍生金融交易人员均应满足风险管理和内部控制的基本要求，必须有来自董事会和高级管理层的充分监督，应成立由实际操作部门高级管理层和董事会组成的自律机构，保证相关的法规、原则和内部管理制度得到贯彻执行；要有严密的内控机，按照相互制约的原则，对业务操作人员、交易管理人员和风险制人员要进行明确分工，要为交易员或货币、商品种类设立金额限制、止损点及各种风险暴露限额，针对特定交易项目与交易对手设立合理的“集中限额”以分散风险；交易操作不得以私人名义进行，每笔交易的确认与交割须有风险管理人员参与控制，并有完整准确的记录；要有严格的内部稽核制度对风险管理程序和内部控制制度执行情况及各有关部门工作的有效性要进行经常性的检查和评价，安排能胜任的人员专门对衍生金融交易业务定期稽核，确保各项风险控制措施落到实处，等等。

(2) 完善金融企业的法人治理结构。金融交易人员的行为风险可以通过内部控制制度防范，但再严格的内控对于企业高层管理人员也可能无能为力，管理层凌驾于内控之上的现象是造成金融企业风险的深层原因。我国国有商业银行所有者虚位的现象严重，对管理层的监督和约束机制还相对较弱。对于金融企业主要领导者的监督应借助于完善的法人治理结构。首先是建立多元的投资结构，形成科学合理的决策机构；其次是强化董事会、监事会的职责，使董事会应在风险管理方面扮演更加重要的角色；最后是强化内部审计人员的职责，建立内部审计人员直接向股东会负责的制度。

第二节　信用风险管理

一、信用风险概述

信用风险是金融市场中最古老，也是最重要的风险形式之一，它是商业银行所面临的主要风险。信用风险直接影响到现代社会经济生活的各个方面，也影响到一个国家的宏观经济决策和经济发展，甚至影响全球经济的稳定与协调发展。

对于信用风险定义的认识主要有两种观点。第一种观点认为，信用风险是指交易对象无力履约的风险，也即债务人未能如期还其债务造成违约而给经济主体经营带来的风险，这是信用风险的传统定义。随着风险管理技术的进步，近年来出现了定义信用风险的第二种观点，该观点认为，信用风险是指由于借款人或市场交易对手违约而导致的损失的可能性。更为一般的信用风险还包括由于借款人的信用评级的变动和履约能力的变化导致其债务的市场价值变动而引起的损失的可能性。本章对于信用风险的定义采用第二种观点。

随着商业银行业务的多元化发展，信用风险不仅产生于传统的信贷业务，在票据贴现、透支、开立信用证、开立银行承兑汇票、同业拆放、债券包销、担保等业务中也包含实际的信用风险。现代信用风险包括由交易对手直接违约和交易对手违约可能性发生变化而给银行资产造成损失的风险。因为从组合投资角度来看，资产组合的价值不仅会因为交易对手(例如借款人、债券发行者)的直接违约发生变动，而且交易对手履约的可能性也会因为信用等级降低，盈利水平下降等因素发生变化而给资产组合带来损失。

因此，现代商业银行的信用风险至少应该包括三个方面的内涵：一是商业银行的信贷风险，它是商业银行信用风险的主要形式，也可以理解为狭义的信用风险。在新的经济环境下，随着金融创新深入，例如贷款出售、信用衍生产品发展等，信贷风险开始逐渐向合约交易对象转移。二是商业银行投资组合不再限于贷款，各种债券、证券不断被加入投资组合。因此信用风险还包括了商业银行在证券投资中由于证券发行人不能按期还本付息而使银行遭受损失的可能性，这种风险广泛存在于银行证券投资的金融机构中。三是商业银行自身的信用风险，或称为流动性风险，它直接影响整个金融体系的健康和稳定。

信用风险的成因是复杂的。主要有两方面的因素造成的：(1) 经济运行的周期性。在处于经济扩张期时，信用风险降低，因为较强的盈利能力使总体违约率降低。在处于经济紧缩期时，信用风险增加，因为盈利情况总体恶化，借款人因各种原因不能及时足额还款的可能性增加。(2) 对于公司经营有影响的特殊事件的发生，这种特殊事件发生与经济运行周期无关，并且对公司经营有重要的影响如产品的质量诉讼。举一具体事例来说，当人们知道石棉对人类健康有影响的事实时，所发生的产品责任诉讼使 Johns-Manville 公司——一个著名的在石棉行业中处于“领头羊”位置的公司破产并无法偿还其债务。此外，商业银行自身风险管理能力的高低也是影响银行风险的重要因素。

二、信用风险技术模型和方法

(一) 单一客户风险管理技术模型

传统的信用风险衡量主要有专家判断法和信用评分法，而违约概率模型分析属于现代信用风险计量方法。其中具有代表性的模型有穆迪的 RiskCalc 和 Credit Monitor、KPMG 的风险中性定价模型和死亡率模型，在银行业引起了很大反响。与传统的专家判断法和信用评分法相比违约概率模型能够直接估计客户的违约概率，因此对历史数据的要求更高，需要商业银行建立一致的、明确的违约定义，并且在此基础上积累至少五年的数据。

1. RiskCalc 模型

RiskCalc 模型是在传统信用评分技术基础上发展起来的一种适用于非上市公司的违约概率模型，其核心是通过严格的步骤从客户信息中选择出最能预测违约的一组变量，经过适当变换后运用 Logit/Probit 回归技术预测客户的违约概率。

具体步骤如下：(1) 收集大量的公司数据，包括背景资料、财务报表、非财务信息、违约记录等；(2) 对数据进行样本选择和异常值处理，将样本划分为建模样本、建模外样本、时段外样本，构建尽可能多的具有明确经济含义的风险因素；(3) 逐一分析变换各风险因素的单调性、违约预测能力及彼此间的相关性，初步选择出违约预测能力强、彼此相关性不高的 20～30 个风险因素；(4) 运用 Logit/Probit 回归技术从初步因素中选择出 9～11 个最优的风险因素，并确保回归系数具有明确的经济含义，各变量间不存在多重共线性；(5) 在建模外样本、时段外样本中验证基于建模样本所构建模型的违约区分能力，确保模型的横向适用性和纵向前瞻性；(6) 对模型输出结果进行校正，得到最终各客户的违约概率。

2. KMV 模型

1933 年，KMV 公司利用布莱克—斯科尔斯—默顿模型(BSM Model)提出了著名的信用监测模型(Credit Monitor Model)，后经进一步扩展，形成了一种违约预测模型，估计借款企业违约概率的方法。KMV 模型将股权视为企业资产的看涨期权，以股票的市场数据为基础，利用默顿的期权定价理论，估计企业资产的当前市值和波动率，再根据公司的负债计算出公司的违约点，然后计算借款人的违约距离，最后根据企业的违约距离与预期违约率之间的对应关系，求出企业的预期违约率。

模型的优点在于：第一，根据企业的资产市值估计信用风险波动状况，将市场信息纳入违约概率；第二，模型是一种动态模型，可以随时根据企业股票的市价来更新模型的输入数据，反映信用风险水平的变化；第三，模型是一种“向前看”的模型，在一定程度上克服了依赖历史数据“向后看”的数理统计模型的缺陷。

模型的缺点是：第一，无法确定是否必须使用估计技术来获得企业的资产价值、企业资产收益率的期望值和波动性等数据，估计的准确率不能确定；第二，假定利率是事先确定的，限制了将 KMV 模型应用于期限长的贷款(1 年以上)和其他利率敏感性工具；第三，隐含地假定当风险债券的到期日趋向于零时，信用风险利差亦趋向于零，但实证研究否定这一结论；第四，使用历史数据来确定预期违约率，其隐含的假设是经济状况是静止的，此假设不合情理。

3．KPMG 风险中性定价模型

风险中性定价理论的核心思想是假设金融市场中的每个参与者都是风险中立者，不管是高风险资产、低风险资产或无风险资产，只要资产的期望收益是相等的，市场参与者对其的态度就是一致的，这样的市场环境被称为风险中性范式。KPMG 公司将风险中性定价理论运用到贷款或债券的违约概率计算中，由于债券市场可以提供与不同信用等级相对应的风险溢价，因此根据期望收益相等的风险中性定价原则，每一笔贷款或债券的违约概率就可以相应计算出来。

4．死亡率模型(Mortality Model)

阿尔特曼(Altman)的死亡率模型(Mortality Model)是依据寿险思路开发的，即该模型与确定寿险保费时的方法和思路一致。它以债券或贷款在特定时间段的违约率的组合为基础，根据信用等级分类，开发出一张表格(死亡率表)，用该表对债券或贷款的一年的边际死亡率(Marginal Mortality Rate，MMR)和多年的累计死亡率(Cumulative Mortality Rate，CMR)进行预测，用来衡量某个特定信用等级的债券或者贷款的违约率。

死亡率模型的优势是：比较容易利用死亡率表来计算单个债券和债券组合的预期损失及其波动率，特别是计算债券组合很方便；死亡模型是从大量样本中统计出来的一个模型，所以采用的参数比较少。

死亡率模型的劣势是：没有考虑不同债券的相关性对计算结果的影响；没有考虑宏观经济环境对死亡率的影响，因而需要时时更新死亡率表；数据更新和计算量很大；不能处理非线性产品，如期权、外币掉期。

(二) 组合信用风险技术模型

1．Credit Metrics 模型

Credit Metrics 模型是 1997 年美国 J.P.摩根等七家国际著名金融机构共同开发的信用风险度量模型，被称为信用度量术。该模型是建立在资产组合理论、VaR 等理论和方法基础之上的，从而计算出非交易资产的价值。具体讲：首先，信用风险取决于债务人的信用状况，而债务人的信用状况则用信用等级表示。Credit Metrics 模型认为，信用风险源自借款人的信用等级的变化，并假定信用评级是有效的。其次，信用工具(包括贷款、私募债券等)

的市场价值取决于借款人的信用等级，即不同信用等级的信用工具有不同的市场价值，因此，信用等级的变化会带来信用工具价值的相应变化。根据等级转移矩阵所提供的信用工具信用等级变化的概率分布，同时根据不同等级下的给定贴现率计算其信用工具在各信用等级上的市场价值，从而得到信用工具市场价值在不同信用风险状态下的概率分布。最后，模型就达到了用传统的期望和标准差来衡量非交易性资产信用风险的目的。

Credit Metrics 模型的优点是：一是对违约概念进行了拓展，认为违约也包括债务人信用等级的恶化；二是该模型的应用非常广泛，包括传统的贷款、固定收益证券、贸易融资和应收账款等商业合同，而且其高级版还能够处理掉期合同、期货合同以及其他衍生工具；三是在对债务价值的分布有正态分布假设下解析方法和蒙特卡罗模拟法，在一定程度上避免了资产收益率正态性的硬性假设。

Credit Metrics 模型的缺点是：一是大量证据表明信用等级迁移概率并不遵循马尔可夫过程，而是跨时期相关的；二是模型中违约率直接取自历史数据平均值，但实证研究表明，违约率与宏观经济状况有直接关系，不是固定不变的；三是没有考虑市场风险、市场和经济状况的改变，如利率、股指、汇率、失业率的变化等，也可能导致违约者信用等级的变动；四是模型通过股权回报关系来估计资产回报关系，而这可能影响估计的精确性。

2. Credit Portfolio View 模型

Credit Portfolio View 模型是由 McKinsey 公司于 1998 年应用计量经济学理论和蒙特卡罗模拟法，从宏观经济环境的角度来分析债务人的信用等级迁移，开发出的一个多因素信用风险度量模型。该模型在 Credit Metrics 的基础上，对于周期性因素进行了处理，将评级转移矩阵与经济增长率、失业率、利率、汇率、政府支出等宏观经济变量之间的关系模型化，并通过蒙特卡罗模拟技术模拟周期性因素的“冲击”来测定评级转移概率的变化。

Credit Portfolio View 模型的优点是：将各种影响违约概率以及相关联的信用等级转换概率的宏观因素纳入了自己的体系中，克服了 Credit Metrics 模型由于假定不同时期的信用等级转换概率是静态的和固定的而引起的很多偏差。

Credit Portfolio View 模型的缺点是：一是实施这一模型需要可靠的数据，而每一个国家、每一行业的违约信息往往较难获得；二是模型使用经调整后的信用等级迁移概率矩阵的特殊程序，而调整则基于银行信贷部门积累的经验和信贷周期的主观判断。

3. Credit Risk+模型

Credit Risk+模型是瑞士银行金融产品开发部于 1996 年开发的信用风险管理系统，它是应用保险经济学中的保险精算方法来计算债务组合的损失分布的。它是一个违约模型，把信用评级的升降看做是市场风险，在任何时期只考虑违约和不违约这两种事件状态，重点研究期望损失和非期望损失。在 Credit Risk+信用风险附加计量模型中，每一笔贷款被视作小概率违约事件，并且每笔贷款的违约概率都独立于其他贷款，这样，贷款组合违约概率的分布接近泊松分布。

Credit Risk+模型的优点：一是该模型处理能力很强，可以处理数万个不同地区、不同部门、不同时限等不同类型的风险暴露；二是模型集中于违约分析，所需要估计变量很少，只需要违约率、违约波动率和损失的严重性；三是根据组合价值的损失分布函数可直接计算组合的预期损失和非预期损失，比较简单。

Credit Risk+模型的缺点：一是模型对于输入因子“单个债务人的违约率”没有详细阐述；二是忽略了信用等级变化，因而认为债务价值是固定不变的；三是将风险暴露划出频段并凑整，这影响了计算结果的精确性。

(三) 《巴塞尔新资本协议》下的信用风险方法

《巴塞尔新资本协议》不仅构建了最低资本充足率、监督检查、市场约束三大支柱，明确最低资本充足率覆盖了信用风险，而且对信用风险的计量提出了标准法、内部评级法初级法、内部评级法高级法三种方法。

1. 标准法

标准法是将信贷资产的风险权重与外部评级相联系，使以往的粗线条风险识别有了风险敏感性。首先，将商业银行的信贷资产分为主权国家的债权、对一般商业银行的债权、对公司的债权、监管零售资产中的债权、以居民房产抵押的债权、表外债权等十三类；其次，根据监管标准或外部信贷评估机构的评估确定其风险权重。对主权国家、商业银行、公司的债权等非零售类信贷资产，根据债务人的外部评结果分别确定权重；零售类资产根据是否有居民房产抵押分别给予 75%、35%的权重；针对预期贷款，增加了 150%的风险权重。标准法操作简单，但缺点也很明显：过分依赖于外部评级，对于缺乏外部评级的公司类债券统一给予 100%的风险权重，缺乏敏感性；此外，也没有考虑到不同资产间的相关性。

2. 内部评级法

内部评级法(IRB)是指商业银行建立健全的内部评级体系，自行预测违约概率(PD)、违约损失率(LGD)、违约风险暴露(EAD)、期限(M)等信用风险因素，并根据其给定相应的权重计算出每一笔债项的信用风险资本要求(K)。

根据对商业银行内部评级体系依赖程度的不同，内部评级法又分为初级法和高级法两种：初级法要求商业银行运用自身客户评级估计每一等级客户违约概率，其他风险要素采用监管当局的估计值；高级法要求商业银行运用自身二维评级体系自行估计违约概率、违约损失率、违约风险暴露、期限。初级法和高级法的区分在于只适用于非零售暴露，对于零售暴露，只要商业银行决定实施内部评级法，就必须自行估计 PD 和 LGD。

内部评级法共有四个要素：债务人违约概率、违约损失率、违约风险暴露以及到期时间(期限)。

(1) 违约概率(PD)。违约概率是指未来一段时间内借款人发生违约的可能性。巴塞尔委员会定义违约概率为债项所在信用等级 1 年内的平均违约率，违约率的确定必须是通过对这个级别的历史数据进行统计分析和实证研究得到的，而且是保守的和前瞻性的估计。

(2) 违约损失率(LGD)。违约损失率是指一旦债务人违约，预期损失占风险暴露总额的百分比。此处的损失是经济损失而非会计损失，包括折扣因素、融资成本以及在确定损失过程汇总中发生的直接或间接成本。违约损失率与关键的交易特征有关，如是否有抵押品及其债权从属关系。

(3) 违约风险暴露(EAD)。违约风险暴露是指债务人违约时的预期表内项目和表外项目的风险暴露总额，包括已使用的授信余额、应收未收利息、未使用授信额度的预期提取数量以及可能发生的相关费用等。表内项目违约风险暴露额是银行资产负债表上的金额之间的差异，如果风险暴露大于净额，则计做减值。如果风险暴露小于净额，则计做增值。表外项目违约风险暴露额按照已承诺但未提数量乘以信用风险转换系数来计算。但初级法和高级法在风险转换系数大小设定上是不同的。初级法的信用风险转换系数和标准法相同；高级法中，如果初级法违约风险暴露不是用100%的信用风险转换系数，能够满足自己估计违约风险暴露最低要求的银行就可以对不同的产品类别使用内部估计的信用风险转换系数。

(4) 期限(M)。一项金融工具的有效期限定义为1年或1年以上期限中的最大值，但任何资产的有效期限都不得超过7年。除非另行规定，期限为借款人完成贷款协议规定的所有义务(本金、利息和费用)需要的最长剩余时间(以年记，通常为该金融工具的名义期限)；对于分期付款的金融工具，为剩余的最低本金合同还款额的加权期限。

三、信用风险管理方法

传统的信用风险管理模型主要有限额管理、贷款定价管理和贷后管理。而随着金融技术的不断发展，越来越多的方法被用于信用风险管理。本节主要介绍信用衍生品管理方法和商业银行的经济资本配置。

(一) 信用衍生品管理方法

信用衍生工具是20世纪90年代推出的新型金融产品，它是一种用于交易信用风险的衍生工具。确切地讲，信用衍生工具是一种将信用风险从信用资产中分离出来，并转移给另一方的金融合约。信用衍生工具机制在于给信用风险出售方提供违约保护，而为风险购买方提供应承担风险所应得的补偿。信用风险和市场风险常常结合在一起，在信用衍生工具产生之前，任何一种避险工具都不能同时防范信用风险和市场风险。信用衍生工具的出现，使金融机构可以将原来只能依靠内部管理或多样化分散的信用风险通过市场对决来解决。

信用衍生品主要有信用违约期权、总收益互换、信用联动票据等。

1. 信用违约期权

信用违约期权是专门针对违约风险的信用衍生工具，其中期权购买者是信用风险的出售者，期权转让者是信用风险的购买者，这种期权在贷款违约事件发生时支付确定的金额给期权购买者，从而对其予以一定的补偿。

为转移违约风险，商业银行可以在发放贷款的同时购买一个与贷款的面值相对应的违约期权。当贷款违约事件发生时，期权出售者向银行支付违约贷款的面值，如果贷款按照贷款协议得以清偿，那么违约期权就自动终止。因此，银行的最大损失就是购买违约期权所支付的期权费。

这种方式的最早运用是美国中西部的农业贷款。例如，为了保证偿还贷款，小麦农场主被要求从芝加哥期权交易所购买看跌期权，以这一期权作为向银行贷款的抵押。如果小麦价格下降，那么小麦农场主偿还全部贷款的可能性也会下降，从而贷款的市场价值下降；与此同时，小麦看跌期权的市场价格上升，从而抵消贷款市场价值的下降。

2. 总收益互换

总收益互换是指总收益卖方将特定参考资产的总收益支付给总收益买方，作为交换，买方支付以浮动利率为基础的总收益给卖方的一种信用衍生工具。

在总收益互换中，参考资产不仅可以是债券、贷款，还可以是特定的指数。对于买方来说，参考资产总收益不仅包括利息和红利收入，还包括其市场价值波动带来的资本利得，故总收益可能为负；对于卖方来说，参考资产的总收益为参考资产乘以浮动利率的收益，其中浮动利率是以同业拆借利率为基础上下浮动后确定。

与一般互换不同的是：总收益互换的双方除了交换在互换期间的现金流之外，在贷款到期或者出现违约时，还要结算贷款或债券的价差，计算公式事先在签约时确定。如果到期时，贷款或债券的市场价格出现升值，买方将向保护出售者支付价差；反之，如果出现减值，则由保护出售者向买方支付价差。可见，总收益互换可以对冲信用风险暴露，但也有一定的局限性：这种互换使银行面临着利率风险。即使参考资产的信用风险没有发生变化，只要浮动利率发生变化，那么整个总收益互换的现金流也要发生变化。

3. 信用联动票据

信用联动票据是嵌入信用违约互换的结构化票据。银行(保护买方)与信用联动票据发行人达成违约互换交易，发行人向投资者发行以单笔贷款或贷款组合为参考的信用联动票据，并对其支付利息，其中包括保护买方支付的保险费。若参考债务人没有违约，则投资者在到期时收回票据面值，一旦发生信用事件，发行人即停止支付票据利息，并将票据面值扣除对保护买方的或有偿付后的余额(参考贷款残值返)还给投资者。

(二) 商业银行的经济资本配置

要科学地配置资本应具备以下三个前提：第一，了解各种风险的分布；第二，了解各种风险敞口的额度并估计敞口之间的相关性；第三，银行对风险的容忍度。

经济资本分配的基本思路是：首先，在充分考虑了单个产品线以及业务单位的风险，并考虑了产品组合所带来的风险分散性后，经济资本测度方法可以准确地测度出商业银行的整体风险；其次，根据经济资本测度结果和各业务单位及产品的相关度，再将风险额度分配到每个产品线和业务单元，并在其业绩考评中充分考虑其所占用的经济资本。

经济资本配置常用的方法有：简单敞口分配，预期损失分配，损失的变化分配。

1. 简单敞口分配

敞口是指因债务人的违约所导致的可能承受风险的信贷业务余额。根据交易对手的敞口来分配经济资本，方法简单易行，但缺点是将敞口等同于全部风险因素。

2. 预期损失分配

根据敞口乘以预期违约概率来确定资本的分配权重，交易对手 i 的权重可表示为

$$W_i = \frac{EDA_i \times p_i}{\sum_j EDA_j \times p_j}$$

该方法根据预期损失分配资本，克服了简单的根据敞口分配的不足。然而，对于特定的交易对手，其风险敞口和违约概率是固定不变的常数。这未必与现实相符。例如，同一

贷款在不同时间的敞口和违约概率可能不同。

3．损失的变化分配

在配置经济资本时应充分了解交易对手的风险，掌握敞口和违约概率的变化。衡量违约风险变化时先确定敞口变化和边际违约概率，记时刻 t 的敞口为 $EDA_{i,t}$，违约概率为 $p_{i,t}$，则可以确定风险价值 REM_i 为

$$REM_i = \sum EDA_{i,t} \times p_{i,t}$$

以 REM_i 为基础，可计算出交易对手 i 的经济资本配置为

$$W_i = \frac{REM_i}{\sum_j REM_j}$$

此种方法适合于建立在盯市模型的基础上。这类银行的业务与金融市场联系紧密，且数据积累很充分。

第三节　市场风险管理

一、市场风险的类型

商业银行市场风险市值因市场价格，包括利率、汇率、股票价格和商品价格等的不利变动而使银行表内和表外业务发生损失的风险。市场风险存在于银行的交易和非交易业务中。过去，在金融市场价格比较稳定的背景下，人们更多注重的是金融市场的信用风险，而几乎不考虑市场风险的因素。20 世纪 70 年代初，布雷顿森林体系崩溃，浮动汇率制下的汇率、利率等产品价格的变动日益趋向频繁和无序；进入 80 年代后，金融创新的迅猛发展，以及世界各国金融自由化的浪潮，使得金融市场的波动更加剧烈，这些给商业银行和金融系统带来巨大的风险。此外，银行还面临所持有的股票价格波动风险和所持有的商品价格风险。其中商业银行最主要面临的有利率风险和汇率风险。

(一) 利率风险

利率风险是指市场利率的变动使银行资产与负债产生的损失或收益的不确定性。当利率出现不利波动时，银行的财务状况可能变坏，反之，银行的财务状况可能变好。按照来源的不同，利率风险可以划分为重新定价风险、收益率曲线风险、基准风险和期权性风险。

1．重新定价风险

重新定价风险也称为期限错配风险，是最主要和最常见的利率风险形式，源于银行资产、负债和表外业务到期期限(就固定利率而言)或重新定价期限(就浮动利率而言)之间所存在的差异。这种重新定价的不对称性使银行的收益或内在经济价值会随着利率的变动而发生变化。例如，银行以短期存款作为长期固定利率贷款的融资来源，当利率上升时，贷款

的利息收入是固定的，但存款的利息支出会随着利率的上升而增加，从而使银行的未来收益减少。

2．收益率曲线风险

重新定价的不对称性也会使收益率曲线的斜率、形态发生变化，即收益率曲线的非平行移动，对银行的收益或内在经济价值产生不利的影响，从而形成收益率曲线风险，也称为利率期限结构变化风险。例如，利用 5 年期的政府债券的空头头寸为 10 年期的政府债券的多头头寸进行保值，当收益率曲线变陡时，虽然上述安排已对收益率曲线的平行移动进行了对冲，但是该 10 年期政府债券多头头寸的经济价值还是会下降。

3．基准风险

基准风险也称为利率定价基础风险，也是一种重要的利率风险。在利息收入和利息支出所依据的基准利率变动不一致的情况下，虽然资产、负债和表外业务的重新定价特征相似，但是因其现金流和收益的利差发生了变化，也会对银行的收益或内在经济价值产生不利的影响。比如，依据央行公布的基准利率与依据 Shibor 或 Libor，或是美国国库券利率是不同的。

4．期权性风险

期权性风险是一种越来越重要的利率风险，源于银行资产、负债和表外业务中所隐含的期权。例如，对于银行而言，当利率变动对存款人或借款人有利时，存款人或借款人就可能重新安排存款或贷款，这些行为都会给银行带来损失。虽然行使期权需要存款人或借款人支付一定的费用，但在利率大幅度变动时，行使期权的收益要远超过期权费，从而给商业银行带来新的风险。

(二) 汇率风险

汇率风险是指由于汇率的不利变动而导致银行业务发生损失的风险。汇率风险一般由银行从事以下活动而产生：一是商业银行为客户提供外汇交易服务或进行自营外汇交易活动(如外汇远期、期货、互换和期权等金融合约的买卖)；二是商业银行银行账户中的外币业务活动(如外币存款、贷款、债券投资、跨境投资等)。

(1) 外汇交易风险。银行的外汇交易风险主要来自两方面：一是为客户提供外汇交易服务时未能立即进行对冲的外汇敞口头寸；二是银行对外币走势有某种预期而持有的外汇敞口头寸。

(2) 外汇结构风险。外汇结构风险是因为商业银行资产与负债以及资本之间币种的不匹配而产生的。

(三) 股票价格风险

股票价格风险是指由于商业银行持有的股票价格发生不利变动而给商业银行带来损失的风险。

(四) 商品价格风险

商品价格风险是指商业银行所持有的各类商品的价格发生不利变动而给商业银行带来损失的风险。这里的商品包括可以在二级市场上交易的某些实物产品，如农产品、矿产品(包括石油)和贵金属等。

二、市场风险管理技术和方法

市场风险的管理技术和方法在传统的限额管理、风险对冲以及资金缺口分析、久期的基础上，还有现代的风险价值法、压力测试法以及经济资本配置等管理方法。

(一) 风险价值法

风险价值法(Value at Risk，VaR)是摩根集团1944年开发设计的，是利用金融理论和数理统计理论，将一种资产组合所面临的各种市场风险结合起来，用一个单一的指标来衡量的一种方法。由于VaR方法能简单清晰地表示金融资产头寸的市场风险大小，又有比较严谨的系统的统计理论作为基础，因此得到了国际金融理论和实业界的广泛认可。国际银行业巴塞尔委员会(Basle Committee)也利用VaR模型所估计的市场风险来确定银行以及其他金融机构的资本充足率。

1. 风险价值的含义

风险价值也叫在险价值，是指在一定置信水平下，由于市场波动而导致整个资产组合在未来某个时期内可能出现的最大损失值。

在数学上，VaR表示为投资工具或组合的损益分布的α分位数，可表示为

$$\text{Pro}\,(|\Delta p|\leqslant \text{VaR})=\alpha$$

其中，Δp表示投资组合在持有期Δt内损失；α表示的是预先给定的置信水平；VaR为置信水平α下所发生的最大损失。举例来说，如果说某公司在95%的置信度下10天的VaR是100万美元，那么也就是说，在未来10天的时间范围内，该公司发生的风险损失超过100万美元的可能性只有5%。

由此可见，在风险价值方法中，主要涉及三个因素：(1) 置信水平α表示的是商业银行对风险的容忍程度，α越大，表示银行对风险的容忍度越小，所计算出来的VaR值就越小。通常α的选取在90%～99.99%，巴塞尔委员会在1996年的《资本协议市场补充规定》中规定α为99%的单尾置信区间。(2) 持有期Δt表示计算投资组合中VaR的时间长短。而时间的长短取决于资产风险的特点。对于衍生品等一些流动性较强的交易头寸，通常按日计算其风险损失；对于商业银行业务来说，则取决于资产组合调整的频率。巴塞尔委员会将持有期审定为10个交易日，且其历史观测期为1年，至少三个月更新一次数据。(3) 收益率的概率分布函数的选择。为了确定资产价值的统计特征，常常采用映射加因子波动模型来解决此问题。第一个模块是映射过程，即将证券组合中的各头寸回报表示为市场因子的模型函数；第二个模块是市场因子波动模型，即预测市场因子的波动性；第三模块是估值过程，即根据市场因子的波动性，结合第一个模块的对应函数来估计组合的价值和分布。

2. 风险价值的技术模型

目前，常用的风险价值模型技术主要有三种：方差—协方差法、历史模拟法和蒙特卡罗模拟法。

(1) 方差—协方差法。方差—协方差法是假定风险因素收益的变化服从特定的分布，通常假定为正态分布，然后通过历史数据分析和估计该风险因素收益分布的参数值，如方

差、均值、相关系数等，再根据风险因素发生单位变化时，头寸的单位敏感性与置信水平来确定各个风险要素的 VaR 值；最后根据各个风险要素之间的相关系数来确定整个组合的 VaR 值。

(2) 历史模拟法。历史模拟法的核心在于根据市场因子的历史样本变化模拟证券组合的未来损益分布，利用分位数给出一定置信水平下的 VaR 估计。历史模拟法是一种非参数方法，它不需要假定市场因子的统计分布，因而可以较好地处理非正态分布；同时该方法是一种全值模拟，可有效地处理非线性组合(如包括期权的组合)。历史模拟法的分析过程：首先用给定历史时期上所观测到的市场因子的变化，来表示市场因子的未来变化；其次，在估计模型中，历史模拟法采用的是全职估计法，即根据市场因子的未来价格水平对头寸进行重新估值，计算出头寸价值的变化；最后，将组合的损益从小到大排序，得到损益分布，通过给定置信水平下的分数求得 VaR。比如说有 1000 个可能损益情况，95%的置信水平对应的分位数位为组合的第 50 个最大损益值。由于该方法简单直观，易于解释，常被监管者选做检验资本充足性的基本方法。

(3) 蒙特卡罗模拟法。蒙特卡罗模拟法即通过随机的方法产生一个市场变化序列，然后通过这一市场变化序列模拟资产组合风险因素的收益分布，最后求出组合的 VaR 值。蒙特卡罗模拟法与历史模拟法的主要区别在于前者采用随机的方法获取市场变化序列，而不是通过复制历史的方法获得，即将历史模拟法计算过程中的第一步改成通过随机的方法获得一个市场变化序列。市场变化序列既可以通过历史数据模拟产生，也可以通过假定参数的方法模拟产生。由于该方法的计算过程比较复杂，因此应用上没有前面两种方法广泛。

3．风险价值的优缺点

风险价值的优点：第一，可以测试不同市场因子，把不同交易和不同部门的市场风险测量出来，并汇集成一棵树；第二，有利于比较不同业务部门之间的风险大小，有利于进行基础风险调整的绩效评估、资本配置和风险限额设置；第三，可以在具体业务种类、客户和机构等层面上计量敞口风险，充分考虑了不同资产价格变化之间的相关性，体现出资产组合分散化对降低风险的作用。

风险价值也存在一定的局限性：第一，市场风险内部模型计算的风险水平，不能反映资产组合的构成及其对价格波动的敏感性，对风险管理的具体作用有限，需要辅之以敏感性分析、情景分析等非统计类方法；第二，市场风险内部模型法未涵盖价格剧烈波动等可能会对银行造成重大损失的突发性小概率事件，需要采用压力测试对其进行补充；第三，大多数市场风险风险价值模型只能计算交易业务中的市场风险，不能计量非交易业务中的市场风险。因此，采用风险价值模型的商业银行应当恰当理解和运用市场风险的计算结果，并充分认识到该模型的局限性，运用压力测试和其他非统计类计量方法对该模型方法进行补充。

(二) 压力测试法

压力测试法(Stress Testing)是指将整个金融机构或资产组合置于某一特定的(主观想象的)极端市场情况下，如假设利率骤升 100 个基点，某一货币突然贬值 30%，股价暴跌 20%等异常的市场变化，然后测试该金融机构或资产组合在这些关键市场变量突变的压力下的表现状况，看是否能经受得起这种市场的突变。

压力测试能够帮助商业银行充分了解潜在风险因素与银行财务状况之间的关系，深入分析银行抵御风险的能力，形成供董事会和高级管理层讨论并决定实施的应对措施，预防极端事件可能给银行带来的冲击。对于日常管理中广泛应用各类风险计量模型的银行，压力测试应成为模型方法的重要补充。压力测试也能够帮助银监会充分了解单家银行和银行业体系的风险状况和风险抵御能力。

压力测试包括敏感性测试和情景测试等具体方法。敏感性测试旨在测量单个重要风险因素或少数几项关系密切的因素由于假设变动对银行风险暴露和银行承受风险能力的影响。情景测试是假设分析多个风险因素同时发生变化以及某些极端不利条件发生对银行风险暴露和银行承受风险能力的影响。

(三) 经济资本配置法

商业银行应准确计量所面临的市场风险，并为此配置相应的经济资本来抵御其可能造成的风险损失。市场风险监管资本应当能够反映商业银行市场风险的真实状况，即监管资本要求应当与所需配置的经济资本保持基本一致。

根据巴塞尔委员会的规定，市场风险监管资本的计算公式为

$$\text{市场风险监管资本} = (\text{最低乘数因子} + \text{附加因子}) \times \text{VaR}$$

其中，巴塞尔委员会规定最低乘数因子为 3，附加因子设定在最低乘数因子之上，取值在 0～1。VaR 的计算采用 99%的单尾置信区间，持有期为 10 个营业日。

商业银行在实施内部市场风险管理时，可以根据自身风险偏好和风险管理策略，选择不同于计算监管资本时所采用的置信区间和持有期，因此计算出来的 VaR 值和市场风险经济资本会与监管资本略有不同，但必须同样能够反映市场风险的真实水平。

三、市场风险管理体系

完整的商业银行市场风险管理体系包括有效的市场风险管理的组织框架、有效的市场风险管理程序及有效的内部控制和独立的内外部审计。其中有效的市场风险管理的组织框架是风险管理的前提条件，而有效的市场风险管理程序是市场风险管理的核心，有效的内部控制和独立的内外部审计是市场风险管理的保证。

(一) 有效的市场风险管理的组织框架

在实践操作中，很难总结出一种普遍使用的市场风险管理组织框架，因为商业银行的风险管理岗位的设定和职责的分工需求应该与该行的风险偏好和业务流程相匹配。不同的商业银行应根据自身特点和需求设计出恰当的风险管理组织框架，并明确划分职责。一般而言，商业银行对市场风险的管理应包括董事会、高级管理层和相关部门。

1. 董事会

董事会承担对市场风险管理实施监控的最终责任，确保商业银行能够有效地识别、计量、监测和控制各项业务所承担的各类市场风险。董事会负责审批市场风险管理的战略、政策和程序；确定银行可以承受的市场风险水平；督促高级管理层采取必要的措施识别、计量、监测和控制市场风险，并定期获得关于市场风险性质和水平的报告；监控和评价市场风险管理的全面性、有效性以及高级管理层在市场风险管理方面的履职情况。

2. 高级管理层

高级管理层负责制定、定期审查和监督执行市场风险管理的政策、程序以及具体的操作规程；及时了解市场风险水平及其管理状况，并确保银行具备足够的人力、物力以及恰当的组织结构、管理信息系统和技术水平来有效地识别、计量、监测和控制各项业务所承担的各类市场风险。商业银行的董事会和高级管理层应当对本行与市场风险有关的业务、所承担的各类市场风险以及相应的风险识别、计量、检测和控制方法有足够的了解。

3. 相关部门

相关部门具有明确的职责分工、相关职能被恰当分离，以避免产生潜在的利益冲突。交易部门应当将前台、后台严格分离；负责市场风险管理的部门应当职责明确，与承担风险的业务经营部门保持相对独立。其中，负责市场管理的部门通常履行下列的具体职责：拟定市场风险管理政策和程序，提交高级管理层和董事会审批；识别、计量和监测市场风险，监测相关业务经营部门和分支机构对市场风险限制的遵守情况，报告超过的限额；设计、实施事后检验和压力测试；识别、评估新产品或新业务中所包含的市场风险，审核相应的操作和风险管理程序；向董事会提供独立的市场风险报告。

(二) 建立有效的市场风险管理程序

商业银行应当对所有类别的市场风险进行充分识别、准确计量、持续监测和适当控制。

市场风险识别和风险计量是风险管理的前提条件。其中风险计量有许多计量模型和方法，且每一种计量方法都有其适用的前提条件，每种方法都有局限性。商业银行根据实际的情况，选择适当的计量方法。

风险的监测和控制是有效的市场风险管理的核心内容。风险监测是对市场风险发生的可能进行实时监控的全过程，并编写市场风险报告。报告的类型包括：投资组合报告、风险分解“热点”报告、最佳投资组合报告和最佳风险对冲策略报告。风险管理部门应当能够运用有效的风险监测和报告工具，及时向高级管理层和交易前台提供有价值的风险信息，以辅助交易人员、高级管理层和风险管理专业人员进行决策。

有关市场风险状况的监测和分析报告应当定期、及时地向董事会、高级管理层和其他管理人员提供。不同层次和种类的报告应当遵循规定的发送范围、程序和频率。向董事会提交的市场风险监测和分析报告通常包括银行的总体市场头寸、风险水平、盈亏状况以及对市场风险限额和市场风险管理的其他政策和程序的遵守情况等内容。向高级管理层和其他管理人员提交的市场风险报告通常包括按地区、业务经营部门、资产组合、金融工具和风险类别分解后的详细信息，并具有更高的报告频率。

根据国际先进银行的市场风险管理实践，市场风险报告的路径和频度通常为：(1) 在正常市场条件下，通常每周向高级管理层报告一次；在市场剧烈波动的情况下，需要进行实时报告，但主要通过信息系统直接传递；(2) 在后台和前台所需的头寸报告应当每日提供，并完好打印、存档、保管；(3) 风险价值和风险限额报告必须在每日交易结束之后尽快完成；(4) 应高级管理层或决策部门的要求，风险管理部门应当有能力随时提供各种满足特定需要的风险分析报告，以辅助决策。

控制市场风险有多种手段，如运用限额管理和金融衍生工具进行套期保值等。限额管理是控制市场风险以及其他各类风险的一项重要手段。市场风险限额体系由不同类型和不同层次的限额组成。常用的市场风险限额包括交易限额、风险限额和止损限额等。限额可以分配到不同的地区、业务单元和交易员，还可以按资产组合、金融工具和风险类别进行分解。银行负责市场风险管理的部门需要监测对市场风险限额的遵守情况，并及时将超限额情况报告给管理层。同时，利用金融期货、期权等金融衍生工具进行市场风险对冲和转移。

(三) 有效的内部控制和独立的内外部审计

首先，商业银行应当建立有效的市场风险管理内部控制体系，作为银行整体内部控制体系的有机组成部分。市场风险管理的内部控制应当有利于促进有效的业务运作，提供可靠的财务和监管报告，促使银行严格遵守相关法律、行政法规、部门规章和内部的制度、程序，确保市场风险管理体系的有效运行。

为避免潜在的利益冲突，商业银行的内部控制安排应确保各职能部门具有明确的职责分工，以及相关职能适当分离。特别是商业银行的市场风险管理职能要与业务经营职能保持相对独立。交易部门应当将前台、后台严格分离，前台交易人员不得参与交易的正式确认、对账、重新估值、交易结算和款项收付；必要时可设置中台监控机制。

同时，商业银行的薪酬制度和激励机制不应与市场风险管理目标产生利益冲突。薪酬制度不应鼓励过度的冒险投资，绩效考核也不应过于注重短期投资收益表现，而不考虑长期投资风险。负责市场风险管理工作人员的薪酬不应当与直接投资收益挂钩。

其次，建立有效的内部审计和必要的外部审计机制。银行的内部审计部门应当定期(至少每年一次)对市场风险管理体系各个组成部分和环节的准确性、可靠性、充分性和有效性进行独立的审查和评价。内部审计报告应当直接提交给董事会。内部审计部门还应跟踪检查改进措施的实施情况，并向董事会提交有关报告。内部审计力量不足的商业银行，应当委托社会中介机构对其市场风险的性质、水平及市场风险管理体系进行外部审计。

第四节　操作风险管理

一、操作风险的类型、成因、特点

操作风险是商业银行普遍存在的风险。自从商业银行的诞生伊始就伴随其左右，并存在于商业银行的各个业务环节之中。随着现代金融业的快速发展和金融市场的全球化，金融产品越来越多样化和复杂化，由操作问题而引发的银行损失事件屡见不鲜，且造成损失金额越来越大，甚至导致银行的直接倒闭。例如，1985 年的所罗门事件，因其前五年内部交易数据的不平衡，造成了 1.26 亿美元损失，同时又因当年的账务处理错误而形成 6000 万美元的损失；大和银行因资金交易没有进行前台、中台分离，造成 3 万笔交易没有经过授权而导致 11 亿美元的损失；1995 年，曾经辉煌一时的金融大厦巴林银行，由于其操作流程的不完善导致 14 亿元的亏损而倒闭；2007 年，巴林银行的丑闻再现，法国兴业银行同样是员工的人为操作而使其银行蒙受单笔最大金额损失 71 亿美元。这一系列事件，使得人们不得不开始认识到操作风险在商业银行管理中的重要程度。鉴于此，操作风险逐渐被纳入《巴塞尔协议》当中，其技术方法也不断地完善在《巴塞尔协议Ⅱ》中，操作风险和信用风险、市场风险并列在一起，被称为商业银行面临的三大风险。

(一) 操作风险的类型和成因

目前，操作风险的概念还存在着较大的争议，不同的国家有不同的认识，甚至同一个国家不同的银行的看法也不一样，但大体一致。巴塞尔委员会根据英国银行家协会、国际掉期和衍生品交易委员会及普华永道咨询公司的意见，将操作风险定义为“由不完善或有问题的内部程序、人员及系统技术或外部事件所造成的风险”。

由上可知，操作风险按其成因主要分为人员因素、内部流程、系统技术和外部事件。

人员因素引起的操作风险是指因商业银行员工发生内部欺诈、失职违规以及因员工的知识或技能匮乏、核心员工的流失、商业银行违反用工法等造成损失或者不良影响而引起的风险。

内部流程引起的操作风险是指由于商业银行业务流程缺失、设计不完善或者没有严格执行而造成的损失，主要包括财务错误，文件合同、成品设计缺陷等。

系统技术所引起的操作风险是指信息科技部门或服务部门供应商提供的计算机系统或设备发生故障或其他原因，商业银行不能正常提供服务、全部服务或业务中断而造成的损失。

外部事件所引起的操作风险是指商业银行在一定的政治、经济和社会环境中面临的外部突发事件影响商业银行的正常经营活动，甚至发生损失的风险。如外部人员故意欺骗或盗用银行的资金等。

另外，操作风险按其产生的原因又可以分为内部风险和外部风险两个部分。内部风险是指银行在运营过程中出现损失的潜在可能性，包括人员因素、内部流程和系统技术；外部风险是源于外界环境因素的变化，比如一个改变了业务格局的新竞争对手、政治和监管制度体系发生重大变化、地震或其他不可控制的因素等。具体详见表 11-1。

表 11-1 操作风险分类

内部风险		外部风险	
人员因素	内部流程	系统技术	外部事件
雇员冲突、欺诈； 雇员失职违规； 雇员知识、技能匮乏； 违反用工法：《劳动合同法》	财务、会计错误； 文件、合同缺陷； 产品设计缺陷； 错误检控； 结算、支付错误； 交易、定价错误	数据、信息质量； 违反系统安全规定； 系统设计、开发的战略风险； 系统稳定性、兼容性、适宜性	法律风险； 洗钱； 业务外包； 政治风险； 监管规定； 恐怖威胁； 自然灾害

(二) 操作风险的特点

与信用风险和市场风险相比，操作风险具有以下特点：

(1) 从因素来源看，操作风险中的风险因素很大比例上来源于银行的业务操作，属于银行可控范围内的内生风险。单个操作风险因素与操作损失之间并不存在清晰的、可以界定的数量关系。

(2) 从覆盖范围看，操作风险管理几乎覆盖了银行经营管理的所有方面的不同风险。既包括发生频率高、但损失相对较低的日常业务流程处理上的小纰漏，也包括发生频率低、但一旦发生就会造成极大损失，甚至危及银行存亡的自然灾害、大规模舞弊等。因此，试图用一种方法来覆盖操作风险的所有领域几乎是不可能的。

(3) 从风险与报酬上看，对于信用风险和市场风险而言，风险与报酬存在一一映射关系，也就是高风险的同时会有高收益，或是低风险的同时有较低的收益。这主要是由信用风险和市场风险的特点所决定的，但这种关系并不一定适用于操作风险。

(4) 从分布特点看，银行的业务规模大、交易量大、结构变化迅速的业务领域，受操作风险冲击的可能性最大，所造成的损失也愈大，但并不一定是大规模的银行操作风险一定就大，还要考虑银行内部操作系统的健全、控制程序和技术安全等多个方面。

二、操作风险计量方法和经济资本配置

《巴塞尔新资本协议》对操作风险经济资本的计量主要有三种方法：第一个是基本指标法，第二个是标准法，第三个是高级计量法，这三种方法在复杂性和风险敏感性方面是逐渐增强的。

(一) 基本指标法

基本指标法是用以单一的指标作为衡量银行整体操作风险的尺度，并以此为基础配置操作风险资本。采用基本指标法，银行持有的操作风险资本应等于前三年的总收入的平均值乘以一个固定比例 α 。其公式可表示为

$$K_{\text{BIA}}=\frac{\left[\sum_{i=1}^{n}GI_i\times\alpha\right]}{n}$$

其中，K_{BIA} 为操作风险需要的资本；GI 为前三年中各年正总收入，而总收入为净利息收入和净非利息收入之和，但不包括保险收入、银行账户上出售证券实现的盈利；n 表示前三年中总收入为正数的年数；α 固定百比为 15%，由巴塞尔委员会设定。

基本指标法的前提是操作风险资本同规模指标存在线性相关性，即银行业务量越大，非利息收入越高，操作风险就越大，分配的经济资本就越多。其方法比较简单明了，易于操作，但各银行的业务特点、产品差异和风险差异无法得到体现，且对风险因素敏感度较低，例如：咨询服务、代理服务和资产管理部门基本上无信用风险和市场风险，但按照基本法只要产生收入就面临操作风险管制；相反，交易部门由于市场风险需要较大的资本管制，但其收入有时较低，按基本法就应该给予较低的风险资本。因此，此种方法主要适用

于小型的、产品复杂程度低、业务范围限于同一个国家或地区的商业银行。

(二) 标准法

标准法是考察各业务部门收入大小的，并给予对应的风险权重系数，计算其业务部门的资本需求之和，而非在整个机构层面计算操作风险资本配置的一种方法。

标准法要求商业银行将整个业务分成 8 条产品线：公司融资、交易和销售、零售银行业务、商业银行业务、支付和清算、代理服务、资产管理、零售经纪，同时设定了每个产品线的 β 值。β 值代表商业银行在特定产品线的操作风险损失经营值与该产品线总收入之间的关系。表 11-2 是银行产品种类与 β 系数的对应表。

表 11-2　银行产品种类与 β 系数对应表

产品种类	β 系数	产品种类	β 系数
公司金融 β_1	18%	支付和清算 β_5	18%
交易和销售 β_2	18%	代理服务 β_6	15%
零售银行业务 β_3	12%	资产管理 β_7	12%
商业银行业务 β_4	15%	零售经纪 β_8	12%

则资本需求 K_{TSA} 的计算公式为

$$K_{\text{TSA}} = \frac{\sum_{1-3\text{年}} \max\left[GI_{1-8} \times \beta_{1-8}, 0\right]}{3}$$

其中，K_{TSA} 是银行为操作风险所持有的资本需求；GI_{1-8} 是银行各业务线前三年总收入的平均值；β_{1-8} 是巴塞尔委员会设定提取资本金的固定比例。

采用标准法的基本要求：董事会和高管层应当积极参与监督操作风险管理架构；应当具备完整而且切实可行的操作风险的管理系统；银行应该拥有充足的资源来支持在主要产品线上和控制及审计领域采用该方法。

(三) 高级计量法

高级计量法(AMA)就是通过精确化的模型，把实际需要的经济资本计算出来。高级计量法需要得到监管部门的批准之后才可以使用。一旦通过批准使用了高级计量法，则没有经过监管部门的批准，不能从高级计量法退回到标准法或者是基本指标法。

1. 常用的方法

常用方法主要有内部衡量法、计分卡法和损失分布法。

内部衡量法是标准法与其他高级法之间的一种过渡方法。首先，在标准化基础上，对每一业务类别进一步细分，因此有更多的业务类型和风险类型的组合；其次，是对每一种业务种类与操作风险损失确定风险指标；再次，在以往内部损失数据的基础上，对每一业务种类与操作损失的组合设定风险发生的概率和预期损失率；最后，对每一业务与操作损失的组合设定参数，来确定其操作风险资本的要求。

计分卡法是银行首先进行自我评估，找出银行潜在的操作风险因素，如操作风险种类、诱发操作风险的因素，或是操作风险发生的频率，并为这些风险因素设计一个指标体系。

然后，根据风险管理专家为各种指标打出的分数，进而计算操作风险损失以及其风险资本的方法。

损失分布法是衡量操作风险中最复杂的方法。损失分布法往往要求银行依据历史数据，对每个业务类型估计操作风险损失在一定期间内的概率分布和风险损失率。在此基础上，将所有业务的风险值相加，得出总的操作风险的资本金配置额。

2. 巴塞尔委员会对实施高级计量法提出的具体标准

(1) 资格要求。有完善的且可行的操作风险管理系统，在主要产品线上和控制及审计领域拥有充足的资源的银行，可以采用该方法。

(2) 定性标准。商业银行必须设置独立的操作风险管理岗位，负责设计和实施商业银行的操作风险管理框架。商业银行必须在全行范围内对主要业务条线分配操作风险资本。必须以正式文件形式制定内部操作风险管理政策、制度和流程，并在文件中明确规定对违规的处理办法。

(3) 定量标准。商业银行必须表明采用的操作风险计量方法考虑到了潜在的较为严重的概率分布“尾部”损失事件，也就是说，无论采用哪种方法，商业银行必须表明操作风险计量方法与信用风险的内部评级法具有相当的稳健标准。任何操作风险内部计量系统，必须提供与巴塞尔委员会所规定的操作风险范围和损失事件类型一致的操作风险分类数据。除非商业银行表明，在内部业务实践过程中，能够足以准确地计算出预期损失，即：若要只基于非预期损失，而计算出最低监管资本，则商业银行必须有充足的理由和证据来说服监管当局，它在计算监管资本求时，已经充分地考虑到了预期损失，也就是商业银行的风险计量系统必须足够分散，这样就可以将影响预期损失估计分布尾部形态的主要操作风险考虑在内。

(4) 内部数据和外部数据的要求。无论是用于损失计量还是用于验证，商业银行必须具有至少五年的内部损失数据。对于初次使用高级计量法的商业银行要求可以适度放宽，允许使用三年的历史数据。同时，也应具备一定的外部数据，商业银行必须对外部数据配合专家的情景分析，求出严重风险事件下的风险暴露，这相当于一个极端情况下的压力测试。

(5) 业务经营环境和内部控制因素。在进行数据分析的基础上，结合银行关键业务的经营环境和内部控制因素，从而使风险评估更具有前瞻性。

三、操作风险的管理

商业银行操作风险管理是在确定商业银行操作风险的成因、正确评估风险的基础上，实施风险监测和控制的一系列过程。风险控制和风险缓释是操作风险管理的中心环节。

(一) 操作风险控制

操作风险的控制主要包括四个内容：公司治理、内部控制、合规管理文化和信息系统的搭建。

1. 公司治理

公司治理是现代商业银行稳健运营和发展的核心。完善的公司治理结构，是商业银行有效地防范和控制操作风险的前提。良好的公司治理目标包括：建立独立董事制度，对董事会讨论事项发表客观公正的意见；建立外部监事制度，对董事会董事、高级管理层及其成员进行监督；明确董事会、监事会、高管层和内部相关部门在控制操作风险时的职责：

第一，高管层负责具体执行董事会批准的操作风险管理系统；

第二，风险管理部门具体执行操作风险管理系统；

第三，业务管理部门要定期地向风险管理部就操作风险状况进行报告；

第四，内部审计部门要监督操作风险管理措施的贯彻落实，确保业务管理者将操作风险保持在可容忍的程度以下，以及要保证风险控制措施的有效性和完整性。

2．内部控制

巴塞尔委员会认为，资本约束并不是控制操作风险的最好方法，对付操作风险的第一道防线，应该是操作风险的内部控制。由此可见，健全的内部控制是商业银行有效识别和防范操作风险的重要手段。中国人民银行公布的《商业银行内部控制指引》中指出，健全有效的内部控制涉及内部控制环境、风险识别与评估、内部控制措施、信息交流与反馈以及监督评价与纠正五个要素；同时，这五个要素贯穿于决策、建设与管理、执行与操作、监督与评价、改进五个环节中。

为了确保内部控制的有效运行，商业银行必须遵循全面、审慎、有效和独立四个内部控制原则。全面，是指商业银行的内部控制必须包括上述的要素和五个环节，进而渗透到商业银行的各项业务过程之中，覆盖所有部门和岗位，任何决策或操作均应有据可查；审慎，就是银行内部必须以防范风险、审慎经营为出发点，商业银行的各项经营管理必须坚持内控优先的要求；有效，是指在为确保内部控制的充分执行，内控存在的问题得到及时发现和纠正，必须赋予内部控制部门高度的权威性；独立，是指面对复杂的环境，银行必须建立独立的内部控制监督评部门，不断对内部控制进行评估，促进内部控制的改进。

3．合规管理文化

合规管理文化是商业银行在长期的发展过程中形成的，是全体员工统一于风险管理方向上的某种思想理念、价值标准、道德规范和行为方式的集合。有效的合规管理文化以商业银行整体文化为背景，以经营价值最大化为目的，贯穿以人为本的经营理念，有机地融合先进的风险管理技术和科学的风险管理手段，在与不断变化的市场、客户的不断博弈中完善政策制度。目前，违规、内部欺骗的损失事件在我国商业银行操作风险中占比超过 80%，这说明，合规问题是我国商业银行操作面临的主要问题，也是我国风险管理的核心问题。

4．信息系统的搭建

商业银行信息系统主要包括面向客户的业务处理系统和主要供内部管理使用的管理信息系统。在操作风险管理中，信息系统的主要作用在于支持风险评估建立损失数据库，风险指标收集与报告、风险管理和建立资本模型等。商业银行应尽可能地利用信息系统的设定，防范各种操作风险和违法犯罪行为。

(二) 操作风险缓释

风险缓释是风险管理和风险操作的有效办法。可以将操作风险划分为四大类：可规避的操作风险、可降低的操作风险、可缓释的操作风险、应承担的操作风险。风险缓释，是目前《巴塞尔协议》和我国银监会都重点强调的一种风险管理方法。

1. 应急和连续营业方案

连续营业方案就是使得银行在实际的业务构成中不中断实现营业的连续性。这主要通过建立灾难应急恢复和业务连续方案，明确在中断事件中恢复服务的备用机制，确保商业银行在低概率的严重业务中断事件发生时能够执行这些方案。同时，灾难发生时，所选择的应急恢复和业务连续方案应当与实际情况相匹配。充分考虑商业银行的规模、主要业务、受损情况等因素，正确识别出对迅速恢复服务起关键作用的业务程序。

2. 保险

保险作为操作风险缓释的有效手段，一直是西方商业银行操作风险管理的重要工具。银行管理操作风险中，内部程序和控制也不能完全消除操作风险，商业银行可以通过购买第三方保险来减轻损失。

保险主要包括：(1) 商业银行一揽子保险。商业银行一揽子保险主要承担商业银行内部盗窃和欺诈以及外部欺诈风险。例如，瑞士保险公司开发的金融机构操作风险保险以及机构责任险等。其中，机构的操作风险主要包括责任、忠诚度、未授权交易行为以及技术风险、资产保护和外部欺诈，当投保银行具有 200 亿美元资产规模时，保险公司对每笔损失有 1 亿美元的免赔额。机构责任险主要承保内部和外部欺诈行为、不诚实的交易金额等其他一切责任造成的损失。(2) 经理与高级职员责任险。经理与高级职员责任险包括董事与高级职员的责任险、职业责任保险、错误和遗漏保险、就业责任险、机构综合责任险。(3) 财产保险。财产保险主要承保由于火灾、雷电、爆炸、碰撞等自然灾害引起的银行的财产损失。(4) 营业中断保险。营业中断保险主要承保因设备瘫痪、电信中断等事件所导的营业中断引发的损失。我国对于银行操作风险类的保险主要是意外事故险和财产险。

保险只是操作风险管理的补充手段之一，预防和减少操作风险的发生，最终还是要靠商业银行自身加强风险管理。

3. 业务外包

业务外包就是把一些自身可能会出现操作风险的业务流程，或者一些机构方面的职责外包出去。常用的业务外包有几类：技术外包，如呼叫中心、计算机中心、网络中心、策划中心等；处理程序外包，如消费信贷业务有关客户身份及亲笔签名的核对、信用卡客户资料的输入与装订等；业务营销外包，如汽车贷款业务的推销、住房贷款推销等；某些专业服务外包，如法律事务、不动产评估、安全保卫等；后勤性事务外包，如贸易金融服务的后勤处理作业、凭证保存等。从国际商业银行的外包实践来看，银行业务外包，既可以是非核心服务外包，也可以是核心服务的部分服务环节的外包，也可以是核心服务的外包。据调查，美国 68 的信用卡业务都是通过非商业银行机构来实现的。我国 2002 年深圳发展银行和高阳公司签订了为期 10 年的灾难备援外包服务合同，这是我国首个银行 IT 系统外包的合同，标志着业务外包进入我国银行管理中。

不过，操作或服务虽然可以外包，但其最终责任并未被“包”出去，外包服务的最终责任人仍然是商业银行。商业银行对客户和监管者仍然承担着保证服务质量、安全、透明度和管理汇报的责任。所以，一些关键过程和核心的业务，如账务系统、资金交易业务等不应外包出去。过多的外包也会产生额外的操作风险或其他隐患，即流程中的派生风险。

本章小结

商业银行风险是商业银行在经营过程中，由于不确定因素的影响，从而导致银行蒙受经济损失或获取额外收益机会的可能性，具体包括信用风险、市场风险、操作风险、流动性风险、国家风险等。其中信用风险、市场风险和操作风险是商业银行面临的三大风险。

信用风险是指债务人或交易对手未能履行合同所规定的义务或信用质量发生变化影响金融产品价值，从而给债权人或金融产品持有人造成经济损失的风险。信用风险管理的重点在于信用风险管理技术模型和管理方法。其中技术管理模型包括单一客户风险管理技术模型和组合信用风险技术模型；管理方法主要有信用衍生品管理和经济资本配置。

市场风险是指由于市场价格(包括金融资产价格和商品价格)波动而导致商业银行表内、表外头寸遭受损失的风险。它可以分为利率风险、汇率风险、股票价格风险和商品价格风险四种，其中利率风险尤为重要。市场风险管理方法中除了传统的信用方法外，还包括风险价值法、压力测试法、经济资本配置。市场风险管理体系包括商业银行风险管理框架、风险管理流程及内部控制及内外部审计。

操作风险是指由于人为错误、技术缺陷或不利的外部事件所造成损失的风险。操作风险计量包括基本指标法、标准法和高级计量法，这三种方法在复杂性和风险敏感性方面是逐渐增强的。操作风险控制包括风险控制环境和风险缓释控制等方法。

重要概念

商业银行风险	信用风险	市场风险
操作风险	流动性风险	国家风险
商业银行风险管理	风险转移	风险分散
风险规避	风险对冲	标准法内部评级法
违约概率	违约损失率	违约风险暴露
信用违约期权	总收益互换	重新定价风险
收益率曲线风险	基准风险	外汇交易风险
外汇结构性风险	风险价值	压力测试
基本指标法	高级计量法	险缓释

思考与练习

1．简述商业银行风险管理的意义和方法。

2．简述信用风险技术模型的内容。

3．简述市场价值法的内容及优缺点。

4．简述现代银行操作风险的计量方法。

5．什么是风险缓释？风险缓释的方法都有哪些？

6．根据 2007 年的美国次贷危机，结合我国房地产现状，谈谈如何防范中国商业银行房地产贷款信用风险。

7．近几年来，我国利率市场化逐步加深、汇率形成机制改革也日益完善，请以此为背景，谈一谈我国商业银行应如何应对日趋复杂的市场风险。

8．结合我国操作风险现状，谈谈如何构建我国商业银行操作风险管理体系。

第十二章

贷款交易与贷款证券化

贷款交易与贷款证券化都是提高银行资产流动性，改善银行资产负债管理的一种技术手段。但贷款交易是银行在不改变原有贷款形态的情况下，将已经发放的贷款直接让渡给第三方的融资行为；而贷款证券化是银行以贷款未来回流的本息作为支持和保证，来发行证券据以融资的行为。虽然贷款证券化也实现了贷款的流转，但它并不是直接的贷款交易。

虽然贷款交易与贷款证券化在我国刚刚启动，但我国目前庞大的信贷资产存量和未来不断注入的信贷资产增量，将会为两者的发展提供广阔的空间。

本章学习目标

(1) 掌握贷款交易的含义、作用及方式。

(2) 了解贷款交易的基本流程及我国贷款交易的现行规定。

(3) 掌握贷款证券化的含义及意义。

(4) 了解贷款证券化的基本流程及特点。

第一节　贷款交易

贷款交易是指商业银行等金融机构之间，根据协议约定交易在其经营范围内自主、合规发放尚未到期信贷资产的融资行为。

在贷款交易中，商业银行等金融机构出于资产负债管理的需要，将贷款转移出去，由第三者购买，从而形成了贷款流通转让的二级市场。通过二级市场的运作，解决了银行有限的贷款资金和无限的贷款需求之间的矛盾，形成良好的资金融通。

一、我国贷款交易的产生和发展

我国当前的贷款交易主要是以信贷资产转让的形式来实现的，目前尚处于起步阶段。1998年起，部分金融机构开展了贷款转让交易的尝试，主要是国有商业银行处置不良资产以及零星的未到期银行贷款转让活动，参与者主要是商业银行和金融资产管理公司。1998年7月，中国银行上海市分行和广东发展银行上海分行签订了转让银行贷款债权的协议，这是国内第一笔贷款转让业务。2002年8月，民生银行正式获得中国人民银行批准开展贷款转让业务，民生银行上海分行率先与锦江财务公司开展了 2 亿元的贷款受让业务。2003 年 7 月，中国银监会批准光大银行开办贷款转让业务。随后贷款转让业务在银行间逐步开展起来。

2007 年银监会颁布《银团贷款业务指引》，其中明确表示允许银团贷款成员在依法合规的基础上进行银团贷款转让，以促进银团贷款二级市场的发展，同时规定银团贷款协议中“约定必须经借款人同意的，应事先征得借款人同意”，以维护借款人利益。

2010 年 9 月 25 日，由中国银行间市场交易商协会主办，全国银行间同业拆借中心、银行间市场清算所股份有限公司协办的《贷款转让交易主协议》签署暨贷款转让交易启动仪式在上海隆重举行。国家开发银行、中国工商银行、中国农业银行、中国银行、中国建设银行、交通银行、中国邮政储蓄银行、招商银行、中信银行、兴业银行、中国光大银行、上海浦东发展银行、中国民生银行、北京银行、上海银行、南京银行、上海农村商业银行、汇丰银行、德意志银行、山西晋城市商业银行、攀枝花市商业银行等 21 家银行业金融机构在仪式上集中签署了主协议，签署了主协议的机构即可开展银行间市场贷款转让交易。

《贷款转让交易主协议》的签署暨贷款转让交易启动仪式的进行标志着我国贷款交易市场初步建立起来。贷款转让交易系统启动的首日达成 3 笔交易，转让本金 9000 万元。工行发送首批贷款转让报价，金额合计 4.8 亿元，该行与交行达成首笔整体转让成交，转让本金额 4000 万元，贷款期限 11 个月，剩余贷款期限 3 个月；而浦发银行和晋城市商业银行则达成首笔可拆分转让协议，转让本金额 3000 万元，贷款期限 6 个月，剩余贷款期限 2 个月 20 天。截止 2010 年末，已有 49 家机构签署《贷款转让交易主协议》。

目前，贷款转让交易系统上的报价和交易尚不活跃，影响其活跃的主要因素有：平台上线时间较短，入市机构仍较少；部分入市机构尚处于制定内部流程阶段，尚未开展业务；参与主体类型单一，市场需求同质化；贷款转让市场面临一定的政策法律限制，财税配套制度尚未健全等。

二、贷款交易的作用

银行发放贷款后，在客户未出现违约的情况下，银行一般无权要求客户提前偿还贷款，只能坐等客户按期还本付息，资金因而沉淀下来，随着信贷资产存量规模的不断扩大，银行必须吸收更多的增量资金来维持流动性和正常运转，银行吸收存款的任务越来越重，难度越来越大，经营成本也越来越高。为加强信贷资产的流动性，贷款银行可以通过贷款交易的方式分散信贷风险。

通过贷款交易，可以充分发挥金融机构的整体实力，实现优势互补，达到改善信贷资产结构、提高信贷资产流动性、合理配置信贷资金和经营效益最大化等目的。具体而言，贷款交易具有以下几个方面的作用：

(1) 满足金融管理当局的监管要求。银行可以采取贷款交易方式，调节贷款规模，改善存贷比例和资本充足率，从而满足监管要求。

(2) 调整贷款结构。贷款银行如果希望削减特定行业或地区的贷款总额，则可出让有关贷款；如果希望加强对某些行业或地区的贷款，则可以买入相关贷款。

(3) 获取投资收益。在贷款交易市场中，银行可能估测某笔贷款在市场中的定价被低估，或者其价格在未来有可能上扬，因此，银行可以低价买进该笔贷款并以高价卖出获得收益。

(4) 贷款交易很可能发生在某个银行集团下属银行之间，从而实现包括税收优惠等有利条件。通过贷款交易方式，跨国银行集团能够充分利用跨越不同法律体系或法律制度带来的便利和优势，如避税、规避金融监管以及外汇管制。

(5) 完善了贷款市场体系。完整的贷款市场应当包括贷款发放的一级市场和贷款流通转让的二级市场，两者是一个有机联系的整体。贷款交易的产生与发展，给银行贷款提供了变现的途径，增强了银行贷款的流动性，健全了整个贷款市场体系。

三、贷款交易方式

目前贷款交易主要包括贷款转让、贷款参与和贷款更新三种方式。

(一) 贷款转让

贷款转让是指在贷款银行不改变贷款内容的情况下，将其享有的贷款债权让与第三人享有的法律行为。贷款银行称为出让行，而接受转让贷款的第三人则称为受让行。贷款转让分为贷款全部转让和贷款部分转让。在贷款部分转让时，受让行加入债的关系，与原贷款银行共享债权，此时原来的债即变更为多数人之债。在贷款全部转让时，该受让行即取代原贷款银行而成为债的关系中的新债权人，出让行脱离债的关系。如无特别说明，下文中所称贷款转让即为贷款债权的全部转让。

贷款转让是在不改变债的内容的情况下，由受让行取代原贷款银行的地位，通常情况下这种转让行为对借款人并无不利。如果借款人只愿向贷款银行履行债务，则可在其与贷款银行签订的贷款协议中明确约定贷款不得让与。同时，为保护借款人的利益，法律对贷款转让的要件和效力会作出一些限制性规定。

(二) 贷款参与

为维护贷款人与借款人之间的关系，或为维护借款人的声誉，贷款银行在许多情况下并不希望借款人知悉其在贷款交易市场上转让针对该借款人的贷款。在这种情况下，贷款人可以通过贷款参与的方式将部分或全部的贷款权利义务转让给贷款受让行。贷款银行(出让行)与贷款受让行签署参贷协议，贷款出让行同意将债务人向其支付的本息按照约定的参贷比例转付给贷款受让行(或称为参贷行)，同时参贷行向贷款出让行提供资金并承担贷款的信用风险。

就对外关系而言，贷款出让行名义上仍是贷款银行，参贷行与借款人之间并没有直接的债权债务关系，参贷行对借款人也没有直接追索的权利。因此，即使贷款文件禁止贷款转让，贷款银行仍可以通过贷款参与方式转让贷款及其风险。

(三) 贷款更新

贷款更新也称为主体变更，指贷款出让行与借款人签署贷款协议后，经借款人同意将贷款协议的权利义务一并转移给贷款受让行，由贷款受让行承接贷款协议的贷款人地位，享有权利并负担业务，即贷款协议的所有条件不变，但贷款人发生变化。在贷款更新的情形下，通常签署一个三方协议，在这个协议中，借款人解除原贷款银行(贷款出让行)在贷款文件中的义务，由新贷款人(贷款受让行)承接，贷款受让行取得在贷款协议项下的权益。贷款更新的实质等于借款人和受让行之间订立了一个新的贷款协议，其内容与原贷款文件相同，只是贷款人由贷款出让行变成了贷款受让行。

四、贷款交易流程

(一) 确定交易对手

确定合适的交易对手是贷款交易的第一步。在参与贷款交易时，贷款出让行应重视考虑潜在交易对手的资信、信用评估能力以及市场经验等方面因素。同时，潜在受让行所在国的税收制度也是贷款出让行应注意的问题。在成熟的贷款交易市场中，贷款出让行与潜在的贷款受让行通常无需直接寻找交易对手，该工作可由经纪商完成。

(二) 签署保密协议或承诺

交易双方就转让主体资格进行确认后，根据情况需要，双方通常须签署保密协议或函件。在贷款交易中必须直视贷款信息以及借款人信息的保密问题。在确定交易对手后，贷款的潜在受让行一般要求贷款出让提供资料，但由此产生保密问题。贷款潜在的受让行如果有权对贷款资料进行审核，那么其必然全面接触借款人的有关信息，导致借款人的信息被披露给潜在的受让行，这可能对借款人的利益造成损害。因此，如果贷款有关文件中借款人未明确授权贷款出让对第三人披露其信息，则贷款出让行应在取得借款人的书面同意后方可向潜在的贷款受让行披露。为此，贷款出让行与贷款受让行要签署保密协议或承诺。

(三) 尽职调查(信用调查、贷款资产评估等)

贷款受让行与贷款出让行签署保密协议后，贷款出让行即可将贷款相关信息及材料(一般为其印件)提供给贷款受让行，受让行随即展开尽职调查。

一般来说，在贷款的潜在受让行与贷款出让行进行贷款交易之前，贷款的潜在受让行应对转让的贷款进行独立的尽职调查，掌握受让贷款的基本情况，并由此独立作出是否进行贷款交易的决策。

需指出的是，在贷款交易市场中，贷款的潜在受让行应对受让贷款承担独立的调查、分析和决策的责任，除贷款出让行根据有关约定需予披露之信息外，贷款的潜在受让行不应依赖于贷款出让行的任何判断，贷款出让行也无此责任和义务。

(四) 贷款交易日

倘若贷款潜在的受让行完成有关尽职调查后决定受让或参与贷款出让行提供的贷款，并初步商定贷款交易的方式(如贷款转让或贷款参与等)，则贷款出让行和潜在受让行可约定贷款交易日(T 日)。一旦贷款出让行与贷款受让行就贷款交易达成合意，双方即可通过一定方式进行贷款交易。交易方式可以为口头形式，也可以为电话、传真及电子邮件等形式。

(五) 交易的确认

交易的确认须经过两个步骤：(1) 贷款出让行向贷款受让行发出确认函。贷款交易完成后，贷款出让行即在约定的期限内(如 T+1 日)向贷款受让行发出交易确认函。(2) 贷款受让行签署确认函后发回执给贷款出让行。贷款受让行如对确认函的内容无异议，则应及时(如在 T+2 日)签署确认函并发至贷款出让行。

交易确认书仅是为记录和证明有关交易的细节之用，有关内容应当在交易日的沟通中已经达成一致。因此，交易确认书与贷款交易的成立或生效与否无直接联系。

另外，交易双方可以对交易合约的生效约定具体条件，主要包括：是否已获得必要的借款人同意；如尽职调查在交易日之后进行，还可将完成贷款文件的尽职调查作为交易合约的生效要件。但需指出的是，由于贷款出让行不对贷款的合法有效、借款人的资信等问题提供保证，因此，贷款是否合法有效、借款人的资信状况是好是差不应成为贷款交易合约生效的条件。

(六) 签署交易执行文件

在签署确认书后，出让方要准备交易执行文件，由双方签署。

(七) 交易结算

在贷款交易的结算日，贷款的受让行向贷款的出让方支付受让贷款的价款以及费用。

(八) 通知借款人

如果采用贷款转让方式，那么在交易完成后，应将贷款交易的转让通知借款人，以便使贷款转让对借款人产生效力；但在贷款参与等情形下，则无须作此通知。

五、我国贷款交易的限制性规定

目前，我国的贷款交易市场正处于起步阶段，入市机构仍较少，交投尚不活跃，贷款交易市场还面临一定的政策法律限制。

(一) 我国的贷款交易必须是整体性交易，不允许拆分式交易

2010 年的《中国银监会关于进一步规范银行业金融机构信贷资产转让业务的通知》(以下简称《通知》)规定，银行业金融机构转让信贷资产应当遵守整体性原则，即转让的信贷资产应当包括全部未偿还本金及应收利息，不得有下列情形：

(1) 将未偿还本金与应收利息分开；
(2) 按一定比例分割未偿还本金或应收利息；
(3) 将未偿还本金及应收利息整体按比例进行分割；
(4) 将未偿还本金或应收利息进行期限分割。

(二) 我国的贷款交易必须是买断式交易，不允许回购或双买断

《通知》规定，银行业金融机构转让信贷资产应当遵守真实性原则，禁止资产的非真实转移；转出方不得安排任何显性或隐性的回购条款；转让双方不得采取签订回购协议、即期买断加远期回购等方式规避监管。

（三）我国的贷款交易形式上必须是贷款更新，不允许贷款转让和贷款参与

《通知》规定，银行业金融机构转让信贷资产应当遵守洁净转让原则，即实现资产的真实、完全转让，风险的真实、完全转移；信贷资产转入方应当与信贷资产的借款方重新签订协议，确认变更后的债权债务关系；拟转让的信贷资产有保证人的，转出方在信贷资产转让前，应当征求保证人意见，保证人同意后，可进行转让；如保证人不同意，则转出方应和借款人协商，更换保证人或提供新的抵质押物，以实现信贷资产的安全转让；拟转让的信贷资产有抵质押物的，应当完成抵质押物变更登记手续或将质物移交占有、交付，确认担保物权有效转移；银行业金融机构在签订信贷资产转让协议时，应当明确双方权利和业务，转出方应当向转入方提供资产转让业务涉及的法律文件和其他相关资料；转入方应当行使信贷资产的日常贷后管理职责。

（四）我国的贷款交易主体必须是银行金融机构，不允许非银行金融机构参与

现阶段，我国的贷款交易主体必须是银行金融机构，包括在中华人民共和国境内设立的商业银银行、城市信用合作社、农村信用合作社等吸收公众存款的金融机构及政策性银行。

（五）我国的贷款交易必须是无追索权的贷款交易，不允许设有风险自留

如果是有追索权的贷款交易，受让方保留追索权，转让方应在表外记载，按照或有负债的有关规定管理和披露。《通知》规定，信贷资产转出方将信用风险、市场风险和流动性风险等完全转移给转入方后，应当在资产负债表内终止确认该项信贷资产，转入方应当在表内确认该项信贷资产，作为自有资产进行管理；转出方和转入方应当做到衔接一致，相关风险承担在任何时点上均不得落空；信贷资产转让后，转出方和转入方的资本充足率、拨备覆盖率、大额集中度、存贷比、风险资产等监管指标的计算应当作出相应调整。

（六）我国的贷款交易主要集中在正常贷款

目前，我国整个商业银行的小良贷款率为1%左右，相对于商业银行130多万元亿庞大的金融资产来说，贷款交易理应主要集中在正常贷款的交易上。《通知》中也规定，本通知所称信贷资产是指确定的、可转让的正常类信贷资产，不良资产的转让与处置不适用本通知规定。

知识链接 12-1

银行间贷款转让交易启动 21 家银行业金融机构参与

2010 年 9 月 25 日，《贷款转让交易主协议》签署暨全国银行间市场贷款转让交易启动仪式在上海举行，工商银行、农业银行、中国银行等 21 家银行业金融机构签署了《贷款转让交易主协议》。

银行贷款转让是指银行与金融同业之间，根据协议约定转让在其经营范围内自主合规发放的尚未到期的信贷资产的融资业务。中国人民银行行长周小川在启动仪式上表示，贷款转让是根据银行间市场需求而开发的一项新的交易品种，对商业银行转变贷款经营模式、

提高风险管理能力和推动利率市场化都具有重要意义。

目前，我国贷款转让市场面临着信息不对称、交易周期较长等问题，市场成员对建立规范的贷款转让市场呼声渐高。特别是在我国金融体系间接融资比重仍高于直接融资比重的背景下，如果能有序发展贷款转让市场，吸引机构投资者参与贷款转让交易，将有助于实现资本市场与信贷市场的有效连接。

周小川指出，《贷款转让交易主协议》的签署和交易的启动，对于规范发展我国贷款转让市场，完善货币政策传导机制，加强金融宏观调控，优化银行信贷结构，防范和化解潜在金融风险等，具有重要的现实意义，不仅丰富和发展了银行业金融机构满足资本约束要求、主动管理资产的产品与手段，也符合当前国际金融改革形势的变化与要求。

当日，工行和交行，浦发银行和山西晋城市商业银行，交行和攀枝花市商业银行通过中国银行间市场贷款转让交易系统达成贷款转让交易。

业内人士表示，贷款转让交易的活跃，在于有两方面的需求：一方面今年银行贷款较多，通过贷款转让，可以满足银行调节信贷规模的需要；另一方面受资本充足率约束，银行也有通过贷款转让来调整贷款余缺的需要。

(资料来源：李丹丹、苗燕、唐真龙，原载《上海证券报》，2010-09-27)

第二节　贷款证券化

资产证券化是20世纪70年代产生于美国的一项重大金融创新，也是世界金融业发展的一个趋势。资产证券化的引入并在我国银行信贷领域的应用，将对优化我国金融体系结构和加强金融风险控制产生深远的影响。

一、证券化、资产证券化与贷款证券化

证券化是指资金供给者和需求者通过资产证券市场进行投融资的过程。从形式上讲，证券化可分为融资证券化和资产证券化两种。融资证券化又称一级证券化，就是指资金的需求者采用在金融市场上发行有价证券(股票、债券等)的方式来直接融通资金。融资证券化的实质是由间接金融转向直接金融，它属于增量的证券化，又称为“初级证券化”。资产证券化又称二级证券化，是指将缺乏流动性但能够产生未来现金流的资产，通过结构性重组，转变为可以在金融市场上销售和流通的证券，并据以融通资金的过程。按基本资产的不同划分，资产证券化可分为两类：抵押证券化(Mortgage-backed Securitization，MBS)和资产支持证券化(Asset-backed Securitization，ABS)。它们的区别在于：前者的基础资产是抵押贷款，而后者的基础资产是除抵押贷款以外的其他资产。MBS是以住房或商用房抵押贷款这种信贷资产为基础，以借款人对贷款进行偿付所产生的现金流支撑，通过金融市场发行证券(大多是债券)融资的过程，它是证券化发展史上最早出现的证券化类型。MBS可以把银行等金融机构持有的流动性较低的长期抵押贷款转化为流动性较高的证券，这极大地改善了这些机构的资产流动性。而且，如果MBS选择的是表外融资形式，就不会增加这些

机构的负债率，还可以释放资本金。因此，这种证券化产品很受金融机构的青睐。另一方面，由于 MBS 的基础资产是违约率较低的抵押贷款，现金流量比较稳定且易于预测，因此市场投资者也很喜欢这种投资工具。

ABS 是以除抵押贷款以外的其他资产为支撑的证券化融资方式，它实际上是 MBS 技术在其他资产上的推广和应用。由于证券化融资的基本条件之一是基础资产能够产生可预期的、稳定的现金流，除了抵押贷款外，还有很多资产也具有这种特征，因此它们也可以证券化。随着证券化技术的不断发展和证券化市场的不断扩大，ABS 的种类也日趋繁多，具体可以细分为以下品种：(1) 贷款类资产，包括无抵押无担保的企业贷款、汽车消费贷款、助学贷款等；(2) 应收账款类资产，包括贸易应收账款、信用卡应收账款、设备租赁费等；(3) 收费类资产，包括公园门票收入、俱乐部会费收入、基础设施收费、保费收入等；(4) 其他资产，如专利、版权、商标使用权收入等。

贷款证券化是指将银行贷款组建资产池，并以贷款资产池所产生的现金流为支撑和保证发行证券的过程和技术，这里的证券即贷款支持证券。从范围上来看，贷款证券化是指银行的整个信贷资产的证券化，包括 MBS 及 ABS 中的无抵押无担保的企业贷款、汽车消费贷款、助学贷款等贷款的证券化。如表 12-1 和图 12-1 所示。

表 12-1　中国信贷资产的证券化

按发行年份	规模(亿)	单数
2005	71.96	2
2006	115.80	3
2007	177.45	4
2008	302.00	8
2012	192.63	5
2013	157.73	6
2014	2,819.86	66
2015(截至 5/8)	556.44	19
加总	4,393.86	113

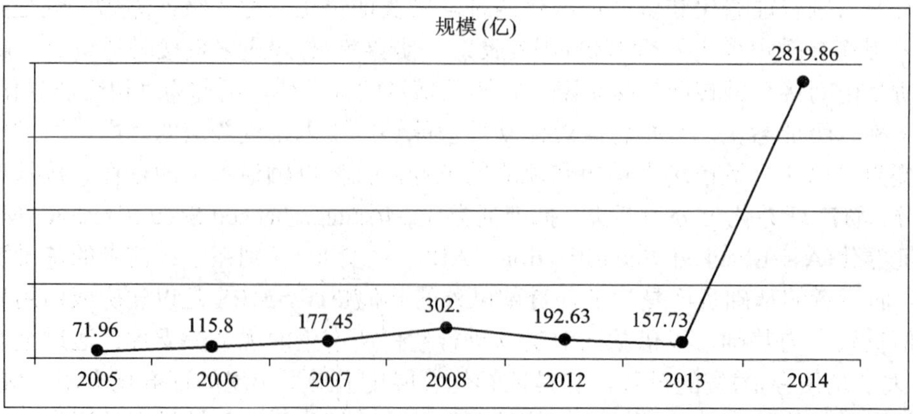

图 12-1　中国信贷资产的证券化规模

二、贷款证券化的基本流程

(一) 确定基础资产并组建资产池

发起人(原始贷款银行)根据自身的融资需求，对其所拥有的能够产生未来现金流的贷款进行清理、估价，确定可以证券化的贷款数额和范围，将这些贷款汇集形成一个资产池。入池的贷款应具备的理想标准是：能够在未来产生可预测的、稳定的现金流；有持续一定时期的低违约率、低损失率的历史记录；本息偿还可分摊于贷款的整个生命期间；贷款的初始债务人具有广泛的地域分布和多样化的客户类型分布；贷款抵押物有较高的变现价值；贷款具有标准化的合约条款；资产池中的贷款数量需达到一定规模，且单项贷款在总金额中占比不宜过高。

(二) 转移资产给 SPV

SPV(Special Purpose Vehicle)即特殊目的载体，是专门为资产证券化成立的具有独立法律地位的实体，是证券化结构设计中最为关键的主体。SPV 可以是由证券化发起人设立的一个附属机构，也可以是专门进行资产证券化的机构。发起人(原始贷款银行)同 SPV 签订合同，将其拟证券化的整个的贷款转移给 SPV，这种交易必须以真实销售的方式进行。SPV 从法律角度完全独立于基础资产的原始权益人，使证券化后的基础资产不会受到原始权益人破产的影响，从而达到“破产隔离”的目的。

(三) 完善交易结构并进行内部信用初评

购买贷款后，SPV 必须与银行、券商等相关机构达成一系列的协议来完善交易结构。SPV 要与原始贷款银行或其指定的银行签订贷款服务合同，并一起确定一家受托管理银行签订托管合同，与银行达成必要时提供流动性的周转协议，与证券承销商达成证券承销协议等。然后，SPV 聘请信用评级机构对该交易结构及设计好的贷款支持证券进行内部信用初评。信用评级机构主要是通过对各种合同文件的合法性与有效性进行审查，从而对交易结构和贷款支持证券给出内部评级结果。

(四) 信用增级

如果仅仅以资产池的未来现金流收入作保证，发行的贷款支持证券是难以吸引投资者的。为了吸引更多的投资者、降低融资成本、改善发行条件，SPV 必须对拟发行的证券进行信用增级，来提高证券的信用质量、提高偿付的时间性与确定性等方面的保证。信用增级的方式很多，内部信用增级和外部信用增级是通常采用的两种类型。内部信用增级方式有：(1) 破产隔离，通过剔除掉原始权益人的信用风险对投资收益的影响，提高贷款支撑证券信用等级；(2) 发行优先级证券和次级证券，意在用高收益的次级证券本息交付顺序上的滞后处理，来保证低收益的优先级证券获得本息的优先支付。外部信用增级手段主要是第三方提供担保，即以银行信用证或保险公司保单或其他专业公司提供担保等形式为证券提供担保。

(五) 发行评级和证券发售

信用增级后，SPV 再次委托信用评级机构对即将发行的贷款支持证券进行正式的发行评级，并将评级结果向投资者公告，随之由其聘请的证券承销商负责安排销售。证券发行后，发行人从承销商处获取证券发行收入，并向发起人支付购买信贷资产的价款，同时向其聘请的各专业机构支付相关费用。至此，原始权益人的筹资目的已经达到。

(六) 现金流管理与本息清偿

贷款支持证券发行后，SPV 要保证基础资产现金流的收回，并按期向证券投资者支付本息。但是 SPV 不直接管理基础资产，SPV 通常委托原始贷款银行继续负责基础资产现金流的日常收取与分配。当资产支持证券到期，证券本息全部被偿付完毕后，如果资产池产生的现金流还有剩余，则应根据合同规定，将节余的现金流返还给发起人，或在发起人和 SPV 间进行分配。至此，证券化交易的全部过程结束。

需要说明的是，上述业务流程是贷款证券化的最一般、最基本的框架，由于各国或地区制度不同、金融市场发达程度不同，具体框架设计也有差异。因此，在设计证券化业务时，应以一般流程为基础，结合本国或本地区的具体情况进行。

知识链接 12-2

平安银行 1 号消费贷款证券化产品

2014 年 6 月 25 日，平安银行作为发起机构，将其持有的拟用于资产证券化的小额消费贷款转让给华能信托，由其担任受托机构和发行人，国泰君安担任主承销商，发行了平安银行 1 号小额消费贷款资产支持证券。本期产品发行总规模为 26.3 亿元，分为 A 级 01 档、A 级 02 档和 B 级三档，发行额度分别为：12.1 亿元(占 45.99%)、13.4 亿元(占 50.97%)、7，985.5239 万元(占 3.04%)。A 级资产支持证券(包括 A 级 01 档、A 级 02 档)、B 级资产支持证券均在交易所市场交易，其基本信息如表 12-2 所示。

表 12-2 平安银行 1 号小额消费贷款资产支持证券基本信息

	A 级 01 档	A 级 02 档	B 级
发行金额(万元)	121，000.00	134，100.00	7，986.00
分层比例(%)	45.99	50.97	3.04
评级结构	AAA	AAA	无
票面利率	5.3%	一年定存利率+2.6%	无票面利率
利息支付频率	按月支付	按月支付	—
还本方式	过手摊还	过手摊还	—
预期到期日	2015 年 5 月 26 日	2016 年 11 月 26 日	2017 年 6 月 26 日
预期加权平均期限	0.43 年	1.54 年	2.43 年
法定最终到期日	2019 年 6 月 26 日	2019 年 6 月 26 日	2019 年 6 月 26 日

注：一年定存利率是指中国人民银行公布的一年期定期存款利率。

(资料来源：《平安银行 1 号小额消费贷款证券化信托资产支持证券发行说明书》)

知识链接 12-3

某银行小额贷款资产证券化流程图

某银行小额贷款资产证券化流程如图 12-2 所示。

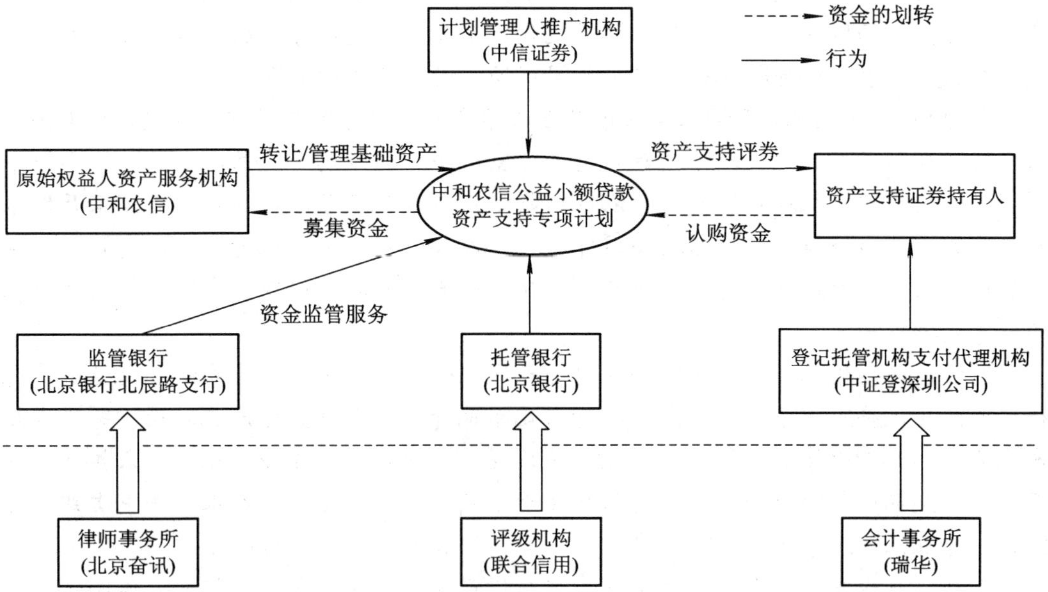

图 12-2　某银行小额贷款资产证券化流程图

某银行小额贷款资产证券化要素如表 12-3 所示。

表 12-3　某银行小额贷款资产证券化要素

中和农信—公益小额贷款资产支持证券要素		
发行总额	【5】亿元	
初始起算日	2014 年【6】月【30】日	
专项计划设立日	2014 年【10】月【20】日	
证券分档	优先档	次级档
金额	43，000 万元	7，000 万元
规模占比	86%	14%
信用等级	AAA	未评级
预期到期日	2017 年【4】月【20】日	2017 年【10】月【20】日
加权平均期限	【2.4】年	不适用
利率类型	固定利率	不适用
预期收益率	—	无固定利率
付息频率	循环期按年支付，分配期按月支付	不适用
还本方式	在分配期过手摊还	过手摊还/原状分配

知识链接 12-4

信贷资产证券化重启——路有多宽？能走多远？

国家开发银行和交通银行相继获批发行资产证券化产品，因次贷危机而停滞近四年的资产证券化重新扬帆起航。重启后，除了规模、基础资产范围等方面都较以往有所进步，最大的看点还在于发行场所能否突破银行间市场，进入交易所市场。

众所周知，自从 1997 年停止商业银行在证券交易所证券回购及现券交易，全国银行间债务市场逐渐形成并壮大。我国债券市场被分割为银行间市场和交易所市场，这两个市场分属不同部门管理，很难互通交易。以往信贷资产证券化产品，包括重启后国家开发银行的首单产品，均为银行发起，信托公司作为受托人和发行人，在银行间市场发售。这样就造成了信贷资产仍然是在银行间市场交易流转，风险并未转移出银行系统，使得之前证券化的意义大打折扣。

信贷资产证券化本质上是银行将表内资产通过合法渠道出表，具体做法就是由受托人发行证券产品，将一部分贷款售出。银行借此回笼资金，保证了资产流动性，并且满足了资本充足率、存贷比等监管指标。在现行的政策下，受托人主要由信托公司来担任，发行的产品也只能在银行间市场出售，局限性在于信贷资产不过是从一家银行手中卖到了另一家银行，并且银行间市场对风险的偏好低，不利于基础资产范围的扩大。

截至目前，我国还没有一例信贷资产证券化产品登陆交易所。虽然一直传闻交行将填补这项空白，通过券商作为管理人，为证券化增添新路径，但消息迟迟没有落地。其中的原因，除了基于对创新的谨慎，还因涉及多个监管部门，需要在制度和政策上重新整合。由于我国金融目前仍属于分业监管，因此，银行和信托公司归银监会监管，对应于银行间交易市场，而券商归证监会监管，对应于交易所市场。

以往是各耕各的地、各收各的粮，如果允许信贷资产证券化产品进入交易所市场，则意味着两块田地之间的藩篱出现松动。这也符合我国逐渐向混业经营转变的趋势。虽然证券公司发行企业资产证券化产品已经逐渐成熟，但证券公司受让管理信贷资产，此前并无先例。信贷资产证券化步子能迈多大，考验监管者的魄力和智慧。相信这样的政策到来不需要等太久。

信贷资产证券化能否开拓新的开发途径和发售场所，意义不仅在于证券化本身，还关系到各金融机构的利益格局，具有一定的战略引导作用。若单从技术层面来看，如何给证券化产品增信则是另一个值得关注的看点。

此次重启试点，政策上专门提到了“各发起机构应持有由其发起的每一单资产证券化中的最低档次资产支持证券的一定比例，该比例原则上不得低于每一单全部资产支持证券发行规模的 5%”。这样的规定其实也是吸取了美国次贷危机的教训，要求有自留 5%的风险，以避免风险的扩散。目前发售的证券化产品采用分层设计，至少分为优先、次级等级别。这种设计符合了高风险高收益、低风险低收益的原则，满足了不同投资者。更为重要的是，要求发起行购买最低级别的产品，一旦出现风险，将由发起银行首先承担。

通过产品分层设计和承担损失的先后顺序安排，并强制发起人购买最低级别产品，实现了低等级证券持有人对高等级证券持有人的内部增信和发起人的自我增信。

这种增信措施的缺点在于，银行实际上把已经表外化的信贷资产风险再次引入资产负债表内，降低了证券化的实际效率。探索更为高效的增信手段或许是技术层面决定信贷资产证券化成败的关键。毕竟银行还是更有动力将流动性差、风险高的信贷资产证券化。虽然试点刚开始时基础资产包质量会比较高，但随着规模的增大，更多的资产看起来可能并不那么的好、需要更加合理的增信设计来控制风险。

如果说突破银行间市场决定了信贷资产证券化能走多宽，那么增信的创新则决定了能走多远。

（资料来源：肖怀洋，原载《证券日报》，2012-10-16）

本章小结

贷款交易与贷款证券化都是提高银行资产流动性，改善银行资产负债管理的一种技术手段。

贷款交易是指商业银行等金融机构之间，根据协议约定交易在其经营范围内自主、合规发放尚未到期信贷资产的融资行为。目前贷款交易主要包括贷款转让、贷款参与和贷款更新三种方式。

通过贷款交易，可以充分发挥金融机构的整体实力，实现优势互补，达到改善信贷资产结构、提高信贷资产流动性、合理配置信贷资金和经营效益最大化等目的。

我国贷款交易市场起步较晚，贷款交易的规模相对较小，目前监管部门对这个市场设置了许多限制性的规定。

贷款证券化是指将银行贷款组建资产池，并以贷款资产池所产生的现金流为支撑和保证发行证券的过程和技术，它属于资产证券化的一种。

与传统的证券融资相比，贷款证券化是一种结构融资手段、一种流动性风险管理手段、一种表外融资方式、一种只依赖于基础资产信用的融资方式。贷款证券化对于发起人、投资者和整个金融市场都具有重要的意义。

重要概念

贷款交易　贷款转让　贷款参与　贷款更新　资产证券化　贷款证券化

思考与练习

1．试述贷款交易的作用。
2．试述贷款交易的流程。

3．试述我国贷款交易的限制性规定。
4．试述贷款证券化的基本流程。
5．试述贷款证券化的特点。
6．试述贷款证券化的意义。
7．你认为我国开展贷款证券化的前景如何？有什么建议?
8．除贷款外，你认为我国还有哪些资产可以进行证券化处理?

第十三章

商业银行公司治理与合规管理理论与实务

公司治理与合规管理是商业银行核心的风险管理活动，保障银行自身业务经营活动的合规性是公司治理的重要目的之一。合规风险逐渐成为除信用风险、市场风险和操作风险之外的我国商业银行面临的重要风险。健全有效的合规风险管理机制，是实施以风险为本监管的基础。对合规风险进行有效管理的商业银行信誉良好，经营性风险较小，更容易赢得客户的信赖和价值认同，而缺乏有效合规风险管理的商业银行，不仅面临监管处罚、遭受重大财务损失的风险，其生存的基石——声誉也最终会受到危害。本章从公司治理、合规风险与合规风险管理的概念、合规管理原则，以及合规管理措施等方面对商业银行合规管理展开论述。

本章学习目标

(1) 理解商业银行公司治理结构与一般企业治理结构的差异。
(2) 了解商业银行公司治理模式及我国商业银行公司治理改革现状。
(3) 了解商业银行合规风险管理体系的主要内容及其地位作用。

第一节　商业银行公司治理

随着商业银行股份制改造的稳步推进，改善商业银行公司治理成为一个迫切而又重要的任务。由于商业银行业务的特殊性，商业银行公司治理与一般企业的公司治理有很大的不同。通过对商业银行的控制权和剩余索取权配置的影响，中央政府、地方政府和监管机构对商业银行公司治理产生了很大的影响。同时，由于债权人在商业银行公司治理中的作用主要体现在“用脚投票”方面，即债权人通过对不同银行的比较和选择，从外部对银行的经营形成激励和约束，因而债权人在商业银行公司治理中的作用与在一般企业中的作用也有显著的不同。

一、商业银行公司治理的概念

公司治理，从广义角度理解，是研究企业权利安排的一门科学；从狭义角度理解，是居于企业所有权层次，研究如何授权给职业经理人并针对职业经理人履行职务行为行使监管职能的科学。公司治理的核心是在所有权和经营权分离的条件下，所有者和经营者的利益不一致而出现的委托—代理关系。公司治理的目标是降低代理成本，使所有者不干预公司的日常经营，同时保证经营者能以所有者的利益和公司的价值最大化为目标。

商业银行公司治理是指股东大会、董事会、监事会、高级管理层、股东及其他利益相关者之间的相互关系，包括组织架构、职责边界、履职要求等治理制衡机制，以及决策、执行、监督、激励约束等治理运行机制。

可以看出，商业银行公司治理是一个总体的概念，包括风险管理、内部控制和合规管理，即公司治理是一个整体。从广义的概念来说，在公司治理的大框架下，风险管理、内部控制与公司治理是融合的，它们包含了合规管理，合规管理也应当应用于商业银行经营管理的全过程，应用于银行的每一个层次和机构，并与银行的商业活动保持独立性。

二、商业银行公司治理的特殊性

商业银行公司治理结构必须遵循公司治理结构的一般原则，但由于商业的特殊性，因此其治理结构的构建方面与一般企业的治理结构还存在一些重要差异。

按照构建商业银行公司治理机制的内外部因素划分，商业银行公司治理机制可以分为外部公司治理机制和内部公司治理机制。从这一类方式的角度分析商业银行公司治理区别于公司制企业的特殊性主要表现在以下几个方面：

（一）外部竞争机制不健全

对商业银行来说，因为规模经济和范围经济原理在银行业内的广泛应用，商业银行在金融产业中普遍处于不完全竞争状态，在某些金融市场欠发达的国家甚至处于寡头垄断的地位，所以行业外的竞争和行业内部的竞争对商业银行公司治理都起不到很好的督促作用。当普遍不存在替代者威胁的市场竞争状态下，商业银行公司治理结构的完善很可能停滞不前。

（二）外部债权人的约束力弱

商业银行的传统业务在于吸收存款并发放贷款，其资本金只有很少一部分来自自有资金，大部分资金属于广大储户的存款金额，正是由于其特殊的金融地位使得商业银行有足够的存款来源，于是债券融资的情形比较少。广大储户作为商业银行的外部债权人具有分散范围广、控制力弱等特征，所以并不能对商业银行起到债权人的监督作用，尤其对于小额储户而言。因此，外部债权人对商业银行公司治理结构的约束力是很弱的。

（三）外部并购成本大

并购的含义并非广泛，一般是指兼并和收购。并购的实质是在企业控制权运动过程中，各权利主体依据企业生产权作出的制度安排而进行的一种权力让渡行为。并购机制能够促使银行不良经营者面临被股东罢免、被其他银行收购的压力，从而达到治理的目的。纵观各个国家的银行发展过程，商业银行往往在金融行业拥有控制地位，而且在发展中国家，政府部门需要通过商业银行实现资金通融，商业银行的巨大政治背景和金融作用使得银行与银行之间、银行与非银行之间的并购机会并不多，加之商业银行的资产数额庞大，对于大型商业银行来说并购的成本非常高。所以，并购机制对于商业银行公司治理的影响也比较小。

(四) 外部政策和法律法规约束多

商业银行在一国国民经济中的特殊地位决定了一旦发生银行风险，所导致的破坏力将十分巨大。危机传染机制的存在可能将一国整个金融系统毁于一旦。所以商业银行需要受到政府部门的严格监管，包括法律措施和行政措施的结合，这使得商业银行相对于其他一般公司制企业来说会面临更严格的政治环境和法律环境，当商业银行在公司治理方面和经营方面有创新性行为时，实施过程会遇到更多的阻碍。

(五) 银行家经理人市场不健全

现在企业制度的深入推广催生了职业经理人，这也是所有权和经营权分离必然会产生的一类专职于公司经营管理的高素质、高能力的人员。一般公司制企业股东授权董事(会)聘请经理人员较商业银行而言容易得多，首先一般公司制企业需要的经理人不需要具备银行从业知识；其次随着市场经济的不断完善，大多数行业中企业的数量较银行业更多，所以同行业中职业经理人数量较多，且转换成本较小；最后也可能是最重要的原因在于很多大型商业银行控股权属于国家或者全体人民，商业银行的经理人员很可能存在行政委派的现象。所以，商业银行的银行家经理人市场不够健全。

三、商业银行公司治理模式

由于金融环境的多样性，世界各国呈现出各种各样的商业银行公司治理结构。目前最典型的商业银行公司治理模式为：以英、美国家为代表的一元公司治理模式，又称英美模式，以美国花旗银行为代表；另一种为以德、法国家为代表的二元公司治理模式，又称德法模式，以德意志银行为代表。

(一) 英美模式

英美模式下的商业银行公司治理是一种单层结构，即由股东大会、董事会和经理层组成，董事会往往下设薪酬委员会、提名委员会、风险管理委员会、审计委员会等部门。股东大会的作用主要是选举董事会，审议公司的利润分配方案，审议公司的重大决策等，但股东大会对企业的经营管理并无太多的涉及。董事会提名并在股东大会的授权下聘请职业经理人管理银行，但董事会和经理层分开运作，各司其职。为了防止董事会和经理人员相互勾结，通常规定董事会中必须有半数的外部独立董事，独立董事大多由外部具有鉴证资格的人员和一定比例的员工代表担任。通过独立董事会的公证监督来确保股东的利益和高级管理层的利益不发生冲突。英美模式下，董事会一般只对那些重大事项的决策负责并监督经理层，而经理层在经营管理中权力很大，具有一般决策权和执行权。

英美模式的一个重要特征是股东数量很多，且每个股东控股比例不大，这一特征源于英、美国家等发达国家完善的证券市场。英美模式更加重视股东的利益，强调银行存在的最大目标是实现股东价值最大化，故在英美模式下，利益相关者很少被重视，银行员工的利益往往也会被忽略。

英美模式还有一个比较明显的特征，即完善的激励机制。以花旗银行为例，花旗银行强调董事会及人事和薪酬委员会制定合适的人员酬金标准，以吸引并保留优秀的员工。建立了“以业绩论工资”的制度，将员工工资与业绩考核挂钩能充分发挥员工的积极性和主观能动性。由于拥有相对完善的证券市场，所以对银行经理的报酬支付方式也比较多，如工资、奖金、分红、股票奖励、股票期权等。董事的报酬也大多使用股票和股票期权的方式。

(二) 德法模式

德法模式下的商业银行公司治理是一种双层董事会的结构。由股东大会、监事会、董事会、经理层组成。德法模式与英美模式最大的区别就在于监事会的设立，监事会一般不参加银行的日常经营管理，但是有权在任何时候检查公司的账目情况和公司经营方案的执行情况，监事会主要发挥对董事会和经理层的监督作用。在德法模式下，董事会的权力很大，负责银行的重大决策制定，而总经理则负责具体的贯彻执行，这也是区别于英美模式的地方。

德法模式下的银行股东数量相较于英美模式较少，且存在控股股东或大股东现象。然而德法模式下商业银行公司治理的目的首先强调的是履行社会责任，其次才考虑到股东，也就是说更加突出利益相关者的地位。同时，员工享有参与决定银行经营事务的权利，职工通过选派职工代表进入监事会参与公司重大经营决策，或者通过谈判在劳资协议中确定职工参与公司决策的方式与范围来实现公司治理的“共同决定”。

在德法模式下，董事、经理层、员工的薪酬与业绩的关联度没有英美模式下的关联度高，董事的工资一般参照国际同行业的标准，对董事的股权激励方式是比较少的，或者这种股权激励相对于董事全部工资收入来说是不重要的。在德法模式下，商业银行对信息披露的程度没有英美模式高。

对比了商业银行公司治理的两种主要模式后，发现两种模式都有各自优异的特征。所以没有一种绝对标准的商业银行公司治理模式存在，各个国家都应该按照自身的国家性质和金融市场发展程度来设置本国的商业银行公司治理机构。

四、我国国有商业银行公司治理改革与历史演进

1993 年 11 月，中国共产党第十四届三中全会通过了《关于建设社会主义市场经济体制若干问题的决定》，这次大会的召开将现代企业制度引入了中国市场经济改革开放的历史舞台。1999 年 9 月，中国共产党第十五届四中全会通过了《关于国有企业改革和发展若干重大问题的决定》，该决定正式提出了公司法人治理结构式公司制的核心，要明确股东(大)会、董事会、监事会和高级管理层各自的职责，形成各司其职、协调运作、有效制衡的公司治理结构。2003 年 11 月，在中国共产党第十六届三中全会上提出“建立规范的法人治理结构，是建立现代企业制度的关键”。2005 年 10 月，中国共产党第十六届五中全会通过的《中共中央关于制定经济和社会发展第十一个五年计划的建议》中指出，今后五年企业改革的重点是完善公司与内部控制，“加快国有大型企业股份制改革，完善公司治理结构”等。

2001 年，我国加入了世贸组织，同时意味着我国市场经济做好了迎接国际市场挑战的准备。外资银行蜂拥而至的局面给我国本土商业银行，尤其是国有大型商业银行带来了非

常大的冲击。在加入 WTO 之前，我国国有商业银行还没有完成股份制改造，算不得真正意义上的公司制企业，公司治理结构更是非常落后。外资银行凭借其完备的商业银行服务功能与中资银行展开激烈的优质客户争夺战。外资银行大多实行混业经营，商业银行、投资银行、证券、保险等业务均衡发展，与严格实行分业经营的我国国有商业银行相比，可以为客户提供更全面的商业银行服务。我国加入世贸组织后，国际贸易飞速发展，银行的国际结算、信用证业务大量增加，外资银行凭借其操作规范、管理先进以及与跨国公司的长期合作关系，对国有商业银行形成较强的挑战。另一方面，外资银行对优秀人才的吸引力更强。外资银行可以用高薪聘用、委重任、出国培训等优厚条件挖走金融人才，而国有商业银行受工资、福利、社会保障等现有体制条件的限制，在争夺人才方面处于劣势，从而导致大量优秀人才外流。正是在这样的内忧外患的状况下，我国国有商业银行奋起直追，在银行业务不断升级和发展的基础上，积极完善公司治理结构，凭借本土优势，充分发挥我国金融市场中流砥柱的作用。

以中国共产党第十六届三中全会通过的《中共中央关于完善社会主义市场经济体制若干问题的决定》为重要指标，中国银行业尤其是国有商业银行改革进入了一个实质性发展阶段。2003 年年底，国务院决定首先选择四大国有银行(中、农、工、建)中成绩较好的中国银行和中国建设银行进行股份制改造试点，成立汇金公司代表国务院行使出资人权力和职责。汇金公司向中国银行和中国建设银行注资 450 亿美元而成为两行的控股股东。2004 年 8 月 26 日，中国银行股份有限公司成立。随后，中国银行引入了苏格兰皇家银行、新加坡政府投资公司淡马锡控股公司、瑞银集团和亚洲开发银行等外资战略投资者。2006 年 6 月 1 日，中国银行在香港联合交易所挂牌上市。2004 年 9 月 21 日，中国建设银行股份有限公司成立，并引入了美国银行和新加坡政府投资公司淡马锡控股公司的全资子公司亚洲金融控股私人有限公司等外资战略投资者，2005 年 10 月 27 日，在香港联合交易所挂牌上市。2005 年汇金公司出资 150 亿美元补充中国工商银行资本充足率，引入高盛集团、安联集团和美国运通公司等外资战略投资者后，于 2006 年 10 月 27 日，在香港联合交易所和上海证券交易所同时上市。2008 年，中国农业银行股份有限公司成立，于 2010 年 7 月 16 日在上海和香港两地同时上市。中国农业银行的上市成功标志着我国对中、农、工、建四大国有商业银行的股份制改革基本完成。

知识链接 13-1

中国工商银行公司治理

完善公司治理是增强企业核心竞争力的基础工程，卓越的公司治理是中国工商银行持续发展的基石。

2006 年 10 月 27 日，中国工商银行于上海及香港同步上市，实现了从国有独资商业银行到股份制商业银行，再到国际公众持股公司的历史任务。按照中国《公司法》、《证券法》等相关法律法规和现代金融企业制度的基本要求，中国工商银行建立了由股东大会、董事会、监事会和高级管理层组成的现代公司治理架构，初步形成了权力机构、决策机构、监督机构和管理层之间决策科学、执行有力、监督有效的运行机制。

目前，中国工商银行董事长和行长分设，董事会和高级管理层均设立有专门委员会，股东大会、董事会、监事会和高级管理层的职责权限划分明确。董事会、监事会和高级管理层依据公司章程和议事规则等规章制度，各司其职、有效制衡、互相协调，不断完善公司治理、加强风险管理和内部控制，不断提高公司的经营管理水平和经营绩效，以为股东创造持续卓越的投资回报为根本目标。

中国工商银行公司治理结构图如图 13-1 所示。

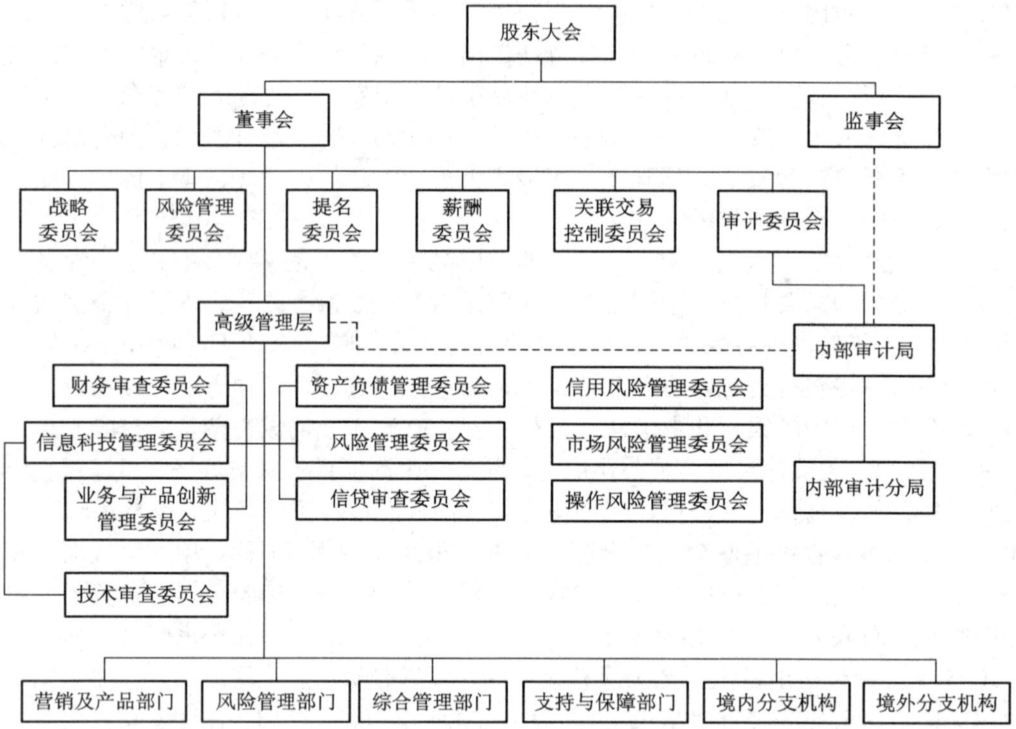

图 13-1　中国工商银行公司治理结构

第二节　商业银行合规风险管理

商业银行形成合理和稳定的公司治理架构对于保持银行自身内部经营的稳健性以及符合外部监管的需要等都非常关键，同时对于保证银行经营过程中的合规性也具有非常重要的意义。

一、银行合规与合规风险

(一) 合规含义

“合规”一词是源于英文 compliance，意为“遵从、遵守”。就目前的定义看，合规是指企业应当遵守法律、法规、监管规定以及内部规章制度和社会规范，以保证业务活动符合诚信和道德行为准则。合规的层次如图 13-2 所示。

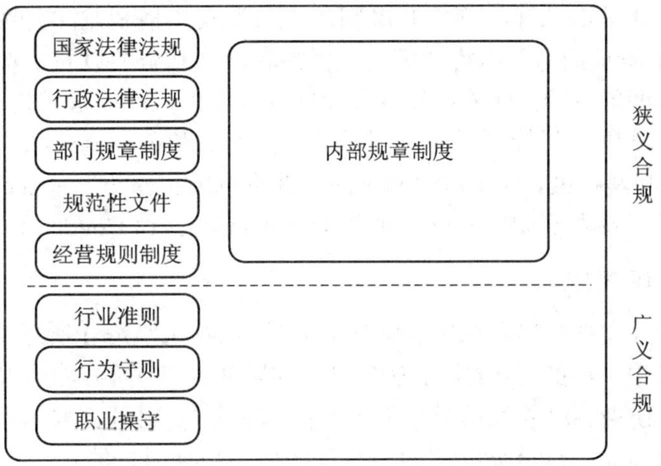

图 13-2 合规的层次

(二) 银行合规的内涵

对于商业银行依法合规的理解，有的人简单认为合规就是符合规定，否则就是违规；有的理解为银行及其分支机构的经营管理必须符合总行制定的规章制度。显然，这些理解只是停留在表面，与国际上对合规的理解并不一致。

从巴塞尔银行监管委员会(巴塞尔委员会)对合规风险的界定来看，银行合规特指遵守法律、法规、监管规则或标准。《商业银行合规风险管理指引》中明确解释了合规的含义："本指引中的合规，指的是令商业银行业务经营活动与法律、规则和准则相符合。"定义中的法律、规则和准则，具体而言就是指"适用于银行业的经营活动的法律、行政法规、部门规章及其他规范性文件、经营规则、自律性组织的行业准则、行为守则和职业操守"(可延伸至银行经营范围以外的法律、规则和准则)，上述法律、规则和准则不仅包括具有法律约束力的文件，还应包括广义上的诚实廉政和公平交易的行为准则。银行可依据监管部门或自身采取不同的监管模式。

银行作为一个经营货币的高风险性企业，其合规性具有自身的特点：

1．商业银行合规需要更加遵循法律的规定与精神

商业银行在经营过程中受到的法律管制与监管措施比一般企业更为严格，因而发生违法违规事件时将会受到更严厉的法律制裁或处罚。另外，银行是高风险性企业，对社会与公众的影响远高于普通企业，如果疏于对经营和人员的管理，那么在没有违背法律法规的情况下也有可能导致严重的负面影响和声誉损失。2011 年 4 月，某商业银行人力资源部的余某由于应急，用个人外网邮箱发送员工工资信息资料数据，被李某盗取，并通过网上银行系统盗刷其中七名员工信用卡共计人民币 55 634 元。2011 年，江苏银行因将 3.2 万余元的个人信用报告出售给宜信普惠信息咨询公司而被央行上海分行发文责令整改，上市计划被搁置。因此，商业银行应当比普通企业更加需要有维护法律的精神。

2．商业银行合规遵循对象具有广泛性、综合性、国际性

由于商业银行的业务具有广泛性和综合性，巴塞尔委员会 2005 年 4 月发布了《合规与银行内部合规部门》(简称《文件》)，明确指出，商业银行的合规所涉及的“规”，主要是指与银行经营业务相关的法律、规则和准则，主要涉及包括利益冲突避免和减少的银行经营准则(Conduct of Business)、消费者贷款、保护客户隐私资料以及反洗钱、反恐怖融资的相关制度规定等方面的内容。此外，根据银行自身管理模式或监管机构的监管模式的不同，上述法律、规则和准则可延伸到经营范围以外，如税法和劳动就业法。其渊源有：监管机构指定的法律、规则及标准，行业协会制定的行业准则(Codes of Practice)、市场惯例(Market Convention)，以及行业内部制度和行为规范(Internal Codes of Conduct)。

(三) 银行合规风险

巴塞尔委员会《文件》将合规风险定义为，“因银行未能遵守所适用法律、法规、行为准则以及有关实践中生产的标准(统称为‘法律、规则和准则’)而可能给银行带来的受到制裁的风险、遭受金融损失的风险及信誉损失等方面的风险”。另外需要明确的是，合规风险监管和管理都以力求商业银行遵循法律的规定及法律的精神为目的。

《商业银行合规风险管理指引》首次明确界定了我国商业银行合规风险的概念。该指引明确指出，合规风险是指商业银行因没有遵循法律、规则和准则可能遭受法律制裁、监管处罚、重大财务损失和声誉损失的风险。巴塞尔银行监管委员会的《巴塞尔新资本协议》将商业银行风险划分为三大类：信用风险、市场风险、操作风险。它们基本涵盖了银行面临的所有风险。我国商业银行风险主要分为流动性风险指标、信用风险指标、市场风险指标和操作风险指标，与巴塞尔委员会的划分基本一致。目前我国商业银行侧重于后三种风险的研究和管理，而对于包括合规风险在内的其他风险的管理，在观念上和技术上则不很完善。

二、银行合规风险管理

(一) 合规风险管理的内涵

作为银行的一项核心风险管理活动，目前对商业银行合规风险管理概念界定的主流观点为：有效识别合规风险，主动避免违规事件的发生并采取各项修正措施，对相关制度进行持续修订，制作详细描述具体做法的岗位手册，最终实现有效管理合规风险的周而复始的循环过程。

根据上述合规风险管理的定义，商业银行合规风险管理是一个动态的过程，按照管理学的依据，构成一个 PDCA(Plan(计划)—Do(执行)—Check(检查)—Action(改进))循环。

因此，商业银行合规风险管理的基本内涵是：

(1) 商业银行是典型的风险管理型企业，银行的业务活动无时无刻不伴随着风险，而以风险管理的方法来管理合规的做法，与以往的合规性监管或合规性管理有本质的区别。随着银行业日益走“三化”道路，即业务经营国际化、综合化及产品复杂化，频频暴露出合规失效的问题，银行原有的合规管理体系受到严重质疑，对商业银行的合规性经营提出严峻挑战。近年来，全球银行业都将以风险管理为核心理念纳入本行的合规管理框架，并将合规风险的管理作为银行全面风险管理的核心内容之一。

(2) 合规风险管理是一项主动的风险管理过程。该过程包括主动避免发生违规事件，并因此遭受法律制裁及金融、财务、声誉损失；银行主动对业务经营中的风险进行检测，检查相关责任人员职责；银行主动就争议发生的违规行为，管理和控制合规风险的过程；银行科学制定、修正内部程序和相关规章制度的过程。银行主动管理合规风险能够有效实现银行内部控制，也能够实现与外部监督部门的互动。

(3) 合规风险管理的目标是通过建立健全合规风险管理框架，实现对合规风险的有效识别和管理，促进全面风险管理体系建设，确保依法合规经营。

(二) 银行合规风险管理体系

1. 合规风险管理体系的基本要素

银行合规风险管理的目标是通过建立健全合规风险管理框架，实现对合规风险的有效识别和管理，促进全面风险管理体系建设，确保依法合规经营。商业银行应该建立与其经营范围、组织结构和业务规模相适应的合规风险管理体系。

合规风险管理体系应包括以下基本要素：一是合规政策；二是合规管理部门的组织结构和资源；三是合规风险管理计划；四是合规风险识别和管理流程；五是合规培训和教育制度。

2. 合规风险管理部门的职责

巴塞尔委员会有关指引为合规部门制定了五项任务，即顾问、指导和教育、辨别和评估合规风险、检测、测试和报告及具体的法律责任。

我国商业银行合规风险管理指引规定，合规管理部门应在合规负责人的管理下，协助高级管理层有效识别和管理商业银行所面临的合规风险，履行以下基本职责：

(1) 持续关注法律、规则和准则的最新发展，正确理解法律、规则和准则的规定及其精神，准确把握法律、规则和准则对商业银行经营的影响，及时为高级管理层提供合规建议。

(2) 制定并执行风险为本的合规管理计划，包括特定政策和程序的实施与评价、合规风险评估、合规性测试、合规培训与教育等。

(3) 审核、评价商业银行各项政策、程序和操作指南的合规性，组织、协调和督促各业务条线和内部控制部门对各项政策、程序和操作指南进行梳理和修订，确保各项政策、程序和操作指南符合法律、规则和准则的要求。

(4) 协助相关培训和教育部门对员工进行合规培训，包括新员工的合规培训，以及所有员工的定期培训，并成为员工咨询有关合规问题的内部联络部门。

(5) 组织制定合规管理程序及合规手册、员工行为准则等合规指南，并评估合规管理程序和合规指南的适当性，为员工恰当执行法律、规则和准则提供指导。

(6) 积极、主动地识别和评估与商业银行经营活动相关的合规风险，包括为新产品和新业务的开发提供必要的合规性审核和测试，识别和评估新业务方式的拓展、新客户关系的建立以及客户关系的性质发生重大变化等所产生的合规风险。

(7) 收集、筛选可能预示潜在合规问题的数据，如消费者投诉的增长数、异常交易等，建立合规风险监测指标，按照风险矩阵衡量合规风险发生的可能性和影响，确定合规风险的优先考虑序列。

(8) 实施充分且有代表性的合规风险评估和测试，包括通过现场审核对各项政策和程序的合规性经行测试，询问政策和程序存在的缺陷，并进行相应的调查。合规性测试结果应按照商业银行的内部风险管理程序，通过合规风险报告路线向上报告，以确保各项政策和程序符合法律、规则和准则的要求。

(9) 保持与监管机构日常的工作联系，跟踪和评估监管意见和监管要求的落实情况。

3．银行合规部门与其他相关部门的关系

银行其他部门的职责包括识别、认定、评估、监测本部门管理业务范围内的合规风险，对已识别的违规问题和缺陷，采取有效措施予以纠正；定期将本部门评估、检查和纠正的合规风险向合规部门报告，重大违规事件或损失发生时，应及时向高级管理层和合规部门报告，积极化解和减少合规风险；业务部门制定的规章制度必须符合合规要求，遵循合规、有效原则，接受合规部门的指导；组织实施本业务条线的合规培训。

商业银行要逐步构建以“三条防线”为主体内容的合规风险管理体系，形成以各业务条线、各业务职能部门以及分支机构构成的第一防线，对本条线及本机构经营活动合规风险管理负首要责任；以合规部、风险管理部与监察保卫部等部门构成第二防线，通过对第一防线合规经营情况检查，初步实现有效的流程监控，对合规风险管理工作中发现的问题进行责任认定与处理；以审计部作为第三防线，加强对第一、第二防线履职情况的审计、评价，不断强化合规责任意识，从整体上提升风险控制能力。

(三) 合规风险报告

以制度化形式明确合规风险报告路线中每位人员的职责，规范报告方式、要素、格式和报告频率等，以及被告人临机处理的规范要求。银行员工有主动报告合规风险的权利；各部门、各分支机构及合规部门应认真履行合规风险报告的义务。任何部门及个人不得以任何方式阻止或变相阻止相关部门和个人进行合规风险报告。可以根据我国商业银行业务管理垂直化和组织机构扁平化的趋势，科学设定合规风险报告路线。在中资银行从“部门银行”向“流程银行”转变的过渡期间，一般采用“双线”报告制的方法，即在向上级合规管理部门报告的同时，要向所属机构的负责人报告。

1．报告种类和频率

合规风险报告分为合规风险管理报告、一般合规风险事项报告和重大合规风险事项报告。合规风险管理报告为定期报告，指各级合规部门定期向所在单位负责人和上级合规部门报告本单位在报告期内已识别的合规风险及其管理情况。一般合规风险事项报告和重大合规风险事项报告为不定期报告，是负有合规风险报告职责的机构或员工针对特定风险做出的报告。一般合规风险事项是指已发生的违规事项或违反监管要求，可能受到处罚或制裁，遭受资产损失或声誉损失的一般风险事项。重大合规风险事项是指已发生的违反法律法规或监管要求，可能受到严厉处罚或制裁，遭受重大经济损失或重大声誉损失的风险事项。

银行员工可通过口头、邮件、书面等方式随时向各级合规部门报告已识别的合规风险。合规部门应建立有效的工作机制处理收到的报告事项并采取有效措施保护报告人。各部门、各分支机构及员工发现或获知重大合规风险信息时，应在一个工作日内报告；合规部门及其他部门负责人发现或获知重大合规风险信息，或者在接到重大风险事项报告后，应及时向高级管理层报告。总行、分行合规部门应及时汇总，分析银行面临的合规风险，每年至少向有关方面提交一次综合性合规风险评估报告，并及时提交重大合规风险专项报告。

2. 报告路线

合规风险报告实行双线报告制度，即各级业务部门和业务条线按组织关系向上级或外部报告的同时要抄送同级合规部门；未设专(兼)职合规管理员的支行应向上一级合规部门报告。各级合规部门向上级报告合规风险的同时，应该向所在单位或部门的分管负责人报告；特殊情况合规部门可直接向上级报告。总行合规部门负责人向分管行长和高级管理层提交合规风险报告和汇报重大合规风险事件。高级管理层应及时向董事会、监事会报告存在的合规风险或违规事件，每年向董事会或其下设风险委员会、监事会提交合规风险管理报告。

3. 报告利用

有关部门应根据报告的内容和建议及时整改，有效弥补合规缺陷；合规部门进行评价、监督，发现违规事件应及时督促采取适当的补救方法或惩戒措施，并追究违规责任人的相应责任。相关部门和个人对合规风险报告负有严格保密义务。合规部门在综合运用、受理合规风险报告时，可以要求提供合规风险报告的部门和个人对合规风险报告进行详细的说明或补充材料，必要时可直接进行补充调查。各部门及合规部门应按照档案管理的有关规定，做好合规风险报告的立卷、归档和保管工作。建立合规风险提示、建议事项跟踪落实和后评价工作机制，通过日常合规监督活动，针对制度、流程存在的缺陷及管理上存在的薄弱环节等反映的合规风险进行分析，运用合规风险提示、管理建议、整改通知、合规意见书等合规文书，及时将已识别的合规风险向相关部门进行风险提示，并追踪和督促相关部门采取有效措施予以纠正或完善管理行为，持续改进内控管理。

三、银行公司治理和合规风险管理的关系

(一) 商业银行公司治理是合规经营的根基

从国外经验看，成功的合规管理体系需要在银行权力层和决策层中间形成一个既相互分离又相互制约的机制。股东、董事会及高级管理层人员的组成、承担的责任和义务决定了经营的效果。没有制衡机制就会出现滥用职权，就不可能建立有效的合规风险管理体系，也就不能防范、控制由此带来的合规风险。现代商业银行高效运转的原动力在于银行内部的激励约束机制和权力制衡机制，良好的公司治理是保证银行利益分配的制度。商业银行拥有良好的公司治理就可能实现成为具有国际竞争力的现代金融企业，良好的公司治理是稳健合规经营、确保银行良好运作的根源。如图 13-3 所示。

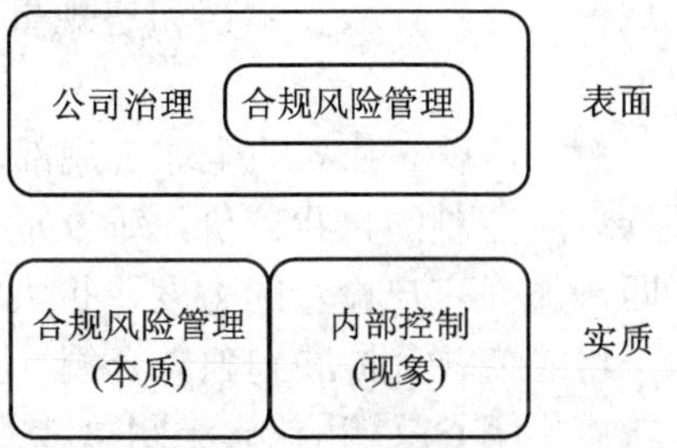

图 13-3　公司治理与合规管理的关系

(二) 合规是商业银行的战略目标

由巴塞尔委员会制定的《加强银行公司治理的原则》指出："鉴于银行在一国经济中的重要金融中介功能，公众和市场对银行公司治理缺陷方面可能导致的经营困难都很敏感，公司治理对于单个银行和整个国际金融体系都具有极其重要的意义。"该文件还指出："有效的公司治理能维护公众对银行体系的信任，这是基于信用运转的银行业的关键所在，不健全的银行公司治理会导致银行破产，对宏观经济产生重要的影响，并且银行的破产会产生巨大的公共成本和严重后果。"因此，巴塞尔银行监管委员会要求商业银行保持健全的内控部门，这是必要的。从巴塞尔银行监管委员会的指导文件看，合规不仅是商业银行的核心原则，也是一项重要的战略目标。银监会指出合规风险是企业面临的主要风险之一，也是商业银行公司治理的重要内容。合规管理是确保商业银行公司治理有效运行的重要保障。商业银行通过良好的公司治理做支撑，又为合规管理奠定了基础，两者相互促进确保了可持续发展。

第三节 国外商业银行合规风险管理的实践

由于国内合规风险管理处于初级阶段，所以本节重点列举了国外合规风险管理做得较好的银行，以给我国的合规风险管理提供一些经验和启示。

一、花旗银行合规风险管理的实践

2004 年 9 月，日本金融厅下令花旗银行在日本的四个分行的私人银行业务停牌一年，它们分别是丸山、大阪、福冈和名古屋分行，随后又吊销其营业许可证。同时，日本财务省宣布禁止花旗集团东京分支机构参与日本国债拍卖，直至花旗银行根据监管规则改善管理模式。日本金融厅之所以做出以上规定，是因为发现上述分行和机构存在大量违法和严重违规操作的行为。花旗银行合规内控不严而受日本方面的强制性监管，使花旗银行失去富有客户的信任，这严重阻碍了花旗银行在日本的中长期发展，还给本行的国际化品牌形象带来了巨大损失。

自 2005 年起，花旗银行(Citibank，N. A)以"成为最受尊敬的全球金融服务公司"为目标，空前重视建立合规风险管理机制，强化内部合规，旨在通过强化内控措施建立有效的合规管理体系，减少错误和违规事件的发生，并对所发事件及时予以妥善解决。具体措施如下：

第一，设立独立的全球合规部，确保经营在符合相关法律、规定和准则下进行。第二，进行风险控制的自我评价，确立适合的检查标准和范围。第三，增加合规与审计的资源。第四，加强客户检查的力度，扩大审计覆盖范围。第五，对所有的经理进行合规培训。第六，将继续教育扩展到独立合规、独立风险、风险评价、审计、财务、法律等领域。第七，由花旗集团 CEO 和花旗集团总裁兼 COO 亲自对审计、风险评价和监管检查结果不通过的情况进行复查。

花旗银行合规政策文件主要有《花旗银行合规制度》、《风险控制自我评估》、《合规年度报告》等。《合规年度报告》中明确指出不断加强合规风险控制，支持业务发展，最大限度地保证风险发生时能够及时、有效地进行解决是合规部的工作职责所在。合规年报将内外部各种因素的变动都视为风险，并详细评估了其对业务发展的影响。如将内部地区经济、金融环境和外部法制环境等变化均视为高风险。

花旗银行采取同时设置独立合规部门和各个业务部门安排专职合规经理的双线合规架构，以及合规人员分别向本行行政主管和上级合规部报告的报告制度。值得一提的是花旗银行的合规自查程序——RCSA 系统。RCSA 系统划分风险为：报告和监控反洗钱及大额可疑交易、合规培训、合规计划实施、监督控制和内部审计结果、银行外部检查报告、对新产品合规风险的审核以及定期检查、整体措施执行进度、消费者的投诉种类和数量等。以此为依据，检查世界范围或区域范围内合规政策和银行内部政策的执行情况，对未能按规定完成整改任务的部门交由高层会议讨论以制定更适合的实施方案。另外还有强制休假制度、信息隔墙制度等配套制度，它们共同构成了花旗银行的合规制度体系。

二、法国兴业银行合规风险管理的实践

法国兴业银行(Socti Group，SG)具有 100 多年的历史，全行有超过 2000 名的员工从事风险管理工作，曾号称其“风险控制系统是世界最好的系统之一”。2006 年的年度报告中，有 26 页专门介绍其风险管理实施的情况。然而，2008 年 1 月曝出了该行的一名名叫凯维埃尔的低级交易员一年多连破 5 道防线，违规从事欧洲股指期货投资的丑闻。该案件导致法国兴业银行损失 29 亿欧元之多。法国兴业银行因此在欧洲股市停牌，不得不寻求 55 亿欧元的资产注入，才得以挺过难关。在本案中，酿成悲剧的主要原因是法国兴业银行合规内控制度不健全，执行力度不够，出现问题也没有深究。

法国兴业银行分为三大业务条线。合规资源集中于每个条线上：零售银行业务(净利润贡献率 50.3%)、公司和投行业务(净利润贡献率 39%)、全球资产管理和私人银行业务(净利润贡献率 10.7%)。合规部主要划分为 5 个部分：第一，利益冲突研究。第二，防火墙政策。这两个部分只在相关业务条线和部分区域设置合规职能。第三，市场活动(按业务分为公司债、货币、商品衍生品与 KYC(Know Your Clicent)两个组)。第四，反洗钱。第五，个人交易。这三个部分要在所有业务条线下均设置相关合规职能。另外，还为迟滞部门提供了择优网络服务，并设置了问题解决与管理部门、IT 以及培训部门。

法国兴业银行合规部设置在集团办公室内，负责全行的合规管理工作，另外在每个条线上均设置合规部和合规岗，并实行矩阵报告路线。由三大业务条线组成的前台部门实行独立核算和事业部制，后台人员分派在各个业务条线中运转。另外，各个业务条线不能决定本部门的合规管理人员，本部门的业务人员不能兼职作为合规人，进行现场合规检查的工作人员采取集中管理办法，以保持合规的独立性。

在全球化经营的大背景下，法国兴业银行的信息技术、业务量均呈爆炸式发展。法国兴业银行运用先进的电子管理系统，并将制度作为合规的核心，合规风险管理统一围绕制度展开。

第一，制度作为核心，发挥事前合规风险管理职能，密切关注最新法律法规规定，为适时修订内部规定和程序提出指导建议。

第二，协调好制度的实施，一方面要对各业务条线经营活动进行持续追踪和监测；另一方面，要编制员工准则和岗位手册等，具体、详细地规定合规内容，以确保内外部规定的合理执行。

第三，协调好制度后的评价，对制度实施情况进行合理评价，找出需要改进的内容，及时改进后进行再评价，确保有效弥补制度的缺陷。

三、给我国商业银行合规管理的经验和启示

据有关部门不完全统计，1980—2001 年的 21 年间，国际上商业银行仅仅由于操作风险造成的损失超过 207 亿法郎，其中既有巴林银行倒闭案，也有被称为世界金融史上最大丑闻的国际商业信贷银行在全世界范围内的清盘案。从国内银行业情况看，2000 年以来，涉及资金在 2000 万元以上的内部欺诈案件达到 17 起，涉案金额达 60 多亿元。对于处在经济转型之中和正在加速推进改革开放的中国银行业来说，防范经营中面临的多种风险是一个十分重要而紧迫的课题，我们必须不断提高对防范金融经营风险的认识，加快构建防范金融风险的内控系统，从根本上建立风险管理的长效机制。

知识链接 13-2

原交通银行广州分行巨额骗贷案

原交通银行广州分行行长刘某明，在 2004 年 9 月至 2007 年 12 月任职期间，违规、违法贷款累计发生金额高达 90 多亿元，涉及交行内部 48 名责任人员。其违规贷款案件的性质十分严重，教训极为深刻，不仅对广东省交行正常经营和持续发展带来极大的负面影响，而且对交行的市场形象和社会声誉造成了严重的损害。总结交通银行广州分行巨额骗贷案例，剖析其中的缘由、手段，包括深层次的合规制度环境，对银行业的风险防范具有重要的标本意义。

1. 案例的主要特点

1) 基本情况

2007 年 6 月至 12 月，财政部检查组在对原交通银行广州分行会计信息质量检查中，发现该行存在重大违规贷款问题，广交行的两支行有总额达 17 亿元涉嫌违规及违法放贷，主要表现为大量虚假注册公司通过各种形式从交通银行获得贷款；2007 年 11 月上旬，交通银行总行派出工作组对原广州分行主要负责人刘某明及广交行进行内部审计，查出其违规放贷金额高达 40 多亿元；2007 年年底至 2008 年年初，公安部门正式介入调查广交行违规贷款案件。公安部门侦查发现，经由刘某明放出的违规、违法贷款累计发生金额高达 90 多亿元，这一数字远远高于此前财政部、交通银行总行内审得出的金额。至案发时，交行高达 45.13 亿元的巨额贷款面临债权悬空、难以追索等巨大风险。案发后，刘某明潜逃海外。

2) 主要作案手法

① 调整人事，掌控业务。刘某明调任原广州分行行长后，迅速进行班子分工调整和重要人事布局。他先后多次以调整人事和引进人才为名，频繁更换授信、支行等部门干部，

从而使本人的分管范围从人力资源部逐步扩大到公司业务、风险监控、法律合规等多个重要部门，涉案贷款涉及 8 家中心支行。通过一系列人事安排，刘某明直接打通了授信全流程，掌握了授信业务运作，使其得以在分行审批权限之内，以多家涉案企业分散申请借款，规避总行对贷款的审批。

② 搭台造假，骗取贷款。王某等行外不法分子在刘某明等人的内应下，实施了一系列骗贷行为。王某通过间接收购或虚假注册方式，控制数十家贸易型企业股权，形成一个结构复杂的公司网，并以这些工商年检、日常经营等表象无明显异常企业为平台向分行分散申请借款。案发时有余额的涉案借款平台公司达 33 家。涉案借款企业在申请借款过程中，均提供了经审计且满足授信要求的虚假财务报表、虚假贸易合同等资料。此外，涉案借款企业以资金用于商品贸易，资金流向难以确定为由，将贷款资金多次跨行、跨境流转，逃避贷后检查，使资金后续流向失去监控。案发后查实，该贷款大部分资金又经过多家企业的多个账户过渡后，通过地下钱庄流向境外，然后再通过境外企业注资、收购等方式流入 3 家房地产企业。

③ 掩盖问题，逃避监管。王某等人为掩盖其犯罪行为，在部分贷款到期前，通过向所控制的另一些公司放款，经账户周转后偿还到期贷款，制造按期还款假象。与此同时，刘某明等人还通过各种方式抵制、抵抗内部、外部的各类管理和监督检查，甚至采用打击报复检察人员、窃取检查信息等手段来反检查、反监督。如 2007 年年初，得知财政部广东专员办在检查发现分行部分违规贷款和收到分行内部关于刘某明违规放贷的举报材料后，采取向广州检察院举报的手段，诬告负责检查的广东财政专员办某副处长收受贿赂，对专员办检查施加压力。

2. 案例剖析

1) 从产权制度和治理结构分析

风险承担主体缺位，导致“内部人”控制、风险管理有效性不足。从交通银行的股权情况可以看到，交通银行最大的股东是财政部，持股比例占 26.52%，因此第一大股东的性质为国有股，前 10 大股东当中，有 6 家股东的性质为国有法人股，因此，交通银行的股权结构中国有股占据主导位置。国有股“一股独大”会造成关键人集控股权、执行权和监督权于一身，形成银行管理层在经营活动中听命于政府主管部门，甚至形成“内部人”控制的局面。而银行各层之间是由一种委托—代理关系来维持的，总行行长既作为代理人，接受董事会的委托管理银行资产，又作为委托人，委托分支行的行长管理所辖资产。但由于产权缺位和治理结构不完善的原因，既作为代理人又作为委托人的总行缺乏足够的动力去监督下级行的行为。同时，委托链条过长，管理效力递减，委托人对最终代理人监督的有效性不足。

2) 从组织结构分析

风险内控管理作为现代商业银行经营管理的重要组成部分，其组织结构的设置在商业银行内部组织结构设置中占有重要的地位。但由于各商业银行内部组织结构的差异，其风险管理部门的设置也有所不同。交通银行所采取的管理模式正是职能型组织结构模式。这种模式下的一级分行行长几乎等于一家小银行的行长，权力几乎无边界，而这正是案件产生的原因。在案发以前，交通银行也像其他国有商业银行一样，实际执行着从总行到省行、地市分行、县支行的“四级管理、四级经营”的分布式管理架构。上级行对下级行仍缺乏有效控制。这种模式，与国际上商业银行通行的内部分专业严格管理、限制分支机构授权的矩阵式架构恰恰相反。看起来，逐级分权管理调动了掌权者的积极性，实际上却由于破坏了纵向专业分工严重影响了效率，更使腐败分子有隙可乘，任意胡为。以刘某明为例，其在任期间几乎无所不能，工作范围从人力资源部逐步扩大到公司业务、风险监控、法律合规等多个重要部门，各种权利之间应有的制约性就毫无意义。刘某明任职期间出现的问题，表明权力一旦失去制约和监督，就会酿成风险事件甚至引发重大案件。

3) 从企业文化分析

对比交通银行及其广州分行的企业文化，从高层管理者倡导道德价值和管理诚信方面看，难以看出其在这方面的努力，相反，以刘某明为代表的高层管理者却带头破坏合规合法和诚信经营的基本理念；从考核体制看，国有银行业从20世纪90年代初开始的粗放式、贪大求全的经营模式，导致了短期行为的诱惑，干部考核的基础就是市场份额和规模的大小，一俊遮百丑，使风险管理长期流于形式；从违背制度的处罚来看，对违规行为不能及时处理，在处理时过分强调客观因素，间接鼓励了违规、违法行为的发生。这些不良的企业文化直接导致了原交通银行广州分行巨额骗贷案件的发生。令人遗憾的是，刘某明等人的犯罪行为竟然轻易瞒过了所有监管部门，直至2007年得以东窗事发。以刘某明为例，"他做事专断，很多支行行长甚至还没签字，贷款就放出去了"。如此半公开的犯罪行为，这从内控体系看是难以解释的，更重要的是企业文化，尤其是风险管理文化的缺失导致了交行如此大案的发生。

原交通银行广州分行违规贷款问题暴露后，交总行党委调整了分行领导班子，免去刘某明广州分行党委书记、行长职务。及时组织查清违规放贷事实和违规人员责任，严格依纪依规，分别对48名责任人员进行责任认定并做出严肃处理。其中，给予刘某明等7人开除党籍和开除行籍处分，并将刘某明移送司法机关依法处理；给予行政降级处分4人，给予行政记过处分2人，给予行政警告处分8人，给予经济处罚27人。这正是风险管理文化缺失的代价。案件在警示我们的同时，更深刻阐明了培育合规经营文化的必要性。没有一个良好的文化根基，即使有再健全的体制、再好的机制、再先进的工具，也难以落到实处。

知识链接 13-3

山西"7·28"等系列金融大案

1. 案例介绍

2004年7月28日，XX山西省分行发现涉嫌诈骗案件。8月3日、8月5日、8月11日，山西省太原市其他三家商业银行分支机构和一家城市商业银行相继发生涉嫌诈骗案件。这些案件的作案手法类似，先是犯罪分子给付一定比例费用，要求出资企业将资金存入其指定银行，然后与银行内部人员勾结，以假印鉴等方式诈骗银行资金。因此，这一系列案件以及后来发现的相关案件统称为"7·28"金融大案。该案是新中国成立以来山西省最大的金融诈骗案，涉及5家商业银行共17个分支机构，涉案金额达10多亿元人民币，预计损失7亿元。"7·28"金融大案对银行业的金融声誉造成了很大的负面影响，也给我们银行业者以深刻教训。

2. 案例分析

从内部控制、合规风险管理角度剖析“7·28”金融大案，暴露出银行业机构在合规风险管理和业务流程控制方面存在诸多漏洞和薄弱环节。

第一，对经营风险的识别与控制措施不足。防范“资产业务风险”多，关注“负债业务风险”少。不能及时修订和完善适应现实风险控制要求的规定。对内部控制的薄弱环节和违法违规疑点未能有效识别并给予持续关注。

第二，内部控制文化缺失，从业人员法律意识和风险意识薄弱，监管约束失效。一是部分员工法律和风险意识淡薄，不懂法，对领导违规要求不能加以抵制；二是高管人员和重要岗位人员权力过大且缺乏约束；三是人员使用只重业绩、能力，不重道德，只重使用，不重管理。

第三，内部控制技术手段落后。表现为：一是金融电子化进程严重滞后，各行之间电子数据交换渠道不畅通，数据信息不能共享，对企业的资金流向难以有效掌控；二是对各种金融票证、印章及其他凭证缺乏现代化防伪技术和手段；三是对大额资金和异常支付监测能力弱，无法及时采集、整理和分析资金异常流动。银行账户管理系统与同城票据交换系统、支付系统缺乏联系，支付结算管理安全系数低。

第四，没有妥善处理“防风险”与“业务发展”的关系。“7·28”金融大案涉案银行业机构多数存在盲目追求发展规模和速度，忽视风险防范和发展质量问题。

第五，不恰当的业务考核机制损害了内部控制目标的实现。当前，一些银行业机构仍以存款业务作为对下级行的重要考核指标，一些上级行对基层营业机构以拓展存款业务为目的的一些不合规行为较为放任，对一些“优秀”营销人员监督较为放松。现实中出现要“发展”，还是要“合规”的矛盾时，“合规”往往让位于“发展”，给不法分子提供了可乘之机。

本章小结

商业银行公司治理应当遵循各治理主体独立运作、有效制衡、相互合作、协调运转的原则，建立合理的激励、约束机制，科学、高效的决策、执行和监督。保障银行自身业务经营活动的合规性是公司治理的重要目标之一。

合规是银行业一项核心的风险管理活动，合规风险逐渐成为除信用风险、市场风险和操作风险之外的我国商业银行面临的重要风险。健全、有效的合规管理机制，是实施以风险为本监管的基础。

银行合规管理应当遵循独立性、系统性、全员参与、强制性、管理地位与职责明确的科学管理原则。

商业银行的合规政策是合规风险管理体系的基础，商业银行必须制定能够明确所有员工和业务条线需要遵守的基本原则，识别和管理合规风险的主要程序，并对合规管理职能的有关事项做出规定。

重要概念

商业银行公司治理　　银行合规　　合规风险管理
合规风险管理体系　　合规政策

思考与练习

1. 商业银行公司治理区别于一般公司制企业的特殊性主要表现在哪些方面？
2. 商业银行的合规风险管理的基本内涵是什么？
3. 商业银行风险管理体系的基本要素是什么？
4. 商业银行合规政策的主要内容有哪些？
5. 商业银行公司治理和合规风险管理之间有怎样的关系？

第十四章

商业银行绩效评价

绩效评价是商业银行发展转型的重要工具，是实现战略目标的指挥棒，是激励约束机制能够高效持续运行的基础保证。当前，随着银行业竞争的加剧，金融体制改革的不断深入，商业银行为了寻求一条可持续发展的道路，也逐步加强绩效评价，努力建立企业盈利、资产评估、风险等相应的评估体制。

本章学习目标

(1) 理解掌握商业银行绩效评价的含义及相关概念。
(2) 了解商业银行的财务报表。
(3) 掌握商业银行基本财务指标的计算方法。
(4) 了解某银行的绩效评价分析。

第一节　商业银行绩效评价概述

一、绩效评价的含义

绩效评价是一套制度化的体系，在特定的体系中，利用既定的方法、计算公式和标准来测算、评价、衡量员工的工作成果，并与员工的切身利益挂钩，从而进一步作为战略目标实现的激励手段。

绩效评价目标根据企业的实际经营状况可分为三种，分别是长期目标、中期目标和短期目标，并将每一个短期目标分解到每旬、每月、每季、半年。在实施过程中，企业不断督促员工实现、完成每一个短期目标，通过每一个短期目标的实现，实现企业的长远发展战略。绩效评价既是结果的考核，也是过程的管理。在绩效评价的每一个步骤和环节中，包括制定目标、达成目标、修正评价指标、改进评价方案、制定新目标，需要不断地发现问题、解决问题从而得以改进，所以绩效评价是一个循环过程，即连续的计划制定、执行、修正、再制定。绩效评价的结果与员工的福利待遇、晋升提拔、培训等紧密相连，以激发全体员工的正向能量和潜力，使得企业激励机制得到充分运用，不仅有利于企业的持续、健康发展，也有利于员工自身建立自我激励的心理模式。

按照绩效评价结果进行利益分配，只是资源的优化配置的一种激励措施，而不是评价的终极目标，评价是要通过发现问题解决问题，找到差距进行提升，达到员工自身和企业自身共同实现价值的双赢目标。薪酬评价体系的构建一般包括两部分，即绩效薪资和固定工资，对于评价的最终绩效结果的表现形式是绩效薪资。

对商业银行来说，绩效评价体系不是简单的框架，而是层次复杂的体系。可以从评价主体、评价对象以及评价内容进行不同的分类。其中，内部评价和外部评价是按评价主体进行的分类；规模效益类、风险管理类、合规经营类、发展转型类是按评价内容进行的分类；支行评价、管理部门评价、客户经理评价、柜员评价是按评价对象进行的分类。

二、商业银行绩效评价的作用

对于商业银行的日常经营活动来说，绩效评价就是其经营管理的主要标杆，根据绩效评价的结果，重新调整资源配置，实现其最有效配置，进行一定的内部激励。绩效评价作为一种重要的管理手段，是商业银行进行发展、改革和业务转型的核心内容，在商业银行的经营管理中起着举足轻重的作用。主要表现在以下几个方面：

（一）准确衡量业绩

测算商业银行的各种评价指标的目的是考察商业银行的经营管理水平，从而分析评价时期内商业银行的发展状况。以评价结果为评级依据，从纵向的角度对比商业银行计划期的指标和现在的指标的变化，从横向的角度对比银行业内不同商业银行之间的指标变化，从而对商业银行的经营管理水平做出客观和全面的评价。绩效评价的最基本作用就是准确衡量经营管理的业绩水平。

（二）激励战略目标的实现

商业银行进行奖励和惩罚的基本依据就是商业银行的绩效评价，包括员工的职位晋升、福利待遇以及培训学习等。银行对员工的激励体系不再简单地根据绩效评价的形式主义，而是根据实际的考核结果转化银行持续发展、经营的力量。对于管理层和基层的员工来说，绩效评价的结果与自身的利益息息相关，将银行发展的战略目标反映到银行的绩效评价指标上，从而促进银行战略目标的实现。

近几年来，各商业银行为满足自身商业化经营的需要，在绩效评价方面通过大量努力进行了积极的探索，渐渐形成了具有各自特点的绩效评价制度和评价体系。但是，在银行业竞争日趋激烈，经营环境多变、复杂、不确定性不断增加的复杂形势下，如何进一步完善银行的绩效评价机制，在银行的经营管理中有效地发挥评价机制的激励作用，维护银行经营管理的健康、稳定运行，提高自身的经营业绩仍是银行面临的一项重要工作。

三、商业银行绩效评价的程序

银行绩效评价的程序依次为确立评价目标、设立评价指标、收集评价信息、选择评价标准、形成评价结论、提出改善建议六个阶段。

（一）确立评价目标

评价目标是银行绩效评价系统运行的指南和目的。任何评价体系都必须有它确定的目标，不然整个评价就失去了意义。从逻辑上看，确立评价目标是银行进行绩效评价的第一步，也是很重要的一步。一般而言，宏观的经营环境决定着商业银行经营管理战略目标，不同的发展阶段决定子目标或战术目标，为此，银行绩效评价目标的确立要处理好评价目标与经营管理战略目标以及子目标或战术目标之间的关系。

(二) 设立评价指标

设立评价指标是确立评价目标后的主要环节，指标体系设计是否科学、合理直接关系到绩效评价的准确性和客观性。通常由社会公认的机构或者行业部门设计共性指标，商业银行可根据需要进行选择，并补充一些个性指标。

(三) 收集评价信息

银行的信息非常丰富，包括财务信息、非财务信息，内部信息、外部信息，以及历史材料信息、近期信息和远期信息等。对上述信息的获取是开展银行绩效评价的又 重要环节，直接关系到评价理论是否符合客观实际。

(四) 选择评价标准

评价标准是对银行进行价值判断的标尺，价值判断就是根据评价标准做出的判断。由于所选择的评价标准不同，因此做出的评价结果也存在差异。在进行评价标准的选择过程中，必须注意科学性和全面性。

(五) 形成评价结论

形成评价结论的过程，就是对评价客体进行价值判断的过程，即对评价客体做出是否有价值、有何价值、价值多大的判断。做出合理价值判断的前提条件是：评价者必须明确评价目的，确立评价目标；设计和选择适当的评价指标体系；充分、真实地获取相关信息，并对信息进行有序化的处理；科学地确立评价标准。

(六) 提出改善建议

形成评价结论并非银行绩效评价的终点。银行进行绩效评价的最终目的不仅仅是衡量其取得的经营业绩，更重要的是要认清在银行经营过程中具备哪些优势、存在哪些问题，要寻找自身差距、追寻问题根源所在，为以后的管理确定方向。因此，银行开展的绩效评价活动与其经营管理水平的提高密切相关。银行要以评价促发展，把评价结论转化为今后发展的动力和压力，作为改进经营管理的方向性指引，提高经营管理水平。

四、国内外商业银行绩效评价发展阶段

商业银行在不同的历史发展时期，有着不同的时代特征、经营特点和管理体制。与之相配套的绩效评价也对应着不同的历程。

(一) 国外商业银行绩效评价发展阶段

国外商业银行绩效评价的发展主要分为以下三个阶段：

第一个阶段是成本绩效评价阶段。从 19 世纪初开始到 20 世纪初，国外的绩效评价处于成本绩效评价阶段。在资本主义经济快速发展的宏观环境中，商业银行经营管理赚取利

润的重点不再简单地以较低的成本为主，而把重点放在企业自身较高的劳动生产率方面。所以在这个时期的评价目标是倾向于成本费用的控制支出，即我们通常所说的标准成本。

第二个阶段是财务性绩效评价阶段。国外商业银行的财务性绩效评价阶段主要是指从20世纪初开始，一直到20世纪80年代末的阶段。财务性绩效评价阶段的发展包含了财务评价、业绩评价和综合评价三种形式，分别对应的中心点是销售利润、投资回报率以及综合性财务指标。伴随着杜邦财务分析体系的完善，银行通过对财务指标的层层分析，从而形成企业生产和销售过程中的各项评价指标。

第三个阶段是战略性绩效评价阶段。从20世纪的90年代开始一直持续到今天，国外企业的绩效评价均采用的是战略形式，这种评价体系并不是统一的模式。20世纪末全球的经济形势发生了巨大的变化，即经济全球化的趋势日益明显。财务性绩效评价阶段中以利润为中心的评价已经不能适应企业日常的经营管理，企业战略目标的众多因素在企业的绩效评价中得到了进一步的体现。虽然企业之间的竞争优势和目标战略方向不同，但是，根据每个企业自身发展的不同特点，可构建多层次的评价体系。

(二) 我国商业银行绩效评价发展阶段

在经济体制改革之前，我国的经济体制是计划经济，中国人民银行统一调拨和分配社会资金的运用，商业银行并不能完全地发挥资金中介的功能，缺乏一定的货币自主经营权。我国商业银行绩效评价发展主要分为三个时期，与中国经济的发展时期呈现对应关系，是不同时期银行发展特征的重要体现，对分析我国银行绩效评价提供了引导方向。

第一阶段：萌芽阶段。从1949年开始一直到1978年，我国商业银行绩效评价处于萌芽阶段。这段时期的金融市场并不是市场化的，而是由中国人民银行统一领导。此时的商业银行存款和贷款，都是根据中央银行的规定进行相应业务的开展，商业银行的存贷款业务既没有经营风险，也无须追求利润。此阶段的绩效评价仅仅是对计划的执行情况的考评，并不是严格意义上的绩效评价，即我们通常所说的萌芽阶段。

第二阶段：建立阶段。从1978年改革开放开始，一直到1998年，我国的绩效评价处于建立阶段。伴随着改革开放的进程，我国不再实行统一的计划经济，银行的业务不再局限于中国人民银行，商业银行逐渐分得相关的中央银行业务，商行和央行不再是领导与被领导的关系，逐渐发展成为借贷关系。但是这个时期商业银行的评价体系主要包括利润和成本两个方面，其中利润留成制度在这个时期得到了相应的建立，《对商业银行实行资产负债比例管理的通知》在1994年颁布，其主要的目的是抑制过热的经济，防范金融风险，从流动性比率、资本充足率等方面进行评价管理。1996年，为了正确引导商业银行自主经营和自负盈亏，《中华人民共和国商业银行法》得以颁布，此时商业银行中的盈利指标得到重视。构建总行和分行的管理体系，分级评价经营。贷款限额在1998年取消，促使银行的绩效评价体系在银行经营管理中的地位越来越重要。

第三阶段：完善阶段。从1999年开始，一直持续到现在，我国商业银行的绩效评价体系处于完善阶段。伴随着宏观经济环境的变化，商业银行之间的竞争越来越激烈，市场化的进程越来越快。中央银行在2000年提出了定量评价商业银行的经营绩效，颁布了《国有独资商业银行评价办法》，第二年，在对商业银行的经营绩效进行评价中邀请穆迪公司帮助。对于股份制商业银行的经营绩效评价，中国银监会在 2004 年颁布了相关的条例和规章制度，引起了股份制商业银行的高度关注。对商业银行经营绩效的评价体系进行有效的构建，建立更加全面、更加成熟、更加合理的评价指标和方法。

第二节　商业银行的财务报表

商业银行绩效管理是指运用科学、合理的方法构建特定的指标体系，运用定性分析和定量分析相结合的方法，对商业银行一定经营期间的安全性、流动性、营利性等指标做出科学、客观的评价，发现经营中存在的问题，提出可操作性方案，将商业银行经营活动的过程和结果体现在其财务报表中，因此，财务报表成为商业银行的竞争力。

商业银行财务报表主要有资产负债表、利润表、现金流量表。其中，资产负债表提供存量变动信息，静态反映银行经营活动；利润表则提供流量信息，动态反映银行业绩；而现金流量表将这两种性质不同的报表联结起来，从经营管理、财务结构等方面揭示银行的经营状态。

一、资产负债表

资产负债表亦称财务状况表，是反映银行在一定时期(通常为各会计期末)内的财物状况(即资产、负债和所有者权益)的主要会计报表。

资产负债表综合显示了商业银行在某一个时点上资产、负债和其他业务的存量，是银行最主要的财务报表之一。资产负债表是一种存量报表，通过它可以了解报告期银行拥有的资产总量及构成情况，资金来源的渠道及具体结构，从而可以从总体上判断银行的资金实力与清偿能力。

(一) 资产负债表的作用

资产负债表作为一种主要的会计报表，之所以被广泛使用，主要有以下几个方面的作用：一是它反映了商业银行某一时刻实际拥有的资产总量及结构状况。二是它说明了商业银行资金的来源渠道以及构成情况，包括其负债及所有者权益。三是它为报表使用者提供了该行资金实力、清偿能力等的财务信息，为其判断该行财务状况、发展趋势提供了预测和决策的依据。

(二) 资产负债表的组成

1. 资产

资产是银行过去的交易或者事项形成的、由银行拥有或者控制、预期会给银行带来经济利益的资源。根据《金融企业会计制度》，银行的资产按流动性进行分类主要分为流动资产、长期投资、固定资产、无形资产和其他资产。同时，所发放的贷款，还应按发放贷款的期限划分为短期贷款、中期贷款和长期贷款。

2. 负债

负债是指过去的交易、事项形成的现时义务，履行该义务预期会导致经济利益流出银行。银行的负债按其流动性，可分为流动负债和长期负债等。

3．所有者权益

所有者权益是指银行资产扣除负债后由所有者享有的剩余权益，银行所有者权益又称为银行股东权益。所有者权益包括股本(实收资本)、资本公积、盈余公积、未分配利润等。

(三) 资产负债表的格式

按照报表各项目排列的方式不同，资产负债表可分为报告式(垂直式)和账户式两种。单张报表都是账户式，以报纸、网络等媒体发布时由于版面有限只能采取报告式。我国采用账户式资产负债表格式。

1．报告式(垂直式)资产负债表

报告式(垂直式)资产负债表是将资产、负债和所有者权益采取垂直分列的方式反映，即自上而下排列。首先，列出资产的各项目及数额；其次，列出负债的各项目及数额；最后，列出所有者权益的各项目及数额。

2．账户式资产负债表

账户式资产负债表是将资产负债表分为左、右两边，左方列示资产项目，右方列示负债与所有者权益项目，左、右两方的合计数保持平衡。

(四) 银行资产负债表的编制方法

资产负债表是一种静态的会计报表，是根据银行总账的期末余额编制的，通过资产、负债和所有者权益的期末余额反映银行的财务状况。资产负债表的编制有的根据有关账户的期末余额直接填列，有的则需要根据相关账户的期末余额进行分析、调整、计算后填列。具体有如下四种情况：

1．直接根据总账科目余额填列

资产负债表的许多项目与一级会计科目完全一致，可以直接根据一级科目的余额填列。如“库存现金”、“存放同业”、“固定资产”、“无形资产”、“长期股权投资”、“向中央银行借款”、“长期借款”“应付债券”、“实收资本”、“资本公积”等科目都可以直接填入资产负债表的相应项目中。

2．几个一级科目相加汇总填入某一个项目

当资产负债表中的项目大于一级科目时，这一项目包含了两个以上的一级科目，这时就需要将相关科目相加汇总后再填入。如“贷款”项目，有的银行设置了多个一级科目。

3．根据明细科目填入某一项目

资产负债表中有些项目的级别小于一级科目，只能根据一级科目所属的明细科目填列。如“未分配利润”项目，在会计科目中属于“利润分配”科目的一个明细科目。

4．根据会计科目余额的方向判断填列

商业银行在业务经营过程中，需要设置一些资产负债共同类会计科目，余额在借方时属于资产应填入相应的资产项目，余额在贷方时属于负债应填入相应的负债项目。如“货币兑换”、“清算资金往来”、“衍生工具”、“套期工具”等科目都属于共同类科目。资产负债表的格式与内容如表 14-1 所示。

表 14-1 中国银行资产负债表(2017) 亿元

截 止 日 期	2017/3/31	2017/6/30	2017/9/30	2017/12/31
现金及存放中央银行款项	25 404.57	25 957.17	23 510.84	23 030.2
存放同业款项	5570.25	5735.57	5546.13	4850.57
拆出资金	5073.28	5019.96	5380.05	4865.59
贵金属	1739.95	1509.96	1668.35	1727.63
交易性金融资产	1384.11	1628.8	1638.91	1936.11
衍生金融工具资产	840.65	736.43	917.55	949.12
买入返售金融资产	1209.98	1204.9	848.43	888.4
应收利息	907.02	861.92	896.89	969.19
发放贷款及垫款	103 647.5	106 507	108 081.4	108 965.6
代理业务资产	0	0	0	0
可供出售金融资产	16 757.84	17 112.07	17 595.95	18 572.22
持有至到期投资	19 571.47	20 608.89	20 835.31	20 898.64
长期股权投资	157.07	161.42	161.37	171.8
应收投资款项	3979.67	4159.69	4166.38	4140.25
固定资产合计	1960.73	1974.99	1945.71	2056.14
无形资产	144.06	143.41	143.95	188.35
商誉	24.74	24.37	23.96	24.81
递延税款借项	317.41	318.21	378.09	464.87
投资性房地产	216.33	216.54	209.56	210.26
其他资产	2608.72	2620.02	2621.25	2287.05
资产总计	189 175.5	194 259.8	194 224.4	19 4674.2
负债	0	0	0	0
向中央银行借款	8497.86	9160.62	9139.98	10 357.97
同业存入及拆入	15 734.04	19 036.75	17 538.52	16 669.54
其中：同业存放款项	13 243.19	15 912.13	15 258.92	14 252.62
拆入资金	2490.85	3124.62	2279.6	2416.92
衍生金融工具负债	684.9	719.09	1023.39	1110.95
交易性金融负债	140.76	199.48	163.77	203.72
卖出回购金融资产款	1034.17	1070.82	1174	2584
客户存款(吸收存款)	137 599.6	137 320.6	138 364.8	136 579.2
应付职工薪酬	241.22	265.84	287.48	319.1
应交税费	327.44	272.07	319.55	345.21

续表

截 止 日 期	2017/3/31	2017/6/30	2017/9/30	2017/12/31
应付利息	1766.84	1757.61	1834.19	1902.26
应付账款	0	0	0	0
代理业务负债	0	0	0	0
应付债券	3824.39	4354.33	4859.07	4991.28
递延所得税负债	45.74	45.94	46.58	40.18
预计负债	44.97	42.24	41.28	29.41
其他负债	3939.93	4735.7	3814.02	3774.59
负债合计	173 889.2	178 981.1	178 606.6	178 907.5
所有者权益	0	0	0	0
股本	2943.88	2943.88	2943.88	2943.88
其他权益工具	997.14	997.14	997.14	997.14
其中：优先股	997.14	997.14	997.14	997.14
资本公积	1422.18	1422.19	1418.02	1418.8
减：库藏股	0.62	1.23	0.49	1.02
其他综合收益	−94.31	−170.28	−234.16	−355.73
盈余公积	1257.48	1256.7	1259.71	1413.34
未分配利润	6051.92	6125.06	6485.02	6465.58
一般风险准备	1936.81	1940.32	1943.21	2078.17
外币报表折算差额	0	0	0	0
其他储备	0	0	0	0
归属于母公司股东的权益	14 514.48	14 513.78	14 812.33	14 960.16
少数股东权益	771.84	764.94	805.46	806.63
股东权益合计	15 286.32	15 278.72	15 617.79	15 766.79
负债及股东权益总计	189 175.5	194 259.8	194 224.4	194 674.2

(数据来源：新浪财经官方网站 http：//money.finance.sina.com.cn/corp/go.php/vFD_CashFlow/stockid/601988/ctrl/part/displaytype/4.phtml)

二、损益表

损益表又称为利润表，是反映银行在一定时期内的最终经营成果(盈利或亏损)的报表，这种盈利或亏损是通过营业收入与营业成本的对比来体现的。

(一) 损益表的作用

损益表作为商业银行最重要的财务报表之一，具有以下几个方面的作用：

(1) 反映商业银行在会计期间的业务经营、利润或亏损情况，为银行的经营管理者、债权人、所有者提供日后进行财务决策所需的资料和信息。

(2) 损益表是分析、考核银行管理水平和经济效益的根据，报表使用者可以根据该表提供的信息分析银行盈亏形成的原因，对银行的管理水平和经营业绩作出恰当的评价。

(3) 为银行管理人员提供财务预测资料，使之通过对损益表的研究，预测银行经营的发展趋势及变动趋势，预测银行未来的经营前景及获利能力。

(4) 为国家税务部门及其他有关部门对该行依法收缴各项税款提供依据。

(二) 损益表的格式

损益表包括收入、支出和利润三个主要部分，按照其排列的方式不同，损益表的格式可分为单步式损益表和多步式损益表。我国商业银行净利润的计算分为三个步骤：① 营业利润；② 利润总额；③ 净利润。损益表的格式如表 14-2 所示。

表 14-2　中国银行损益表(2017 年)　万元

截 止 日 期	2017/3/31	2017/6/30	2017/9/30	2017/12/31
一、营业收入	1292.95	2482.36	3640.72	4832.78
利息净收入	786.08	1650.42	2520.84	3383.89
其中：利息收入	1448.07	3006.34	4611.14	6226.16
减：利息支出	661.99	1355.92	2090.3	2842.27
手续费及佣金净收入	257.51	491.87	699.01	886.91
其中：手续费及佣金收入	282.68	543.48	783.72	1008
减：手续费及佣金支出	25.17	51.61	84.71	121.09
汇兑收益	60.67	23.9	−13.27	−23.34
投资净收益	44.86	80	92.63	121.55
其中：对联营公司的投资收益	3.39	6.33	9.24	11.62
公允价值变动净收益	4.13	12.72	21.22	22.89
其他业务收入	139.7	223.45	320.29	440.88
二、营业支出	649.81	1082.72	1741.59	2610.49
营业税金及附加	12.05	24.56	36.04	46.76
业务及管理费用	312.62	630.19	975.79	1369.63
资产减值损失	222.43	269.6	497.99	881.61
其他业务支出	102.71	158.37	231.77	312.49
三、营业利润	643.14	1399.64	1899.13	2222.29
加：营业外收入	5.67	7.65	9.84	16.45
减：营业外支出	2.48	3.51	4.7	9.71
四、利润总额	646.33	1403.78	1904.27	2229.03
减：所得税	143.06	298.29	352.92	379.17

续表

截 止 日 期	2017/3/31	2017/6/30	2017/9/30	2017/12/31
五、净利润	503.27	1105.49	1551.35	1849.86
归属于母公司的净利润	466.49	1036.9	1455.06	1724.07
少数股东权益	36.78	68.59	96.29	125.79
六、每股收益	0	0	0	0
基本每股收益(元/股)	0	0	0	0
稀释每股收益(元/股)	0	0	0	0
七、其他综合收益	-55.76	-147.84	-224.27	-360.74
八、综合收益总额	447.51	957.65	1327.08	1489.12
归属于母公司所有者的综合收益总额	410.72	905.16	1259.44	1406.88
归属于少数股东的综合收益总额	36.79	52.49	67.64	82.24

数据来源：新浪财经官方网站 http：//money.finance.sina.com.cn/corp/go.php/vFD_CashFlow/stockid/601988/ctrl/part/displaytype/4.phtml

(三) 损益表编制说明

(1) “营业收入”项目，反映“利息净收入”、“手续费及佣金净收入”、“投资收入”、“公允价值变动收益”、“汇兑收益”、“其他业务收入”等项目的金额合计。

(2) “利息净收入”项目，反映“利息收入”项目金额减去“利息支出”项目金额后的余额。“利息收入”、“利息支出”项目，反映银行经营存贷款业务等确认的利息收入和发生的利息支出。

(3) “手续费及佣金净收入”项目，反映“手续费及佣金收入”减去“手续费及佣金支出”后的余额。“手续费及佣金收入”、“手续费及佣金支出”项目，反映银行确认的包括办理结算业务等在内的手续费、佣金收入和发生的手续费、佣金支出。

(4) “汇兑收益”项目，反映银行外币货币性项目因汇率变动形成的净收益。

(5) “营业支出”项目，反映“营业税金及附加”、“业务及管理费”、“资产减值损失”、“其他业务成本”等项目的金额合计。

(6) “业务及管理费”项目，反映银行在业务经营和管理过程中发生的安全防护费、物业管理费等费用。

除以上项目以外的项目，比照一般企业。

三、现金流量表

现金流量表是反映商业银行在一定会计期间现金和现金等价物流入和流出的报表。

(一) 现金流量表的作用

现金流量表反映银行在一个经营期间内的现金流量来源、运用及增减变化情况，是反映银行经营状况的三份主要报表之一。现金流量表具有如下作用：

(1) 现金流量表能够清晰地反映银行在一定会计期间内现金和现金等价物流入和流出的情况，便于经营者和投资者正确了解和评价商业银行获得现金的能力，并据以预测银行未来现金流量。

(2) 现金流量表连接了资产负债表和利润表，并可以弥补二者的不足。商业银行财务状况变动的原因最终可以归结为银行现金流量的来源、运用及增减变动。三份财务报表相比，资产负债表只是静态存量报表，不能揭示财务状况变动的原因，而利润表虽是一张动态报表，但着眼点是银行盈亏状况，不能反映银行资金运动全貌，也不能揭示银行财务状况变动的原因；现金流量表则将银行的利润同资产、负债、权益变动结合起来，动态、全面反映报告期内银行现金的来源和运用情况，体现银行财务状况变动结果及原因，这正是现金流量表的主要作用。

(二) 现金流量表格式

现金流量表中的“现金”包括现金和现金等价物。现金是指商业银行库存现金以及可以随时用于支付的存款。现金等价物是指商业银行持有的期限短、流动性强、易于转换为已知金额现金、价值变动风险较小的投资。商业银行应当根据具体情况，确定现金等价物的范围，一经确定不得随便变更。

现金流量表应当分经营活动、投资活动和筹资活动列报现金流量。经营活动是指商业银行投资活动和筹资活动以外的所有交易和事项。投资活动是指商业银行长期资产的构建和不包括在现金等价物范围的投资及其处置活动。筹资活动是指导致商业银行资本及债务规模和构成发生变化的活动。现金流量表格式如表 14-3 所示。

表 14-3　中国银行现金流量表(2017 年)　　亿元

截 止 日 期	2017/3/31	2017/6/30	2017/9/30	2017/12/31
一、经营活动产生的现金流量				
客户存款和同业存放款项净增加额	7247.48	9637.41	10 028.37	7171.24
向央行借款净增加额	0	489.68	469.04	1686.38
向其他金融机构拆入资金净增加额	0	0	0	0
收取利息、手续费及佣金的现金	1465.8	3031.49	4566.68	6142.71
收到其他与经营活动有关的现金	534.94	1431.94	1194.23	3046.86
经营活动现金流入小计	10 120.67	16 541.96	17 337.37	19 401.2
客户贷款及垫款净增加额	4108.27	7157.22	8856.7	9851.77
存放中央银行和同业款项净增加额	0	0	0	0
支付给职工以及为职工支付的现金	270.89	443.51	626.15	814.78
支付的各项税费	132.42	395.19	527.69	678.03
支付其他与经营活动有关的现金	861.08	911.4	1192.31	1248.04
支付利息、手续费及佣金的现金	728.02	1417.66	2059.78	2747.22
经营活动现金流出小计	6273.76	10 324.98	13 550.76	15 339.84
经营活动产生的现金流量净额	3846.91	6216.98	3786.61	4061.36

续表

截止日期	2017/3/31	2017/6/30	2017/9/30	2017/12/31
二、投资活动产生的现金流量	0	0	0	0
收回投资收到的现金	5280.77	11 242.95	15 939.17	20 632.62
取得投资收益收到的现金	220.15	594.19	941.41	1215.52
处置固定资产、无形资产及其他资产而收到的现金	13.83	49.66	58.05	87.36
取得子公司及其他营业单位所收到的现金净额	0	0	0	0
收到其他与投资活动有关的现金	0	0	0	36.4
投资活动现金流入小计	5523.42	11 921.7	16 976.24	22 023.66
投资支付的现金	6930.39	14 844.79	20 589.25	26 574.96
购建固定资产、无形资产和其他长期资产支付的现金	70.69	175.5	208.91	460.11
支付的其他与投资活动有关的现金	0	0	0	0
投资活动现金流出小计	7013.92	15 038.2	20 818.64	27 074.56
投资活动产生的现金流量净额	−1490.5	−3116.5	−3842.4	−5050.9
三、筹资活动产生的现金流量	0	0	0	0
吸收投资所收到的现金	0	0	21.93	21.52
发行证券化资产所吸收的现金	0	0	0	0
发行债券收到的现金	656.68	1618.5	4028.87	5867.89
增加股本所收到的现金	0	0	0	0
收到其他与筹资活动有关的现金	0	0	0.04	0
筹资活动现金流入小计	656.68	1618.5	4050.84	5889.41
偿还债务所支付的现金	455.94	878.11	2744.78	4468.96
分配股利、利润或偿付利息支付的现金	32.48	69.03	663.66	764.12
其中：偿付利息所支付的现金	0	0	0	0
支付新股发行费用	0	0	0	0
支付其他与筹资活动有关的现金	0.09	0.7	0	0.49
筹资活动现金流出小计	488.51	947.84	3408.44	5233.57
筹资活动产生的现金流量净额	168.17	670.66	642.4	655.84
四、汇率变动对现金及现金等价物的影响	18.79	−74.13	−179.77	−271.25
五、现金及现金等价物净增加额	2543.37	3697.01	406.84	−604.95
加：期初现金及现金等价物余额	10 192.47	10 192.47	10 192.47	10 192.47
六、期末现金及现金等价物余额	12 735.84	13 889.48	10 599.31	9587.52

（数据来源：新浪财经官方网站 http：//money.finance.sina.com.cn/corp/go.php/vFD_CashFlow/stockid/601988/ctrl/part/displaytype/4.phtml）

(三) 现金流量表列示说明

商业银行现金流量表的编制，除下列项目外，应比照一般企业现金流量表编制处理：

1. 客户存款净增加额

本项目反映商业银行本期吸收的境内外金融机构以及非同业存放款项以外的各种存款的净增加额。本项目可以根据“吸收存款”科目的记录分析填列。

商业银行可以根据需要增加项目。例如，本项目可以分解成“吸收活期存款净增加额”、“吸收活期存款以外的其他存款”、“支付活期存款以外的其他存款”、“同业存放净增加额”等项目。

2. 向中央银行借款净增加额

本项目反映银行本期向中央银行借入款项的净增加额。本项目可以根据“向中央银行借款”科目的记录分析填列。

3. 向其他金融机构拆入资金净增加额

本项目反映银行本期从境内外金融机构拆入款项所取得的现金，减去拆借给境内外金融机构款项而支付现金后的净额。本项目可以根据“拆入资金”和“拆出资金”等科目的记录分析填列。本项目如为负数，则应在经营活动现金流出类中单独列示。

4. 收取利息、手续费及佣金的现金

本项目反映银行本期收到的利息、手续费及佣金，减去支付的利息、手续费及佣金的净额。本项目可以根据“利息收入”、“手续费及佣金收入”、“应收利息”等科目的记录分析填列。

5. 客户贷款及垫款净增加额

本项目反映银行本期发放的各种客户贷款，以及办理商业票据贴现、转贴现融出及融入资金等业务款项的净增加额。本项目可以根据“贷款”、“贴现资产”“贴现负债”等科目的记录分析填列。

银行可以根据需要增加项目。例如，本项目可以分解成“收回中长期贷款”、“发放中长期贷款”、“发放短期贷款净增加额”、“垫款净增加额”等项目。

6. 存放中央银行和同业款项净增加额

本项目反映银行本期存放于中央银行以及境内外金融机构的款项的净增加额。本项目可以根据“存放中央银行款项”、“存放同业”等科目的记录分析填列。

7. 支付手续费及佣金的现金

本项目反映银行本期支付的利息、手续费及佣金。本项目可以根据“手续费及佣金支出”等科目的记录分析填列。

第三节 商业银行基本财务指标

商业银行绩效评价指标体系的核心是财务指标分析。财务指标是指一组财务比率指标，计算和分析这些比率的过程就是财务分析的过程。财务分析一般采用比率分析法，即

结合资产负债表、损益表及其他财务报表的相关项目，运用对比的方法进行分析。财务报表的分析按实现银行经营总目标过程中所受的制约因素分为四类，即营利性比率指标、流动性比率指标、风险比率指标、清偿力比率指标。

一、营利性比率指标

营利性比率指标用来衡量商业银行运用资金赚取收益的同时控制成本费用的能力。该指标的核心是资产收益率，利用这一财务指标及其他派生指标可较准确地认识银行的获利能力。

(一) 资产收益率

资产收益率(ROA)是银行纯利润与全部资产净值之比。资产收益率指标将资产负债表、损益表中相关信息有机结合起来，是银行运用其全部资金获取利润能力的集中体现。其计算公式为

$$资产收益率=\frac{纯利润}{资产总额}\times 100\%$$

$$中国银行2017年资产收益率=\frac{纯利润}{资产总额}\times 100\%=\frac{1724.07}{194\,674.24}\times 100\%=0.9\%$$

(二) 营业利润率

营业利润率排除了特殊项目的影响，更准确地体现了银行经营效率。计算表达式为

$$营业利润率=\frac{税后营业利润}{资产总额}\times 100\%$$

$$中国银行2017年营业利润率=\frac{税后营业利润}{资产总额}\times 100\%=\frac{2222.29}{194\,674.24}\times 100\%=1.1\%$$

由损益表可以看出，银行营业利润来自于经营活动中各项利息收入和非利息收入，不受证券交易、会计政策调整等不常发生的营业外活动影响，是银行经营能力和成果的真实情况，因而营业利润率指标反映了银行真实、稳定的获利能力。

(三) 银行净利差率

银行利息收入是其主要收入来源，利息支出是其主要成本支出项目，因此利差收入是影响商业银行经营业绩的关键因素。银行净利差率的主要计算公式为

$$银行净利差率=\frac{利息收入-利息支出}{盈利资产}\times 100\%$$

盈利资产是指那些能带来利息收入的资产。银行总资产中，除去现金资产、固定资产外，均可看作盈利资产，在计算中分母也应采取平均值。

$$\begin{aligned}中国银行2017年银行净利差率&=\frac{利息收入-利息支出}{盈利资产}\times 100\%\\&=\frac{6226.16-2842.27}{194674.24-23030.2-2056.14}\times 100\%\\&=2.0\%\end{aligned}$$

(四) 非利息净收入率

非利息净收入率指标不只是银行获利能力的标志，也能反映出银行的经营管理效率。其计算表达式为

$$非利息净收入率=\frac{非利息收入-非利息支出}{资产总额}\times 100\%$$

由损益表中内容可知，银行非利息收入主要来自于手续费和佣金收入，获得这类收入不需要相应增加资产规模，较高的非利息净收入会明显提高银行资产收益率。

(五) 银行利润率

银行利润率指标反映了银行收入中有多大比例被用做各项开支，多大比例被作为可以发放股利或再投资的利润保留下来。该比例越高，说明银行获利能力越强。其计算表达式为

$$银行利润率=\frac{纯利润}{总收入}\times 100\%$$

(六) 权益报酬率(ROE)

权益报酬率又称净值收益率、股东投资收益报酬率等。该指标反映了银行资本的获利程度，是银行资金运用效率和财务管理能力的综合体现，同股东财富直接相关，受到银行股东的格外重视。其计算表达式为

$$权益报酬率=\frac{纯利润}{资本总额}\times 100\%$$

二、流动性比率指标

流动性比率指标反映了银行的流动性供给和流动性需求之间的关系。流动性在银行经营中是营利性和安全性之间的平衡杠杆。商业银行由于特殊的资产负债结构，更易受到流动性风险的威胁，这也是银行将流动性指标从一般风险指标中分离出来的原因。

(一) 现金资产比例(现金资产/资产总值)

现金资产比例是银行所持现金资产与全部资产时应付各种流动性需求。现金资产具有完全流动性，可随时应付各种流动性需求。

2017 年中国银行现金资产比例为 11.8%(=23030.2/194674.24)，该比例高反映出银行流动性状况较好，抗流动性风险能力较强。但若现金资产比例太高，银行盈利资产下降，则会影响收益。

(二) 国库券持有比例(国库券/资产总值)

国库券是银行二级准备资产的重要组成部分。一方面国库券自身有较强的变现能力；另一方面，国库券是一种被普遍接受的抵押品，银行可以用其进行质押贷款。因此，国库券对银行流动性供给有较大作用。该比值越高，银行的流动性越好。

(三) 贷款资产比例(贷款/资产总值)

贷款资产比例是银行贷款资产与全部资产的比值。贷款是银行主要盈利资产，其流动

性差。该比值较高，反映银行资产结构中流动性较差部分所占比例较大、流动性相对不足。另一方面，可以用一年内到期货/总货款作为货款资产比例的补充指标。补充指标值越高，说明银行贷款中流动性较强部分所占比例越大，银行的流动性状况越好。

(四) 易变负债比例(易变负债/负债总值)

易变负债比例反映了银行负债方面的流动性风险情况，比值越高，说明银行面临的潜在性需求规模越大且越不稳定。

(五) 短期资产/易变负债

短期资产用以衡量银行最可靠的流动性供给和最不稳定的流动性需求之间的对比关系，比值越高，说明银行的流动性状况越好。

(六) 预期现金流量比

预期现金流量比是预计现金流入与流出之比值的。银行现金流出包括正常贷款发放、证券投资、支付提存等项目，还包括预计货款承诺需实际满足的部分及预计的其他或有负值且发生需要支付的部分。银行现金流入包括贷款收回、证券到期所得或偿付、预期中的证券出售及各类借款和存款的增加等。指标值大于 1，显示该银行未来流动性需求能够得到满足。

三、风险比率指标

银行面临复杂多变的经营环境，收益水平受多种因素的干扰。风险指标将这些因素做了分类，并定量反映银行面临的风险程度和抗风险能力。

(一) 利率风险

市场利率的变动往往会引起银行利差收入甚至全部营业收入的波动，这就是利率风险。

在相同的利率波动下，资金配置不同的银行面对的利率风险也是不同的，即利率风险暴露不同。这种差别可以通过以下两个利率风险指标度量：利率风险缺口和利率敏感比例。

$$利率风险缺口=利率敏感性资产-利率敏感性负债$$

$$利率敏感比例=\frac{利率敏感性资产}{利率敏感性负债}$$

利率敏感性资产是指收益率可随市场利率变动重新调整的资产，如浮动利率贷款。以相同的方式可以定义利率敏感性负债。在应用上述两个指标分析时，应注意保持计算式中资产、负债期限上的一致。

当利率风险缺口为 0 或利率敏感比例为 1 时，银行不存在利率风险暴露，利差收益不受利率运动影响，其他指标值均意味着存在利率风险暴露。指标值与均衡值(0 或 1)偏差越大，银行面临的利率风险越大。

(二) 信用风险

银行的信用风险指银行贷款或投资的本金、利息不能按约得到偿付的风险。

1．贷款净损失/贷款余额

贷款净损失是已被银行确认并冲销的贷款损失与其后经一定的收账工作重新收回部分的差额，反映信用风险造成的贷款资产真实损失情况。该指标用以衡量银行贷款资产的质量状况。比值越大，说明银行贷款资产质量越差，信用风险程度越大。

2．低质量贷款/贷款总额

低质量贷款由三部分组成：逾期贷款、可疑贷款和重组贷款资产。低质量贷款的信用风险程度很高，是产生未来贷款损失的主要根源。

该指标是对贷款净损失/贷款余额指标的补充，估计了潜在的贷款损失。比值越高，银行贷款中信用风险越大，未来可能的贷款损失越大。

3．贷款损失准备/贷款损失净值

贷款损失准备来自于银行历年税前利润，是对未来可能出现的贷款损失的估计，并可以弥补贷款资产损失。该项指标比值越高，表明银行抗信用风险的能力越强。

4．贷款损失保障倍数

贷款损失保障倍数是当期利润加上货款损失准备金后与贷款净损失之比。比值越大，说明银行越有实力应付贷款资产损失，越有能力减少货款损失对银行造成的不利影响。

四、清偿力比率指标

银行清偿力是指银行运用其全部资产偿付债务的能力，反映了银行债权人所受保障的程度。清偿力充足与否也极大地影响银行的信誉：

$$净值=资产-负债$$

银行清偿力不足或者资不抵值的直接原因是资产损失过大，致使净值小于零，负债不能得到完全保障。但清偿力不足的根本原因是资本金不足，未能与资产现模相匹配，因而传统的清偿力指标主要着眼于资本充足情况。

（一）净值/资产总额

净值/资产总额比值越高，表明银行清偿能力越强。该指标是一项传统指标，优点是计算简单。

（二）净值/风险资产

风险资产是总资产对现金资产、政府债券和对其他银行的债权扣除后剩余的部分。将这些无风险资产扣除后，该指标更多地体现了资本吸收资产损失的保护性功能，能较准确地反映银行清偿力。

（三）资产增长率与核心资本增长率

该指标主要反映银行清偿能力的变化情况。一般情况下，银行资产增长率低于核心资本增长率，说明银行的清偿能力加强；反之，说明银行的清偿能力减弱。这组指标也可用于银行间比较清偿力大小。

知识链接 14-1

兴业银行 2017 年年度报告

兴业银行 2017 年全年实现营业收入 1399.75 亿元，同比下降 10.89%，其中，实现手续费及佣金收入 420.27 亿元，同比增长 8.65%。全年实现归属于母公司股东的净利润 572.00 亿元，同比增长 6.22%。报告期内，加权平均净资产收益率 15.35%，同比下降 1.93 个百分点；总资产收益 0.92%，同比下降 0.03 个百分点。

各业务规模稳健增长。截至报告期末，公司资产总额 64 168.42 亿元，较期初增长 5.44%；其中贷款较期初增加 3508.81 亿元，增长 16.87%，买入返售金融资产较期初增加 651.82 亿元，增长 233.32%，各类投资净额较期初减少 1，743.26 亿元，下降 5.29%。

风险管控有效提升。公司在各业务条线和专业经营部门内嵌风险管理团队，建立起矩阵式风险管理体系，多维度严格把增量业务准入，全面持查、审慎评估存量业务风险，资产质量继续保持安全可控。公司采用审慎的核销政策，截至报告期末，公司不良贷款余额 386.54 亿元，较期初增加 42.38 亿元；不良贷款率 1.59%，较期初下降 0.06 个百分点。报告期内，共计提拨备 355.07 亿元；期末拨贷比为 3.37%，拨备覆盖率为 211.78%。公司对全年资产质量在半年度基础上保持基本稳定有信心。

综合化经营格局增强。经过多年布局，公司成为其有信托、租赁、基金等多项金融牌照的银行控股集团，逐步形成集团化、综合化运营优势。兴业金融租赁有限责任公司为本公司全资子公司，注册资本 90 亿元。经营范围包括金融租赁业务、转让和受让融资租赁资产、固定收益类证券投资业务、接受承租人的租赁保证金、在境内保税地区设立项目公司开展融资租赁业务等。截至报告期末，兴业金融租赁资产总额 1349.25 亿元，较期初增加 172.05 亿元；负债总额 1209.61 亿元，较期初增加 136.76 亿元；所有者权益 139.64 亿元，较期初增加 35.29 亿元。表内租赁资产余额为 1272.46 亿元，较期初增加 123.47 亿元，其中融资租赁资产 1228.34 亿元、经营租赁资产 44.12 亿元。报告期内实现营业收入 28.62 亿元，营业利润 20.33 亿元，税后净利润 15.20 亿元。

着眼下一年，公司将密切关注与把握市场变化，继续调整，优化业务结构，着力拓展各类核心负债，灵活组织同业负债，科学把提新增资产投向：有序推动以资银行、时富管理、资产管理为重点的业务转型：巩固、强化绿色金融、城镇化金融的竞争优势，加大金融市场业务创新，提升多市场、多产品、综合化服务能力；完矩阵式资本管理机制，努力提升资本综合回报水平。

第四节　A 银行绩效评价分析

由于所处历史时期不同，银行经营和管理的侧重点不同、规模不同，可利用的技能和专业管理手段也不同，因此这就决定了银行的绩效评价要经历由低到高、连续演变，梯次推进的若干个发展阶段。本节以 A 银行的目标责任制绩效评价体系为例，并从目标责任制绩效评价的发展历程入手，研究现状，查找问题，发现弊端，进一步完善考核体系，为其他商业银行的绩效评价体系的创建和完善提供帮助。

一、银行绩效评价体系介绍

(一) 银行情况介绍

A 银行的总行是一家全国性股份制商业银行。A 银行是其总行自成立以来首家获准在注册地域外设立的分行，于 2004 年开业，开业当年盈利 1900 多万元，成为当地第一家当年开业当年盈利的银行了。自开业至 2017 年年底，A 银行资产总额达到 339 亿元，各项存款 336 亿元，各项贷款 117 亿元，2013 年实现利润 5.6 亿元，开业九年来累计缴纳税收 7.58 亿元。目前下辖 1 个二级分行、8 个支行和 1 个分行营业部共 10 个网点。2013 年在各级监管部门的指导下，通过全行员工的共同努力，在关注风险管理的同时，A 银行灵活把握经济形势变化，积极探索利润创新模式，进一步释放本行经营发展的活力和潜力，资产负债规模持续扩大，各项业务保持了健康的发展态势。

截至 2017 年年末，A 银行资产总额 3391115 万元，比年初增加 148183 万元，增长 4.6%。各项贷款余额为 1170994 万元，比年初增加 63923 万元，增长 5.8%。其中一般性贷款余额为 1124269 万元，比年初增加 89278 万元，增长 8.6%；贴现余额为 46725 万元，比年初减少 25355 万元，降了 35.2%。负债总额为 3391159 万元，比年初增加 148212 万元，增长 4.6%。存款余额为 3355615 万元，比年初增加 537254 万元，增长 19.1%，其中一般性存款余额为 2301121 万元，比年初增加 260311 万元，增长 12.8%；同业及金融性公司存款余额为 1054494 万元，比年初增加 276943 万元，增长 35.6%。

资产规模较年初增加 14.82 亿元，增长 4.6%，主要原因是年末存款余额较年初大幅度提升，其中同业存款余额较年初增加了 27.69 亿元，增长 35.6%；一般性存款余额较年初增加了 26.03 亿元，增长 12.8%，存款规模的增长拉动了资产规模的攀升。本年年末贷款资产较年初增加 6.39 亿元，增长 5.8%。其中一般性贷款余额为 12.43 亿元，比年初增加 8.93 亿元，增长 8.6%，贴现余额为 4.67 亿元，较年初减少 2.54 亿元，降了 35.2%。非贷款资产较年初增加 7.26 亿元，主要变化是：非标资产投资较年初增加 43.16 亿元；买入返售票据较年初减少 42.48 亿元；存放同业款项较年初增加 5.08 亿元。年末不良贷款余额 9679 万元，不良率 0.83%，分别较年初提高了 2628 万元和 0.19 个百分点；年末拨备覆盖率为 140.72%，较年初下降了 14.96 个百分点；本年货款收息率为 99.91%，同比提高 0.52 个百分点。

(二) 银行目标责任制评价体系发展历程

自开业以来，A 银行始终将规模、效益、质量作为目标责任制评价指导原则。但由于受国家宏观政策、社会经济形势的影响，以及上级银行评价政策的指导，因此不同阶段的发展目标不尽相同，与发展目标相配套的评价政策、激励措施是随之变化的。A 银行的发展大致分为 3 个阶段：

第一阶段(2004 年 6 月—2007 年)，以传统业务为主的简单指标评价。“存款立行”是我国大部分银行的发展经营理念，A 银行也不例外。其总行于 2003 年经批准成立，总行成立一年后，第一家跨区域分行A银行正式开业。A银行在其总行评价政策的指引下，开业初期的前三年里，规模指标主要是评价存款指标完成率，以尽快扩大资产规模，提高市场占有率；创效业务主要围绕其传统特色业务票据贴现及存贷款利差开展；资产质量坚持严控不良资产率为0，并把各项指标的完成情况与经营单位负责人的年终奖金挂钩。

A银行开业的前三个完整会计年度，资产规模稳步增长，但伴随着A银行快速发展的同时，单一的指标评价暴露出许多问题。例如，资金成本较高，资产利润率较低，利润增长率基本处于1%以下，保证金存款占比较高，储蓄存款增长缓慢，存款结构不合理。另外，2007年央行6次连续加息，贷款利率达到了自1998年7月份以来10年内最高峰。但2007年5月19日、2007年8月22日、2007年12月21日三次加息均为上调存款利率0.27个百分点，上调贷款利率0.18个百分点，存贷款利差进一步缩小，调整存款结构、降低存款资金成本、增加存货利差收益对于A银行来说势在必行。

第二阶段(2008—2011年)，以增收创效为主的多元化指标评价。自2008年起规模稳步发展的同时，增收创效、追求利润最大化成为A银行发展核心内容之一，目标责任制评价政策也随之出现了较大的变化：第一，将存款结构调整作为评价指标之各经营单位活期存款、定期存款、保证金存款须符合既定的存款结构比例，引导市场营销部门减少保证金存款占比，降低经营成本，同时提高存款结构的稳定性、合理性；第二，增加贷款利润、金融市场利润等指标评价，资金使用成本及收益率都做出了明确要求，计划利润指标按照拟定的资金使用成本和收益率进行匡算；第三，按照国际结算量的计划指标，设定国际结算中间业务收入收益指标；第四，增加零售业务指标，意在减少高成本存款占比，降低资金使用成本，提高资产利润率。

2007年央行的6次连续加息，贷款利率达到自1998年以来10年内的新高，2007年存量的贷款业务收益主要体现在2008年，再加上2008年评价政策的及时调整，吸收存款平均付息率得到较好的控制，2008年的税前利润较2007年有了大幅度增加，增幅达到100%，资产利润率也由2007年的0.98%提高到1.6%。

央行在2008年连续5次降息，一年期贷款基准利率由2007年的7.47%降到了5.31%，一年期存贷款利差还是保持在3.06%的水平，较2007年的3.6%，下降了0.54个百分点。另外，监管部门对票据融资规模占比进行了严格控制，票据融资占比由原来的30%降到了4%左右，票据贴现利润受到了较大冲击。国家宏观经济政策和监管政策的调整，使得A银行意识到增收创效不能再单单依靠传统的存款业务、贷款业务、票据业务，要想稳步、健康、持续地发展，业务开展需要与时俱进、抢抓机遇、百花齐放、百家争鸣。于是A银行于2009年成立了投行部和金融市场团队，主要从事投资理财、信托业务、金融市场业务等，很快形成了A银行的利润核心点。A银行2009年的税前利润总额与2008年基本持平。但在2010年，A银行效益规模又得到了一次突破，达到3.49亿元，较2009年增加1.37亿元，增幅65%，并于2011年达到了开业9年来的制高点，实现税前利润6.33亿元。战略目标、评价指标的调整，对A银行利润的增长起到了极大的推动和促进作用。在利润快速增长的同时，存贷比、资本充足率、风险资产存款比等指标使得A银行存款增长压力巨大。为了使各项监管指标符合要求，在无奈之下，A银行又增加了一部分高利率存款，使得经营成本进一步增加。以利润为核心的评价导向，引导支行在业务拓展上片面追求量的扩张。伴随着利润的高速增长，不良贷款逐渐浮出水面，成为影响A银行发展的一大隐患。另外，内控管理薄弱，人员管理不到位，人为操作风险为A银行带来一定的不良影响。

第三阶段(2012年—现在)，以多元发展、提升盈利为主多维度绩效评价。伴随着我国经济的高速增长，商业银行快速发展的同时面临着巨大的挑战，以及金融脱媒、技术性支付脱媒、利率市场化、同业竞争激烈等多种威胁。业务转型，实现多元化发展，提高盈利能力是所有商业银行共同的选择。为了在激烈的市场竞争中持续、稳步发展，多元发展、全面开花，提高市场竞争力和盈利能力，A银行对目标责任制绩效评价体系进行了进一步的修订和完善。自2012年起，在全行的目标责任制评价体系的大框架下，公司业务、零售业务、贸易金融业务、信托业务、票据业务、授信管理、网点结算质量评价等各条线，分别制定了本条线详细的评价办法和激励政策，还有与之相配套的分管负责人评价办法、经营单位第一负责人评价办法。主要目的是通过绩效评价政策的引导，各支行按照分行的发展目标和战略导向开展各项业务。分行对支行的评价主要分为两部分：一个是支行经营指标的综合完成情况，支行全体员工的绩效奖金和经营指标综合完成情况挂钩；另外一个是支行综合考评情况，支行行长的绩效奖金和支行综合考评结果挂钩。表14-4为A银行绩效体系综合考评表。

表14-4　A银行绩效体系综合考评表

分　　类		占比
规模指标(50分)	存款日均完成率	37.5
	储蓄增量完成率	3.75
	国际业务结算量完成率	6.25
	外币日均完成率	2.5
利润指标(25分)	国际业务收入完成率	5
	票据收入完成率	5
	投行业务利润完成率	5
	总利润完成率	10
内控管理(25分)	风险管理	7.5
	授信管理	2.5
	运营管理	2.5
	反洗钱管理	2.5
	审计管理	2.5
	合规管理	2.5
	事后监督	2.5
	国际业务	2.5

二、银行年度目标责任制绩效评价结果

截至2017年年底，A银行有网点10个，其中二级分行1家，营业部1个、支行8家。为推动2017年经营工作健康、稳健、持续发展，为确保总行下达的2013年经营目标责任制计划顺利实现，根据2013年的经营规划和经营目标，制定2017年度目标责任制绩效评价办法。

目标责任制计划制定原则主要包括：资产与负债平衡发展，突出效益的原则；突出重点业务和重要指标的原则；财务资源与业务发展相匹配的原则；存款存量和增量区别考核的原则；各业务条线考核政策和目标责任制绩效评价办法相统一的原则。

评价的基本目标包括以下三个方面：一是存款。人民币一般存款全年日均指标 229.62 亿元，其中对公存款 172.37 亿元，储蓄存款 17.25 亿元；外币日均 2160 万元。二是利润。计划总额 64592 万元，其中票据资金业务 17154 万元，公司部投行理财业务 7520 万元。三是国际业务。业务结算量 27 亿美元。

(一) 经营类指标完成情况

表 14-5 为 A 银行绩效体系综合考评表。

表 14-5 A 银行绩效体系综合考评表

支行	存款				利润				综合完成率	排名
	指标	完成	完成率	人均	指标	完成	完成率	人均		
G	12.35	11.12	90%	0.39	0.33	0.31	94%	0.0108	92%	6
K	14.87	10.01	67%	0.35	0.33	0.09	27%	0.0031	47%	9
D	32.12	22.73	71%	0.87	0.79	0.60	76%	0.0231	74%	8
F	19.81	14.19	72%	0.58	0.52	0.49	94%	0.0202	83%	7
N	15.89	15.54	98%	0.66	0.41	0.61	147%	0.0258	123%	2
C	18.73	15.17	81%	0.45	0.39	0.49	127%	0.0145	104%	4
S	16.44	12.14	74%	0.54	0.41	0.48	116%	0.0214	95%	5
Y	13.33	13.76	103%	0.47	0.35	0.58	167%	0.0197	135%	1
W	27.99	27.15	97%	1.72	0.52	0.70	133%	0.443	115%	3
A	4.30	3.27	76%	0.11	0.08	0.01	12%	0.0003	44%	10

从经营指标完成情况来看，Y、N、W、C 综合完成指标达到 100%以上，较好地完成了 2017 年经营指标，其他经营单位未达到 A 银行的经营考核指标。

各支行员工的绩效奖金应发金额 = 全行奖金基数 × 支行经营指标综合完成率

(二) 规模类指标考核结果

规模类指标主要包括人民币存款指标、对公存款指标、储蓄存款指标、贷款指标以及国际业务指标。人民币存款指标增幅根据基数按规模超过 20 亿元增幅 15%，15 亿～20 亿元增幅 20%，10 亿～15 亿元增幅 25%，5 亿～10 亿元增幅 30%，5 亿元以下增幅 35%设定。实际计算存款日均完成时，不含理财日均，不含外币存款日均，理财与外币单独考核。储蓄存款指标根据零售团队建设指标，按每个网点 5 个人核定，各经营单位超零售编制的人员，按每超编一人相应增加储蓄存款指标 800 万元，按实际入行时间进行平均。年底主要零售指标完成率低于 80%(不含)或个贷不良率超过 0.5%的支行取消参评零售标兵支行资格。贷款指标以存款指标的 60%计算。新增国际结算业务有效客户(年结算量 20 万美元以上)，按季考核，每季新增 1 户，全年新增 6 户，未完成的单位每户扣减 50 万元利润，后期补上也不再返还，超额完成的可以冲减后期指标；国际结算量超额完成全年指标 50%以上的单位，可不考核该项指标。表 14-6 为各经营单位规模类指标完成情况一览表。

表 14-6　各经营单位规模类指标完成情况一览表

支行	总存款(亿元)		外币存款(万元)		国际结算量		储蓄存款增量(万元)		得分小计
	日均	考核得分	日均	考核得分	日均	考核得分	日均	考核得分	
G	11.12	33.76	2082	2.50	16403	4.66	0.08	0.62	41.54
K	10.01	25.23	420	2.50	21332	3.81	0.30	1.71	33.25
D	22.73	26.52	1214	2.50	112082	10.01	0.12	0.85	39.88
F	14.19	26.86	129	1.79	13254	3.77	0.00	0.00	32.42
N	15.54	36.67	306	2.50	20727	6.25	0.63	3.53	48.95
C	15.17	30.36	314	2.50	12328	3.50	0.48	3.05	39.41
S	12.14	27.70	449	2.50	22415	6.25	0.16	1.16	37.61
Y	13.76	37.50	311	2.50	13225	3.76	1.25	3.75	47.51
W	27.15	36.37	388	2.50	793	0.23	0.03	3.75	42.85
A	3.27	28.48	14	0.00	197	0.00	0.30	0.20	28.68

(三) 效益类指标考核结果

效益类指标主要包括国际业务收入、投行利润、票据利润以及总利润四个分指标。国际业务收入按国际结算量的 1.2%，即每万美元结算量 120 元人民币核定收益。投行收入按贷款计划的 30%，利差 3%计算。其中票据业务周转资金不再核定，根据其实际运营情况全额扣减占用资金成本，实际考核时资金成本暂按 4.8%计算，根据具体情况进行考量。

为加强分行财务预算管理，切实强化支行费用管理，将业务发展、规模扩张与成本费用支出有效结合，2013 年各经营单位在剔除风险拨备因素后出现费用超支，超支费用将加倍扣减部门利润。该项考核半年、年终各考核一次，如经营单位半年时出现费用超支，而年终未出现，则半年扣减利润在年终补回。与上年相比，影响 A 银行本年利润的促进因素主要包括以下几点：

(1) 金融市场业务的大力开展成为利润的重要增长点。2013 年实现同业业务净利益同比增加 7500 万元，弥补了贷款资产的盈利不足。

(2) 中间业务保持良好的增长势头，实现收入同比增加 5019 万元。2013 年银行加快业务转型，加强银信、银证合作力度，实现投行业务、金融市场业务、贸易金融业务等中间业务收入同比大幅增长。

其中的阻碍因素包括以下几点：

(1) 2012 年央行降息及存贷款利率浮动区间放宽效应的释放，净利差空间收窄，利差收益下降，其中 2017 年存贷利差同比压缩 0.34 个百分点，票据利差收益大幅下滑。

(2) 存款结构呈现高成本性，2017 年一般存款日均 210.26 亿元，其中大额保险协议存款及结构性存款日均 74.49 亿元，占比达到 35.4%。同时 2013 年资金利率持续攀升，部分存量大额保险协议存款及结构性存款在下半年到期，续作或新增资金成本大幅提高，进一步加速了存款高成本性。

(3) 经济增速放缓背景下，部分行业信用风险上升，区域性金融风险积聚。年末不良贷款余额 9679 万元，不良率 0.83%，2013 年新增不良贷款拨备 1213 万元，不良贷款拨备侵蚀了利润。年末 A 银行拨备覆盖率为 140.72%，低于监管指标 9.28 个百分点，拨备压力加大。表 14-7 为各经营单位效益类指标考核得分一览表。

表 14-7　各经营单位效益类指标考核得分一览表

支行	国际业务收入		投行利润		票据利润		总 利 润		得分小计
	实际完成	得分	实际完成	得分	实际完成	得分	实际完成	得分	
G	401	5.00	260	1.95	94	1.18	3078	9.42	17.55
K	566	5.00	0	0.00	2	0.02	899	2.69	7.71
D	2689	5.00	7	0.00	109	1.36	6023	7.64	14.00
F	285	5.00	0	0.00	389	4.86	4926	9.40	19.26
N	319	5.00	2607	5.00	591	5.00	6063	10.00	25.00
C	196	3.70	2878	5.00	98	1.22	4901	10.00	19.92
S	619	5.00	0	0.00	735	5.00	4813	10.00	20.00
Y	676	5.00	2561	5.00	244	3.05	5839	10.00	23.05
W	13	0.25	1657	5.00	325	2.95	6980	10.00	18.20
A	5	0.00	0	0.00	30	0.49	98	1.18	1.67

(四) 质量类指标考核结果

质量类指标主要包括风险管理、授信管理、运营管理、反洗钱管理、审计管理、事后监督、国际业务以及合规管理分指标。各经营单位的不良资产比率应控制在分行核定的范围内，不得高于该比率。各经营部门在考核期内未收回的贷款利息及因贷款产生不良而超额计提的贷款损失准备(计提比例：关注 2%，次级 25%，可疑 50%，损失 100%)全额扣减部门利润和费用。6 个月以内化解的，全额返还；9 个月以内化解的，返还 80%；1 年以内化解的，返还 50%；超过一年的不再返还。如形成实际损失，则按损失额全额扣减当年利润和费用。表 14-8 为各经营单位质量类指标考核得分一览表。

表 14-8　各经营单位质量类指标考核得分一览表

支行	风险管理	授信管理	运营管理	反洗钱管理	审计管理	事后监督	国际业务	合规管理	得分小计
G	6.44	2.21	2.35	2.23	2.43	2.5	2.5	2.38	23.04
K	5.17	2.12	2.38	2.13	2.43	2.5	0	2.25	18.98
D	6.32	2.04	2.39	2.20	2.45	2.5	2.5	2.23	22.63
F	4.91	2.27	2.41	2.10	2.43	2.5	2.5	2.33	21.45
N	6.05	2.23	2.46	2.30	2.48	2.5	2.5	2.30	22.82
C	6.48	2.23	2.43	2.23	2.48	2.5	2.5	2.40	23.25
S	6.23	2.25	2.35	2.28	2.40	0	2.5	2.33	20.34
Y	4.94	2.27	2.45	2.23	2.48	2.5	2.5	2.30	21.67
W	6.33	2.37	2.44	2.30	2.50	2.5	2.5	2.38	23.32
A	5.57	2.13	2.40	2.23	2.48	2.5	2.5	2.25	22.06

(五) 综合考评结果

表 14-9 为各经营单位综合考评得分一览表。

表 14-9 各经营单位综合考评得分一览表

支行	规模楼	效益楼	质量类	综合得分	名词
G	41.54	17.54	23.03	82.11	5
K	33.25	7.71	18.96	59.92	9
D	39.89	14.01	22.62	76.62	7
F	32.41	19.26	21.44	73.11	8
N	48.95	25.00	22.80	96.75	1
C	39.42	19.92	23.24	82.58	4
S	37.61	20.00	20.33	77.94	6
Y	47.51	23.05	21.66	92.22	2
W	42.85	18.20	23.31	84.36	3
A	28.68	1.68	22.05	52.41	10

由表 14-9 可以看出，2013 年度经营比较好的是 N 和 Y，第二个梯队的支行有 C、G，S、D、F 三个支行考核合格，K、A 支行评价不合格。

三、A 银行目标责任制绩效考核存在的问题

根据对 A 银行的实际案例分析，分类讨论后，发现在目标责任制下进行绩效评价的评价体系仍然存在一定的问题。

(一) 指标分值权重设置不合理

银行 2017 年绩效评价体系中，经营指标综合考评中存款和利润各占 50%的比例，但在支行综合指标考评体系中，存款指标分值达到 43.75 分，而利润指标分值仅 25 分。而且支行第一负责人的绩效薪资是和支行综合绩效考评结果挂钩的，这样的指标设置就容易引导支行行长为了存款的增长不计成本，引入大量高利率存款，增加存款成本，导致收益水平下降。

A 银行经过 10 年的发展，已经有了一定的业务发展规模，主要发展目标应由规模增长转向提升盈利能力，通过产品结构优化、特色业务培育和目标客户的精准定位，优化自身的盈利模式，提升盈利能力。

(二) 未能体现价值最大化

A 银行 2013 年的绩效评价体系还是采用传统的利润效益类的指标。因为商业银行的经营中存在特殊的风险性，所以在业务的开展过程中存在必不可少的资本耗费。我国商业银行的资本充足率不是很高，即资本稀缺，所以对于业务开展中的资本耗费需要很大的成本付出，因此银行传统的经济利润评价中，衡量的只是相应业务的收益，而不是企业增加的价值。D 和 Y 两家支行，分别实现 0.60 亿元和 0.58 亿元的利润，贷款日均却分别是 12.24

亿元和 8.34 亿元。从传统利润指标分析说，利润较高的是 D 支行，但是 Y 支行和 D 支行相比较后发现，其中间业务收入占比明显高于 D 支行。所以虽然自营贷款收益较高的是 D 支行，但是考虑贷款资源的成本后，创造价值较高的银行实际上是 Y 支行。

(三) 评价起点设置不合理

以上一年度的实际完成数作为存款评价基数统一设定存款指标，对于上一年超额完成存款指标的支行容易出现“鞭打快牛”的现象，打击“快牛”工作积极性和主动性，滋养“慢牛”的惰性。

(四) 个别指标设计不合理

由绩效体系评价表可以看出，该商业银行除支行行长之外的其他员工，绩效奖金仅与日均存款总量指标完成率和总利润完成率挂钩，而与支行行长挂钩的项目较多。这样的评价激励政策容易导致将所有的经营压力集中在支行行长一人身上，而其他员工对和自身利益关系不密切的业务压力不够、动力不足，对支行质量指标的达标情况不关心、不过问，最后造成支行行长单打独斗的局面，不利于支行的长期、持续、健康发展。

(五) 缺少零售业务评价指标

A 银行的零售业务发展一直不见起色，零售产品打不开销路，储蓄存款增长缓慢，这和绩效评价缺少零售业务指标密不可分。零售业务已成为我国商业银行发展过程中的重点业务，行业竞争日趋激烈。主要包括如下几个方面的原因：一是储蓄存款有助于保障商业银行存款的稳定性；二是零售业务手续费是商业银行中间业务收入的重要组成部分；三是零售业务能够有效分散贷款规模快速增长环境下的整体风险；四是零售业务相对资本金占用少，可以有效节约资源。但是 A 银行的绩效评价体系中却未设置零售业务评价指标，这对零售业务的发展产生着较大的负面作用。

本章小结

商业银行绩效管理是指运用科学、合理的方法构建特定的指标体系，运用定性分析和定量分析相结合的方法，对商业银行一定经营期间的安全性、流动性、营利性等指标做出科学、客观的评价，发现经营中存在的问题，提出可操作性方案，提高商业银行竞争实力。商业银行绩效管理采用定性分析和定量分析相结合的方法。

银行经管活动过程和结果体现在其财务报表中，因此，财务报表成为财务分析的主要依据。银行财务报表主要有资产负债表、利润表、现金流量表。

对于银行绩效的分析，可以通过将财务比率指标与本行历史同期、上期及银行同业进行比较，以得出银行的发展状况及在同业中的位置。除此之外，将相应指标尤其是营利性指标进行解析也可以对银行经营状况做一个基本评价。

银行绩效评价对准确衡量业绩以及激励战略目标的实现具有非常重要的意义。

重要概念

商业银行绩效管理　资产负债表　损益表　现金流量表　经济资本

思考与练习

1. 什么是商业银行的财务报表？它主要包括哪几种报表？
2. 商业银行绩效评价指标包括哪几个方面？举例说明。

参考文献

[1] [美]彼得·S·罗斯. 商业银行管理[M]. 9版. 北京：机械工业出版社，2016.
[2] 庄毓敏. 商业银行业务与经营[M]. 4版. 北京：中国人民大学出版社，2014.
[3] 刘忠燕. 商业银行经营管理学[M]. 2版. 北京：中国金融出版社，2014.
[4] 曹龙骐. 金融学[M]. 5版. 北京：高等教育出版社，2016.
[5] 蔡鸣龙. 商业银行业务经营与管理[M]. 2版. 厦门：厦门大学出版社，2012.
[6] 蔡则祥，王艳君.商业银行中间业务[M]. 北京：中国金融出版社，2011.
[7] 何铁林. 商业银行业务经营与管理[M]. 北京：中国金融出版社，2013
[8] 马丽娟. 商业银行经营与管理[M]. 北京：经济科学出版社，2012.
[9] 任森春. 商业银行业务与经营[M]. 北京：中国金融出版社，2015.
[10] 唐士奇. 现代商业银行经营管理原理与实务[M]. 北京：中国人民大学出版社，2015.
[11] 李春. 商业银行经营管理实务[M]. 大连：东北财经大学出版，2015.
[12] 张衡. 商业银行电子银行业务[M]. 北京：中国金融出版社，2007.
[13] 奚振斐. 电子银行学[M]. 西安：西安电子科技大学出版社，2006.
[14] 周浩明. 商业银行经营与管理[M]. 上海：上海交通大学出版社，2014.
[15] 王红梅. 信贷业务经营与管理[M]. 北京：中国金融出版社，2011.
[16] 江晓美. 中国金融战役史[M]. 北京：中国科学技术出版社，2010.
[17] 戴国强. 商业银行经营管理学[M]. 北京：高等教育出版社，2011.
[18] 刘惠好. 商业银行管理[M]. 北京：中国金融出版社，2009.
[19] 杨军. 风险管理与巴塞尔协议十八讲[M]. 北京：中国金融出版社，2013.
[20] 巴曙松，朱元倩，金玲玲. 巴塞尔3与金融监管大变革[M]. 北京：中国金融出版社，2015.
[21] 宋良荣. 银行业金融机构内部控制[M]. 上海：立信会计出版社，2010.
[22] 迪特尔·巴特曼.零售银行业务创新[M]. 舒新国，译. 北京：经济科学出版社，2007.
[23] 彭建刚. 商业银行管理学[M]. 3版. 北京：中国金融出版社，2013.
[24] 黄宪，代军勋，赵正.银行管理学[M].2版. 武汉：武汉大学出版社，2011.
[25] 庄毓敏. 商业银行业务与经营[M]. 4版. 北京：中国人民大学出版社，2014.
[26] 史建平. 商业银行业务与经营[M]. 2版. 北京：中国人民大学出版社，2011.
[27] 戴国强. 商业银行经营学[M]. 4版. 北京：高等教育出版社，2011.
[28] 连建辉，孙焕民. 走近私人银行[M]. 北京：社会科学文献出版社，2006.
[29] 马蔚华. 战略之道：商业银行战略管理理论与招商银行实践[M]. 北京：华夏出版社，2007.
[30] 李春满. 私人银行业务[M]. 长春：吉林大学出版社，2008.